上海出版资金项目
Shanghai Publishing Funds

"十三五"国家重点图书出版物出版规划项目
面向未来的交通出版工程·道路基础设施建设与养护系列

RECYCLING AND RESUE THEORIES AND METHODS OF ASPHALT MATERIALS

沥青材料再生利用的理论与方法

◎ 肖飞鹏 著

同济大学出版社

图书在版编目(CIP)数据

沥青材料再生利用的理论与方法/肖飞鹏著. —上海：同济大学出版社，2021.10

面向未来的交通出版工程. 道路基础设施建设与养护系列 “十三五”国家重点图书出版物出版规划项目/汪光焘总主编

ISBN 978-7-5608-9755-4

Ⅰ.①沥… Ⅱ.①肖… Ⅲ.①沥青路面—再生路面—路面材料—研究 Ⅳ.①U416.217

中国版本图书馆CIP数据核字(2021)第014552号

“十三五”国家重点图书出版物出版规划项目

上海市新闻出版专项资金资助

面向未来的交通出版工程·道路基础设施建设与养护系列

沥青材料再生利用的理论与方法

肖飞鹏　著

策　　划：高晓辉
责任编辑：高晓辉
责任校对：徐春莲
封面设计：陈益平

出版发行　同济大学出版社　www.tongjipress.com.cn
　　　　　(地址：上海市四平路1239号　邮编：200092　电话：021-65985622)
经　　销　全国各地新华书店、建筑书店、网络书店
排版制作　南京文脉图文设计制作有限公司
印　　刷　上海安枫印务有限公司
开　　本　787mm×1092mm　1/16
印　　张　17.5
字　　数　437 000
版　　次　2021年10月第1版　2021年10月第1次印刷
书　　号　ISBN 978-7-5608-9755-4
定　　价　98.00元

前言

FOREWORD

道路面层是直接承受交通荷载的结构层，其性能特征直接反映了路面结构是否满足功能性要求。因此，保证路面结构的可靠性和道面材料的耐久性是非常必要的。当前，我国公路建设的高潮期已基本结束，后续的公路建设项目将以部分新建、改扩建和养护为主。然而，现有的道路材料知识结构中，相关沥青路面材料回收料的再生技术没有被系统性地阐述清楚，相当一部分道路建设者对废旧沥青路面的回收利用及再生持怀疑态度且相关的知识背景相对不足。因此，非常有必要写一本书来系统阐述废旧沥青路面再生利用的理论与方法，帮助沥青材料研究人员和相关工程技术人员深入了解沥青材料回收再生的相关知识，有助于我国实现公路工程节能减排和绿色循环经济的战略目标。

本书系统阐述了沥青混合料回收料的产生、分类、测试及再生技术，也包括了再生沥青混合料的设计方法、性能评价体系、仿真模拟及现场实际应用等方面。本书的主要资料来源于笔者在美国攻读博士学位期间的研究成果，也包含从2003年以来完成的美国联邦和州政府资助的沥青路面回收利用项目中的研究成果，同时涵盖了2014年以来完成的国家自然科学基金研究项目中的成果。本书是作者及所在研究团队近20年来关于道路沥青材料回收利用方面科研成果的系统总结。

本书结合不同等级公路路面的破坏特点和回收利用要求，揭示了老化沥青材料中沥青的演变过程及老化规律，提出了回收沥青胶结料和混合料的再生计算理论和方法；阐明了不同再生技术对回收沥青材料在路面中的应用条件，建立了以体积设计法来设计再生沥青混凝土的方法，为道路沥青材料的回收利用提供了重要的理论与技术支持；同时，深化了道路建设者对不同道路回收沥青材料路用性能的理解和认识，有利于促进道路材料回收利用设计理论和方法的进一步提升和完善，并有利于促进我国道路材料进一步技术创新。

全书共分10章。第1章为绪论，阐述了研究背景和研究意义；介绍了国内外沥青路面材料回收利用的现状和主要原因，综合分析了国内外回收沥青材料对路面路用性能、自然环境、社会发展、地方经济等方面的影响；介绍了当前主要的再生技术及相关新型材料的研究现状和进展。第 2 章是沥青混合料回收料的基本特征，阐述了沥青混合料回收料的来源、处理方式和基本性能特征。第 3 章是沥青混合料再生的理论基础，阐述了沥青材料的老化与再生机理以及两者之间的关系。第 4 章是再生沥青混合料的设计理念与方法，引入了材料复合理论和全生命周期评价理论，根据不同沥青再生料掺量的沥青混合料提出了针对性的设计理念，即低掺量下的增韧设计理念、高掺量下的低碳设计理念和就地再生下的优化设计理念，并根据 Superpave 沥青混合料设计方法，对不同再生工艺对应的沥青混合料设计方法进行了总结。第 5 章是低掺量再生沥青混合料的性能表征，介绍了低掺量再生沥青混合料的黏弹性性能、低温抗裂性、水稳定性和抗车辙性能。第 6 章是橡胶再生沥青混合料的性能表征，系统阐述了橡胶粉的特性与处理工艺，橡胶沥青的特性，橡胶再生沥青混合料的性能特征，并提出基于前馈学习的人工神经网络模型精准预测出橡胶再生沥青混合料的疲劳寿命。第 7 章是温拌再生沥青混合料的性能表征，阐述了温拌剂的类型与性能，温拌再生沥青的特性及温拌再生沥青混合料的性能特征。第 8 章是就地再生沥青混合料的性能表征，介绍了就地热再生和就地冷再生的技术特征，并提出了将纳米纤维素改性乳化沥青材料应用于就地冷再生。第 9 章是再生沥青材料性能表征新方法，介绍了傅里叶变换红外光谱分析方法、凝胶渗透色谱分析方法、紫外—可见分光光度计法和原子力显微镜法的基本原理和表征分析结果。第 10 章是结论与展望，总结了沥青混合料再生技术的发展情况，并提出了后续的研究方向。

本书部分研究内容是和美国克莱姆森大学 Serji N. Amirkhanian 教授合作完成的，同时得到了美国克莱姆森大学橡胶沥青研究中心和 Tri-County 社区大学实验室的长期支持。另外，书中涉及的现场测试工作，得到了美国南卡罗来纳州交通厅等单位的支持；部分内容引用了实验室研究生 Soonjae Lee, Brad Putman 等的研究成果。同时，课题组博士研究生王嘉宇、王涛、侯向导、李进、赵咨沣、苏宁义和硕士研究生项迁等同学在资料整理和文字编辑等方面做了大量细致的工作，作者在此一并表示最衷心的感谢。

由于作者水平有限，书中难免有缺点或错误之处，恳请专家和广大读者不吝赐教，联系 fpxiao@tongji.edu.cn 批评指正。

著作者

2020 年 12 月

目录

CONTENTS

前言

1 绪论 …… 1

1.1 概述 …… 2

1.1.1 研究背景 …… 2

1.1.2 研究内涵 …… 3

1.1.3 研究意义 …… 4

1.2 国外研究进展 …… 5

1.2.1 国外沥青材料回收利用的历史 …… 5

1.2.2 国外沥青材料回收利用的现状 …… 7

1.3 国内研究进展 …… 13

1.3.1 国内沥青材料回收利用的历史 …… 13

1.3.2 国内沥青材料回收利用的现状 …… 14

1.4 结语 …… 16

参考文献 …… 17

2 沥青混合料回收料的基本特征 …… 19

2.1 沥青混合料回收料 …… 20

2.1.1 取样标准 …… 20

2.1.2 铣刨方法 …… 22

2.1.3 拌合站废料 …… 25

2.1.4 污染物 …… 25

2.1.5 小结 …… 26

2.2 筛分工艺 …… 26

2.2.1 铣刨过程 …… 26

2.2.2 RAP的筛选过程 …… 27
2.2.3 分级处理 …… 28
2.2.4 堆放管理 …… 29
2.2.5 小结 …… 30
2.3 沥青混合料回收料的基本特征 …… 30
2.3.1 级配 …… 30
2.3.2 密度 …… 31
2.3.3 变异性 …… 32
2.3.4 含水量 …… 33
2.3.5 物理力学性能 …… 34
2.3.6 黏弹性特性 …… 34
2.3.7 小结 …… 36
2.4 沥青混合料回收料中老化沥青的性能特征 …… 36
2.4.1 抽提和回收方法 …… 36
2.4.2 黏弹性性能 …… 41
2.4.3 性能分级 …… 43
2.4.4 小结 …… 45
2.5 再生集料的性能特征 …… 45
2.5.1 物理特性 …… 45
2.5.2 级配 …… 46
2.5.3 密度 …… 47
2.5.4 均匀性 …… 48
2.5.5 小结 …… 48
2.6 结语 …… 48
参考文献 …… 49

3 沥青混合料再生的理论基础 …… 51
3.1 沥青材料的老化机理 …… 52
3.1.1 环境荷载耦合作用 …… 52
3.1.2 多尺度下沥青材料的老化规律 …… 60
3.1.3 沥青材料的抗老化研究 …… 61
3.1.4 小结 …… 63
3.2 沥青材料的再生机理 …… 64
3.2.1 再生理论 …… 64

3.2.2　再生剂的使用 …… 66

3.2.3　小结 …… 69

3.3　老化与再生的关系 …… 70

3.4　结语 …… 71

参考文献 …… 71

4　再生沥青混合料的设计理念与方法 …… 73

4.1　设计理念来源 …… 74

4.1.1　材料复合理论 …… 74

4.1.2　全生命周期评价理论 …… 75

4.1.3　小结 …… 77

4.2　不同 RAP 掺量的再生沥青混合料设计理念 …… 77

4.2.1　低掺量再生沥青混合料的增韧设计理念 …… 77

4.2.2　高掺量再生沥青混合料的低碳设计理念 …… 80

4.2.3　就地再生沥青混合料的优化设计理念 …… 82

4.2.4　小结 …… 85

4.3　再生沥青混合料设计方法 …… 85

4.3.1　厂拌热再生混合料设计 …… 85

4.3.2　就地热再生混合料设计 …… 93

4.3.3　厂拌冷再生混合料设计 …… 94

4.3.4　就地冷再生混合料设计 …… 100

4.3.5　小结 …… 101

4.4　沥青混合料回收料的精准再生 …… 102

4.4.1　老化沥青的精准再生 …… 102

4.4.2　再生集料的精准分析 …… 107

4.4.3　再生沥青混合料的精准设计 …… 109

4.4.4　小结 …… 109

4.5　结语 …… 110

参考文献 …… 111

5　低掺量再生沥青混合料的性能表征 …… 113

5.1　再生沥青胶结料的性能特征 …… 114

5.1.1　高温黏弹性 …… 114

5.1.2　低温抗裂性 …… 120

5.2 再生沥青混合料的性能特征 …… 128
5.2.1 水稳定性 …… 128
5.2.2 黏弹性 …… 140
5.2.3 抗车辙性 …… 146
5.3 结语 …… 149
参考文献 …… 150

6 橡胶再生沥青混合料的性能表征 …… 151
6.1 胶粉特性与处理工艺 …… 152
6.1.1 胶粉的性能特征 …… 152
6.1.2 胶粉的预处理工艺 …… 154
6.1.3 小结 …… 155
6.2 橡胶沥青特性 …… 156
6.2.1 橡胶沥青的制备工艺 …… 156
6.2.2 橡胶沥青的性能特征 …… 158
6.2.3 小结 …… 158
6.3 橡胶再生沥青混合料的性能评价 …… 159
6.3.1 配合比设计 …… 159
6.3.2 水稳定性 …… 163
6.3.3 抗车辙性能 …… 165
6.3.4 抗疲劳性能 …… 167
6.3.5 小结 …… 176
6.4 结语 …… 177
参考文献 …… 177

7 温拌再生沥青混合料的性能表征 …… 181
7.1 温拌剂类型与性能 …… 184
7.1.1 温拌沥青技术的分类 …… 184
7.1.2 沥青发泡技术 …… 186
7.1.3 有机添加剂 …… 188
7.1.4 化学添加剂 …… 189
7.1.5 温拌剂对路用性能的影响 …… 189
7.1.6 小结 …… 190
7.2 温拌再生沥青胶结料的性能表征 …… 190

7.2.1 黏度 …… 191
7.2.2 高温黏弹性 …… 192
7.2.3 疲劳性能 …… 195
7.2.4 小结 …… 196
7.3 温拌再生沥青混合料的性能表征 …… 197
7.3.1 体积参数 …… 201
7.3.2 压实性能 …… 207
7.3.3 水稳定性 …… 209
7.3.4 抗车辙性能 …… 214
7.3.5 弹性模量 …… 217
7.3.6 疲劳性能 …… 218
7.3.7 小结 …… 219
7.4 结语 …… 219
参考文献 …… 220

8 就地再生沥青混合料的性能表征 …… 223
8.1 就地冷再生 …… 224
8.1.1 就地冷再生胶结料的分类 …… 224
8.1.2 改性乳化沥青的性能表征 …… 225
8.1.3 就地冷再生混合料的性能表征 …… 229
8.1.4 小结 …… 231
8.2 就地热再生 …… 231
8.2.1 就地热再生沥青胶结料的性能表征 …… 231
8.2.2 就地热再生沥青路面的性能表征 …… 233
8.2.3 小结 …… 240
8.3 结语 …… 240
参考文献 …… 241

9 再生沥青材料性能表征新方法 …… 245
9.1 傅里叶变换红外光谱分析技术 …… 246
9.1.1 基本原理 …… 246
9.1.2 表征分析 …… 247
9.1.3 小结 …… 252
9.2 凝胶渗透色谱分析 …… 252

9.2.1 基本原理 …… 252
9.2.2 表征分析 …… 253
9.2.2 小结 …… 255
9.3 紫外—可见分光光度法 …… 255
9.3.1 基本原理 …… 256
9.3.2 表征分析 …… 258
9.3.3 小结 …… 259
9.4 原子力显微镜 …… 259
9.4.1 基本原理 …… 260
9.4.2 表征分析 …… 260
9.4.3 小结 …… 261
9.5 结语 …… 261
参考文献 …… 261

10 结论与展望 …… 263

附录 专业术语解释 …… 265

1 绪 论

1.1 概述
1.2 国外研究进展
1.3 国内研究进展
1.4 结语

1.1 概述

1.1.1 研究背景

改革开放以来，我国的公路基础设施建设飞速发展，取得了令人瞩目的成就。截至2019年年底，我国的高速公路总里程达14.96万公里，全国公路总里程达501.25万公里，公路养护里程495.31万公里，占公路总里程的98.8%。

沥青路面作为我国高等级路面的主要形式，具有平整度好、噪声低、施工便捷、易于维修等优点。目前我国的沥青路面里程占高等级路面总里程的90%以上。根据沥青路面的设计使用年限和实际服役效果，早期修建的公路病害严重，多数已经进入大中修期，公路管理部门因而面临着艰巨的翻修改建任务和大量沥青混合料回收料(Reclaimed Asphalt Pavement，RAP)的处置压力。由于早期沥青混合料回收料数量不多且沥青再生技术不成熟，公路管理部门往往采取直接废弃填埋或用于低等级公路面层和高等级公路基层等方式进行处置。这样一方面废料堆积会占用较大面积的土地并对周边环境造成极大的破坏和污染(图1-1)；另一方面，这些方式会造成严重的资源浪费，大大增加了新矿料的开采力度和新沥青的用量，不符合新时代的绿色发展理念。

图1-1 沥青混合料回收料不当处置

沥青路面再生利用技术作为一种绿色养护技术，在沥青路面养护建设过程中可以有效降低成本、节约资源和保护环境，符合绿色发展理念的要求。目前，美国和日本等国家已经基本实现了废旧沥青混合料100%的回收再利用。为了实现废旧沥青混合料100%回收再利用这一目标，我国交通运输部于2012年发布了《关于加快推进公路路面材料循环利用工作的指导意见》，初步估算了我国沥青旧料的规模，约为1.6亿吨/年(仅干线公路中大修工程)，循环利用率不到30%。2016年，《"十三五"公路养护管理发展纲要》进一步提出了要实行绿色养护，至"十三五"期末，高速公路、普通国省道废旧路面循环利用率分别要达到95%和80%以上。《国家中长期科学与技术发展规划纲要(2006—2020年)》也将路面养护装备与技术列入了重点发展领域的优先主题。此外，

2019 年 9 月，中共中央、国务院印发的《交通强国建设纲要》也明确指出推广施工材料、废旧材料再生和综合利用。因此，大力发展沥青路面再生利用技术，提高沥青混合料回收料循环利用率符合时代背景和行业需求。

沥青混合料回收料是由老化沥青胶结料和再生集料构成的筑路材料。其中沥青胶结料作为一种复杂的有机材料，受光、热、氧、水等自然环境因素作用，发生轻组分挥发、氧化、聚合等物理化学变化，导致芳香分、饱和分等轻组分减少而沥青质等重组分增加，并在宏观上体现出黏度增加、脆性增大和韧性下降等行为，这个过程被称为沥青的老化。与之相反，沥青的再生是利用组分调和理论和相容性理论，采用性能优良的再生剂，尽可能补充老化沥青的缺失组分，恢复老化沥青的路用性能。而再生集料占沥青混合料回收料质量的 95%左右，极大影响了沥青混合料的再生过程及再生沥青混合料的路用性能。区别于天然集料，再生集料在服役期间受车轮磨耗、氯盐侵蚀、冻融循环和温度应力等因素耦合作用，发生集料破碎、磨耗、剥落和松散等情况，导致级配变异和性能劣化。此外，在回收过程中，铣刨刀具带来的物理冲击进一步引发集料几何形貌和级配的变异。这些过程对沥青混合料的再生产生较大不确定性，进而影响再生沥青混合料的路用性能。

近年来，由于自然资源日益匮乏、原材料成本升高以及人们环保意识的增强，沥青材料再生利用已经成为道路工程材料领域的研究热点，呈现出从低掺量向高掺量、从高能耗向低碳化、从粗放再生向精准再生的研究趋势。在发展过程中，研究者融合了多学科研究成果，例如材料复合学、有机化学、胶体理论、流变学、可持续发展理论和全生命周期理论等，取得了沥青老化动力学、新旧沥青融合模型、老化沥青微观形貌、再生剂设计理论以及沥青路面生命周期分析方法等研究成果，为我国沥青再生利用技术提供了大量智力支持。在此背景下，针对当前我国公路大中修实际情况，利用现有科研成果和方法，因地制宜地将沥青混合料回收料用于新建或改扩建工程中，实现路面材料的循环再生利用和可持续发展，具有重要的工程实际意义。

1.1.2 研究内涵

沥青混合料的回收料本身是一种混合材料，作为路面材料经历了若干年的自然老化和车辆碾压，其材料组成相比新拌沥青混合料更加复杂和不确定。

因此，在沥青材料再生研究中，首先要面向老化沥青和再生集料开展“精准”分析。在长期服役期间，老化沥青的微观化学组成及宏观路用性能均发生了改变，如何实现组分的划分，如何识别沥青中组分的变化以及如何描述沥青流变性能的改变是研究的重点。再生集料的形貌特征与天然集料存在显著差异，并且再生集料本身的级配存在较大变异性，如何描述再生集料的形貌特征，如何分析再生集料的级配变异特征以及如何量化再生集料拌合过程中的集料驱动规律是研究的重点。

其次，要基于“精准”分析的结果，开展对沥青混合料回收料的“精准”再生。“精准”

再生的内涵体现在两个方面:一是要采用适合的再生工艺实现再生;二是要采用适合的再生剂实现再生。沥青路面再生工艺主要包括厂拌冷再生、就地冷再生、厂拌热再生、就地热再生和全深式再生五种,需根据不同再生层位、结合料类型和经济性进行选择。沥青路面的再生剂范围广泛,新沥青、改性沥青、生物沥青、石油提取物以及聚合物都可作为老化沥青的再生剂。根据沥青混合料回收料掺量的不同,从低掺量到高掺量需选择不同类型和比例的再生剂。对于低掺量再生沥青混合料,通过添加低等级沥青进行再生能够起到较好的再生效果;对于橡胶再生沥青混合料,通过添加橡胶沥青进行再生,其中胶粉的表面处理、橡胶沥青的相容性提升、橡胶再生沥青混合料的组成设计与性能评价是研究的重点;对于高掺量再生沥青混合料,通过采用低碳温拌技术进行再生,其中温拌剂的选择、温拌沥青的黏附性、温拌再生沥青混合料的组成设计与性能评价是研究的重点;对于就地再生沥青混合料,通过乳化沥青、低等级沥青和再生剂等进行再生,其中再生剂的选择、就地再生沥青混合料的性能评价以及工艺优化是研究的重点。

近10年来,研究团队以道路工程可持续发展和沥青路面材料循环利用为目标,基于材料复合理论与全生命周期评价理论,针对不同掺量下的再生沥青混合料开展了沥青老化机理、轻质组分修复再生理论、低碳调配再生方法、橡胶沥青再生机理等方面的研究,初步形成了一整套沥青路面材料再生利用的理论,一定程度上解决了沥青混合料回收料的“精准”分析问题,实现了“精准”再生,相关研究业已应用于国内外工程实践中,促进并极大推动了我国高等级公路养护技术的发展,为交通强国的绿色发展提供了支持。

1.1.3 研究意义

我国在经历了大规模高速公路建设之后,目前已进入一个持续的大规模养护维修期,维修过程中废弃的沥青混合料不仅占用大量土地,而且还会造成资源的浪费和生态环境的污染。

据我国交通运输部相关数据统计,每1亿吨的废旧沥青混合料中,含有300万～400万吨的老化沥青,5 000万～6 000万吨的碎石,3 000万～4 000万吨的砂,其经济价值据粗略估算可达300亿元以上。根据我国实际工程经验,采用再生沥青混合料可以节约材料费45%～50%,降低工程造价20%～25%。对于缺乏砂石材料的地区,采用再生技术还可以节省大量的运输费用。根据美国调研查研究结果,相较于新建沥青路面,采用沥青混合料回收料可以节省60%～67%的费用,美国每年再生利用约3亿吨废旧沥青路面材料,则仅材料费便可节约45%～50%,可直接节省材料费120亿～150亿美元。初步估算,目前我国每年因高速公路维修产生的废旧沥青材料高达220万吨,如能有效再生利用可直接节省材料费用6.5亿元,如能再生利用中低等级公路的废旧沥青材料,可节约直接材料费高达300亿元。并且,随着再生沥青混合料中沥青混合料回收料掺量的增加,能够更进一步节省工程投资,更有效地保护环境。因此,如何合理有效地利用沥青混合料回收料，使其重新应用于路面建设和养护工程，从而实现资源循环利用，达到环境保护的目的，具有重要的现实意义。

目前，沥青材料再生利用的研究仍然存在较多难点，例如沥青组分的划分方法较为粗糙，无法准确支撑沥青再生理论；沥青再生剂产品优劣难辨，工程效果不佳；再生集料的表面形貌缺乏定量化研究；等等。因此，开展沥青组分的基础研究，研发高性能再生剂，构建再生沥青混合料材料组成设计方法，优化橡胶再生沥青混合料和低碳技术等，对于提高沥青混合料回收料的掺配率，促进低碳再生技术的推广应用，实现以废治废、节能减排的可持续发展，具有重要的科学意义。

1.2 国外研究进展

1.2.1 国外沥青材料回收利用的历史

美国对沥青材料回收利用的历史最早可以追溯到 1915 年，Warren Brothers 对路面沥青层加热软化后进行了重新利用，但经过对比验证发现，虽然利用再生技术修建的道路在性价比上优于新建道路，但是因为当时再生设备生产再生沥青混合料效率的制约，该技术没有得到推广而进入停滞阶段[1]。1956 年后，随着美国洲际公路网建设的逐步形成和原油价格的上涨，沥青材料回收技术又开始进入人们的视线[2]。1973 年第四次中东战争爆发，阿拉伯产油国开始对美国等西方阵营国家实行石油减产和禁运政策，引发了全球性的石油危机[3]。原材料不足导致了沥青价格暴涨，美国联邦公路局对此作出迅速反应，并于 1974 年开始资助沥青材料回收利用方面的研究。在包括美国交通运输研究委员会(Transportation Research Board, TRB)以及美国材料与试验协会(American Society for Testing and Materials, ASTM)在内的多个组织的大力支持下，沥青材料回收的研究工作进展迅速。直至 1981 年，美国已经累计使用了 400 万吨再生沥青混合料。根据工程实践经验，美国交通运输研究委员会主持编制出版了第一部《路面回收料再生指南》。1983 年，美国沥青协会(Asphalt Institute, AI)相继出版了《沥青路面热拌再生技术手册》和《沥青路面冷拌再生技术手册》。截至 1985 年，美国再生沥青混合料的使用量已经达 2 亿吨，占当年全国公路沥青用量的一半。沥青材料回收利用带来了巨大的经济效益。统计数据表明，1994 年，美国各州因回收沥青材料累计节约费用高达 3 亿美元[4]。1997 年，美国联邦公路局(Federal Highway Administration, FHWA)提出了“绿色公路”的概念，在全国范围内提倡将沥青混合料回收料中的骨料和沥青胶结料进行再利用。到 20 世纪末，美国所有新建道路中沥青回收料所占的比重已经超过一半，沥青材料回收利用的各种技术也日趋成熟[5]。表 1-1 总结了美国在沥青材料回收利用领域出版的技术规范。综上，沥青路面回收利用在美国道路工程中属于常规实践，其沥青材料重复利用率已经超过 80%，并且与采用新沥青材料铺筑相比，可节约成本达 30%。

表 1-1　　美国沥青材料回收利用技术规范[6]

时间/年	出版物	出版机构
1981	《路面回收料再生指南》	美国交通运输研究委员会
1983	《沥青路面热拌再生技术手册》	美国沥青协会
1983	《沥青路面冷拌再生技术手册》	美国沥青协会
1998	《州和地方政府路面再生指南》	美国联邦公路局
2001	《沥青路面再生技术手册》	美国沥青再生协会

欧洲国家对沥青材料回收利用的起点与美国相近，同样是从 20 世纪 70 年代开始，经过近 30 年的研究，各国的沥青路面再生理论与技术已经相当规范，这与欧洲国家普遍重视环保密不可分[7]。德国作为最早将沥青材料回收应用到高速公路养护的国家，早在 1978 年就实现了沥青混合料回收料近 100%的利用率，并且在 1981 年编制了《热拌再生沥青混凝土施工规范》[8]。芬兰、荷兰、法国等国家在沥青材料回收利用方面也进行了许多尝试。芬兰大部分地区很早就开始进行旧沥青路面材料的收集和存储，出于技术原因和安全考虑，最初主要将该类材料应用于道路基层或轻交通道路的面层，近年来也开始用于重交通道路。法国在 21 世纪初，也开始将沥青材料回收利用技术应用到高速公路养护及路面维修工程中。荷兰从 2012 年开始大规模使用回收沥青材料铺筑新路面，全年使用量高达 400 万吨，其中超过 80%的沥青混合料回收料用于生产热再生沥青混合料。此外，荷兰热拌沥青生产工艺普及程度较高，全国 41 个沥青拌合场中，有 40 个可以生产热再生沥青混合料。目前，其主要研究精力集中于提高厂拌热再生沥青混合料中旧料的比例，以达到消化国内废旧沥青路面材料的目的。目前，荷兰规范中容许最大旧料掺量已经达到沥青混合料总质量的 50%[9]。欧洲沥青路面协会(European Asphalt Pavement Association, EAPA)数据显示其成员国的沥青混合料回收料利用率已经达到 100%。苏联在沥青材料回收利用方面也进行了许多尝试，早在 1966 年就出版了《沥青混凝土回收料再生利用技术的建议》，1979 年又出版了《旧沥青混凝土再生混合料技术准则》，明确了各种条件下沥青路面材料再生方法，1984 年针对厂拌再生和现场再生方法出版了《再生路用沥青混凝土》[10]。近年来，俄罗斯沥青材料回收利用技术发展迅速，仅圣彼得堡市每年因沥青回收技术就能够节约沥青约 1 400 吨。

澳大利亚在 20 世纪末也正式出版了《沥青混凝土路面再生指南》，以指导本国废旧沥青路面材料的再生利用[11]。

亚洲国家中，日本作为一个资源匮乏的国家，对沥青材料回收利用非常重视。20 世纪 70 年代，日本就开始对沥青混合料回收料进行研究，经过十多年的工程经验和科研成果积累，1984 年，日本道路协会正式出版了《路面回收料再生利用技术指南》，从性能测试、配合比设计、再生工艺和施工方法等多个角度进行了规定。1992 年出版了《厂拌热再生沥青铺装技术指南》，明确了将再生热拌沥青混合料应用于重交通道路中的质量控制管理要点。日本非常重视废旧沥青路面材料的再生利用，截至 2002 年，沥青混合料回收料再生利用率已经达到 100%，再生沥青混合料年产量突破 50 万吨，在新建道路中占比已经超过新沥青混合料[12]。

表 1-2 总结了欧洲国家、澳大利亚和日本在沥青材料再生利用方面的技术规范。

表 1-2 欧洲国家、澳大利亚和日本沥青路面再生技术规范

时间/年	出版物	国家
1966	《沥青混凝土回收料再生利用技术的建议》	苏联
1979	《旧沥青混凝土再生混合料技术准则》	苏联
1981	《热拌再生沥青混凝土施工规范》	联邦德国
1983	《沥青路面冷拌再生技术手册》	联邦德国
1983	《热拌沥青混凝土基本规范》	英国
1983	《热拌沥青混凝土基本规范》	英国
1984	《再生路用沥青混凝土》	苏联
1984	《路面回收料再生利用技术指南》	日本
1992	《厂拌热再生沥青铺装技术指南》	日本
1994	《再生沥青混凝土施工指南》	德国
1997	《沥青混凝土路面再生指南》	澳大利亚
2004	《维特根冷再生技术手册》	德国

1.2.2 国外沥青材料回收利用的现状

1.2.2.1 再生沥青方面

沥青路面材料的老化过程分两种，一种是沥青路面建造过程中由于加热、拌合、运输以及铺筑等工艺造成的短期老化，另一种是沥青路面长期服役过程中由于氧气、水和光照等因素造成的长期老化。Roberts 等对沥青老化过程的硬化机制进行了研究，他们认为沥青材料发生的氧化反应导致轻组分的挥发，集料吸附油分造成胶质与沥青质分离是沥青硬化的主要原因。而沥青再生过程一般要通过向老化的沥青混合料中加入再生剂实现。不同再生剂的功能不同，早期的沥青再生剂通常只能降低沥青黏度，而真正的沥青再生剂能恢复沥青中沥青质和软沥青质的比例[13]。正如 Martins 等的研究所示，进行沥青再生利用时必须对沥青再生剂的种类进行严格甄选，既要满足短期标准又要满足长期标准。短期标准要求再生剂可以迅速渗入和分解老化沥青，以降低老化沥青黏度，提高沥青混合料施工和易性并提高沥青抵抗永久变形的能力；长期标准要求沥青再生剂在老化沥青中进行充分的扩散和融合，以保证再生沥青材料的均匀性[14]。

目前，国外工程实践中采用的再生剂大致可以分为四种，分别是植物油、废料衍生油、工业再生剂产品以及炼油厂基础油。根据需要，选择不同种类和不同用量的再生剂是沥青材料再生过程中的关键[15]。不同类型沥青再生剂具有不同的作用特点，比如，Martins 等的研究表明，植物油对沥青质含量较高的沥青混合料回收料再生效果较好，尤其是采用厂拌冷再生或就地冷再生施工方式时，可以对老化沥青进行有效激活。此外，由于热拌沥青混合料生产过程需要较高的温度，因此再生剂一般都要求具有良好的耐热性，同时出于再生剂毒性和操作安全等角度，美国及日本等国家都对再生剂的技术指标进行了规定，表 1-3 和表 1-4 分别列举了美国和日本再生剂的质量控制标准。

表 1-3　　美国沥青再生剂质量标准

技术指标	目的	试验方法	低黏度	中黏度	高黏度
60 ℃黏度/(Pa·s)	调节再生沥青黏度	ASTM D2174-071	0.08～0.5	1～4	5～10
闪点/℃	施工安全性	ASTM D92-72	>177	>177	>177
挥发性	防止硬化和空气污染	ASTM D160-61			
黏附性 N/P	防止离析	ASTM D2006-070	>0.5	>0.5	>0.5
化学组成(极性馏分)/(饱和分+芳香分)	耐久性	ASTM D2006-070	0.2～1.2	0.2～1.2	0.2～1.2
密度/(g·cm^{-3})	用于混合料密度计算	ASTM D70-72	实测	实测	实测

表 1-4　　日本沥青再生剂质量标准

技术指标	试验方法	质量要求
黏度/(mm^2·s^{-1})	JIS K 2283	80～1 000
闪点/℃	JIS K 2265	>230
薄膜烘箱实验前后 60 ℃黏度比	JIS K 2283	<2
薄膜烘箱试验后质量变化率/%	JIS K 2207	<±3
密度/(g·cm^{-3})	JIS K 2249	报告
组分分析		报告

除采用再生剂对老化沥青进行再生外，更为常见的做法是通过新沥青再生老化沥青以达到所需的沥青等级。很多学者对老化沥青和新沥青的融合状态进行了研究，尤其在老化沥青如何影响再生沥青的等级方面，定义了三种情况：黑石、完全融合和部分融合。其中，黑石是指沥青混合料回收料在拌合过程中只充当集料，不与新沥青融合；完全融合则是沥青混合料回收料中的老化沥青在再生过程中与新沥青进行充分融合，该过程中沥青混合料回收料既充当集料，又提供了部分沥青胶结料；部分融合情况则取决于沥青混合料回收料的掺量。

研究再生过程新旧沥青扩散规律是沥青再生技术的关键，目前研究再生剂扩散行为的方法主要有两类：一类是美国公路战略研究计划（Strategic Highway Research Program，SHRP）中开发的部分染色法；另一类是基于 Fick 扩散模型开发的试验法。新沥青和再生剂在老化沥青中的扩散行为是研究再生沥青均匀性的基本手段，研究人员一般采用宏观指标对再生沥青均匀性进行评价，如测定三大指标变化、老化沥青在新集料中的转移率等。近年来，研究者对再生剂扩散机制的研究逐渐由宏观转向微观，由定性研究转向定量研究，如 Karlsson 通过羰基 C═O、亚砜基 S═O 的含量变化标定再生剂在老化沥青中的扩散效率。Zhao 等通过分层抽提与凝胶渗透色谱法（Gel Permeation Chromatography，GPC）分析相结合的方式，对再生沥青混合料中老化沥青和新沥青的融合程度进行了定量评估。Nahar 等利用原子力显微镜（Atomic Force Microscopy，AFM）对新旧沥青和再生沥青的微观形貌进行了观测，通过表面微观结构形态分析了老化沥青与新沥青的融合程度。

1.2.2.2 再生工艺方面

沥青路面再生根据施工温度主要有热拌再生和冷拌再生两种，根据施工工艺，热拌再生可以分为就地热再生和厂拌热再生两种；冷拌再生可以分为就地冷再生、厂拌冷再生和全深式再生三种。在路面翻修中最为常用的类型是就地冷再生、就地热再生和厂拌热再生三种。[16]

厂拌冷再生是将回收沥青路面材料运至拌合站，经过破碎和筛分得到旧沥青混合料，再在其中掺加一定比例的新集料和新黏结剂（乳化沥青、泡沫沥青、水泥等），然后进行冷态拌合，最后进行摊铺、碾压，铺筑成新的沥青路面。厂拌冷再生适用于各等级公路的沥青混合料回收料（Reclaimed Asphalt Pavement，RAP）的冷拌再生利用。该技术的优点是施工工艺易于控制，再生混合料性能较好，适用范围较广，能耗低，污染较少。缺点是未能充分利用旧沥青路面材料，而且旧沥青路面材料还会在一定程度上影响混合料的抗压强度；对高等级公路，仅适用于基层和底基层，而在实际工程中，基层很少出现大规模翻修，市场空间较小。[17]

就地冷再生是利用具有铣刨功能的大功率路拌机，将沥青层铣刨后再加入稳定剂、水泥、水或乳化沥青以及骨料，就地拌合后进行摊铺碾压。就地冷再生可以对旧沥青层进行全部再生利用，但是由于铣刨范围涵盖了部分基层材料，其再生质量一般达不到沥青面层的质量要求。因此，国外多用于基层或乡村道路的路面维修。从严格意义上讲，就地冷再生技术并不属于沥青材料再生，只是对路面材料的再利用。

泡沫沥青混合料现在还没有形成一个完整的体系，各国正在对此进行进一步的研究。Sakr 和 Manket 以及 Jenkinst 对细集料及填料对泡沫沥青混合料性能的影响进行了研究，认为 4.75 mm 以下集料尤其是小于 0.075 mm 部分对泡沫沥青混合料性能具有重要影响。Bowering 和 Martin 研究发现混合料的性能受养生温度的影响小。Acott 研究发现，冷再生混合料的强度增长可持续 3 年。Lee 与 Kim、Tia 和 Woodt 等采用不同的方法，从不同的侧面研究了泡沫沥青冷再生混合料的劲度模量。Little、Lee 与 Kim 等的研究发现，再生混合料的疲劳性能远差于热拌沥青混合料。南非 L. J. Ebels 对 RAP 不同掺量的乳化沥青、泡沫沥青冷再生混合料的设计参数及疲劳性能进行了研究。乌克兰哈尔科夫国立汽车-道路大学的 Valeriy Z 等对冷再生混合料性能的影响因素进行了试验分析。

欧美等发达国家沥青路面再生利用技术重视再生实用性，他们在再生剂的开发以及实际工程应用中的挖掘、铣刨、破碎、拌和等机械设备研制方面都取得了很大的成就，正逐步形成一套比较完整的再生实用技术体系，并且达到了规范化和标准化的程度。[18]

就地热再生工艺 1915 年就在美国出现，当时被认为是道路修补的一种有效方法，但并未得到广泛使用，直到 1973 年石油危机爆发后才开始在美国大规模发展。经近半个世纪的发展，该技术在美国路面上的应用已达到 80%以上，尤其在路面养护应用方面已非常成熟，旧料回收利用量最高能达到 7.8 亿吨/年，最高可节约 30%的材料成本，节约费用近 20 亿美元，带来了巨大的经济效益。

欧洲也非常重视再生技术。联邦德国自 1978 年后相继对废旧沥青混合料进行再生试验研究，是最早将再生沥青混合料用于高速公路的路面养护中的国家。芬兰重视对旧沥青混合料的回收和储存工作，并由在轻交通的面层和基层的应用转向重交通道路。20 世纪 80 年代，法国对沥青路面旧料再生技术进行研究，初步使得旧料再生率达到 30%～50%。其后，法国对 HMAC 混合料及其再生技术进行研究，并将其应用于重交通路面修复中，取得了较大成果。

苏联对再生技术也做了较多的研究，分别于 1966 年、1979 年和 1984 年出版了《沥青混凝土废料再生利用技术的建议》《旧沥青混凝土再生混合料技术准则》和《再生路用沥青混凝土》，对不同条件下再生技术的应用方法与相应规定等进行了总结与说明。

日本自 1976 年便开始了对沥青混合料再生技术的研究，由于资源的短缺，日本政府对路面旧料的再生技术十分重视，大力支持企业对旧路面沥青材料的重复利用，并予以资金的资助。日本道路协会分别于 1984 年和 1992 年出版了《沥青废料再生利用技术指南》和《厂拌再生沥青混凝土技术指南》，为日本路面再生技术的发展奠定了基础。目前，厂拌热再生技术在日本约占 25%，并且大部分的沥青混合料拌合设备都可生产再生沥青混合料，形成了适合其国情的成套技术体系。同时，澳大利亚出版的《沥青混凝土路面再生指南》(1997 年)指出，60%旧料掺量的再生沥青路面使用寿命与传统路面相差不大，并且高温性能得到提高。这与美国 NCAT 对再生沥青混合料的耐久性的研究结果，以及日本《厂拌再生沥青铺装技术指南》指出的一样，即再生料在保证设计、施工严格控制下铺筑的路面，与新料铺筑所得的沥青路面在路用性能上无明显差异。这些研究明确了沥青路面再生利用的可靠性，表明再生路面与新料路面的使用性能差异不大。

近年来通过不断探索，国外科研人员为沥青路面再生技术的发展作出了杰出贡献。

Russell 等对就地热再生养护的某一路段进行了 5 年的长期观测，对该路段面层的路用性能发展规律进行分析，论证了就地热再生的养护效果；Mallick 等提出，影响就地热再生施工质量的关键因素是施工温度，通过有限元软件分析了加热过程中的加热范围和导热系数；Ali 等测试了旧沥青与就地热再生过后的沥青技术性能，分析了沥青 PG 分级受就地热再生过程的影响，并对比分析了就地热再生路面与等截距新沥青路面的性能，提出就地热再生沥青混合料能够满足 Superpave 设计要求，建议通过优化设计方法、降低空隙率以及提高黏结剂等级来改善再生路面性能，还在佛罗里达州部分典型路段通过钻芯取样获得了四种 Superpave 混合料芯样，通过室内试验评估了原路面经就地热再生养护后的路用性能，结果表明，掺入相容性良好的再生剂有效恢复了老化沥青的性能，掺入新集料对级配进行适当调整后能够满足 4%的空隙率要求，就地热再生沥青混合料的各项性能均能达到规范要求的热拌沥青混合料要求；Haffez 等测试了复拌就地热再生路面芯样的性能，提出就地热再生后，混合料刚度增加，其抗低温开裂能力降低，因此掺入的再生剂应具备软化老化沥青的能力；Nadeem Anwer Quresh 等采用就地热再生技术对巴基斯坦境内某高速公路严重车辙路段进行修复，对比再生沥青路面和原路面的结构和材料特性，结果表明再生路面使用性能满足该国道路使用标准；Michalina 等通过长期跟踪研究，分析了就地热再生养护方式在几条典型路段的应用效果，提出空隙率显著影响就地热再生沥青混合料的耐久性；Yu 等采用恒高度频率扫描(Constant Height-Frequency Scanning, FSCH)、恒高度重复蠕变(Constant Height Repeating Creep, RSCH)和半圆弯曲试验(Semicircle Bending Test, SCB)评价了不同材料的就地热再生混合料路用性能，提出级配变异性、沥青老化程度显著影响混合料性能，在使用就地热再生技术前，应对原路面状况进行评估，制定合理的维修方案；Rajib 等采用有限元模拟和试验，分析了加热方式对路面再生温度的影响。Martins，Rajib 等研究提出，与热拌沥青混合料(Hot Mix Asphalt, HMA)相比，旧料掺量达到 100%的再生工艺具有显著的经济、环保效益，原材料成本降低了 50%以上，同时，CO_2 排放量降低了 35%以上。

1.2.2.3 再生设备方面

沥青再生过程涉及加热、铣刨、筛分、拌合、摊铺及碾压等多个过程，其中再生沥青混合料拌合设备作为整个再生过程的关键，与普通沥青搅拌设备存在区别。以厂拌热再生搅拌设备为例，目前主要有间隙式沥青搅拌设备和连续式沥青搅拌设备两大类，其中连续式沥青搅拌设备又可以分为普通连续式沥青搅拌设备、三套筒连续式沥青搅拌设备、双滚筒连续式沥青搅拌设备等几种形式。

间歇式沥青搅拌设备是一种由常规沥青搅拌设备改造而成的沥青再生设备，主要原理是利用新集料的过热温度，在搅拌过程中把热量传输给旧料。由于新骨料加热温度最多只能达到 200 ℃左右，因此可以处理的旧料较少，一般为 5%～10%；其次，由于新料和旧料混溶时间较短，旧沥青不能完全融化，与新沥青和再生剂的融合效果更差，因此再生效果较差；此外，采用间歇式沥青搅拌设备一般在热提升机处加入旧料，将旧料与新集料一起加热筛分，旧料中融化的沥青极易堵塞筛孔造成级配误差。

普通连续式沥青搅拌设备采用滚筒加热拌方式，利用燃气对流热量，加热量大，可以处理较高比例的旧料，同时旧料在冷态下称重，计量精确性较高，一般可以达到20%～30%旧料比例的沥青再生。该方法由于拌合时间长，新料和旧料有充分时间混合，因此旧沥青与新沥青或再生剂的混溶较好，可以实现较高程度的沥青再生。但该方法也存在一些缺点，如筒内高温容易导致沥青材料过度老化、自落式的搅拌效果较差等。

三套筒连续式沥青搅拌设备对烘干筒进行了加长改造，将燃烧器内伸到烘干筒中部，在逆流加热的基础上，增加一个旧料加热套用于加热旧料，最后与筒内的新料混合，再生质量较好，可以将旧料的比例提高到30%～40%。该设备的优点是利用燃烧室壁的辐射加热，加热量更大，并且旧料不与燃气接触，沥青受老化作用影响较小。此外旧料冷态计量也有利于提高计量精确度。相比于普通滚筒式沥青搅拌设备，该设备搅拌时间更长，新料和旧料混溶更加充分，因此再生效果更好，其缺点和普通滚筒式搅拌设备类似，都是采用自落式搅拌方式，搅拌效果有待提高。

双滚筒连续式沥青搅拌设备在加长烘干筒的外壁上装了搅拌叶片，再套上一个旧料加热套筒，在内筒中加热新集料后流入外套筒与已经加热的旧沥青料以及新加入的沥青和矿粉进行强制搅拌，该设备集中了连续再生和强制搅拌的双重优点，再生效果较好，可处理旧料比例达40%～50%(图1-2)。

通过对不同沥青搅拌设备进行评价和分析可以发现，间歇式再生设备和连续式再生设备的主要不同之处在于三个方面：旧沥青混合料计量方法不同，旧沥青混合料加热方法不同，新旧料混合方法及拌合时间不同。间歇式搅拌设备不能对旧沥青混合料提供准确的计量，同时加热程度、搅拌时间有限最终造成沥青旧料再生比例偏低，而且再生质量较差。相比之下，连续式再生搅拌设备由于对旧沥青混合料进行冷态称重，计量准确；通过分开加热和充分搅拌可以令新旧料混合充分，实现较高的旧料再生比例和质量。

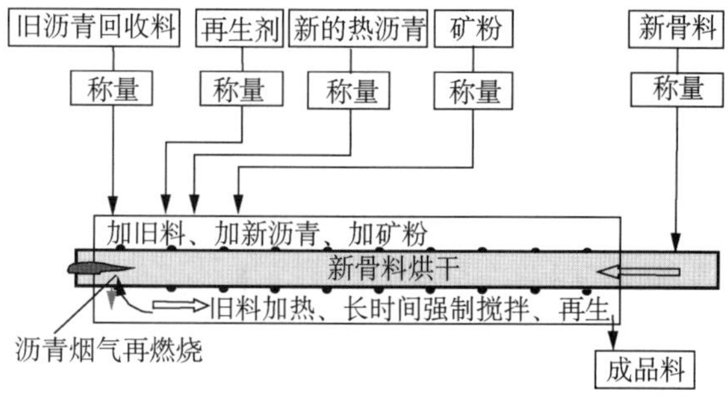

图1-2 双滚筒连续式沥青搅拌设备及其基本流程

1.3 国内研究进展

1.3.1 国内沥青材料回收利用的历史

早在20世纪50年代至70年代，我国就对沥青混合料回收料再利用进行过尝试，但主要是将其用于轻交通道路、人行道和道路垫层中。70年代初期，山西、湖北和河南等省份开始尝试将回收的废旧渣油沥青路面用作道路维修和养护中的基层材料。1982年，交通部设立了沥青渣油路面再生利用课题，对沥青路面再生机理以及沥青路面再生设计方法和再生工艺进行系统研究；1983年，“废旧沥青混合料再生利用”研究课题由建设部牵头，在上海市市政工程研究所、武汉市市政工程设计研究院、天津市市政工程研究所等单位共同承担下展开，将轻质油作为沥青材料再生剂对旧渣油路面进行再生处理，对普通拌合设备进行改装后在苏州、武汉、天津、南京等城市进行了近3万平方米的试验路铺筑。由于沥青再生技术不完善、生产工艺不成熟以及生产设备缺乏等问题，当时的沥青路面再生利用投资大、收益周期长且质量无法保证。到80年代中期，随着我国进入高速公路大规模建设期，沥青路面再生技术研究基本停滞[21]。

20世纪末，随着我国第一批高速公路设计年限的临近，沥青路面陆续进入大修或改建阶段，产生的大量废旧沥青路面材料重新把沥青再生技术带回人们的视野。1991年，建设部发布了《热拌再生沥青混合料路用施工及验收规程》；1996年，湖南省参考之前的研究成果，将废机油作为再生剂进行了沥青路面再生利用的尝试；1997年，江苏淮阴市公路养护处首次采用乳化沥青冷再生法对废旧沥青路面材料进行回收再利用，取得了一定的效果。进入21世纪，随着路面养护和翻修工程量的增加，沥青路面再生研究才真正得到了重视。2000年，沈大高速公路营口段开展了废旧沥青路面材料再生试验研究[16]，京津唐和沪宁高速公路也均采用了热再生技术。2002年，国家高技术研究发展计划(863计划)资助的“再生沥青混合料技术”课题由同济大学和东南大学联合承担，对再生沥青混合料的设计方法和性能检测方法进行了系统研究[17]。2003年，在广佛高速公路路面大修工程中，第一次大规模应用厂拌热再生技术，采用美国ASTEC公司双滚筒沥青再生拌合设备进行沥青路面再生利用。随着沥青材料回收利用技术越来越受重视，各地区、各高校进行的沥青路面再生利用的工程实践和科学研究也越来越深入。在此基础上，交通运输部于2008年4月颁布了《公路沥青路面再生技术规范》，一方面对我国沥青路面再生技术发展进行了总结，另一方面也更好地促进了沥青材料再生技术的发展和应用。2010年以后，随着环保政策的推出以及环保理念的深入人心，沥青路面再生技术开始越来越多地和乳化沥青技术、温拌沥青技术进行结合，更多的省份开展了泡沫沥青和乳化沥青冷再生技术的研究和应用[18]。

除了为沥青材料回收技术提供科研支持和制定规范文件外，我国还从法律、税收等多方面促进废旧沥青路面回收再利用的发展。财政部和国家税务总局联合制定的《关于资源综合利用及其他产品增值税政策的通知》(财税〔2008〕156号)第3部分第4条规定,销售“以废旧沥青混凝土为原料生产的再生沥青混凝土(废旧沥青混凝土用量占生产原料的比重不低于30%)”可享受自产货物增值税即征即退的优惠政策。《交通运输部关于加快推进公路路面材料循环利用工作的指导意见》(交公路发〔2012〕489号)第2点第2条指出,全国规划在“十二五”期间实现公路路面旧料“零废弃”,路面旧料回收率达到95%以上,循环利用率(回收再利用和就地利用)达到50%以上,并计划到2020年实现全国公路路面旧料循环利用率达到90%以上。“十三五”公路养护管理发展纲要指出要实行绿色养护生产。高速公路、普通国省道废旧路面材料回收率分别达到100%,98%,循环利用率分别达到95%,80%以上。

1.3.2 国内沥青材料回收利用的现状

1.3.2.1 再生剂方面

我国从20世纪80年代开始进行沥青再生剂研究,从最初的轻质油发展到现在,已经形成了几种类型的产品,如:ARA沥青再生剂,主要以种植石油馏分、芳香族石油溶剂为基础,通过高分子聚合物改性而成,主要用于就地热再生或厂拌热再生施工;ZS型再生剂,通过向低黏度塑化剂(高芳香分含量)中加入黏附剂形成大分子溶液,再通过增延剂、抗老化剂等制备的共混型沥青再生剂等。根据再生剂在我国的发展历史,可以将沥青再生剂分为以下两大类。

1)抽出油和废品油类沥青再生剂

由于老化作用会造成沥青黏度的增加,因此从降低沥青黏度的角度,可以通过加入低黏度的油分,降低其整体黏度。常见的添加剂如脱蜡抽出油等炼油厂废料、废机油、废润滑油等。20世纪80年代中期,我国进行沥青再生工程实践中采用的废轻质油是由润滑油、柴油、机油、减五油或多种废油品组成的混合物。同济大学针对轻质油类再生剂的各项指标提出过相关建议,如表1-5所示。

表1-5　轻质油类沥青再生剂技术指标建议值

技术指标	25 ℃黏度/(Pa·s)	25 ℃流变指数	芳香分含量/%	表面张力/(10^{-3}N·m^{-1})	薄膜烘箱试验黏度比(η前/η后)
建议值	0.01～20	≥0.90	≥30	≥36	<3

2)树脂油分合成类沥青再生剂

虽然废品油等轻质油分可以弥补沥青老化过程中损失的轻组分,达到沥青再生的目的,但直接采用轻质油作再生剂存在挥发性大、与沥青相容性差、施工安全性不足等缺点。因此,以轻质油分为基础,通过共聚树脂进行混溶和增黏处理,可以有效解决其易挥发和相容性差的缺点。用该方法开发的产品再生效果比较理想,但成本也相对较高,目前市场中较为成熟的再生剂产品大多采用此方法制备。

国外对沥青再生剂的研究多由专业化工部门进行，而我国再生剂的开发多由高校道路研究所进行，其理论基础大多来自对老化沥青的理解。由于缺乏材料学科的协作，对沥青再生理论和工艺考虑不足，根据组分调和法仅仅将沥青粗略地分为四大组分，即使大致还原了沥青的组分，但很难还原其中复杂的化学键及其排列方式，再加上对再生剂的质量评价也多参考国外标准，因此从整体上看，我国沥青再生剂的应用和研究相对落后。

1.3.2.2 再生工艺方面

与国际上流行的沥青路面再生工艺类似，目前我国沥青路面再生方法也涵盖了热拌法和冷拌法两大类。其中，就地冷再生方式对道路标高和纵断面等参数有一定影响，因此在我国一般应用于二级以下公路面层或高等级公路基层的翻修而不用于高等级公路面层。就地热再生方式处理厚度小，虽然可以修复车辙、泛油、麻面、磨光等表层缺陷，但对道路中下面层甚至基层的损坏无能为力；此外由于采用该再生方式时新加入的集料较少，因此对表层集料配合比需要调整的情况一般不适用；考虑到我国路面损坏不仅仅是沥青层表层病害，更多的是沥青层结构性损坏甚至基层的损坏，因此该方法在我国高等级公路翻修养护中的应用较少，厂拌热再生方式仍然是我国高等级公路沥青路面再生的首选方式。这一点与国际上大多数国家的情况基本一致。

1.3.2.3 再生设备方面

我国自 20 世纪 80 年代开始再生沥青技术研究以来，对再生沥青设备也进行了相关开发，但迄今为止，在工程实际应用中再生设备仍然以国外品牌或间歇式拌合设备为主，如图 1-3 所示。尤其是近 10 年来，我国在再生沥青设备的开发方面几乎处于停滞状态。具体来说，目前我国沥青混凝土搅拌设备仍然以间歇式沥青拌合楼为主，而连续式搅拌设备的推广仍然存在困难，究其原因有以下几点：

(1) 我国工程技术人员对连续式搅拌设备的计量和搅拌原理存在误解，认为连续式搅拌设备的计量精度和拌合效率不如间歇式拌合楼高。

(2) 由于我国集料品质参差不齐，采用间歇式沥青混凝土拌合楼，可以通过专门的热集料筛分机进行分级后称量，因此较容易控制级配；而连续式沥青混凝土拌合设备由于没有筛分环节，因此遇到集料规格较差时，无法保证级配质量。

(3) 早期的连续式沥青混凝土拌合设备采用自落搅拌方式，并且在烘干滚筒的后部加入沥青与热集料一起搅拌，不仅搅拌效果差，而且沥青在高温火焰下老化程度严重，而最初连续式沥青混凝土拌合设备采用的称重装置是模拟式皮带秤，级配和油石比误差大，再生质量确实不能满足高等级公路的要求。

以上几点原因造成我国工程技术人员对连续式沥青混凝土搅拌设备研发进度缓慢。但是随着机械工程装备制造技术的发展，连续式沥青混凝土搅拌设备技术有了巨大的进步，“三套筒”“双滚筒”等新型搅拌装置、中置火焰烘干搅拌技术以及现代电子称量技术和自动控制技术已经有效弥补了连续式沥青混凝土搅拌设备技术的不足。尤其是在美国 ASTEC 公司推出“双滚筒”再生沥青搅拌设备后，连续式沥青混凝土搅拌设备取代间接式混凝土搅拌设备已经成了必然的趋势。我国 1996 版《沥青路面施工及验收规范》规定：“高速公路、一级公路和城市快速路、主干路的沥青混凝土宜采用间歇式拌合机拌合，当工程材料来源或质量不稳定时，不得采用连续式拌合机拌制。”因为工程材料问题放弃对高水平施工设备的开发和使用无异于削足适履。随着我国沥青路面大规模维修期的到来，越来越多的“工程材料来源和质量不稳定”的旧料，势必对我国沥青再生设备形成倒逼，而高水平再生工艺和设备的不足也将影响我国沥青路面再生技术的发展。

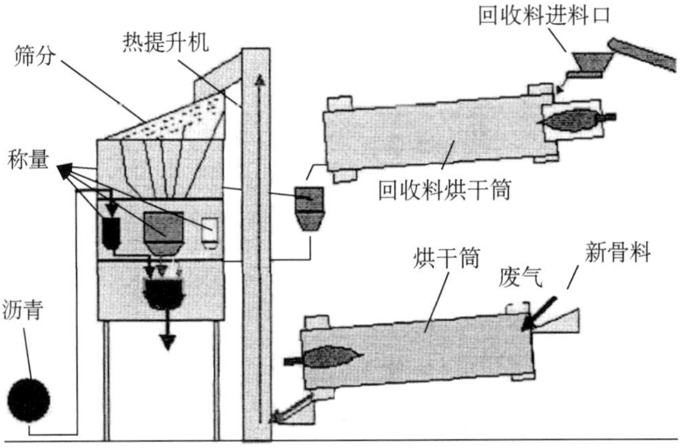

图 1-3　间歇式厂拌热再生设备示意图

1.4　结语

随着资源循环利用观念深入人心以及环保意识的不断提升，沥青再生技术已经成为各国道路工程可持续发展的重要课题。改革开放以来，我国在基础设施建设领域取得了令人瞩目的成就，新时代背景下发展低碳环保可持续的道路系统是道路工作者的任务之一。沥青路面材料的再生利用作为道路工程领域的热点问题，吸引了国内外大量研究者，并在老化再生机理、再生工艺和再生设备方面取得了丰硕的成果。然而，目前研究热点主要集中在再生剂扩散机理、高掺量沥青混合料回收料以及再生沥青混合料性能预测模型上，从沥青组分变化的角度对沥青老化机理和再生机理进行剖析的研究较少；在沥青再生剂开发方面，主要以轻质油为主，这类再生剂不仅对老化沥青性能恢复效果差，还存在稳定性及抗老化性能不足等缺点。此外，由于沥青组分划分不科学，分离效率低，传统再生剂开发过程中过分依赖“相容性理论”而忽略了“组分调和理论”，对再生方案的评价也局限于黏度、针入度、PG 分级等宏观指标，而对再生沥青成分的研究和评价较少，不足以为工程应用提供全面指导。此外，对于再生集料的研究较为缺乏,尤其是对再生集料在服役和铣刨过程中,颗粒形貌、力学性能和整体级配再生集料几何特性、形貌特征、级配参数以及老化沥青分布等特征进行数字化表征的研究较少。因此,作者研究团队近十年来,以道路工程可持续发展和沥青路面材料循环利用为目标,开展了沥青老化机理、轻质组分修复再生理论、低碳调配再生方法、橡胶沥青再生机理等方面的研究,初步形成了一整套沥青路面材料再生利用的理论,一定程度上解决了沥青混合料回收料的"精准"分析问题,实现了"精准"再生。

参考文献

[1] McDaniel S R, Anderson R M. Recommended use of reclaimed asphalt pavement in the superpave mix design method: technician's manual [R]. National Cooperative Highway Research Program Report 452, 2001.

[2] Murphy D T, Emery J J. Modified cold in-place asphalt recycling[J]. Transportation Research Record Journal of the Transportation Research Board, 1996, 1545:143-150.

[3] Epps J A. Cold-recycled bituminous concrete using bituminous materials [J]. Transportation Research Board, 1990.

[4] DOT US. A Study of the use of recycled paving material: report to congress[R]. US Department of Transportation (US DOT) and Federal Highway Administration (FHWA), Report No. FHWA-RD-93-147, 1993.

[5] U.S. Department of Transportation Ferderal Highway Administration. Development of Performance Based Mix Design for Cold In-place Recycling(CIR) of Bituminous Pavements[R]. Fundamental Properties Research Report Findings September, 2002.

[6] 胡兴国. 沥青路面回收材料试验与应用研究[D].南京:东南大学,2018.

[7] Yongjoo Kim, Hosin David Lee. Development of mix design procedure for cold in-place recycling with foamed asphalt[J]. Journal of Materials in Civil Engineering, 2006, 18(1):116-124.

[8] Asphalt Institute. Asphalt cold-mix recycling[M]. Asphalt Institute, 1983.

[9] ASTM D4215 Standard specification for cold-mixed, cold-laid bituminous paving mixtures [M]. American Society for Testing and Materials, Annual Book of ASTM Standards, 2021.

[10] Manual BAR. Basic Asphalt Recycling Manual[M]. Asphalt Recycling and Reclaiming Association, 2001.

[11] Leonard W E, Thomas W D, Thomas N B. Current practice of cold in-place recycling of asphalt pavements [J]. Transportation Research Record, 1988(1178).

[12] Robert E P, Sam T I. Resilient modulus and AASHTO pavement design[J]. Transportation research record, 1988 (1196).

[13] Robert C J, Ciesielski S K. Recycling and use of waste materials and by-products in highway construction [R]. National Cooperative Highway Research Program, Synthesis of Highway Practice No. 199, Transportation Research Board, Washington D C, 1994.

[14] Cross S A. Determination of ndesign for cir mixtures using the superpave gyratory compactor[R].

RMRC Research Project No. 15 Final Report, 2002.

[15] 江苏省交通科学研究院.沪宁高速公路沥青路面再生技术研究总报告[R]. 2005.

[16] 李海军,林广平,黄晓明.高等级公路沥青混凝土路面再生适用性[J].公路,2005(7):183-188.

[17] 张永明,宋晓燕,李正中,等.沥青路面热再生综述[C]//第三届(2009)国际路面养护技术论坛,2009:83-85.

[18] 刘言剑,侯俊玲.大力推广旧沥青路面冷再生技术对我国公路建设的重要性[J].城市建设理论研究(电子版),2013(27).

[19] Martins Z, Mallick R B. Review of very high-content reclaimed asphalt use in plant-produced pavements: state of the art[J]. The International Journal of Pavement Engineering, 2015, 16(1): 39-55.

[20] 曹立新. 沥青路面再生设备开发研究[J]. 科技创新与应用,2012(16):152.

[21] 李雪连,叶峻宏,唐成,等. 再生剂在回收热拌沥青混合料生产中的应用研究综述[J]. 中外公路,2020(5):240-244.

[22] 郭鹏, 谢凤章,孟建玮,等. 沥青再生过程中新-旧沥青界面混溶行为综述[J]. 材料导报, 2020, 34(13):104-112.

[23] 韩文生,李寒,宋冰泉,等. 新型的环氧沥青再生路面的研究和实践[J]. 公路, 2020, 65(8): 348-350.

[24] 李世坤. 沥青再生设备综述[J]. 建筑机械, 2002(11):34-36.

2 沥青混合料回收料的基本特征

2.1 沥青混合料回收料
2.2 筛分工艺
2.3 沥青混合料回收料的基本特征
2.4 沥青混合料回收料中老化沥青的性能特征
2.5 再生集料的性能特征
2.6 结语

2.1 沥青混合料回收料

2.1.1 取样标准

沥青混合料回收料(RAP)取样是废旧沥青路面回收的重要步骤之一。取样的代表性是检测质量好坏的重点。在实际生产过程中,应采用合适的取样方法进行沥青混合料回收料、天然材料、新沥青、再生沥青混合料及沥青路面试验的取样。

首先,沥青混合料回收料应具备较强的代表性。根据沥青混合料回收料的类别和掺量不同,其测试类别和测试频率也有所不同。不同来源的沥青混合料回收料相比单一来源,应增加检测频率。测试频率应该符合规范要求,并且能够评估再生沥青混合料的变异性。对于所有的沥青混合料回收料,沥青含量和集料级配是必须检测的两项内容。沥青含量根据美国国家公路和运输协会(American Association of State Highway and Transportation Officials, AASHTO)AASHTO T 308"燃烧法测定沥青混合料回收料中沥青的含量"或 AASHTO T 164"溶剂法提取沥青混合料回收料中沥青"来确定。其中,AASHTO T 308 燃烧法,需要进行标定试验,以获得集料修正数。通常情况下,集料校正因子由沥青混合料回收料中的集料材料所决定。如果所使用的天然集料来源与沥青混合料回收料中使用的集料相同或相似,则二者很可能来自同一地点,那么对沥青混合料回收料使用天然集料典型校正因子是合适的。对于不能明确集料来源的沥青混合料回收料,或者包含石灰石的沥青混合料回收料,其集料校正因子经常是不稳定的,可以使用 AASHTO T 164 溶剂提取法来确定沥青混合料回收料中的沥青含量。

在大量研究成果的基础上,我国沥青路面的取样通常采用随机取样的方法。随机取样方法是按照随机取样技术来选择取样地点和取样时间的方法,它最大限度地排除了取样过程中人为因素的影响。当采用随机取样方法对集料或者沥青混合料进行取样时,其中任何一部分都有机会被选中,样品选择无偏见,具有代表性。作为实现统计过程控制的重要工具,随机取样方法已经成为各行各业的标准取样方法。为控制再生沥青混合料的施工质量,在设计和生产过程中主要增加了沥青混合料回收料利用的步骤,故在取样方法上,主要对沥青混合料回收料进行了研究。

采用随机取样方法,对沥青混合料的关键指标(矿料级配、油石比、沥青黏度、沥青软化点等)进行研究分析。翻阅工程设计文件、施工日志和检测原始资料,掌握各个路段的结构层类型、路面病害分布,利用这些信息能够把道路依照回收的深度以及施工材料划分为多种段落。由于路面的沥青混合料回收料来源具有多样化的特点,可以是不同的路面层次或者不同的段落位置,所以其自身的构成以及规格具有差异性。为了进一步研究变异性(例如沥青的油石比或者矿料级配)对再生沥青混合料整体性能的影响,本节着重对沥青混合料回收料的取样方法进行阐述。

随机取样的过程如下:①根据历史资料,按结构组成将路面分成不同施工段落;

②每一个施工段落按等长度分成 6～8 个子段落；③样品应从各子段落随机取样；④每份样品应取足够量(至少 6.8 kg)用来做沥青胶结料的抽提、回收等试验；⑤每份样品应分开单独做试验。通过对美国不同州进行具体试验的取样数量以及频率进行总结，具体如表 2-1 所示。

表 2-1　　路面分析取样频率和尺寸

美国各州	取样频率	取样尺寸
亚利桑那州	3 个取样/1.6 车道公里	150 mm 直径/贯穿结构全深度
佛罗里达州	1 组 3 个芯样/1.6 车道公里 每个车道至少两组芯样	150 mm 直径/贯穿结构全深度
堪萨斯州	3 个芯样/1.6 车道公里 至少 30 个芯样	100 mm 直径/贯穿结构全深度
内华达州	1 个芯样/750 车道米	100 mm 直径/贯穿结构全深度
得克萨斯州	10 个芯样/项目	150 mm 直径整体/贯穿结构全深度
威斯康星州	1 个芯样/800 m	表面积至少 230 cm^2
怀俄明州	2 个芯样/km	150 mm 直径整体/贯穿结构全深度

为了使调查取样数据能够准确反映实际路面材料情况，需要制定科学的取样方法。结合国内外的取样情况调查结果，沥青混合料回收料可以从路面取芯，也可从沥青混合料回收料料堆及运沥青混合料回收料的卡车上取样，现提出沥青混合料回收料取样方法与取样频率要求。

1）路面取样

为获得实际材料自身具有的实际状况需要运用随机性抽样的手段。可根据原路面铺筑和养护的施工资料，将路面按照不同铺筑和养护条件划分路段，同时相关工程路段可以划分为 6～8 个相同长度的子段落，所有的子段落需要随机性选取一组钻芯样品，用于后续性能检测。若不同子段落具有的病害程度本身就相差很大，则必须对不同段落进行再生处置，在实际回收处理时采用不同的处置方式。

如果没有原路面的相关历史资料，就按照车道的具体长度，把车道划分成 12～16 个路段，在各个车道上每一路段随机性地进行一组芯样钻取，或是依照每隔 1.6 km 随机性地进行一组 3 个芯样的钻取。芯样采取整体厚度取样，以此实施全厚度的材料试验。芯样钻取直径一般为 150 mm，如果设备达不到相关技术要求，则其钻取直径可以设置为 100 mm，并同时增加样品数量。

2）料堆取样

从运输回收的材料堆内获取相关样品和从储存天然集料料堆进行样品获取的相关手段一样。但沥青混合料回收料进行实际堆放一般会产生“硬壳”现象，所以在回收原料样品堆内进行样品抽取之前，需要去除掉表层厚度在 150 mm 以上的回收材料。堆料的取样点需要至少 10 个不同的地点，每个随机地点需要对表面的硬壳层进行剥离。当沥青混合料涉及的样品抽取工作结束以后，就不能把其他的沥青混合料回收料堆放在料堆内，防止错误使用。

3）卡车取样

沥青混合料回收料也可以从运输回收材料的运输车上获取。把 1～2 天内所回收到的沥青混合料回收料分成 12～16 份，一天随机抽取 2 辆运输车，从 2 辆运输车上各抽取 1 份样品。在实际样品取样时，首先在回收材料的顶端铲出一个平底沟槽，之后依照三等分从相关位置获得一定的样品。

4）取样数量

取样数量一般由其最终目的所决定，去除掉颗粒直径超过 50 mm 的沥青混合料回收料。为了测试 RAP 材料的级配和沥青含量或者为了进行质量控制，样品质量应大于或等于 10 kg。如果样品用于配合比设计，则需要更多的样品数量。Superpave 样品数量较 Marshall 或者 Hveem 样品更多，因此需要更多的样品进行 Superpave 配合比设计。通常需要 25 kg 样品，以确保集料级配以及沥青含量试验所具备的样品具有独立性。

5）变异性分析

变异性通常会对沥青混合料回收料自身的掺量与再生沥青混合材料具有的性能产生影响，需要对预处置的回收材料实施变异性的控制和分析。变异性的来源主要是原沥青路面的配合比、服役年限、结构层位、回收工艺以及养护方式等。在实验室中，一般采用变异系数来反映沥青混合料回收料的变异程度，即标准差和平均值的比值。

6）测试和测试频率

沥青混合料回收料的代表性样本应该是烘干至恒重之前配料的混合样本。沥青混合料回收料水分含量的初步确定可帮助混合料的配合比设计。用于测定水分含量的样品不应被用于其他样品组合进行测试，因为它是加热后的。测试要求和测试频率各不相同，详情请根据沥青混合料回收料的类别确定，大量的沥青混合料回收料被用于配合比设计，多种来源的沥青混合料回收料相比单一来源会受到更严格的测试。

2.1.2 铣刨方法

沥青混合料回收料（RAP）是指在原路面上通过铣刨的方式得到的旧沥青材料。这种材料可以在新沥青混合料中再次使用，因为其中的沥青胶结料和集料仍然具有一定价值。在新路面中使用沥青混合料回收料能够减少新材料的使用量，节约成本和自然资源。另外，大量的研究表明，在热拌沥青混合料中部分加入 RAP 与全部使用新材料的沥青混合料性能基本相同。

图 2-1 为路面修复作业中沥青面层的铣刨机械。铣刨作业是对长期使用或者因为表面破坏的路面进行修复的最初过程。铣刨的好处包括以下六点。

（1）清除路面受力层；

（2）维持桥面铺装厚度，避免增加桥面铺装的重量；

（3）避免堵塞路缘排水结构；

（4）修复路面的横断面结构，保证路面平整；

（5）铣刨后表面呈粗糙状态，使其与铺设的上表面具有良好的黏结状态；

（6）高效的路面修复过程，仅需关闭单个车道。

1）选择铣刨深度

选择合适的铣刨深度是沥青路面养护的重要设计考虑。通常而言，铣刨深度根据对芯样的肉眼观察来决定，一般考虑面层中的裂缝以及薄弱层、层界面。去除这些受损和薄弱层有助于提高上面层的长期使用性能。首先需要对受损和未受损路面均进行芯样的采集，对于高速公路至少每车道每公里采集一个芯样，对于城市道路至少每个街区每个车道采集一个芯样。在这个过程中，检查道路面层的横断面是很重要的，因为很多道路经过了不同程度的拓宽。然后需要对芯样进行仔细的检查，包括裂缝深度、薄弱的交界面和铣刨后的薄弱层。

图 2-1　路面修复作业中沥青面层的铣刨机械

2）检查铣刨过程

铣刨过程需要密切检查以确保铣刨后的废旧沥青路面材料没有掺杂土、基层材料、土工织物和其他杂物。这对于深层铣刨和路肩及加宽段铣刨而言极其重要。铣刨后的沥青材料如果掺杂了其他材料就只能作为路肩材料使用并应与 RAP 分开储存。RAP 中有害物质含量不能超过推荐的最大 1%的限制，这个限制对于天然集料同样适用。

铣刨后的表面同样需要检查是否有碎裂，是否将薄弱的面层留在原处，如果这些现象出现，铣刨深度应该调整至碎裂层处，具体如图 2-2 所示。如果这种薄弱连接层被允许留在原处，则上面层的路用性能会极大地衰减。

最后，铣刨层需要进行均匀性检查。不均匀的结构会导致铣刨轮出现磨损和破坏，在压密上面层时出现问题，也可能会在开放交通后出现不安全的表层。很多机构要求一种简单的均匀性检查，即在铣刨层不能出现超过 15 cm 的高差。

图 2-2　铣刨后的路面表层，薄弱的破损面层可能会导致上面层的早期损坏

3）铣刨后集料的破碎

铣刨机械的工作需要消耗大量的能量用于将道路面层通过旋转的齿轮以 200 r/m 的速率剥离。这个过程将路面的沥青和集料颗粒破碎裂开，这导致了集料破碎之后的级配相比路面层原有的级配更细。以往在铣刨前取得的芯样需要进行抽提试验，通过抽提试验得到的级配加上调整系数后用来估计铣刨后沥青混合料的级配。然而，由于集料强度和脆性（抗冲击能力）、沥青劲度模量（影响铣刨的时间和温度）、铣刨机械的速度和铣刨的深度等因素，大量集料在铣刨过程中发生破碎，这一方法就不再适用了。

4）通过铣刨去除特定的面层

在某些情况下，通过使用特殊的铣刨工艺去除特定的面层是有益的。其中一个例子是，铣刨掉已经破碎的开级配抗滑磨耗层（Open Graded Firction Course，OGFC）。如果需要在已有道路上重新铺设新的 OGFC 面层或者其他类型的超薄磨耗层，那么仅需铣刨原有 OGFC 面层而留下较好质量的下面层。在这种情况下，精铣刨设备（图2-3）可以在铣刨后形成更光滑的表面，以便于新上面层的铺设。使用常规的铣刨设备可能会出现较深和不规则的凹凸导致超薄磨耗层铺装产生困难。

特殊的铣刨工艺也可以很好地用于分层铣刨，因为上面层含有高质量的集料以及改性沥青。有些施工方发现这种铣刨工艺具有很好的经济性，因为上面层的集料具有很好的棱角性，并且后续工程要求在新的面层中使用 RAP 材料。

5）路面破碎

RAP 也可以通过使用推土机和铲斗对已有路面进行完全的破碎后得到。这个工艺仅适用于小范围的路面，施工速度较慢，并且产生很多大块的路面碎块，很难再进一步破碎得到可以循环使用的材料。当路面碎石掺入了下面层的碎石和土，那么就应该完全破碎后作为路基和基层材料使用，不能够用于面层沥青混合料中。

(a) 精铣刨设备

(b) 常规铣刨设备

图 2-3 精铣刨设备与常规铣刨设备的对比

2.1.3 拌合站废料

沥青拌合站在沥青混合料的生产过程中，即启动、运输、拌合、清理时，普遍会产生大量的废料。通常，启动过程和关闭过程中的沥青混合料含有很少的沥青。另外，施工过程中一些没有很好覆盖的沥青混合料由于温度过高或过低不能用于摊铺而产生废料，或者已经摊铺完成但是还有一些尾料抑或是由于天气恶劣没法继续摊铺而剩下的材料也视作废料。它们通常被储存起来以待之后作为 RAP 使用。因为这些材料没有在自然环境下使用，沥青老化程度相比路面收集的 RAP 更低。废料中也含有更少的细料，因为其没有进行铣刨或破碎。这些废料必须经过彻底的拌合和加工以成为均匀的可回收材料，通常与其他来源的 RAP 结合形成多来源的沥青混合料回收料。

图 2-4 多种来源的 RAP 与污染物堆放在一起

2.1.4 污染物

沥青混合料的料堆需要隔绝污染物，这一点是至关重要的。将 RAP 在一些垃圾堆、草堆等地方进行堆放的做法是非常错误的，如图 2-4 所示，施工现场沥青混合料中出现垃圾或者在路面出现垃圾都是不被允许的。卡车运送 RAP 进入料场需要十分注意卸料位置，不能将一些杂物放置在 RAP 料堆的下方，并且要求卡车在装料之前车厢是干净的。拌合站质量控制人员和装卸货的人员需要确保未加工和加工的 RAP 不含有污染物。如果发现了污染物，需要立即清除，并要确保 RAP 材料堆放在干净的料场中。

2.1.5 小结

本节介绍了沥青混合料回收料(RAP)的取样标准、铣刨方法、废料处置以及可能的污染物。RAP 的来源可以是原有沥青路面和沥青拌合过程中的废料。RAP 的取样标准采用随机取样方法，对沥青混合料的关键指标(矿料级配、油石比、沥青黏度、沥青软化点等)进行研究分析。明确原有沥青路面铣刨过程中需要注意铣刨深度、铣刨材料的均匀性以及铣刨后路面表层是否有薄弱层。说明沥青拌合过程中产生废料的老化程度比路面铣刨收集的要低。此外，确保 RAP 材料的料堆隔绝如草、垃圾和泥等污染物，保持堆场的整洁非常重要。

2.2 筛分工艺

沥青混合料回收料根据其粒径大小可以分成大于 9.5 mm 和小于 9.5 mm 两种。一般来说，经筛分的沥青混合料回收料允许在上面层、中面层和下面层的使用量分别为 10%，20%和 30%。在特殊情况下，筛分后的沥青混合料回收料在相应层位的使用量分别可为 20%，30%和 40%。要求筛分的主要目的是提高再生沥青混合料的黏度。然而，筛分后的再生沥青混合料黏度并不高于未经筛分的再生沥青混合料。因此，从再生沥青混合料筛分的角度分析，应该建立再生沥青混合料质量控制的要求和对材料变异性的限制[1]。具体做法如下：

(1) 将不同来源的 RAP 加工成均匀的原材料；

(2) 将大块的 RAP 分散和破碎成为颗粒状，使之能够在与新材料拌合过程中有效地加热和分散；

(3) 减小 RAP 的最大粒径使之能够用于面层沥青混合料(或者公称最大粒径较小的沥青混合料)；

(4) 减少额外粉尘的产生。

2.2.1 铣刨过程

经单一工程铣刨后的材料具有统一的级配、沥青含量、集料性能和沥青性能。然而，限制 RAP 材料在沥青混合料中掺量的主要原因是粉尘含量。因为从路面进行铣刨得到的 RAP 材料已经含有 10%～20%粉尘，可能的话最好进行最小程度的深度破碎。

1）单一来源 RAP 的生产过程

（1）从原路面得到铣刨后的沥青混合料回收料。

（2）取样并测试铣刨得到的混合料性能，以确定其级配和检查最大粒径。

（3）如果最大粒径满足理想的配合比设计要求，就不用再进行深度的破碎。

（4）如果最大粒径太大，不满足设计要求，则按以下方法进行：

① 根据配合比设计要求的最大公称粒径，用合适的筛孔对 RAP 材料进行分离。将细料进行储存和性能测试，将粗料储存在合适的最大公称粒径下进行使用。

② 对铣刨后的材料进行破碎，使其通过要求的筛孔。这是最不合适的选择，因为这会导致大量裸露的 RAP 集料颗粒产生，从而产生额外的粉尘，严重影响 RAP 掺量。

2）多种来源 RAP 的生产流程

由于多种来源得到的 RAP 材料具有不同的组分，必须经过加工处理得到均匀的 RAP 材料用于新的沥青混合料中。从多种来源沥青混合料回收料中实现均匀 RAP 材料的关键在于将充分拌合作为加工流程的关键步骤。使用推土机和挖掘机等设备将不同来源的 RAP 材料在料堆拌合，然后对其进行筛选和破碎，这一系列过程能够产生足够均匀的材料，具体如图 2-5 所示。

图 2-5 利用挖掘机向破碎和筛选流程进料

2.2.2 RAP 的筛选过程

因为 RAP 经过破碎过程后会产生大量的细料，所以最好将破碎过程放在筛选过程之后，这能够使小粒径 RAP 不用经过破碎直接使用。图 2-6 显示了一台便携式的 RAP 破碎机，在破碎操作前通过装配的筛板进行筛料，只有筛板之上的 RAP 需要进行破碎。一些 RAP 破碎机将所有 RAP 从料斗运送到破碎机上进行破碎，然后通过循环装置进行再破碎。这种循环装置的目的是将大颗粒不再通过筛板而进行再破碎。然而其不足之处在于，所有 RAP 都需要经过第一次破碎，而事实上一些较小的颗粒没有必要进行破碎。

根据上文可知，RAP 破碎设备有许多类型，通过实践发现，最佳的破碎设备是为加工 RAP 材料特殊设计的水平冲击器（HSI）和旋转粉碎器。这些 RAP 的粉碎和破碎设备是用来处理大块状 RAP 材料的，而不是用来减少 RAP 级配的。压碎类型的破碎机，例如颚式破碎机和圆锥破碎机，由于潮湿和受热的 RAP 材料结团，比较容易堵塞。锤磨机容易产生更多的细料，其工作时的速度和间隙需要根据集料的破碎程度调整。另外，工程实践中也有使用铣刨设备来破碎堆放的 RAP 材料，但是这可能存在设备倾覆的风险，因为储存的 RAP 材料不均匀而且不能提供稳定的工作面，因此没有记录表明这种方法在使 RAP 材料破碎均匀上具有优势。

此外，筛分过程中也需要考虑天气的因素，湿度和温度会影响 RAP 材料的粉碎和筛选过程。当 RAP 材料处于潮湿和受热状态时，会变得较黏，易于粘在喂料器和破碎机中，堵塞筛孔。而且 RAP 细料会在运料的过程中粘在皮带上，并逐步堆积。在这种情况下，需要对 RAP 加工机械和 RAP 投料系统、拌和系统进行更多的维护保养，因其会影响 RAP 的级配和沥青含量。

图 2-6　RAP 加工过程，在破碎机前放置有筛板

2.2.3　分级处理

分级处理是将 RAP 材料筛选成典型的 2～3 种尺寸等级。一般包括 3/4 英寸和 3/8 英寸、3/8 英寸和 3/16 英寸，以及 3/16 英寸以下。一般而言，3/4 英寸以上尺寸的材料需要运送到破碎机进行破碎然后再进行筛选。分级处理最主要的好处是将 RAP 材料分成多种不同的尺寸，在进行再生沥青混合料配合比设计时可以根据需要提供合适的尺寸，具体如图 2-7 所示。

图 2-7　便携式 RAP 分级处理机械

是否对 RAP 进行分级处理由再生沥青混合料生产者决定，而非规范要求。一些施工方要求对于一些高 RAP 掺量的再生沥青混合料进行 RAP 分级处理。这种处理方法并没有合适的规范，而确保 RAP 均匀性的最佳方式是设置 RAP 堆料的变异性控制。

2.2.4 堆放管理

一般而言，沥青混合料回收料的堆放贮藏应该使用同天然集料贮藏一样的方式，即被贮藏在干净、干燥、稳定的料仓中，且不允许被外界材料例如灰尘、泥或者草所污染。灰尘在沥青混合料回收料贮藏区域应该被控制，这样灰尘才不能覆盖在沥青混合料回收料表面而改变每个贮藏库中原料的等级。在贮藏库的垫层准备一个实心工作平台，并容易排水，这样才能确保集料的含水量最低。20 世纪七八十年代，人们认为料堆高度如太高，RAP 会在重力作用下结块，但实践证明料堆高度比较高时并没有明显的结块现象。除此之外，研究人员还发现在料堆表面会形成一个厚度为 200～250 mm 的硬壳，装载机可以很容易地击破这个硬壳并方便地装运。这个硬壳主要是由于气温较高和太阳照晒形成，它可防止雨水等侵入 RAP 料堆。

集料和 RAP 材料的含水量是影响沥青拌合站生产效率和干燥成本的主要因素，因此采用创新的办法降低集料中的含水量十分有必要。最好的办法是在堆料上覆盖或建设遮盖物防止淋到雨水，具体如图 2-8 所示。其次，使用锥形的堆料方式，并且将堆场设置在铺面和斜坡的表面，使降水能够及时从堆料上排出。不规则形状的堆料，表面容易产生凹凸，会导致降水的堆积，这种情况需要对堆料的形状进行重新整理，可使用装载机和小的推土机进行作业。然而，对堆料顶端的 RAP 进行重型作业时需要避免 RAP 材料的压实。同样地，推荐将 RAP 堆料的高度限制在 20 英尺(约 6.1 m)以下，以避免其自重下的压实。

图 2-8 在 RAP 材料上设置遮盖物以降低含水量

此外，离析也是沥青混合料回收料贮藏的主要关注问题。许多 RAP 质量问题是集料在贮藏和装载中不正确的操作造成的。因此，RAP 应该按照生产的要求分开贮藏，不同原路面和不同性状的 RAP 一定要区分开来。贮藏库应该尽可能建成水平的或者轻微倾斜的。RAP 运载卡车每次都应该装载同一个堆里的 RAP。应该避免贮藏库在建筑过程中 RAP 被推动或移动到其他地方，因为这些做法最容易导致离析发生。RAP 离开堆料输送机或者环形堆跺机时可能以三种方式导致离析的发生：第一，如果风很大，大粒径的 RAP 会直接掉落，但小粒径的 RAP 会被风带到一边的堆中；第二，大粒径 RAP 由于有更多的能量会滚到料堆的外边，从而产生离析；第三，如果传送带的速度很快，更多的 RAP 会直接掉入贮藏库，而大粒径 RAP 会被从传送机传送到很远的位置。

当堆料过程中使用传送带将 RAP 颗粒运送到堆场，降低储存过程中的离析，是一个普遍的过程。较大的颗粒具有较大的动能，容易滚到堆料的底部。这导致含有更少沥青的更多大颗粒 RAP 在底部，而含有更多沥青的细颗粒在顶部。一般情况下，处理后的 RAP 材料将会从筛选和破碎的场地移动到便于投料的沥青拌合站附近。这个过程可以进行材料的再混合以及提高其均匀性。使用装货机械在不同堆料的位置处取出 RAP 材料，在运输到最终场地前重新进行搅拌，这可以提高其均匀性。

2.2.5 小结

本节阐述了沥青混合料回收料的筛分工艺。单一工程铣刨后的材料具有统一的级配、沥青含量、集料性能和沥青性能，限制 RAP 材料在沥青混合料中掺量的主要原因是粉尘含量。而由多种来源得到的 RAP 材料，由于其组分的不同，必须经过加工处理得到均匀的 RAP 材料才能用于新的沥青混合料中。加工处理的过程是，首先由推土机和挖掘机等设备将不同来源的 RAP 材料在料堆进行拌合，然后将其进行筛选和破碎。RAP 材料的筛分和分级处理最主要的好处是将 RAP 材料分成多种不同的粒径，以便在进行再生沥青混合料配合比设计时可以根据需要提供合适的材料。对于筛分完成的 RAP 材料，要求将其贮藏在干净、干燥、稳定的料仓中且不允许被外界材料例如灰尘、泥或者草所污染，并且贮藏库的垫层需准备一个实心工作平台，易于排水，这样才能确保集料的含水量最低。

2.3 沥青混合料回收料的基本特征

RAP 材料被回收利用于再生沥青混合料时，需要对配合比设计中 RAP 掺量与 RAP 性能进行考虑。RAP 中的集料为服役后的旧集料，其性能特征需要满足一定的物理力学要求；RAP 中的旧沥青也需要进行测试和分析，因为旧沥青的掺入会导致新沥青用量的减少。在路面的建设期和服役期内，RAP 中的沥青与氧气逐渐反应导致老化和硬化。如果旧沥青的老化程度较高或者掺量较大，那么其与新沥青混合后的再生沥青会较硬，一般可以通过加入较软的新沥青来增加再生沥青的黏度，也可以加入再生剂确保 RAP 的性能。

2.3.1 级配

RAP 中的沥青和集料在其服役期间也许能够满足当时规范要求，但是随着服役时间的增加，尤其是采用 Superpave 规范后，RAP 的性能就可能达不到相应的要求。Superpave 规范相比之前的热拌沥青规范在大多数情况下更加严格，尤其在控制集料级配和形状方面。含有 RAP 的热拌沥青混合料生产和制备必须满足新规范的严格要求。如果 RAP 集料的级配与 Superpave 规范中的级配要求相差较大，那么 RAP 掺量就必须受到限制。

RAP 的性质在很大程度上取决于其组成材料的性质以及沥青混合料的类型（面

层、中间层等)。不同沥青混合料所采用的集料品质、尺寸及均匀性也存在差异。具体来说,面层的沥青混合料所用集料必须要具有高耐磨性来保证路面具有足够的摩擦力,但中间层沥青混合料所用集料对抗滑性能的要求不是很重要。

铣刨和粉碎作业均会导致部分集料粒径减小。铣刨过的 RAP 的级配一般情况下较原集料更细,密度更大;而粉碎导致的集料粒径减小不会像铣刨那么多。因此,粉碎后的 RAP 材料级配不如铣刨后的细,但是相比天然集料在相同设备下粉碎产生的集料还是要细。经过铣刨和粉碎的 RAP 粒径大小分布在一定程度取决于所使用的制备 RAP 的设备类型、路面集料的种类以及在原路面破碎过程中是否有路基或者底层集料与 RAP 材料混合。在原路面破碎过程中,几乎所有的 RAP 材料都被铣刨或粉碎到 38 mm(1.5 英寸),允许的最大可用尺寸为 51 mm(2 英寸)或 63 mm(2.5 英寸),表 2-2 列出了通常情况下粉碎或铣刨制作的 RAP 的典型粒径分布范围,铣刨的 RAP 通常要细于粉碎制成的 RAP。在美国的加利福尼亚州、北卡罗来纳州、犹他州和弗吉尼亚州路面研究中对比了铣刨前后集料粒径分布,显示破碎路面的集料中 2.36 mm(8 号筛)通过率从铣刨前的 41%~69%提高到了 52%~72%,0.075 mm(200 号筛)的通过率从 6%~10%提升至 8%~12%。由此说明,大多数 RAP 有潜力成为级配优良的粗集料,但是相比之下,要比天然集料更细和具有更大的变异性。

表 2-2　RAP 材料的典型级配范围(通过率)

筛孔粒径(目数)	通过率/%
37.5 mm(1.5 英寸)	100
25 mm(1.0 英寸)	95~100
19 mm(3/4 英寸)	84~100
12.5 mm(1/2 英寸)	70~100
9.5 mm(3/8 英寸)	58~95
7.5 mm(No.4)	38~75
2.36 mm(No.8)	25~60
1.18 mm(No.16)	17~40
0.60 mm(No.30)	10~35[a]
0.30 mm(No.50)	5~25[b]
0.15 mm(No.100)	3~20[c]
0.075 mm(No.200)	2~15[d]

注:a.通常少于 30%;b.通常少于 20%;c.通常少于 15%;d.通常少于 10%。

2.3.2 密度

铣刨和破碎后 RAP 的密度取决于原路面的集料种类以及含水量。虽然关于 RAP

的现有文献对于其密度的描述有限，但是铣刨和破碎加工后的 RAP 的密度一般为 1 940～2 300 kg/m^3，略低于天然集料密度，这主要是因为 RAP 中含老化沥青的比例达到 3%～7%，从而影响了 RAP 的密度。关于 RAP 材料含水量的研究较少，但已有的研究表明，RAP 在储存过程中含水量会上升。粉碎或铣刨后的 RAP 如果暴露在雨水下将会吸收大量的水分，储存的 RAP 水分含量能提升至 5%甚至更高。如果储存期间有大量的降水，一些 RAP 的含水量将会高达 7%～8%。因此，如果需要长期储存铣刨或粉碎的 RAP，应当尽量保持最低限度的含水量。

2.3.3 变异性

沥青混合料回收料的变异性是普遍存在的问题。RAP 是从原路面上得到的，包含了原路面材料、补丁、碎石和其他由于维修产生的材料，甚至可能混入了基层、中间层和面层材料。从不同施工路段中得到的 RAP 材料往往会在同一个堆场堆积，尽管这种混合是不允许的。堆场中也可能包含了一些其他材料，无法保证具有相同的标准。考虑到这些变异性，很多地区限制了 RAP 在新沥青混合料中的掺量，也有一些地区尽管允许采用高掺量的 RAP 材料，但是要求这些材料是同一个项目中得到的。如果 RAP 是在堆场中取得的，并且已知来源不同，则会在新沥青混合料拌合过程中使用较少的 RAP 材料。此外，RAP 堆场中也可能存在一些无关材料，例如易拉罐、木材、水泥混凝土、其他杂垃圾等，这些材料是不被允许进行沥青混凝土生产的，需要对其进行检查和限制。

明确了 RAP 材料的变异性后，就需要尽可能控制并在使用过程中予以重视。如果 RAP 材料的特性出现变异，例如级配和沥青含量，这会导致最终的热拌沥青混合料的性能发生变化，使得施工质量无法满足规范的要求。美国一些州对于施工质量是否满足规范要求，政府有一定的处罚和奖励措施，材料的变异性会导致施工成本的增加。

良好的堆场管理措施能够在一定程度上控制材料的变异。研究表明，RAP 材料的变异性一般虽能够得到控制但效果不如预计的好，RAP 堆场如图 2-9 所示。堆场中的材料应该来源于同一个项目来保证其具有均匀性，但实现这个目标通常是困难的，因为

图 2-9 RAP 堆场

在拌合站附近往往没有足够的空间来分开进行堆放。从不同来源中得到的混合料是不理想的 RAP 材料，因为它显著增加了堆料的变异性。如果在堆场中有很多不同来源的材料，则需要利用装卸机及其他机械进行充分的拌合。RAP 材料的破碎和筛选过程也能够拌合，去除一些较大尺寸的材料，上述 2.2 节就讨论了拌合站和施工过程中加工和处理 RAP 材料的过程。此外，美国一些州要求对这些堆料进行测试和分类。对于取样测试后的堆料分配一个数字代号，新 RAP 材料就不能加入到这些堆料中，确保满足对应州在堆料管理和 RAP 材料变异性限制的要求，以及在特定混合料中 RAP 材料的允许最大掺量。

如果越来越多的 RAP 被添加到堆场，每增加 1 000 吨 RAP 时取样和测试应该继续保持一定的频率。标准差是度量材料变异性的基本方法，表 2-3 显示了 RAP 关键性能的标准差。其中，中值筛是最接近平均通过率为 50%的筛，通常情况下，中值筛的标准差是最大的。这些值是基于许多工程实践收集的数据所确定的。尽管在上述标准差限制范围内有效的 RAP 质量控制措施是必要的，但是最近发表的一些报告和调查显示这些参考值是可以实现的。如果一个或多个属性的变异值超过了表 2-3 规定的值，本书提出的堆场管理指导方法会有助于降低标准差，但同时需要注意的是，抽样的方法对于变异性结果有着显著的影响。在取样后，实验室要做的就是老化沥青的抽提和回收。通过这些试验，可以得到老化沥青的性能及沥青混合料回收料的级配，根据所得的试验数据就可以进行老化沥青的再生和掺配，以及确定新沥青混合料的级配。

表 2-3　　RAP 库存变异性参考

RAP 性能	最大标准差
沥青胶结料含量	0.5%
集料通过中值筛	5.0%
集料通过 0.075 mm 筛	1.0%

2.3.4 含水量

在实验室进行沥青混合料配合比设计时，RAP 需要被彻底加热以达到合适的拌合和压实温度，这个过程也同时将 RAP 中的水分去除，进行干燥。但是，在实际路面摊铺时，RAP 中可能含有一定的水分，因此需要较为准确地评估 RAP 中的含水量。类似于使用天然集料，RAP 总质量中需要考虑水分的质量，如果不考虑水分质量，则实际 RAP 掺量就会比要求的少。

RAP 中的含水量同样也是拌合站生产效率的限制因素。高含水量的 RAP 需要更多的时间和能量使其干燥，这在较大程度上会影响生产效率。天然集料需要被加热到更高的温度以使热量转移给 RAP 材料，使其干燥。另外，在拌合站内，高含水量的 RAP 会产生水蒸气，使得搅拌机需要进行一定程度上的气体排放，进而导致相关的环境问题[2]。

RAP 中含水量的测试方法与堆场集料样品含水量测试方法是相同的：首先，将

RAP 样品称重，烘箱干燥至恒重（在施工现场，用电热炉加热），再进行称重。施工单位通常用常用的方法（包括温度、加热时间等）来进行 RAP 的干燥。含水量通过前后称重的质量差除以 RAP 干重后得到，如式（2-1）所示：

$$含水量=\frac{W_w-W_d}{W_d}\times 100\% \tag{2-1}$$

式中，W_w 为潮湿 RAP 的质量，g；W_d 为完全干燥之后 RAP 的质量，g。

2.3.5 物理力学性能

通常情况下，RAP 材料中老化沥青含量占总质量的 3%～7%，从原路面磨耗面层取得的 RAP 材料一般含有 4.5%～6%的沥青，并且黏附在集料上的老化沥青胶结料要比新沥青胶结料更硬一些。这主要是由于路面在使用过程中暴露在空气中的沥青部分被氧气氧化及风化。其硬化程度主要取决于几个因素，包括沥青胶结料自身的固有性质、沥青混合料生产的拌合温度（随着温度升高，硬化程度随之升高）和时间、沥青混合料的压实程度（如果没有压实好将导致硬化程度提升）、沥青胶结料用量和空隙率（硬化程度随沥青用量的增加而降低，随空隙率的增加而升高）以及路面服役时间（随着服役时间增，加硬化程度升高）。从 RAP 中回收得到的沥青往往呈现低针入度和较高的黏度，这取决于原路面的服役时间。根据沥青老化程度的不同，25 ℃针入度可能的范围是 10～80，而 60 ℃黏度可能的范围是 2～50 Pa·s（RAP 材料黏度的一般范围是 4～25 Pa·s）。表 2-4 给出了 RAP 材料除级配外的典型物理力学性质范围值。

表 2-4　RAP 材料的物理和力学特性

性能类型	RAP 性能	取值范围
物理性能	密度	1 940～2 300 kg/m³
	含水量	一般可达到 5%，最大值可达到 7%～8%
	沥青含量	一般值：4.5%～6%，最大值范围：3%～7%
	沥青针入度	一般值：25 ℃下 10～80
	绝对黏度	60 ℃下 4～25 Pa·s
力学性能	压实密度	1 600～2 000 kg/m³
	CBR	20%～25%（100%RAP） 150%或更高（40%RAP+60%天然集料）

2.3.6 黏弹性特性

1）线性黏弹性特征

复数剪切模量 $|E^*|$ 是沥青混合料基本性能指标，可以通过在不同频率 ω 下加载半

波正弦荷载测试得到。应力与应变之间的时间间隔通常用相位角 φ 表示。复数剪切模量 $|E^*|$ 表示为最大动态应力与应变的比值。储存模量 E' 和损失模量 E'' 分别为动态模量实部和虚部的组成。

$$E'(\omega)=|E^*(\omega)|\cos\varphi(\omega)$$
$$E''(\omega)=|E^*(\omega)|\sin\varphi(\omega)$$
$$E^*=E'+iE'' \tag{2-2}$$

Prony 级数代表了储存模量和损失模量,分别对应广义麦克斯韦尔模型,包含了多重麦克斯韦尔要素(一系列的弹簧和黏壶)并联,可以由下式表达。

$$E'(\omega)=F_o+\sum_{i=1}^{m}\frac{\omega^2\rho_i^2E_i}{1+\omega^2\rho_i^2} \tag{2-3}$$

$$E''(\omega)=\sum_{i=1}^{m}\frac{\omega\rho_iE_i}{1+\omega^2\rho_i^2} \tag{2-4}$$

式中,E_i 和 ρ_i 分别代表弹性模量和黏性松弛时间,与广义麦克斯韦尔模型中的要素相关联。

2) 黏弹性参数之间的相互关系

松弛模量、复数模量和蠕变柔量相互关联,基于一个基本的材料学模型(广义麦克斯韦尔弹簧-黏壶模型)。例如,松弛模量可以通过动态模量主曲线 $|E^*|$ 和相位角 φ 主曲线,在一定的频率范围内计算得到。储存模量可以按照复数模量的不同频率换算得到,如下式所示。

$$E'(\omega_R)=|E^*(\omega_R)|\cos\varphi(\omega_R) \tag{2-5}$$

Prony 级数是储存模量的表示,根据实验数据通过式(2-5)依据不同的频率得到:

$$E'(\omega_R)=E_o+\sum_{i=1}^{m}\frac{\omega_R^2\rho_i^2E_i}{1+\omega_R^2\rho_i^2} \tag{2-6}$$

3) 弹性-黏弹性的对应关系

黏弹性温度可以被转化为等效的弹性问题,通过弹性-黏弹性的对应关系,Schapery 提出了拓展的弹性-黏弹性对应关系,可以应用于线性和非线性的材料。这种对应关系中材料的本构关系对于弹性材料和黏弹性材料相同,但是需要将真实的应力应变用虚构的应力和应变代替,通过下式卷积积分得到:

$$\varepsilon^R=\frac{1}{E_R}\int_0^t E(t-\tau)\frac{\partial\varepsilon}{\partial\tau}d\tau \tag{2-7}$$

$$\sigma^R=E_R\int_0^t D(t-\tau)\frac{\partial\sigma}{\partial\tau}d\tau \tag{2-8}$$

式中，σ，ε 分别为物理上的应力和应变；σ^{R}，ε^{R} 分别为虚拟的应力和应变；E_{R} 为参考模量，常量；$E(t)$，$D(t)$ 分别为松弛模量和蠕变柔量。

2.3.7 小结

本节重点阐述了沥青混合料回收料的级配、密度、变异性、含水量以及力学和黏弹性性能。RAP 回收过程中，铣刨和粉碎作业均会导致部分集料粒径减小，铣刨后 RAP 的级配一般情况下要较原集料更细，而粉碎导致的集料粒径的减小不会像铣刨那么多。经过铣刨和粉碎的 RAP 粒径大小分布，在一定程度取决于所使用的回收 RAP 的设备类型、路面集料的种类，以及在原路面破碎过程中是否有路基或者底层集料与 RAP 材料混合等。铣刨和破碎后 RAP 的密度取决于原路面的集料种类以及含水量，由于 RAP 含有 3%～7% 的老化沥青，铣刨和破碎加工后的 RAP 的密度一般为 1 940～2 300 kg/m^3，略低于天然集料密度。RAP 的变异性是普遍存在的问题，主要是 RAP 集料的级配和沥青含量的变异，需要在回收过程中检查和限制多种来源的 RAP 堆放，尤其要强化堆场的 RAP 管理。RAP 中的含水量同样也是拌合站生产效率的限制因素，高含水量的 RAP 需要更多的时间和能量使其干燥，这会较大程度上影响生产效率和能耗，进而导致相关的环境问题。由于在长期服役的沥青老化，RAP 材料中体现出与新拌沥青混合料不同的力学性能和黏弹性行为，并且受到包括沥青胶结料自身的固有性质、沥青混合料生产的拌合温度、时间（温度升高硬化程度随之升高）、沥青混合料的压实程度（如果没有压实好将导致硬化程度提升）、沥青胶结料用量和空隙率（硬化程度随沥青用量的增加而降低，随空隙率的增加而升高）以及路面服役时间（随着服役时间增加硬化程度升高）等因素的影响。

2.4 沥青混合料回收料中老化沥青的性能特征

2.4.1 抽提和回收方法

确定 RAP 材料中沥青含量后，就能够在新沥青混合料配合比设计过程中计算出总沥青的用量。同时，掌握沥青胶结料的物理性能也是非常有必要的。有必要对通过溶剂从 RAP 中抽提的沥青胶结料进行性能测试。如果 RAP 用量超过 15%～30%，需要根据 RAP 沥青的等级及通过试验来确定添加的新沥青（或原样沥青）的等级或某一等级新沥青的添加量。

RAP 材料中沥青胶结料的含量与性能测试方法主要有燃烧法和溶剂法两种。可以利用离心机的溶剂、真空或回流提取器的方法从 RAP 中提取沥青胶结料，或是在烘箱中通过燃烧法将骨料中的沥青胶结料烧尽，计算得到沥青胶结料的含量，集料也可以根据需要保存以进行后续的评价。但是，燃烧法可能导致集料等级降低，在分析经过燃烧法处理后的集料时要对此给予一定的考虑。另外，确定燃烧炉中集料的沥青胶结料含量也要十分谨慎，特别是对于 RAP 来说，其中有关集料的修正系数可能是通过预估而非经过实测得到的。当地的集料需要根据当地经验确定是否适合采用燃烧法进行评价。以下对各种方法进行具体说明。

2.4.1.1 燃烧法

目前最常用的确定 RAP 中沥青含量和回收集料的方式，主要是 AASHTO T 308或 ASTM D6307 两种方法。燃烧法的优势在于能够快速得到结果、试验时间短且不需要溶剂，但前提是需要知道集料的修正系数以得到准确的样品沥青含量。集料的修正系数是指真实沥青含量与制备样品测试结果的差异值。对于新沥青混合料而言，集料修正系数是由已知沥青含量的测试样本决定的。对于 RAP 而言，不可能知道一个样品的沥青含量，因此也就无法确定集料修正系数。但是，如果应用来自于同一个采石场或是沉积层的当地集料时，其集料修正系数随时间的推移是保持不变的。因此，对于特定区域，其历史平均集料修正系数可以作为 RAP 中集料的修正系数。

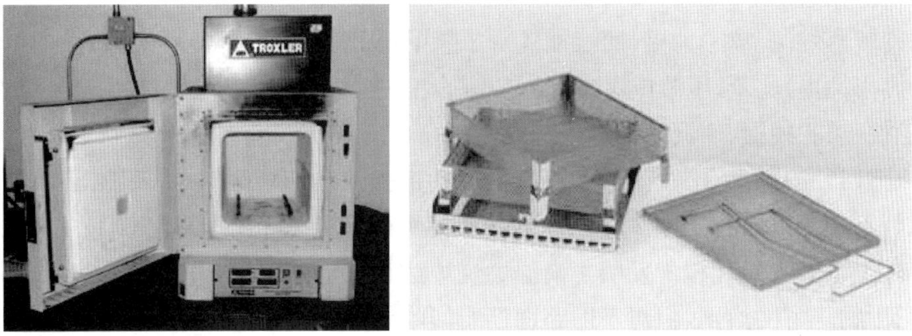

图 2-10 燃烧炉

采用燃烧法回收的 RAP 集料可以用于级配分析和其他集料性能测试，但需要注意的是，不是全部试验都能够采用燃烧后的集料。因为当在燃烧炉（图 2-10）中加热到 530 ℃以上时，一些集料类型（诸如白云石）的性能会发生显著变化。在燃烧炉中这些集料在矿物学意义上出现小的自然变异会导致集料修正系数产生很大的变异（高达 1%～2%）。为了避免这一情况，RAP 样品中的沥青含量也可以用溶剂抽提的方法来获得。

2.4.1.2 溶剂法

用三氯乙烯或是其他有机溶剂进行抽提试验，是一种能有效确定沥青混合料中的沥青含量并且可以回收集料的方法，已经使用了几十年。然而这一方法中使用的含氯溶剂会对健康及环境产生不利影响。普通丙烯溴和一些非卤代溶剂（萜烯类或右旋柠檬烯类）被发现可以作为一种替代溶剂，已被 AASHTO T 164 允许使用，但其在使用过程中对聚合物改性沥青胶结料的溶解能力有限。由于燃烧法所引起的集料修正系数变异性太大，或是某些类型集料变异太大，溶剂抽提方法不得不继续被使用。根据集料的特性、溶剂的溶解能力和沥青胶结料的黏度，溶剂抽提可能不会将所有从集料上脱离的胶结料溶解。而燃烧法的重复性和再现性要比溶剂抽提试验法高四倍以上。

沥青回收试验是沥青再生技术的关键试验之一，直接影响再生沥青的各项路用性能评价，是确保再生沥青路面质量的重要基础。RAP 的抽提（图 2-11）与回收操作过程，都是对原路面沥青混合料进行抽提，然后对抽提液进行老化沥青的回收。ASTM D2172 中对沥青混合料回收料沥青抽提共列举了三种方法，分别是离心机抽提法、回流抽提法和真空抽提法。其中，阿布森法与旋转蒸发法都是用离心机抽提获取老化沥青的溶解液。图 2-11 为旋转蒸发法具体示意图。

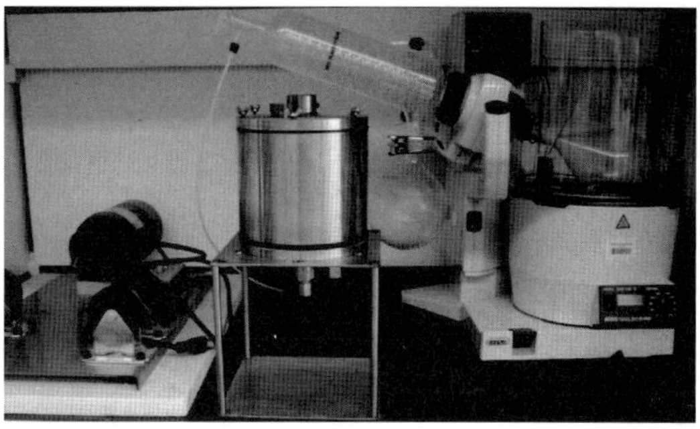

图 2-11　RAP 的抽提试验(旋转蒸发法)

用于抽提和回收过程中的溶剂也有很多种，主要包括：三氯乙烯（适用阿布森法、旋转蒸发法、离心抽提、回流抽提）；二氯甲烷（适用于旋转蒸发法、离心抽提、回流抽提、真空抽提）；[苯、甲苯或甲苯与乙醇混合溶液（乙醇 20%）]（只适用于阿布森法）；三氯乙烷（离心抽提、回流抽提）。

以上四种溶剂都有一定的毒性，其中毒性最强的苯，其余依次是三氯乙烯、二氯甲烷、三氯乙烷。以前的沥青含量多是通过抽提法确认的，为了避免有毒性的溶剂，国外在 20 世纪八九十年代相继发明了高温燃烧炉法和核子测定法，并发现了一些有机的和能进行生物降解的溶剂，但对于旧路面沥青回收料的回收还是需要用到三氯乙烯、苯和二氯甲烷，直到美国 SHRP（Strategic Highway Research Program）对沥青混合料回收料抽提和回收方法进行了改进。

1) AASHTO T319 沥青回收法

美国 SHRP 计划研究发现，利用阿布森法和旋转蒸发法回收的沥青结合料有很大的变异性，主要表现在以下几个方面：

(1) 沥青胶结料可能与有机溶剂发生反应，从而改变老化沥青的物理性质；

(2) 在回收完成之后，经常会有溶剂保留在所回收的沥青当中，使回收沥青性质发生变化；

(3) 沥青结合料不能完全从集料中抽提出来，这会对集料的性质有很大的影响。

AASHTO T319 沥青回收法就是在阿布森法和旋转蒸发法的不足之上建立起来的，实验取用的溶剂是溴化丙醇，克服了以前所用溶剂的不足。改进的方法是从萃取和回收两个方面进行的，其实验操作装置也被称作 SHRP -旋转蒸发器回收装置（图 2-12）。

AASHTO T319 是一种新的沥青回收方法，其方法原理在国内还很少被提及，现将其操作过程介绍如下：

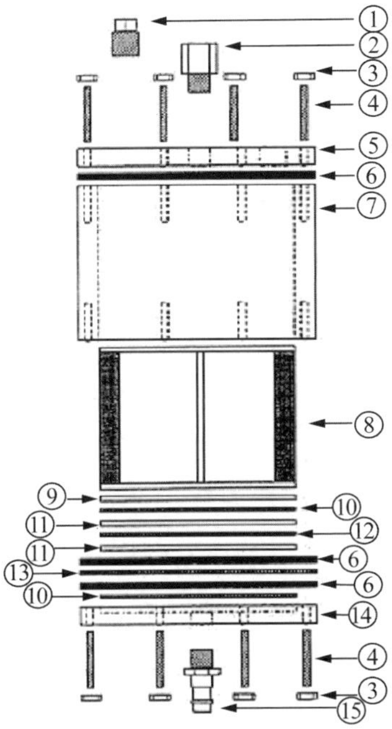

1－1-ISO 12RT 进液口；
2－ISO 8RT 进液口；
3－12MS×0.5 螺帽；
4－12MS×0.5×50 mm螺栓；
5－抽提盖；
6－厚3 mm、直径148 mm的垫圈；
7－抽提室；
8－铝合金挡板；
9－厚3 mm、直径148 mm的铝合金垫圈；
10－#10防锈钢筋；
11－金属隔板；
12－#50筛；
13－#200筛；
14－抽提室底座；
15－ISO 4RT过滤出液器。

图 2-12 SHRP-旋转蒸发器回收装置

(1) 利用四分法从取回的样堆中取出 1 000～1 100 g 的沥青混合料回收料试样，此试样可以回收 50～60 g 的沥青胶结料。

(2) 将沥青混合料回收料试样放入烘箱中烘干，温度设定为 110 ℃，然后称取试样和过滤器的质量。

(3) 将试样加入抽提容器中，盖好盖子，加入 600 ml 的溴化丙醇于容器中，然后向容器中以 1 000 ml/min 的速度通入 1 min 的 N_2。

(4) 将盛有沥青混合料回收料和溶剂的容器旋转 5 min。

(5) 将萃取容器垂直放置，并通过真空管与一个回收瓶连接起来，这时以 400 ml/min 的速度向容器中注入 N_2；萃取容器通过一个真空装置（压强：700 mmHg）促使流出液进入第一个回收液瓶，然后流出液经过 0.02 mm 的过滤器流入第二个回收瓶中；最后，打开真空装置的开关并将第二个回收瓶的流出物转入旋转蒸发器的回收瓶中。

(6) 当回收液进入旋转蒸发器的回收瓶中，就进行回收液的第一次蒸馏。蒸馏瓶应始终保持大约 2/3 的回收液在瓶中（700 mmHg 真空装置），温度为(100±2.5)℃。

(7) 重复第(3)至第(6)的操作。

(8) 使用 400 ml 的溶剂并将旋转器启动 30 min，直到抽出液变成淡黄色。当蒸馏瓶只有 1/3 液体时停止第一次蒸馏。

(9) 将蒸馏液倒入离心瓶中，然后将离心瓶进行 25 min 的离心分离（离心机转速为 3 600 r/m）。

(10) 将离心液倒入蒸馏瓶中进行第二次蒸馏，旋转蒸发装置的油浴温度此时应控制在(174±2.5)℃。

(11) 继续蒸馏直到挥发液冷凝率小于 30 s/滴。此时将 N_2 的导入速率调整到 1 000 ml/min，通入(30±1)min 的时间。

(12) 最后将回收的沥青结合料从蒸馏瓶中倒入实验器皿中。

AASHTO TP2 是在阿布森法和旋转蒸发法的基础上建立起来的，其实验操作虽然复杂一些，但易于控制，实验数据相对来说也更稳定，并克服了溶剂和集料对回收沥青的影响，是一种较好的沥青回收方法。AASHTO TP2 萃取过程使用了内部旋转的圆筒(图 2-13)，很像一个旋转的研磨机。圆筒中设有折流板，以促进混合料和溶剂的接触。回收液在进入回收瓶离心抽提之前要经过一个过滤系统，这个过滤系统有四个不同类型的筛号，其中包括 8 mm 和 1～2 mm 的聚丙烯单纤过滤器，这样就可以去除回收液中部分的细集料和矿粉。萃取回收过程中大约需要利用 3 000 ml 的溶剂 7 次冲洗回收料，这样才能保证集料上的沥青被完全洗掉。而回收装置则是改进的旋转蒸发器。

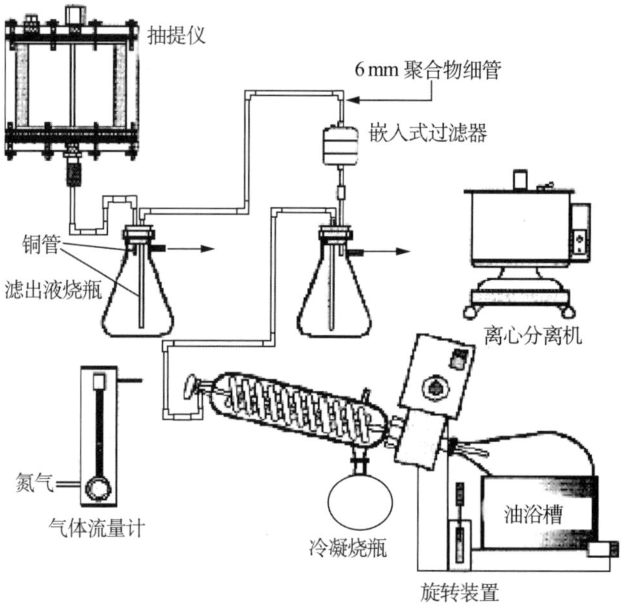

图 2-13　AASHTO TP2 实验操作装置

2) 阿布森法沥青回收

虽然 AASHTO TP2 是一种很好的实验室沥青回收方法，但是此装置推出时间不长，应用还不是很广泛且价格昂贵，国内至今也没有进口。考虑到经济性和可靠性，目前国内一般都使用阿布森法进行沥青回收实验。可根据现行《沥青和沥青混合料试验规程》(JTJ T0726—2011)按阿布森法试验的规定进行操作。

由于不同方法的优缺点和局限性，在确定沥青含量、回收 RAP 集料及它们的性能时，有必要选择多种方法进行测试，以此来确定适合本地区的最佳测试方法。图2-14的流程图阐述了燃烧法和溶剂法的测试步骤。

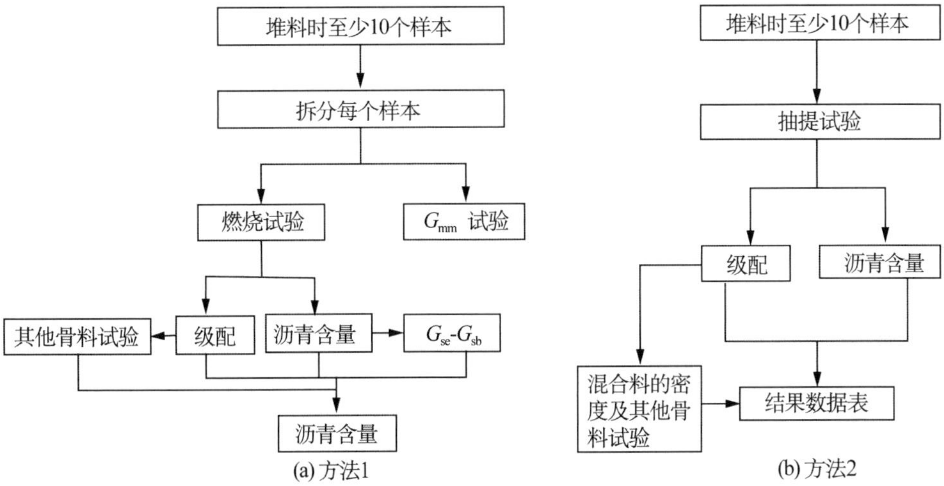

图 2-14 RAP 样品的取样及试验过程

2.4.2 黏弹性性能

对于沥青路面而言，沥青胶结料是承担交通荷载的重要组成。道路石油沥青由原油精炼而来，是石油分馏得到燃油和润滑油后剩余的重油残渣。从材料学角度，沥青胶结料是一种黏弹性材料，性能与加载时间和温度有关。在高温和长时间加载下，沥青变得较软，类似于黏性流体；在低温和快速加载下，沥青变得较硬，更类似于弹性体。

黏弹性材料有线性和非线性两种。对于线性黏弹性材料而言，在某个温度和加载频率下，其应变与应力呈比例关系，但非线性黏弹性材料并非如此。沥青胶结料在低应力下呈现线性黏弹性性质，在高应力下则呈现非线性黏弹性性质。而高应力的临界值与沥青的化学组成、加载频率和温度有关。由于沥青混合料内部组分分布不均，当应力加载时会产生显著的内应力差异，尤其对于沥青而言。之前的研究表明，沥青的应变可能是沥青混合料应变的 1～500 倍不等。因此，当沥青路面承受交通荷载时，一部分沥青呈现线性黏弹性而另一部分则呈现非线性黏弹性状态。表征沥青线性及非线性黏弹性范围对于沥青路面特定部分而言是较为困难的，并且材料的应变根据应力和加载时间的不同而不同。目前，沥青黏弹性特性的表征采用低应力和短时间的加载模式，属于线性黏弹性区域。而两种在线性区域行为相似的沥青在非线性区域的行为可能大相径庭。因此，测试包含沥青的非线性区域特性也是必需的。

1）线性黏弹性

图 2-15 为黏弹性材料蠕变恢复的原理图。0 时刻时，随着应力 τ_0 的加载应变 γ_t 瞬间增大。在 0 ～ t_1 时刻，应力 τ_t 保持不变，而应变 γ_t 逐渐增大。

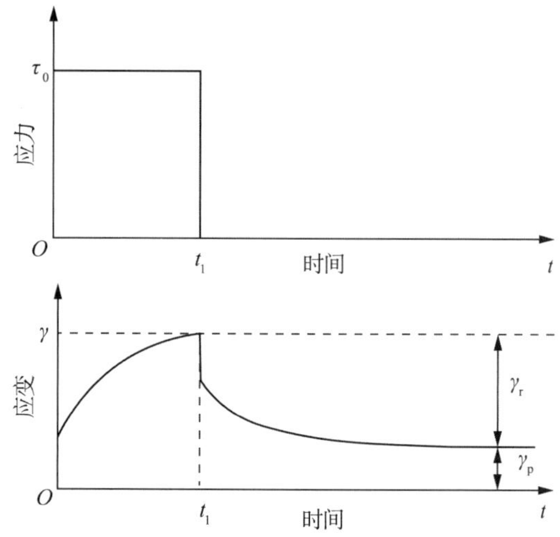

图 2-15　黏弹性材料的蠕变和蠕变恢复的应变响应

当应力为 0 时，材料的变形部分或全部恢复。应变与应力的比值定义为蠕变柔量 $J(t)$。如果蠕变柔量与应力水平无关，则材料为线性黏弹性材料。

$$J(t)=\frac{\gamma(t)}{\tau_0} \tag{2-9}$$

式中，τ_0 为加载应力；t 为加载时间；γ 为加载过程中的总应变，其中，γ_r 是可恢复应变，在足够长的恢复后进行测试（足够的恢复时间内）；γ_p 是永久变形，在足够长的恢复后进行测试。

对于线性黏弹性材料而言，复合荷载的影响可以等效为所有单个荷载之和，这被称为玻尔兹曼叠加原理。使用这一原理，线性黏弹性材料的本构关系可以通过其任意的加载历史来反映。式(2-10)被称为玻尔兹曼应变叠加积分式，反映了在一个任意应力 $\tau(\xi)$ 作用下的蠕变恢复，其中，ξ 表示积分变量，应力从 $t=0$ 开始加载。

$$\gamma(t)=\int_0^t J(t-\xi)\frac{\mathrm{d}\tau(\xi)}{\mathrm{d}\xi}\mathrm{d}\xi \tag{2-10}$$

2）非线性黏弹性

对于一些黏弹性材料而言，其黏弹性函数与应力或应变相关，被称为非线性黏弹性材料。叠加原理对其不适用，其应力应变的基本关系的确定相对复杂。多重积分可以作为其中一种方式，但是其核心函数需要通过很多测试得到。非线性特征也可以由单一的非线性被积函数组合而成，使用修改后的叠加原理。这种近似处理的方式不如多重积分来得灵活，但是对于实际运用来说足够精确。如果满足了一些数学条件，并且蠕变柔量与加载时间和应力相关，则非线性材料的本构关系可以由下式确定：

$$\gamma(t)=\int_0^t J(t-\xi,\ \tau)\frac{\mathrm{d}\tau(\xi)}{\mathrm{d}\xi}\mathrm{d}\xi \tag{2-11}$$

式中，$\gamma(t)$为对应的非线性应变；$J(t,\ \tau)$为蠕变柔量，是应力和加载时间的函数；t 是应力加载的函数；ξ 为时间变量的积分。

另外一些表征非线性黏弹性材料特性的方法结合了黏弹性和黏塑性特征。在非线性黏弹性材料中，应力恢复与蠕变不需要呈现相同的时间依赖性。这种行为被证明对于非线性材料而言难以建模。Schapery 模型提供了在某些情况下用单一积分模型得到复杂的材料的合适方式。

2.4.3 性能分级

RAP 中抽提和回收得到的回收沥青胶结料需要进行性能测试。根据性能分级要求，回收沥青胶结料需在高温条件下进行动态剪切流变测试(Dynamic Shear Rheometer, DSR)，然后将剩余的 RAP 沥青胶结料放入旋转薄膜烘箱(Rolling Thin Film Oven, RTFO)短期老化进行 DSR 和弯曲梁流变测试(Beam Bending Rheometer, BBR)[3]。

应遵循以下步骤来确定 RAP 沥青胶结料的物理性能和失败温度。

(1) RAP 沥青胶结料应该按照改进的 AASHTO T 319 方法(如前所述)，用合适的溶剂来回收。需要回收至少 50 g RAP 沥青胶结料用于性能测试。

(2) 按照 AASHTO M320 沥青分级标准对沥青胶结料进行沥青 PG 分级试验，不需要进行旋转黏度、闪点和质量损失相关实验。对回收的原样 RAP 沥青胶结料通过 DSR 试验确定 PG 高温等级。根据原样 DSR 值确定 T_c(高温)，其中 $G^*/\sin\delta=1.00$ kPa。按照以下公式计算高温值。

确定模量—温度曲线的斜率为 $\Delta\lg(G^*/\sin\delta)/\Delta T$。

按照式(2-12)确定 T_c 值(高温)，精度为 0.1 ℃。

$$T_c(\text{高温})=\left[\frac{\lg(1.00)-\lg(G_1)}{a}\right]+T_1 \tag{2-12}$$

式中，G_1 为特定温度 T_1 时的 $G^*/\sin\delta$ 值；a 为模量—温度曲线的斜率。

(3) 对剩下的 RAP 沥青胶结料进行 RTFO 老化试验。

(4) 对 RTFO 老化后的 RAP 沥青胶结料进行 DSR 试验以确定老化后沥青的 PG 高温等级。按照以下公式计算高温值。

确定模量—温度曲线的斜率为 $\Delta\lg(G^*/\sin\delta)/\Delta T$。

基于 RTFO 老化后的 DSR 试验，按照式(2-13)确定 T_c(高温)，精度为 0.1 ℃。

$$T_c(\text{高温}) = \left[\frac{\lg(2.20) - \lg(G_1)}{a}\right] + T_1 \tag{2-13}$$

式中，G_1，a 的含义同式(2-12)。

(5) 以原样 DSR 试验和 RTFO 老化后 DSR 试验所得较低的高温失败温度作为回收 RAP 胶结料的高温失败温度。根据这一值来确定回收 RAP 胶结料的高温等级。

(6) 对 RTFO 老化后的 RAP 沥青胶结料进行 DSR 试验确定 PG 分级的中值 T_c(中温失败温度)，基于压力老化箱(Pressure Aging Vessel, PAV)压力老化后的 DSR 试验。

确定模量—温度曲线的斜率为 $\Delta\lg(G^* \sin\delta)/\Delta T$。

按照式(2-14)确定 T_c 值(中值失败温度)，精度为 0.1 ℃。

$$T_c(\text{中温}) = \left[\frac{\lg(5\,000) - \lg(G_1)}{a}\right] + T_1 \tag{2-14}$$

式中，G_1，a 的含义同式(2-12)。

(7) 对 RTFO 老化后的 RAP 沥青胶结料进行 BBR 试验确定 PG 低温等级 $T_c(S)$或 $T_c(m)$，基于 BBR 的蠕变劲度模量或 m 值。

确定模量—温度曲线的斜率为 $\Delta\lg(S)/\Delta T$。

按照以下公式确定 $T_c(S)$值，精度为 0.1 ℃。

$$T_c(S) = \left[\frac{\lg(300) - \lg(S_1)}{a}\right] + T_1 \tag{2-15}$$

式中，S_1 为特定温度 T_1 时的 S 值；a 为模量—温度曲线的斜率。

确定 m 值—温度曲线的斜率为 $\Delta m/\Delta T$。

按照式(2-16)确定 $T_c(m)$值，精度为 0.1 ℃。

$$T_c(m) = \left(\frac{0.300 - m_1}{a}\right) + T_1 \tag{2-16}$$

式中，m_1 为特定温度 T_1 时的 m 值；a 为曲线斜率。

选择两个低值 $T_c(S)$和 $T_c(m)$中较高值作为回收 RAP 沥青胶结料的低温失败温度 T_c(低温)，基于上述确定的低温失败温度确定回收 RAP 沥青胶结料的低温 PG 分级。

一旦确定了回收 RAP 胶结料的物理性能和失败温度，在实际拌和过程中有两种方法可供选择：第一种方法(称为 A 法)在沥青混合料中掺入的 RAP 百分比是已知的，并需要确定用于混合的基质沥青的 PG 等级；第二种方法(称为 B 法)将最大比例的 RAP

掺入沥青混合料中，同时使用相同的 PG 等级的基质沥青。这两种方法均假定指定承包商能够确定最终混合沥青胶结料的 PG 等级。

2.4.4 小结

本节对 RAP 中老化沥青的性能进行了阐述。燃烧法和溶剂法是两种获取 RAP 中再生集料的试验方法。燃烧法是将 RAP 中的沥青烧尽来获取集料，需要考虑集料修正系数，如果 RAP 来自于同一个采石场或是沉积层的当地集料时，其历史平均集料修正系数可以作为 RAP 中集料的修正系数。溶剂法是采用三氯乙烯等极性溶剂对老化沥青进行溶解，然后通过旋转蒸发的方式回收溶剂，但是存在沥青溶解不完全和溶剂回收不完全等问题，AASHTO T 319 中提出的新型抽提回收方法可为今后研究提供思路。沥青胶结料的 PG 性能等级是基于黏弹性理论确定的，考虑了高温抗车辙性能、低温抗开裂性能以及中温抗疲劳性能。

2.5 再生集料的性能特征

2.5.1 物理特性

沥青混合料回收料的宏观形貌如图 2-16 所示。不难看出，沥青混合料回收料不是单一颗粒物，而是由大小不等、数目不定的矿质集料经沥青胶泥裹覆、黏结而成的，具有特殊结构的团粒状颗粒。

图 2-16 面层沥青混合料回收料宏观形貌照片

再生集料的宏观物理性能对沥青混合料的路用性能有很重要的影响。回收集料的宏观物理性能主要包括密度、吸水率、针片状含量等。集料的表观相对密度是反映集料性质的一个重要指标，在沥青混合料的配合比设计中有着重要的作用，在很大程度上影响沥青混合料的理论最大相对密度和空隙率等一系列体积指标的准确性。通常来说，低密度集料组成的混合料具有高空隙率，高密度集料组成的混合料具有低空隙率。不同密度集料组成的混合料在设计时级配走向不一样，沥青用量也有较大差别。集料密度对沥青混合料孔隙率有影响，在沥青含量不变的情况下，随着集料密度的增大，混合料的空隙减小。集料密度差异主要是由集料的矿物组成引起的，使集料的密度从 2.67 g/cm^3 变化至 3.24 g/cm^3，不同密度集料组成的混合料具有不同的孔隙率特征，合理利用不同密度的集料，可提高沥青混合料孔隙率控制的准确性和可靠性，从而使路面的设计寿命得到保证。《公路工程集料试验规程》(JTG E42—2005)要求：用于高速公路和一级公路表面层的粗集料表观相对密度不得小于 2.60 g/cm^3，其他面层的粗集料密度不小于 2.50 g/cm^3；其他等级公路表观相对密度不小于 2.45 g/cm^3。

集料的吸水率主要影响沥青混合料吸收沥青用量的多少，集料吸水率越大，吸收的沥青用量就越多。但是，集料吸收的这部分沥青对沥青路面的路用性能的影响可以忽略不计。而且集料的吸水率与矿物组成的关系不大，主要与岩石的构造有关。

美国 NCHRP 报告的研究表明：集料的针片状含量对沥青混合料的压实性能和体积指标有一定影响，针片状含量高的集料比含量低的集料现场压实要困难得多，因此现行的《公路沥青路面技术规范》(JTCF 40—2004)对集料颗粒针片状含量有明确的限制。集料的矿物组成与针片状含量的关系不大，针片状主要是由岩石的生产工艺多造成的。

2.5.2 级配

由于经过了车辆长期的碾压以及回收路面材料时的铣刨过程，路面材料会“退化”和“细化”，本身的变异性增加。现行规范中对级配的规定也只是一个定性的指标，却没有对级配是否适用划定明确的界定值，导致沥青混合料级配的变异性增加，从而提高了施工质量控制的难度。

沥青胶结料含量确定之后，被保存的集料需要用来进行分析确定集料级配及相关物理性质。如果采取溶剂抽提的方式回收集料，在测试之前集料需要在烘箱或是用风扇烘干。如果使用燃烧炉烘干集料，需要在集料完全冷却之后再进行相关处理。

集料通过燃烧炉燃烧后，在确定集料的级配时要考虑周全。在燃烧炉中一些集料可能分解或是消失了，而另一些集料则保存完整，这就会导致集料级配发生变化。虽然在美国燃烧炉的使用逐渐增加，但是美国的一些州不允许使用燃烧炉确定集料级配，个别州指导使用燃烧炉的方针取决于常用集料的类型以及集料的分解率。

根据 AASHTO T 30 采用标准筛对 RAP 集料进行过筛，提取集料进行力学分析，或者按照 AASHTO T 27 相关要求，对细集料和粗集料进行筛分分析，具体如图 2-17 所示。

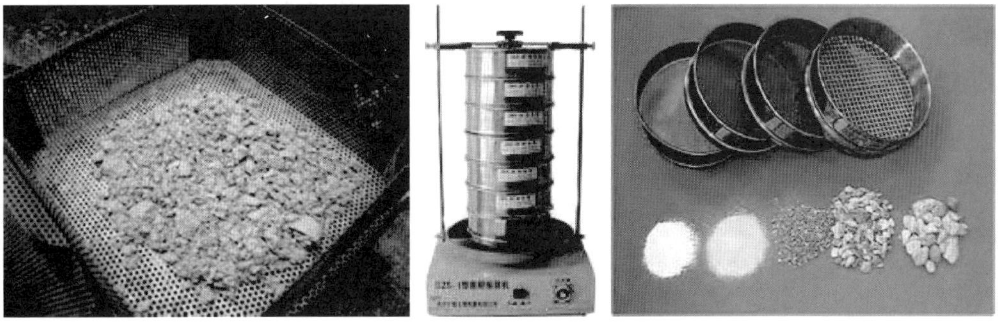

图 2-17　燃烧后的 RAP 和集料筛分试验

2.5.3　密度

为了计算矿料间隙率(Voids in Mineral Aggregate，VMA)或是利用 Superpave 方法预估沥青混合料中的沥青含量，首先有必要知道混合集料的毛体积相对密度，但是当集料中包括 RAP 时，这一过程会变得更加复杂。

为了计算混合集料毛体积相对密度，首先需要知道各个集料组成部分的毛体积相对密度，而精确测量 RAP 中集料的毛体积相对密度是非常困难的。测量 RAP 集料的比重，首先需要对 RAP 进行抽提试验，筛分出粗集料和细集料，然后确定每一部分的比重，但是抽提过程会改变集料性质，并且可能导致细集料数量发生变化，影响最终集料比重。

目前，有两种方法可以避免这一问题：第一种方法是用 RAP 集料的有效密度替代毛体积相对密度；第二种方法是基于 RAP 集料的最大理论密度和假定 RAP 集料沥青吸收值计算 RAP 集料的毛体积相对密度。如果能够很好地预测出 RAP 集料的沥青吸收值，这一方法效果是很好的。

(1) 按照 AASHTO T 209 对 RAP 样本进行最大理论密度测试。

(2) 将 RAP 集料的有效密度按照沥青含量进行计算，G_{mm} 值通过样品测试按照下列公式得到：

$$G_{se(RAP)}=\frac{100-P_{b(RAP)}}{\dfrac{100}{G_{mm(RAP)}}-\dfrac{P_{b(RAP)}}{G_b}} \tag{2-17}$$

(3) 按照下列公式计算 RAP 集料的毛体积相对密度：

$$G_{sb(RAP)}=\frac{G_{se(RAP)}}{\dfrac{P_{ba}\times G_{se(RAP)}}{100\times G_b}+1} \tag{2-18}$$

式中，P_{ba}(沥青吸收量) 和 G_b (沥青比重)是假定值。

应对当地各个拌合站所用材料的 P_{ba} 和 G_b 历史值进行评估以确定这些值是否在长时间内保持一致。这一方法的优势是不需要溶剂(如果用燃烧法确定 RAP 胶结料含量），并且用这一方法回收 RAP 集料要比用溶剂萃取 RAP 集料速度快（按照 AASHTO T 84 和 AASHTO T 85 规范进行燃烧法试验和集料密度测试试验）。不过这一方法的精度高度依赖于有效评估沥青吸收量。

2.5.4 均匀性

RAP 集料也要像在 Superpave 混合料中加入天然集料那样进行测试以确定二者之间的均匀性。然而，需要注意的是，Superpave 混合料的均匀性适用于总体集料混合料（RAP 与天然集料混合），而不仅仅指其中单一集料部分。因此，明确 RAP 集料的性质，有助于沥青混合料设计者在新沥青混合料中添加合适量的 RAP 同时依然满足拌和沥青混合料的一致性。美国每个州都有自己独有的材料和管理体系，当地的设计者应该先确定所在州是如何处理 RAP 集料均一性问题的。在我国当前情况下，RAP 集料的管理相对比较落后，因此对于其均匀性的评价尤为重要[4]。

RAP 集料应该被筛分成粗集料和细集料。应该对粗集料（保留在 4.75 mm 筛以上，即 4 号筛）进行粗集料棱角性分析。粗集料棱角性指的是用人工数出每个集料颗粒的断裂面（依据 ASTM D5821 进行）。所谓断裂面指的是每个断裂面的面积至少占到整个颗粒面积的 25%以上。

细集料棱角性（AASHTO T 304）是由通过 2.36 mm 筛（8 号筛）的 RAP 集料决定的。RAP 集料中的细集料棱角性在抽提过程中可能会改变（通常降低）。不同集料改变的数量是不一样的，有些集料的棱角性不会产生一点变化。按照 ASTM D4791 方法确定针片状颗粒的百分比，一些集料可以碎裂成扁平的片状颗粒和细长的针状颗粒。某些类型的碎裂机也倾向于生产出很多这种不良形状的颗粒。如果 RAP 集料中含有较高比例的针片状颗粒，它就需要与更多数量的集料拌和以满足最终拌和要求。

2.5.5 小结

本节讨论了再生集料的性能特征，包括集料的物理特性、级配、密度和均匀性。从表观来看，沥青混合料回收料不是单一颗粒物，而是大小不等、数目不定的矿质集料经沥青胶泥裹覆、黏结而成的，具有特殊结构的团粒状颗粒。从 RAP 中分离出的再生集料宏观性能主要包括密度、吸水率、针片状含量等。其中，精确测量 RAP 中集料的毛体积相对密度是非常困难的，一般采用有效密度代替或计算法确定。再生集料的级配会随着车辆长期的碾压以及回收路面材料时的铣刨过程而“退化”和“细化”，大大增加了再生集料的变异性。再生沥青混合料在设计过程中需要同新混合料一样，进行拌合测试以确定再生集料与天然集料的均匀性。

2.6 结语

本章重点阐述了沥青混合料回收料（RAP）的来源、处理方式和性能评价。RAP 材料的最主要来源是旧路面的铣刨和破碎，也可来源于拌合站的废料。铣刨过程中需要注意铣刨深度、铣刨后 RAP 的均匀性以及铣刨后路表是否有薄弱层。铣刨后的 RAP 运输至料场，形成 RAP 料堆，保持堆场洁净无杂物污染非常重要。RAP 的筛分工艺是 RAP 再生利用的基础，单一来源的 RAP 具有均一的级配、沥青含量和性能，但是对于多来源的 RAP 需要进行拌和处理，才能开展筛分作业。通过筛分工艺能够得到不同粒径范围的 RAP 材料，从而用于不同的实际工程中。

RAP 材料的性能表征分为三个层面。首先是沥青混合料回收料层面，采用随机取样方法，得出沥青混合料回收料的关键指标(级配、密度、变异性、含水量以及力学和黏弹性性能)。研究发现，铣刨和粉碎作业均会导致部分集料粒径减小，并且 RAP 粒径大小分布取决于所使用的回收 RAP 的设备类型、路面集料的种类以及在原路面破碎过程中是否有路基或者底层集料与 RAP 材料混合等。铣刨和破碎加工后的 RAP 的密度一般为 1 940～2 300 kg/m^3，略低于天然集料密度。并且，RAP 的变异性是普遍存在的问题，主要是 RAP 集料的级配和沥青含量的变异，以及对含水量的考虑。其次是老化沥青层面，老化沥青的回收包括燃烧法和溶剂法，燃烧法是将 RAP 中的沥青烧尽来获取集料，需要考虑集料修正系数，而溶剂法是采用三氯乙烯等极性溶剂对老化沥青进行溶解，然后通过旋转蒸发的方式回收溶剂，但是存在沥青溶解不完全和溶剂回收不完全等问题。老化沥青的性能评价主要是基于黏弹性理论确定的，考虑了高温抗车辙性能、低温抗开裂性能以及中温抗疲劳性能。最后讨论了再生集料的性能特征，包括集料的物理特性、级配、密度和均匀性。从 RAP 中分离出的再生集料宏观性能主要包括密度、吸水率、针片状含量等。但是，精确测量 RAP 中集料的毛体积相对密度是非常困难的，一般采用有效密度代替或计算法确定。再生集料的级配会随着车辆长期的碾压以及回收路面材料时的铣刨过程而"退化"和"细化"，大大增加了再生集料的变异性。再生沥青混合料在设计过程中需要同新混合料一样，进行拌合测试以确定再生集料与天然集料的均匀性。

参考文献

[1] Xiao Feipeng, Hou Xiangdao, Amirkhanian Serji N, et al. Superpave evaluation of higher RAP contents using WMA technologies[J]. Construction and Building Materials, 2016(112): 1080-1087.

[2] Xiao Feipeng, Putman B, Amirkhanian Serji N. Rheological characteristics investigation of high percentage RAP binders with WMA technology at various aging states[J]. Construction & Building Materials, 2015, 98(15):315-324.

[3] Singh D, Sawant D, Xiao Feipeng. High and intermediate temperature performance evaluation of crumb rubber modified binders with RAP[J]. Transportation Geotechnics, 2016(10):13-21.

[4] Xiao Feipeng, Li Ruoyu, Zhang Henglong, et al. Low temperature performance characteristics of reclaimed asphalt pavement (RAP) mortars with virgin and aged soft binders[J]. Applied Sciences, 2017, 7(3):304.

3 沥青混合料再生的理论基础

3.1 沥青材料的老化机理
3.2 沥青材料的再生机理
3.3 老化与再生的关系
3.4 结语

3.1 沥青材料的老化机理

3.1.1 环境荷载耦合作用

沥青材料化学组成复杂，主要由大量的稠环芳烃和少量的链烷烃组成。在其储存、运输、摊铺与服役全过程受到热、氧、光、水等多模态环境因素耦合作用，发生了复杂的挥发、氧化、聚合等物理化学反应，导致沥青内部分子结构和化学组分发生变化，进而导致沥青物理化学性能劣化。如图 3-1 所示，为 $70^{\#}$ 基质沥青在环境荷载耦合作用下表面形貌的变化。

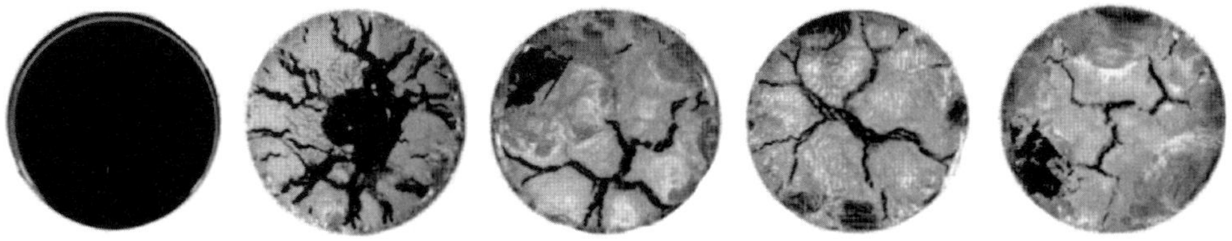

图 3-1　$70^{\#}$ 基质沥青在不同老化阶段的表面形貌

对于道路沥青材料而言，其老化过程主要分为短期老化与长期老化。短期老化即拌和、运输和摊铺过程中发生的老化，由于沥青与矿料温度较高(通常在 130 ℃～170 ℃)，很容易造成沥青轻质油分的挥发与高温氧化；长期老化主要是路面服役过程中发生的老化，即沥青路面在使用的全过程中，受到环境荷载的耦合作用，从而产生的缓慢、长期与复杂的老化。

3.1.1.1 热氧老化

高温和氧化作用是沥青老化的主要原因。在沥青混合料高温拌合过程中，沥青同时承受高温和氧化作用，一方面高温造成沥青轻质组分挥发，另一方面高温还促进了沥青的氧化，但由于拌合时间较短，产生的老化并不十分显著。而沥青在长期服役期间热氧老化对其组成与性能的影响更大。沥青热氧老化过程主要是由于沥青中的活性基团在高温下与氧气反应生成了羰基和亚砜基等含氧官能团，由此导致沥青的平均分子量、芳香度、缩合指数增加，宏观层面上体现出胶质转化为沥青质，沥青软化点升高、黏度增大、针入度和延度下降。室内研究一般采用薄膜烘箱或旋转薄膜烘箱(RTFO)来模拟沥青在施工过程中的热氧老化，采用压力老化箱(PAV)来模拟沥青在长期服役下的热氧老化。对于沥青混合料，根据 AASHTO R30 的要求，一般采用 4 h 环境箱温度 135 ℃来表征施工阶段的短期热氧老化，采用 120 h 环境箱温度 85 ℃来模拟长期服役阶段的热氧老化。

从微观上看，热氧老化主要由于氧与碳基、亚砜基等化学官能团结合在一起，生成的大分子物质表现出了老化的特征。通过沥青老化前后组分分析、红外吸收光谱和凝胶渗透色谱分析可以得到：老化过程使得原有沥青结构和组成发生非常大的变化，由于发生了芳香分和沥青胶质向沥青质的转化，沥青中沥青质含量明显增加，使得沥青胶体的结构类型发生了变化，外在表现为沥青的性质发生改变——黏度增大、针入度减少、软化点升高、延度降低。在高温和有氧的状态下，沥青中的芳香烃、胶质发生了氧化反应，聚合或缩合生成沥青质的大分子量物质，还存在断裂反应生成的少量小分子物质。沥青的碳基官能团的伸缩振动吸收峰在红外光谱中出现在 1 700 cm^{-1} 位置，受其他基团的干扰较小。亚砜基的特征吸收峰出现在 1 035 cm^{-1} 位置，其他不同官能团在红外光谱图中位于不同的吸收位置，有不同的强度特征。从分子量分布曲线发现小分子物质聚合生成大分子物质，而且各组分的断链和聚合反应同时发生。随着沥青质含量的增多，沥青的分子量也随之增大，而且分子量分布呈大分子增加的趋势。

沥青老化反应过程属于游离基链式反应，沥青在受热、氧气或金属离子催化等因素的作用下，沥青分子中含有双键结构的敏感基团就会发生化学键的断裂，生成小分子自由基。自由基和氧气会进一步发生反应，形成一种氢过氧化物中间体。氢过氧化物中间体会转化成含有碳基功能团的组分，氢过氧化物中间体还能够成为氧化剂，使沥青分子中的硫醚、硫醇官能团被氧化成亚砜官能团。此外，沥青分子中含有双键结构在氢过氧化物的作用下与硫醇官能团反应，生成硫醚官能团，硫醚官能团再次发生氧化，生成亚砜官能团，自由基反应不断进行。沥青老化时的自由基反应包括链的引发、增长和终止三个阶段。

1）链引发

沥青中高分子化合物受到热、氧的作用后，在分子结构中的支链或双键形成游离基：

$$RH \xrightarrow{热} R\cdot + H\cdot \tag{3-1}$$

$$RH + O_2 \longrightarrow R\cdot + HOO\cdot \tag{3-2}$$

2）链增长

链引发反应发生后，游离基 R· 迅速与氧结合生成过氧化自由基 ROO·，随后 ROO· 与高分子 RH 作用，夺取氢原子而形成氢过氧化物 ROOH，并产生另一个游离基。

$$R\cdot + O_2 \xrightarrow{热} ROO\cdot \tag{3-3}$$

$$ROO\cdot + RH \xrightarrow{热} ROOH + R\cdot \tag{3-4}$$

随着反应的进行，沥青不断氧化，生成越来越多的氢过氧化物 ROOH，ROOH 积累增多后也会分解成新的自由基并参与链式反应，即发生歧化反应：

$$ROOH \xrightarrow{热} RO\cdot + HO\cdot \tag{3-5}$$

$$2ROOH \xrightarrow{热} RO\cdot + ROO\cdot + H_2O \tag{3-6}$$

RO・、HO・以及 ROO・游离基会进一步引发高聚物 RH 的氧化：

$$RO\cdot + RH \longrightarrow ROH + R\cdot \tag{3-7}$$

$$HO\cdot + RH \longrightarrow H_2O + R\cdot \tag{3-8}$$

$$ROO\cdot + RH \longrightarrow ROOH + R\cdot \tag{3-9}$$

3）链终止

经过以上反应生成含有羰基的稳定产物和一些游离的烷基，当游离基达到一定浓度时，反应进入平稳期，发生双基耦合终止：

$$ROO\cdot + ROO\cdot \longrightarrow ROOR + O_2 \tag{3-10}$$

$$R\cdot + ROO\cdot \longrightarrow ROOR \tag{3-11}$$

$$R\cdot + R\cdot \longrightarrow R-R \tag{3-12}$$

综上所述，沥青热氧老化主要是芳香族有氧官能团与氧结合，形成极性或两性基团，使沥青分子间的相互作用增强，从而使沥青变硬、劲度增大，即针入度和延度减小，软化点和黏度增高，复数模量增大，相位角减小。

在 Superpave 沥青性能评价规范中，相位角表征荷载作用下应变与应力之间的滞后性，并且与温度和加载频率息息相关，作为沥青黏弹性指标使用。图 3-2 为原样沥青和短期老化沥青的相位角对比，从图中可以发现无论是哪种改性沥青，在经过短期老化后相位角显著下降，表现出更好的弹性[1]。沥青混合料的抗拉性能一般用劈裂强度来表征，从图 3-3 可以看出，经过长期老化后，无论何种沥青混合料，其劈裂强度提升明显且接近 600 kPa[2]。由此说明，长期老化的沥青混合料具有更高的强度。

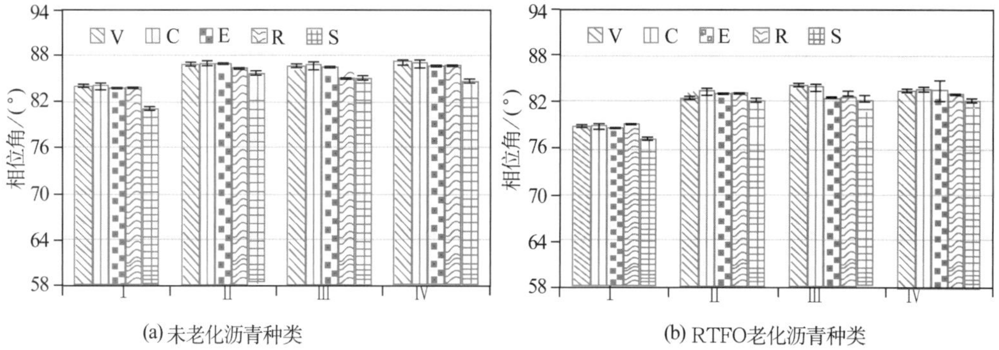

图 3-2　原样沥青与短期老化沥青相位角对比

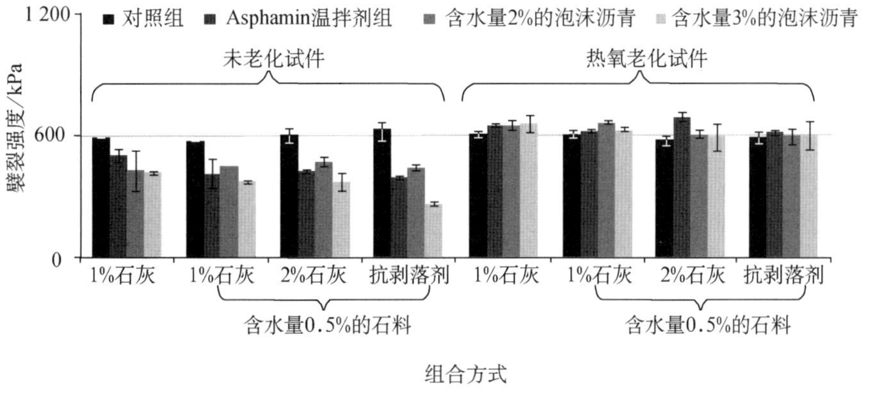

图 3-3 原样沥青混合料与长期老化沥青混合料劈裂强度

3.1.1.2 紫外老化

紫外老化主要指太阳光中的紫外线引发的沥青材料老化。紫外线波长短、能量大，且沥青中的稠环化合物会吸收近紫外区的能量，因而紫外线对沥青的老化作用很强。较强的紫外线辐射能促使沥青分子聚合生成更多的活性基团，增加沥青组分参与氧化的数量和速度。由于沥青路面中存在空隙，沥青胶结料在长期服役期间容易在热氧和紫外线的作用下发生老化，从上面层到基层发生的热传递是热氧老化的主要来源，而紫外老化与紫外线的穿透深度有关，一般只能发生在沥青表层 1 mm 厚处，并且体现出与热氧老化截然不同的规律。有试验表明，光的存在使沥青中羟基指数明显增大，沥青中的芳香分也变得活跃，吸氧量比在黑暗中显著增加。在紫外线辐射和热氧作用等因素作用下，沥青吸氧老化的自由基链式反应过程如图 3-4 所示。

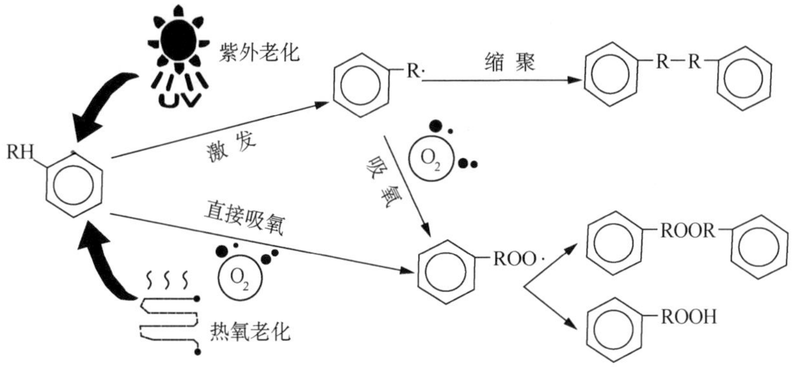

图 3-4 自由基氧化链式反应过程

沥青紫外老化主要指紫外线对沥青羰基的影响，随着紫外老化时间的延长，沥青的相对羰基指数逐渐增加。紫外老化的降解机理分为链引发、链增长和链终止三个阶段。从化学反应角度看，通常含羰基化合物光老化反应的过程有两种类型，这两种类型光引发反应是含羰基化合物光老化反应的重要过程。Norrish 反应有如下三种类型。

Norrish Ⅰ型：

$$R_1-\underset{\underset{O}{\|}}{C}-R_2 \longrightarrow R_1-\underset{\underset{O}{\|}}{C}{}^{*}+{}^{*}R_2 \longrightarrow R_1^{*}+CO+{}^{*}R_2 \tag{3-13}$$

Norrish Ⅱ型：

$$R_1-\underset{\underset{O}{\|}}{C}-CH_2-CH_2-CH_2-R_2 \longrightarrow R_1-\underset{\underset{O}{\|}}{C}-CH_3+CH_2=CH-R_2 \tag{3-14}$$

Norrish Ⅲ型：

$$R_1-\underset{\underset{O}{\|}}{C}-\underset{\underset{CH_3}{|}}{CH}-R_2 \longrightarrow R_1-\underset{\underset{O}{\|}}{CH}+CH_2=CH-R_2 \tag{3-15}$$

沥青组分中芳香类物质对紫外线较为敏感，容易发生光氧化反应转化为沥青质，芳香类物质吸收的光能引起羰基的 NorrishⅠ型和 NorrishⅡ型断裂，进而引发自由基链式反应，是适用于大分子材料老化的机理。与热氧老化不同的是，随着老化时间的延长，沥青表面出现大量褶皱及明显的硬化收缩现象，光老化过程中沥青延度大幅衰减，而黏度变化相对较小，即紫外老化对低温性能影响较大，对高温性能影响相对较小。研究表明，紫外线射入沥青的深度只有 0.1 mm 左右，考虑到老化沥青的分子向内部扩散的现象，紫外线对沥青老化的影响也只能发生在沥青表层的 1 mm 处。因此，沥青路面的压实度和空隙率对老化的影响至关重要，在存在空气、水、光线的条件下，空隙率越大越容易发生老化。沥青膜的厚度对沥青老化的影响也很重要，沥青膜越薄，老化越快。沥青老化产生的脆性使混合料低温劲度增大，破坏应变变小，会导致路面因温缩而开裂。

紫外老化会影响沥青胶结料和混合料的力学性能，尤其是低温延展性和抗裂性。但由于沥青材料对热氧和紫外线的敏感度不同，目前基于热氧老化沥青的评估方法不能真正反映出紫外老化的影响，且在模拟紫外老化方面存在局限性。例如，研究指出，沥青在不同老化过程后表现出不同的老化程度，热氧老化下不同来源的沥青表现出不同程度的挥发性损失，而紫外线仅对沥青样品表面产生老化。尽管紫外老化对沥青的针入度、软化点和延度的影响作用与热氧老化相似，但紫外老化主要发生在老化的早期，并且长时间的老化作用会导致沥青胶结料硬化。通过采用如图 3-5 所示的紫外老化箱及老化过程可以得到对原样沥青样品和紫外老化沥青样品老化规律的表征[3]。

通过自制紫外老化箱与常规热氧老化进行对比，考虑不同空隙率对老化程度的影响，从图 3-6 可以得到，无论哪种老化状态，相比 4%以及 7%的沥青混合料，2%空隙率的沥青混合料具有较高的劈裂强度。另外，未老化的沥青样品具有最高的劈裂强度，而紫外老化的沥青混合料的劈裂强度最低。由此说明，老化对沥青混合料的劈裂性能有

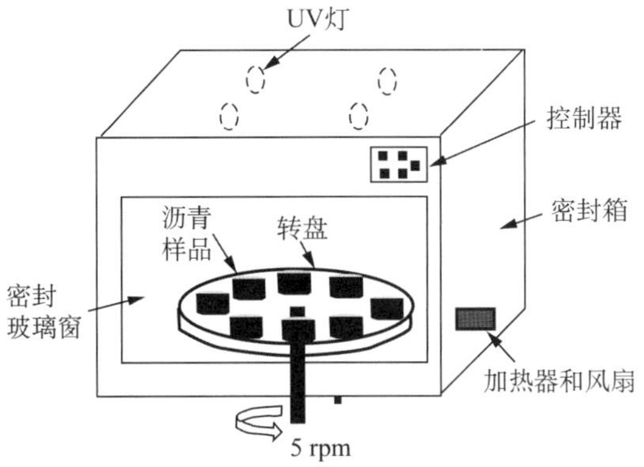

温度	(80 ± 5)°C
光照强度	53 500 μW/cm²
中波紫外线强度	1 000~1 200 μW/cm²
长波紫外线强度	8 000 μW/cm²
湿度	0%
转盘转速	5 rpm
样品数量	12
老化时间	5 d

图 3-5　自制紫外老化箱及老化参数

影响，且紫外老化的影响要大于热氧老化[3]。

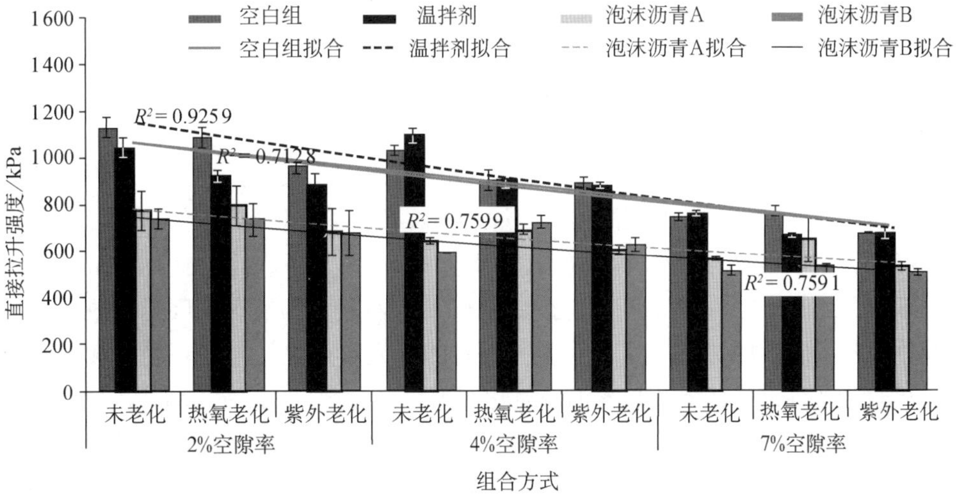

图 3-6　原样沥青混合料、热氧老化和紫外老化沥青混合料劈裂强度

3.1.1.3　水侵蚀老化

尽管沥青是憎水性材料，但在雨水作用下，特别是有车辆荷载作用时，雨水冲刷能力特别强，沥青中的可溶性物质会被冲洗掉，造成沥青的老化变质。有研究认为，水的 pH 值对沥青中沥青质、酸性分的油水界面张力影响很大。试验表明，含有沥青质模型的油水界面随时间延长而老化，界面初始屈服值明显上升，界面黏度也明显增加。

对于沥青水老化的机理，国内外学者也进行了不少深入探讨。研究表明，沥青质有降低沥青/水界面张力的能力，且其含有的许多极性基团，如—OH、—NH_2、—COOH 等会引起沥青质分子向沥青/水界面移动，在界面上富集形成较强的结构膜。进一步试验发现，沥青质相对复杂的分子结构及自缔合倾向，使界面结构膜随时间的延长而产生明显的硬化现象，在热、氧的共同参与下，这种硬化速度会加剧，向不可逆转演化，使沥青老化变质。

3.1.1.4 挥发与被吸收

沥青老化过程中，特别在高温等条件下，轻质组分容易挥发；同时由于沥青混合料中集料与沥青发生较为亲密的接触，因此轻质组分也容易被集料吸收或吸附。轻质组分的挥发和被吸收也是很多学者较为认可的沥青老化机理之一。

沥青中的轻质组分容易通过蒸发而从沥青中丢失，并由于它的挥发导致沥青质比例上升，且沥青逐渐由溶胶转变成凝胶。沥青的这种温度敏感易挥发性，可采用RTFOT（旋转薄膜烘箱老化试验）进行研究和验证，研究老化后沥青质量的损失情况。另外，闪点也可以在一定程度上表征沥青的这种挥发性，闪点越低越容易挥发，因此各标准中，如ASTM和AASHTO等，都规定了沥青的最低闪点。

轻质组分除了挥发外，还被混合料中的石料选择性吸收。大多数学者认为，沥青中的轻质组分可被集料吸附毛细孔内，且吸附量与集料的性能有关。这种吸附不仅减少了有效沥青的量，还使得轻质组分被吸收而减少，沥青质的比例也因此上升，最后导致沥青中沥青质组分的凝结和聚集，沥青变硬。

3.1.1.5 聚合物材料降解

为了提升沥青路面的路用性能，聚合物改性沥青逐渐被全世界广泛应用。常见的聚合物改性剂包括苯乙烯类热塑性共聚物（SBS）、橡胶弹性体类（天然橡胶、丁苯橡胶、顺丁橡胶、废橡胶和再生橡胶等）、环氧树脂类（EP）、聚氨酯树脂类（PU）和聚乙烯类（PE）等。改性沥青与基质沥青一样存在老化问题，而且更为复杂的问题是改性剂在老化过程中发生了怎样的反应，这成为各国学者的研究重点之一。在环境荷载的耦合作用下，聚合物改性沥青的老化包含沥青老化与聚合改性剂老化。一般而言，聚合物改性剂老化主要由于改性剂发生了氧化和裂解等反应，大分子结构逐渐降解成为较小分子量的产物，并且产物的分子中含有较多含氧官能团如羰基、羟基、羧基等，网状交联结构逐渐消失，从而导致改性效果逐渐消失。

随着改性沥青材料的广泛应用，对聚合物改性剂老化降解问题的研究也逐渐深入。从图3-7聚乙烯（PE）、抗车辙剂（ARA）和SBS复合改性材料在不同老化状态下的官能团变化[4]中可以看出，沥青胶结料中是否含有聚乙烯对老化前后官能团指数的变化有显著影响。A0和A1的羰基和亚砜基指数均在短期老化和长期老化后升高，表明含氧官能团的增加。但是A2和A3的羰基和亚砜基官能团在短期老化后降低，在长期老化后增加，这与PE的掺入有关，说明PE在老化过程中发生了一定程度的降解。此外，由于不饱和聚丁二烯的降解，A0和A1的碳碳双键指数在老化后略有下降。相反，该指数在掺入PE的A2和A3沥青胶结料短期老化后增加，这是由于热氧老化使聚合物发生降解。可以得出，老化过程产生了化学组分的改变，从而影响了沥青胶结料的性能。

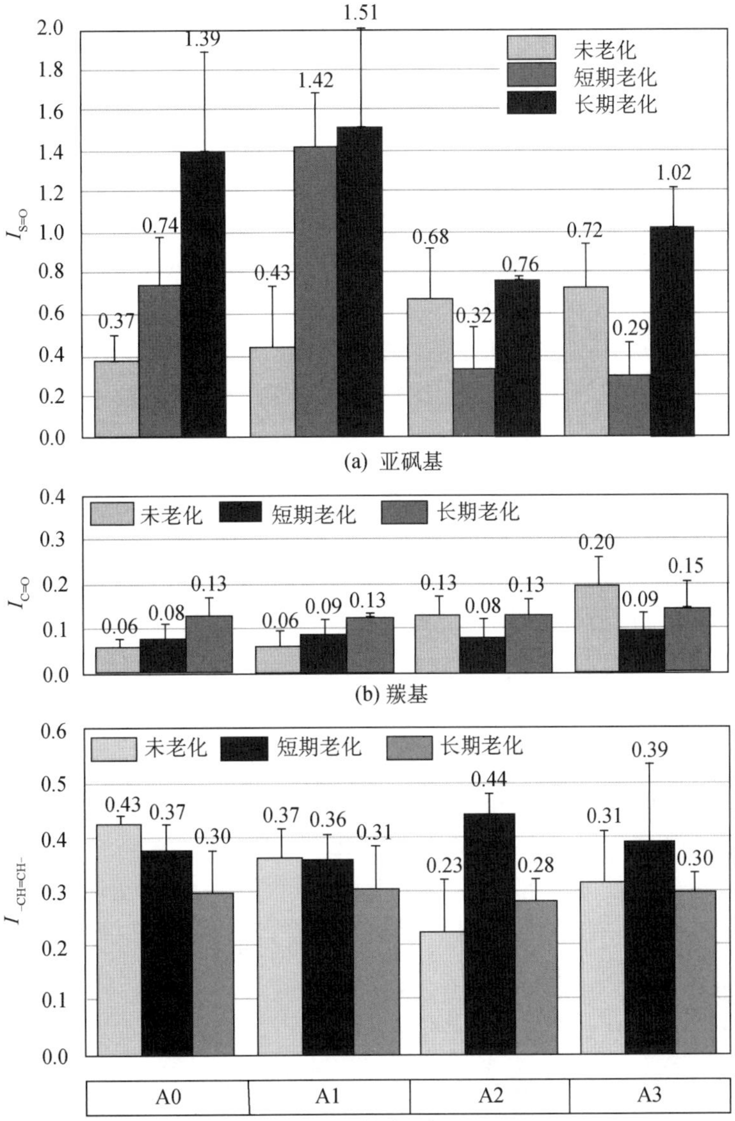

(a) 亚砜基

(b) 羰基

(c) C=C

图 3-7 亚砜基、羰基和 C═C 在不同老化状态下的指数

图中，A0 为 SBS 改性沥青，A1 为 ARA 和 SBS 改性沥青，A2 和 A3 为 ARA、PE 和 SBS 复合改性沥青，其中 A3 的 PE 掺量比 A2 大。

3.1.1.6 小结

综上所述，在热、氧、紫外线辐射及水侵蚀作用下沥青组分逐渐发生变化，进而导致沥青老化硬化，降低了其路用性能。除上述作用外，沥青混合料本身的因素也对沥青老化起促进作用。如集料、沥青膜厚度、沥青混合料的压实度和空隙率等也对老化有重要影响。沥青路面使用过程中所承受的各因素并不是单独作用，而是多种因素共同作用，其造成沥青老化的速度要快很多，使沥青性能在摊铺后的 2～3 年迅速衰变。

3.1.2 多尺度下沥青材料的老化规律

3.1.2.1 宏观性能衰变规律

沥青老化过程相当复杂，1903 年，Dow 提出了沥青混合料中的沥青由于加热质量损失和针入度减小。到目前为止，对沥青老化研究最为广泛的依然是物理性能的变化。众多学者研究了沥青老化对路面使用性能的影响，通过对沥青进行不同时间的老化，分析针入度、软化点、延度、黏度、蠕变劲度和动态黏弹性参数的变化，对沥青老化后物理指标的变化、性能的衰减已经有了较为深刻的认识。普遍认为不同沥青有不同程度的抗老化性能，但性能变化规律基本一致，即随老化时间的增加，沥青的针入度逐渐减小，针入度指数 PI 逐渐增大，软化点升高，延度越来越小，而黏度、复数剪切模量、蠕变劲度逐渐增大，表明老化使沥青弹性增强，感温性减弱，抗疲劳开裂能力变差，路面使用寿命因而缩短。

3.1.2.2 组分变化规律

为了研究老化沥青的组分变化规律，多数学者采用四组分法或超临界萃取法等组分分离方法。沥青中的油分主要由饱和分和芳香分组成，其中芳香族的相对分子质量最小，在自然条件下极易挥发，同时芳香烃含有较多不饱和键，多以单体的形式存在，因此在光、氧、热综合作用下，容易发生氧化、缩合、聚合反应，从组分的角度看就是向胶质转变。而油分中的饱和族分子虽然相对分子质量也较小，但其结构以饱和键占优势，分子比较稳定，老化过程中除有部分挥发外，一般不参加反应。胶质相对沥青质而言，其能级和活性更高，化学性质也较为不稳定，自然状态下胶质也会聚合成沥青质，而沥青质则聚合成更大的分子。老化沥青的组分变化可见图 3-8。

沥青老化的实质是沥青组分的迁移，其过程可描述为芳香分—胶质—沥青质—碳氢质—焦炭，此过程是不可逆的。随着时间的推移，沥青中的沥青质越积越多，沥青变化出现黏度增大、针入度下降等特征。

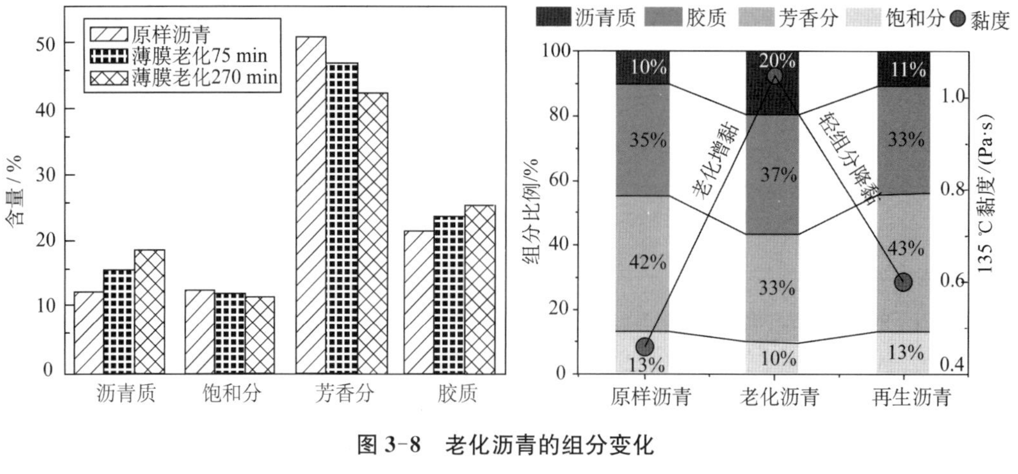

图 3-8 老化沥青的组分变化

3.1.2.3 分子结构变化规律

虽然对沥青老化前后的组分变化有相对清楚的了解，但沥青老化的原因相当复杂，对光、氧、热等因素作用下沥青老化的具体化学反应机理还缺乏深层次的研究。随着化学分析技术的进步，对沥青老化的研究逐渐从宏观指标的变化转向微观的认识，许多学者通过分析分子结构的变化来探究沥青老化机理。

如图 3-9 所示，多数学者采用凝胶渗透色谱法(GPC)来研究沥青老化前后的分子量分布的变化规律，研究结果表明，老化沥青中分子量与分散度明显增加，这主要由于沥青分子间在老化过程中发生缔合作用。通过傅里叶变换红外光谱(Fourier Transform Infrared, FTIR)对老化沥青进行研究，多数研究表明经过老化后的沥青出现了碳基 C═O 和亚砜基 S═O，证明了沥青在老化过程中发生了“吸氧”的氧化反应，因此，羰基指数或亚砜基指数也多用来表征沥青的老化程度。

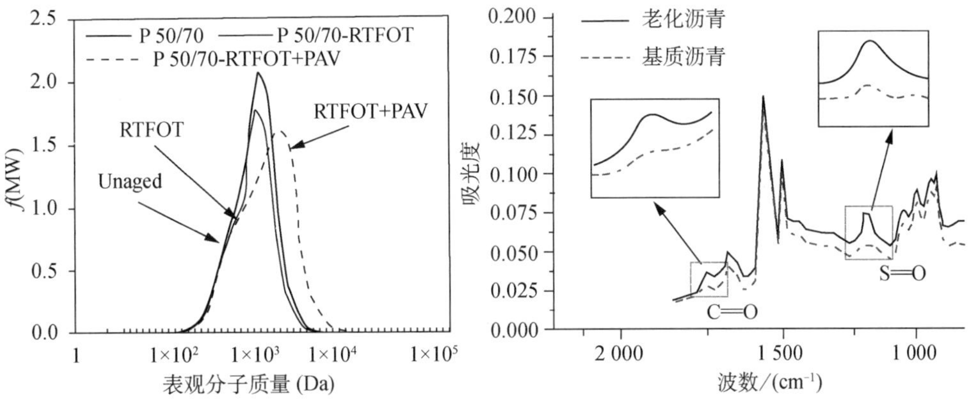

(a) 老化沥青的GPC试验结果

(b) 老化沥青的FTIR光谱

图 3-9 老化沥青 GPC 与 FTIR 试验结果

3.1.3 沥青材料的抗老化研究

范耀华等对石油沥青四组分的吸氧特性进行了研究，其结果表明：饱和分基本不吸氧，说明其很稳定；芳香分具有一定的吸氧性能，胶质、沥青质的吸氧量最大，是沥青中最不稳定的组分[5]。四组分的吸氧性能次序为沥青质＞胶质＞芳香分＞饱和分。在胶体分散体系结构上，由于沥青质的增加，分散相对增多，芳香分和胶质相对减少，分散介质的溶解能力不足，或由于氧化使分子聚集而形成网络结构，使沥青由溶胶型相溶胶凝胶型向凝胶型转化。最直接的表现是其软化点的升高和针入度的下降，且正庚烷不溶物增加，流动性大为降低。

沥青的化学组成与其使用性能关系密切。沥青老化过程中，老化反应基本上可分为裂解和缩合两种形式，是一个复杂的平行顺序反应，这些平行的反应不会停留在某一阶段，而是连续不断地进行。随着反应时间的延长，一方面由于裂解反应，生成沸点越来越低的小分子;另一方面由于缩合反应生成分子越来越大的稠环芳烃,进一步缩合成胶质、沥青质。进一步的研究显示,沥青老化后饱和分几乎不变,芳香分和胶质减少,沥青质明显增加,主要变化的组分是沥青质和胶质;软化点呈线性上升,而针入度呈指数下降,且延度降低。沥青质含量高的沥青,软化点高,针入度和延度低,胶质使沥青具有较好的塑性和黏附性,并具有较高的延度;饱和分和芳香分影响沥青的低温延度和黏附性。

在一定使用条件下,决定沥青耐久性的最关键因素是沥青的化学组成与化学结构。为提高沥青自身的耐久性,可从油源选择和工艺改善等途径进行。但对使用沥青的公路部门来说,对于固定油源和工艺的沥青产品,主要可从工程结构措施和外掺抗老剂两方面入手。实践表明,采取工程结构措施有一定效果,但并不能解决根本问题。因此,外掺抗老剂就成为改进沥青抗老化性能的主要方法。

高分子聚合物改性沥青可以提高沥青的抗老化性能,有研究用 SBS 和 APP 改性沥青用人工老化箱对比试验(对软化点的测定),原沥青在经过 1 000 h 老化之后就开始变硬,2 000 h 后完全老化变脆。而 APP 改性沥青经 2 000 h 后,样品基本上无变化。SBS 改性沥青则处在二者之间。

改性沥青由于加入 SBR 的方法不同,所得产品的抗老化性也不同,直接混溶法较母料法的抗老化性能好。根据实践,沥青在生产、储运、拌合以及铺装的过程中,要尽量避免沥青长时间高温加热和热沥青长时间与空气接触,以防氧化而剧烈变质老化。有学者研究了约 30 种添加剂对 4 种沥青的抗氧化作用,结果证明同一种添加剂对不同品种的沥青具有不同的抗老化性,二丁基二硫代氨基甲酸镍在暗处能显著地加速沥青的吸氧量,但在光照时对沥青的吸氧速度有抑制作用。另外有学者用 24 种添加剂对科威特沥青的抗老化效果进行了考察,认为用二乙基二硫代氨基甲酸锌(ZDC)和二乙基二硫代氨基甲酸铅(LDC)的效果较好,加 2% 到沥青中就能使沥青的老化指数(沥青老化后与前的黏度比)从 415 分别降到 150～355。此外,相关研究表明,橡胶沥青还具有优异的抗老化性能;Xiang 等以羰基指数(CI)和亚砜基指数(SI)为指标,分别对基质沥青和橡胶沥青不同老化状态下进行测试,发现与基质沥青相比,经过老化过程后橡胶沥青的羰基指数没有明显升高,如表 3-1 所示,说明橡胶沥青具有优异的抗老化性[6]。

表 3-1　　不同阶段沥青老化指数

沥青种类	老化模式	吸收峰面积[1]			羰基指数(CI)	亚砜基指数(SI)
		C═O	S═O	C—CH_3		
基质沥青	原样	0	0.122	2.619	0	0.0466
	RTFOT 老化 75 min	0.072	0.761	4.539	0.0159	0.1677
	RTFOT 老化 270 min	0.209	0.790	4.536	0.0461	0.1742

（续表）

沥青种类	老化模式	吸收峰面积[1]			羰基指数(CI)	亚砜基指数(SI)
		C═O	S═O	C—CH_3		
橡胶改性沥青	原样	0	0.084	1.330	0	0.0632
	RTFOT 老化 75 min	0	0.751	3.853	0	0.1949
	RTFOT 老化 270 min	0	0.641	2.315	0	0.2769
SBS 改性沥青	原样	0	0.157	1.757	0	0.0894
	RTFOT 老化 75 min	0.051	0.322	2.750	0.0185	0.1171
	RTFOT 老化 270 min	0.188	0.889	4.152	0.0453	0.2141
橡胶-SBS 复合改性沥青	原样	0	0.271	4.157	0	0.0652
	RTFOT 老化 75 min	0.062	0.369	4.171	0.0149	0.0885
	RTFOT 老化 270 min	0.114	0.704	3.462	0.0333	0.2055

1:C═O 的范围为 1 640～1 740 cm^{-1}，S═O 的范围为 980～1 080 cm^{-1}，C—CH_3 的范围为 1 390～1 500 cm^{-1}。

目前对提高沥青抗老化有实际效果的添加剂还有专用炭黑。炭黑粒径细微，表面积大，弥散于沥青中，易于被热—氧作用产生的游离基吸附，从而阻止沥青老化的链式反应，使老化进程受到抑制。同时，炭黑是一种屏蔽剂，它能阻止紫外线的进入，减少光对沥青的老化作用。紫外线是造成沥青老化的重要因素，对沥青抗紫外光添加剂的研究在目前沥青抗老化研究中较为集中，已做了大量探索性的研究工作。纳米 CeO_2 具有纳米粒子的小尺寸效应、高比表面效应、宏观量子效应等，而且具有稀土元素的优异光学性能、催化性能、良好的热稳定性等，能吸收阳光中 99%的紫外线，还能吸附轻组分，减少其挥发，从而有效地提高沥青的抗老化性能。

资料研究表明，抗老化剂的加入能有效减缓沥青的老化速度，但随着材料类型、添加剂用量和工作环境的变化，所能起到的效果迥异。环保型、低成本、高效益是未来沥青抗老化产品的发展趋势。

3.1.4 小结

沥青老化的机理研究已经逐渐从宏观指标的物理性质，转向对分子结构组成等微观结构的认识，通过分析沥青内部分子结构的状态和变化来探究沥青老化机理。

在紫外光、氧气、热能和水等环境因素作用下，沥青会发生不可逆的老化。宏观性能上看，随着老化时间的增加，沥青的针入度逐渐减小，针入度指数 PI 逐渐增大，软化点升高，延度越来越小，而黏度、复数剪切模量、蠕变劲度逐渐增大。组分变化上来看，随老化时间的延长，饱和分、芳香分及沥青胶质的含量减少，而沥青质的含量显著增加，并且沥青各组分短期老化的变化速率快于长期老化，并逐渐趋于缓慢。分子结构上看，老化沥青中分子量与分散度明显增加。

总而言之，由于热和氧化作用，以及长期外界环境和行车荷载的变化，沥青路面随混合料类型、设计孔隙率及使用年限、层位的不同表现出一定的老化特征，存在可以遵循的老化规律。另外，抗老化剂的加入能有效减缓沥青的老化速度，增加沥青路面的长期服役性能。

3.2 沥青材料的再生机理

3.2.1 再生理论

沥青再生影响着路面再生材料的设计与工艺，是再生沥青混合料配合比设计、工艺设计及施工生产的基础。沥青的再生，从本质上讲是沥青老化的逆过程，由于沥青老化本身是个不可逆过程，所以沥青的再生都是通过掺入外加剂的方式进行的。目前，沥青再生的经典理论主要有沥青组分调和理论和相容性理论。

3.2.1.1 组分调和理论

组分调和理论认为，沥青胶结料是一个胶体分散体系，其分散相是以沥青质为核心，吸附部分胶质的胶束，而分散介质则是由芳香分和饱和分组成的轻组分。组分调和理论从沥青老化后所表现出的组分变化的角度出发，认为沥青老化后发生的沥青质含量增加、芳香分含量降低、饱和分和胶质含量变化不大而使各组分间比例不再协调；而能通过外加软沥青或再生剂提高芳香分的相对含量、降低沥青质相对含量的方法调节其组分配比，使其恢复到原有沥青水平并使沥青恢复原有性能。该理论是目前很多富芳香分沥青再生剂生产与开发的指导依据，国内外相关标准对“再生剂产品中饱和分含量不能太高”“芳香分含量达到一定要求”“不含或少含沥青质”等规定均基于此理论。

在组分调和理论的指导下，研究了不同类型再生剂对老化沥青的再生效果，例如软沥青、废旧食用油、棉花籽油和成品再生剂。图 3-10(a)体现了轻组分再生剂调和老化沥青的再生机理，随着轻组分再生剂的掺入，老化沥青中轻重组分得以调和，胶体稳定性提高。图 3-10(b)显示了原样沥青、老化沥青和再生沥青的组分比例变化，老化过程使得沥青中的胶质和沥青质增加，芳香分和饱和分降低，而再生过程则与之相反，并且掺入合适比例和组分的再生剂能够使得四组分恢复至原样沥青的水平，在这个过程中老化沥青的黏度指标得以下降。针对不同类型的再生剂展开研究发现，如图 3-11 所示，以沥青车辙因子为评价指标，可以发现随着再生剂掺量的增加，各个温度的车辙因子明显下降，体现了再生剂对沥青的软化作用。而以相位角为评价指标，可以得到随着再生剂掺量的增加，各个温度下的相位角明显增大，黏性部分增加。不同再生剂由于组成不同，对同一种沥青的再生效果也不一致，仅从车辙因子考虑，废旧食用油和棉花籽油的软化效果要强于成品再生剂。

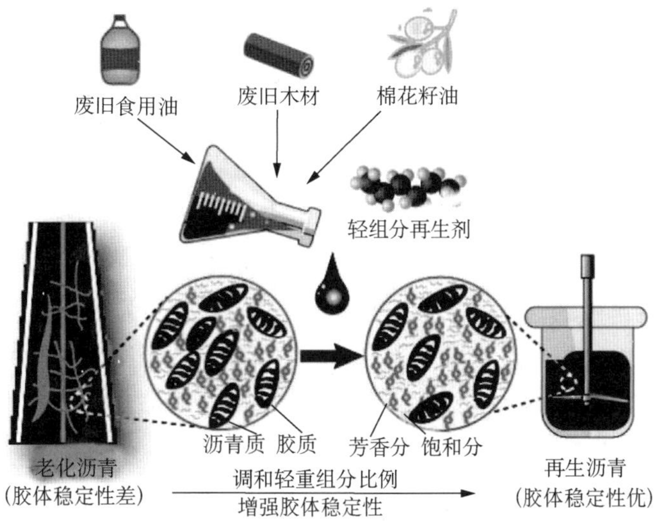

图 3-10 组分调和理论示意图

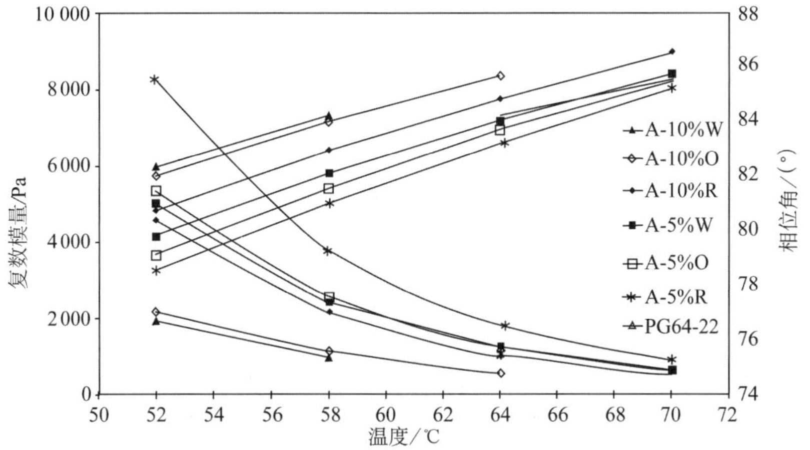

图 3-11 不同再生剂作用下老化沥青的车辙因子

(PG 64-22 为软沥青,W 为废旧食用油,O 为棉花籽油,R 为成品再生剂)

3.2.1.2 相容性理论

相容性理论是将沥青看成溶剂和溶质两部分,其中大分子沥青质为溶质,软沥青为溶剂,沥青为软沥青质对沥青质溶解形成的高分子溶液。相容性理论是从热力学角度出发,认为沥青老化后其各组分的相容性降低,从而导致各组分间溶度参数差值增大;而通过外加再生剂的方法可以减小各组分溶度参数差,形成稳定的高分子溶液,从而使沥青恢复原有性能。这个过程主要体现再生剂两个方面的作用:一方面软沥青质和沥青质的溶解度参数趋于接近,减小了溶解度差;另一方面增加了溶液体系中的溶剂,增强了对沥青质的溶解能力。因此,可以采用添加轻质组分,尤其是芳香族油分的方法来实现，即在老化沥青中加入含有合适化学成分的再生剂可以恢复其性能。这是由于芳香族油分属于小分子物质，能够有效减少高分子网络中的连接点，促进沥青的溶胀，增加大分子之间的相互运动，提升大分子的柔顺性。

关于老化沥青的再生，目前国外和国内的研究观点基本一致。国外部分学者认为，沥青的再生就是对老化沥青进行软化的过程。国内学者吕伟民认为，旧沥青再生的过程在某种意义上是沥青老化的逆过程，再生就是添加一些物质，调合沥青的组分，使沥青的性能发生逆转，并在某种程度上恢复到初始状态，或某一适当的状态能够重新使用[7]。因此，目前再生剂开发的指导思想是从沥青老化理论发展而来，主体以相容性理论为指导，对老化沥青组分进行协调。不论是早期开发的轻质油分再生剂，还是目前应用较多的路面专用再生剂，大都是在这种思想指导下配制的。因此，在沥青老化机理分析的基础上有必要进一步对老化沥青的再生机理进行分析。

3.2.2 再生剂的使用

沥青发生老化现象的深层次原因即老化机理是指导其进行再生的理论基础。沥青在老化过程中会发生宏观指标以及微观性质上的变化，这些变化是沥青失去使用性能的表观现象和深层原因。老化沥青的再生剂正是针对沥青的上述变化，使沥青在微观上重新获得稳定的体系，再在宏观上恢复使用性能。

3.2.2.1 再生剂的作用机理

根据沥青再生机理，并结合石油加工过程中调和沥青的生产方法，向老化沥青中加入富含其因老化而减少组分的石油产品，从而使其各个组分相对含量恢复到老化前的水平，进而使老化沥青重新恢复胶体稳定体系，是沥青再生的有效途径。

从流变学的角度考虑，沥青的再生就是使老化沥青的黏度降到未老化时的水平，即60 ℃运动黏度下降到100～300 Pa · s范围内，而使再生沥青的胶体结构处于溶胶状态。在此情况下再生沥青的控制指标就是沥青的黏度，这种方法也被称为目标黏度法，如果能测得不同剪变率条件下的黏度，则其也可作为沥青再生的控制性指标。

从调节老化沥青的常规指标出发，沥青再生就是通过调节沥青的针入度、软化点等指标，使再生沥青的针入度、软化点、延度均控制在技术要求的范围内。一般而言，沥青的有关指标是相互联系、相互制约的，如控制了再生沥青的黏度，实际上同时也控制了再生沥青的针入度、软化点等指标，其中控制再生沥青针入度来进行沥青再生的方法也被称为目标针入度法，是沥青再生过程中常用的指标控制方法。

再生剂的作用机理主要体现在宏观和微观两个方面。宏观上，再生剂的加入可以降低老化沥青的黏度，老化沥青混合再生剂后，由脆硬状态变为软塑形态，可以在机械力和热的作用下充分分散。再生剂与老化沥青充分交融，使处于凝胶状态的沥青质重新溶解并分散在轻组分中，达到改变沥青的胶体结构、改善沥青的流变性质、提高和改善再生沥青使用性能的目的。

微观上，再生剂的作用机理主要体现在以下几个方面：

（1）体积效应。通过稀释作用，增加沥青组分的分子间距使之形成自由体积。将再生剂加入到废旧沥青中，能够增加溶剂组分的含量，尤其是增加芳香分含量，有利于在沥青质周围形成良好的溶剂化层，起到稀释、调和作用。

（2）屏蔽效应。再生剂中的极性小分子进入沥青质分子之间，其极性基团可以屏蔽沥青质极性基团之间的强烈作用，从而削弱沥青质分子间作用力，提高沥青的柔软性和流动性并降低老化沥青凝胶的玻璃化温度，进而提高再生沥青的低温性能。

（3）再生剂中含有聚合物类表面活性剂，可以通过氢键、电荷转移等作用吸附于沥青质表面，其亲油链可以增强胶体的空间稳定作用，并且能吸附溶剂组分以形成良好的溶剂化层，这两方面的作用能大大增强沥青胶体体系的稳定性。

（4）一些再生剂产品中含有蜡晶分散剂，能够通过成核及共晶作用，将蜡晶分散成更细小的颗粒，从而提高沥青的可塑性及抗变形能力。

3.2.2.2 再生剂的选择与评价

在相容性理论和组分调和理论的指导下，并针对某种特定的老化沥青，再生剂原料的选择须满足以下要求：

（1）由于沥青在老化过程中沥青质增加，所以再生剂原料必须不含或含有极少沥青质并且具有良好的流动性；由于芳香分具有溶解和分散沥青质的能力，因此再生剂中芳香分含量的多少将直接影响再生剂的品质。同时再生剂必须具有一定的抗老化性，对此可以通过旋转薄膜烘箱试验来控制。

（2）再生剂要具有溶解和分散沥青质的能力，其化学组成应符合一定要求。按照罗斯特勒提出的沥青多组分分析方法，再生剂应具有足够的氮基馏分，以抵抗沥青质的凝聚作用，同时必须限制饱和分的含量。

（3）研究表明，沥青质在弱极性溶剂中的溶解程度与这些溶剂的内压力有关。这一指标可以用来表征再生剂对沥青质的溶解能力。有人通过试验对此进行了验证，表明再生剂不同，对老化沥青的再生效果不同。一般来说，内压力大的再生剂再生效果好，二者存在一定的线性关系。

综上所述，适当的黏度、足够的芳香分含量以及较好的抗老化性是优质再生剂的重要品质特征。而以溶剂精制法生产润滑油基础油工艺中的抽出油具有良好的再生剂开发潜质。同时要注意，不同的沥青可能由不同原油生产而来，而由于不同原油的性质不同，决定了由其生产的沥青在组分上以及胶体结构上存在差异，因而再生剂的开发过程中应尽可能地选用同种原油生产的石油产品进行，“同源性”或者“同根生”的再生剂对相应老化沥青的再生效果最佳。

再生剂的评价和表征，除了要满足相关的标准和技术规范的要求以外，还要在实际的再生试验和再生试验后进行相关指标的测定，以检验再生剂的再生效果和相应再生沥青的抗老化性能。因而再生剂的评价是通过对再生剂本身进行直接评价和通过对相应再生沥青进行间接评价相结合的方式实现的。

再生剂的间接评价是通过对用该再生剂进行再生的再生沥青的评价来实现的。而对再生沥青的评价和普通沥青的评价是一致的，包括常规指标、SHRP 老化试验、再生效率、技术经济性分析等。常规指标包括针入度、软化点、延度、黏度以及薄膜烘箱试验等。

再生剂的再生效率尚未有明确的定义。有人倾向于使用单位质量老化沥青再生到相同标号沥青所需再生剂的质量。这种方法简单易行，但是忽略了不同黏度等级再生剂进行再生时的差别。因而目前更多的是采用目标黏度法来定义再生剂的再生效率。这种方法的依据是，由于黏度是不可直接加和的物理量，所以再生剂与沥青混合后与预先设定的黏度可能会出现差别，这种差别可以采用修正的阿仑尼乌斯公式(Arrhenius)体现，具体见公式(3-16)。

$$\ln \eta_m = x_a \ln \eta_a + x_r \ln \eta_r + x_a x_r G_{a,r} \tag{3-16}$$

式中，η_m 为再生沥青的黏度；η_a 为老化沥青的黏度；η_r 为再生剂的黏度；x_a 为老化沥青的比例；x_r 为再生剂的比例；$G_{a,r}$ 为再生剂与沥青混合后与预先设定的黏度差别系数，也称再生系数。

再生剂与老化沥青混合后与预先计算的黏度出现的差值可以通过公式(3-16)中的修正系数 $G_{a,r}$ 体现出来，这个修正系数称为再生剂对该种老化的再生系数，其大小表明在一定的再生剂与老化沥青混合比例下(x_a, x_r)，某一温度下再生沥青黏度计算值与试验测定值的偏差。这个值越大，说明对于一种老化沥青，选用的再生剂再生后黏度与计算值的偏差越大，因为黏度是沥青的一个非常重要的指标，所以这种偏差可以作为沥青再生剂的选择以及配比的重要依据。

再生剂使沥青质溶解、分散的能力称作胶溶能力。胶溶能力越强，沥青体系越稳定，其抗老化能力越强。有学者认为胶体不稳定指数 I_c 可以很好地反映再生剂的胶溶能力，其值越大说明沥青的胶体结构越不稳定。胶体不稳定指数定义为

$$I_c = \frac{S + ASP}{R + A} \tag{3-17}$$

式中，I_c 为沥青胶体的不稳定指数；S 为沥青中饱和分的含量；ASP 为沥青中沥青质的含量；R 为沥青中胶质的含量；A 为沥青中芳香分的含量。

通过对再生沥青和新鲜沥青以及老化沥青胶体不稳定指数的比较，可以间接地对比再生沥青体系和新鲜沥青体系在胶体结构上的稳定性差异，进而对再生的组分配比进行相应的指导，图 3-12 所示为调配沥青的胶体不稳定指数[8]。

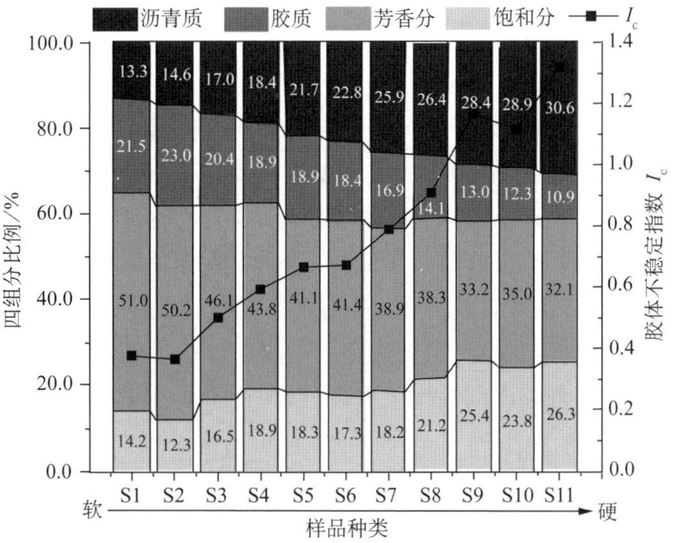

图 3-12　调配沥青的胶体不稳定指数

3.2.3　小结

旧沥青再生是沥青老化的"逆过程"。根据溶液相容理论，将老化的沥青组分看成溶质，将再生剂(包括软沥青)视为溶剂，沥青的再生应是在旧沥青中按一定比例设计加入含沥青质少、含芳香分高的添加剂，调合形成新的沥青组分配伍，并调节、降低沥青各组分溶解度参数差，加快沥青溶液相容性的过程。根据组分调和理论，设计掺用不同比例的组分，理论上是能够对老化沥青的组分构成进行调配的。同时，考虑到沥青组分协调性对沥青性能的影响，则可能调制出组分配比更趋合理、性能更趋完善的再生沥青。

组分调和理论主要将沥青分离为几个化学性质相近的组，但沥青的化学结构极其复杂，即使化学组分相同的沥青，如果它们的油源基属及生产工艺不同，化学结构也可能会相差很远，其路用性能也可能有很大变化。

但要精确合成某种固定组分的再生剂，从工艺上来说有相当大的难度，对设备和工艺都有很高的要求，成本也较高。而对于改性沥青，针对组分恢复合成的再生剂，能够在一定程度上起到对老化基质沥青相的调合的作用，但是无法恢复老化改性剂的组成与结构，这也是目前现有再生剂不能很好地适用于改性沥青再生的根本原因。因此，完全以化学组分为指标来控制旧沥青的再生是不现实的，且直到目前国际上还没有"最佳沥青化学组合"的说法。再生剂的研制从理论角度出发应该是对沥青关键组分和结构的调整；而从实用角度出发，再生剂的控制指标应是老化沥青路用性能的恢复，因此，再生沥青的性能测试才是合理的评定手段。

3.3 老化与再生的关系

沥青的老化是一个长期、缓慢且十分复杂的衰变过程，该过程包含物理变化与化学变化。如图 3-13 所示，在沥青路面的服役过程中，由于热、氧、光和水等环境荷载的耦合作用，沥青逐渐老化，物理性能随之衰减，主要表现为沥青针入度、延度下降，软化点、黏度升高，沥青变硬变脆，失去应有的柔韧性。同时，组分分析也清晰表明，沥青各组分含量也产生较大变化，轻组分含量降低、沥青质含量升高，从根本上破坏了稳定的沥青结构体系。因此，沥青的老化会使得沥青路面的路用性能逐渐下降，从而在车辆荷载作用下发生破坏。作为沥青路面的重要组成部分，沥青老化是诸多路面病害的主要成因，限制了路面的使用寿命。因此，采取沥青再生方式延长材料的使用寿命，具有重要意义。

沥青的再生是一个短期、及时也十分复杂的过程，是对老化沥青进行软化调和恢复过程，该过程主要包含物理变化，也有部分化学反应。尽管从理论上沥青老化进程不可逆，即不可能将沥青完全复原，但可通过添加化合物，调和沥青的组分，使沥青的性能尽可能地得到恢复，并在某种程度上恢复到初始状态，或某一适当的状态又能够重新使用。沥青再生的显著效果是沥青的软化与黏度的恢复，而再生条件下沥青软化的必要且充分条件是渗透与稀疏。因此，把握沥青再生的基本规律，研发合适的再生剂对沥青材料的循环利用具有重要意义。

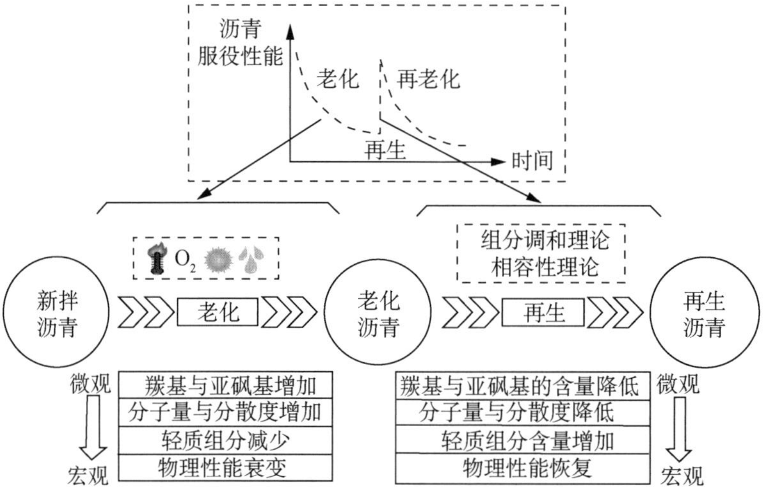

图 3-13　沥青老化与再生机理

3.4 结语

沥青路面在长期使用过程中受到热、氧、光与水等环境荷载和车辆荷载的作用，沥青混合料会产生许多复杂的物理、化学变化，沥青流变学性质也发生根本的变化，最终导致路面出现开裂而损坏，严重影响路面的耐久性。在沥青老化的过程中，沥青宏观性能衰变，化学组分与分子结构发生不可逆的变化。

废旧沥青混合料再生利用的基本思路在于，尽可能地利用裹覆在混合料表面的老化沥青，恢复沥青的流变性能和物理性质，所以，老化沥青结合料性能的恢复与沥青的性状的调整再生是沥青路面再生的关键。因此，老化沥青再生实质是沥青老化流变性质的逆过程，没有化学反应发生。

参考文献

[1] Xiao Feipeng, Amirkhanian Serji N, Zhang Rengen. Influence of short-term aging on rheological characteristics of non-foaming WMA binders [J]. Journal of performance of Constructed Facilities, 2012,26(2):145-152.

[2] Punith V. S., Xiao Feipeng, Putman Bradley, et al. Effects of long-term aging on moisture sensitivity of foamed WMA mixtures containing moist aggregates[J]. Materials and Structures, 2014, 45(1):251-264.

[3] Xiao Feipeng, Newton David, Putman Bradley, et al. A long-term ultraviolet aging procedure on foamed WMA mixtures[J]. Materials and Structures, 2013, 46(12):1987-2001.

[4] Wang Jiayu, Yuan Jie, Kim Kim W, et al. Chemical, thermal and rheological characteristics of composite polymerized asphalts, Fuel, 2018, 227:289-299.

[5] 范耀华.石油沥青抗老化性能研究[J].石油沥青，1997，11(1)：1-12.

[6] Xiang Li, Cheng Jian, Kang Shunji. Thermal oxidative aging mechanism of crumb rubber/SBS composite modified asphalt[J]. Construction and Building Materials, 2015, 75:169-175.

[7] 吕伟民.沥青再生原理与再生剂的技术要求[J].石油沥青，2007，21(6)：1-6.

[8] Wang Jiayu, Wang Tao, Hou xiangdao, et al. Modelling of rheological and chemical properties of asphalt binder considering SARA fraction[J]. Fuel, 2019, 238:320-330.

4 再生沥青混合料的设计理念与方法

4.1 设计理念来源

4.2 不同 RAP 掺量的再生沥青混合料设计理念

4.3 再生沥青混合料设计方法

4.4 沥青混合料回收料的精准再生

4.5 结语

4.1 设计理念来源

4.1.1 材料复合理论

复合材料是由两种或两种以上化学、物理性质不同的材料组分以不同形式、比例、分布组合而成，且各组分之间存在明显的界面的材料。因此，复合材料不仅可以保持各组分材料性能的优点，而且通过各组分性能的互补和关联可以获得单一组成材料所不能达到的综合性能。与通常的复合材料，如玻璃纤维增强树脂、玻璃和陶瓷等相比，尽管改性沥青材料也是由基体(即基质沥青材料)和增强体(改性剂)组成，但其组成体系复杂且改性机理不同，研究者往往采用材料复合的理论对其开展研究。例如，SBS 改性沥青(苯乙烯-丁二烯嵌段共聚物改性沥青)由聚合物 SBS 和基质沥青构成，SBS 中的 S 段和 B 段能够分别增强沥青的高温和低温性能，因此是最常用的改性沥青之一。根据这一理论，老化沥青的再生也可以被归结为一种复合过程，即老化沥青作为基体，再生剂作为一种广义上的增强体，增强的主要目标是降低老化沥青的黏度、提高老化沥青的韧性、缓解老化沥青的老化程度，其根本的目标是对老化沥青内部组分进行重构。

对于复合材料而言，其强度、相容性和润湿性是关键。复合材料的强度是指复合材料的模量或强度与各个组分之间性能的关系，对于纤维增强复合材料而言，强度是由组成材料的特征、增强材料的取向和体积分数所决定的，一般而言复合材料要采用高强度、高模量的增强纤维，而基体要采用低强度、低模量、高韧性的材料。复合材料的相容性是指在加工和使用过程中，复合材料中各组分之间的相互配合程度，包括力学相容、热相容、化学热力学相容、化学动力学相容等。相容性好的两种材料能够在受力过程中相互配合，充分发挥基体和增强体的作用。复合材料的润湿性是指液体在固体表面铺开的能力，如果固体表面能超过液体表面能，则液体在固体表面上铺开，即液体润湿固体，一般用接触角作为评价指标。对于沥青复合材料来说，老化沥青特点是模量和强度较高、韧性不足，与基质沥青或聚合物的相容性较差，表面能较高，润湿性不佳，与新集料的黏附性能不好。

在实际工程中，老化沥青往往与旧集料紧密黏连，作为添加物加入到新拌合的沥青混合料中，掺配比例可以根据实际工程需要进行调配，并且需要对老化沥青的流变性能、黏附性和黏聚力等进行优化，并在需要的情况下加入新型改性剂，如软沥青、胶粉、SBS、温拌剂、生物沥青等作为再生剂。保持沥青胶结料组分的稳定性(即沥青质较好地溶解在软沥青中，不发生絮凝沉淀的过程)以及耐久性是非常重要的。这两个要求也可能是相互抵消的，因为引入低黏度部分对组分稳定性和耐久性的提高可能是不同的。

另外，对于复合材料而言，性能的可设计性和材料与结构的一致性是重点。性能的可设计性是指通过改变材料的组分及结构来改变材料的性能，例如通过在老化沥青中加入胶粉等弹性体，可以提升沥青的韧性。材料与结构的一致性是指采用某种方法把不同组分材料混融形成复合材料的同时,也形成了复合材料的构件,例如在对老化沥青路面再生过程中,将两种不同黏度的沥青调配成预期黏度的沥青,在这个过程中也形成了再生沥青混凝土结构。因此,采用材料复合理论开展相关研究具有借鉴意义,也是研究的理论基础。

为了使再生沥青达到特定的目标黏度,应基于老化沥青和新沥青(再生剂)的黏度,应用混合规则来确定所需的再生剂剂量。Arrhenius(1917)最先建立了关系式来描述两种液体混合的黏度[1]。采用对数关系来描述每种黏合剂的量与其产生黏度的总和,如式(4-1)所示。

$$\ln(\eta_{\text{mix}})=x\ln(\eta_1)+(1-x)\ln(\eta_2) \tag{4-1}$$

$$\ln(\eta_{\text{mix}})=x\ln(\eta_1)+(1-x)\ln(\eta_2)+x(1-x)G_{12} \tag{4-2}$$

$$\ln[\ln(\eta_{\text{mix}})]=x\ln[\ln(\eta_1)]+(1-x)\ln[\ln(\eta_2)] \tag{4-3}$$

式中,η_{mix} 是混合物的黏度;η_1 和 η_2 是沥青 1 和沥青 2 的黏度;x 是沥青 1 的体积占比;G_{12} 是沥青 1 和沥青 2 的相互作用参数。

Grunberg 和 Nissan 提出的式(4-2)[2],Davison 等[3]将其应用于沥青胶结料的混合中;而对沥青和高度芳香的再生剂混合物,G_{12}降低到-10,说明这些再生剂能够将沥青质分散在沥青中。尽管式(4-1)和式(4-3)没有考虑沥青之间的相互作用差异,但是Davison 等认为式(4-1)适合沥青混合物,而式(4-3)更适合沥青和再生剂混合物。

在 Superpave 沥青混合料设计中还可以针对失败温度制定混合规则,其中失败温度包括低温、中温和高温失败温度。根据每种沥青的量及其失败温度通过线性关系来确定新旧沥青的质量[4]。Soleymani 等发现了软黏合剂/再生剂和硬质沥青以及沥青性能等级和主曲线参数之间的线性关系,确定了以下与性能有关的参数:$\lg G^*$, δ, $\lg S$, m, R(黏弹性参数),w_c(交叉频率)等[5]。

4.1.2 全生命周期评价理论

总体来说,路面材料的生命周期包括原材料生产加工、公路施工、公路运营(服役)、维修重建以及拆除回收过程,如图 4-1 所示。为了从生命周期上定量确定废旧路面材料的经济和环境影响,两种有效的分析工具被广泛应用,即生命周期评价(Life Cycle Assessment, LCA)和生命周期成本分析(Life-Cycle Cost Analysis, LCCA)。

生命周期评价是根据 ISO14044 提出的科学评价手段,对给定系统定量分析整个生命周期中环境的影响,从原材料生产到最终拆除回收。主要由 4 个步骤组成:①目标和范围的定义;②生命周期清单分析;③生命周期影响评价;④结果解释。目标和范围定义主要涉及分析的边界、划分单元以及分析期的确定。划分单元是输入和输出单元的确定,保证 LCA 模型可以用于相似项目。系统边界确定了 LCA 中应包含哪些单元、假设和标准。分析期对系统试用期的能耗与排放有显著作用。另外,数据质量决定了

图 4-1　道路工程的生命周期

LCA 数据的可信度，为了保证结果可重复和可靠，分析过程中的假设和局限需要明确。生命周期清单分析（Life Cycle Inventory, LCI）用于系统边界内输入与输出的计算与分配，旨在量化给定产品在生命周期范围内每个过程对环境的输入和输出。生命周期影响评估（Life Cycle Impact Assessment, LCIA）旨在将生命周期清单中的数据转化为各种影响类别（例如全球环境变暖、酸雨、富营养化、光化学臭氧、人类中毒等特定环境影响潜力）来深入了解产品全生命周期对环境的影响。结果解释阶段的主要目的是总结、确定和评估 LCI 和 LCIA 结果，最后为项目研究得出一些结论。通常该阶段包括三个要点：确定重大影响因素；对这些因素的敏感性、一致性和完整性进行检查；提出结论、建议以及局限性[6]。

废旧沥青路面材料对于原路面而言可被视为路面材料的生命终结阶段，通过铣刨和运输过程，进入固体废弃物填埋或回收过程。对于新建路面而言，沥青路面材料回收料在原材料制备阶段，通过分拣、制造和运输过程进入新建路面中（图 4-2）。从全生命周期成本来看，废旧沥青路面材料的填埋会增加建设费用的开支，并且浪费土地资源，

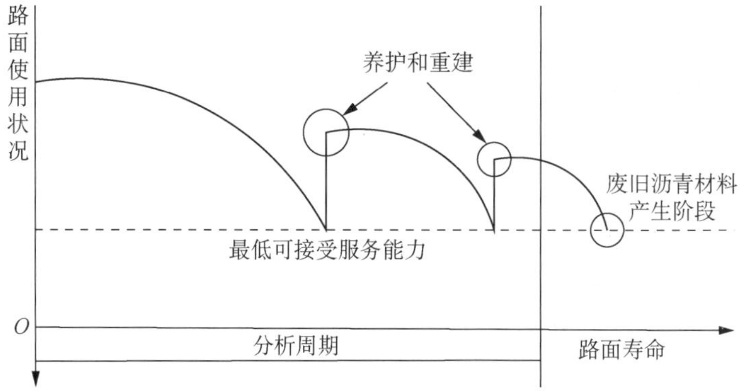

图 4-2　公路工程全寿命分析周期（圆圈为废旧量材料产生阶段）

但同时废旧沥青路面的二次利用也会在运输、分拣、制造过程中产生开支。尽管减少固体废弃物的填埋量，增加再生沥青材料的循环利用率毫无疑问具有重要的现实意义，但如何平衡材料性能与建造成本，选择最优的废旧沥青路面材料利用比例更为重要。

循环经济(Circular Economy)是一种以资源节约和循环利用为特征、与环境和谐的经济发展模式。强调把经济活动组织成一个"资源—产品—再生资源"的反馈式流程，其特征是低开采、高利用、低排放，所有的物质和能源在这个不断进行的经济循环中得到合理和持久的利用，以把经济活动对自然环境的影响降低到尽可能小的程度。作者研究团队深刻贯彻绿色发展理念，立足于道路材料的循环再生，对不同比例沥青混合料回收料的利用开展了针对性的设计，提出了"以废治废""低碳再生"和"精准再生"的再生理念，如图 4-3 所示。

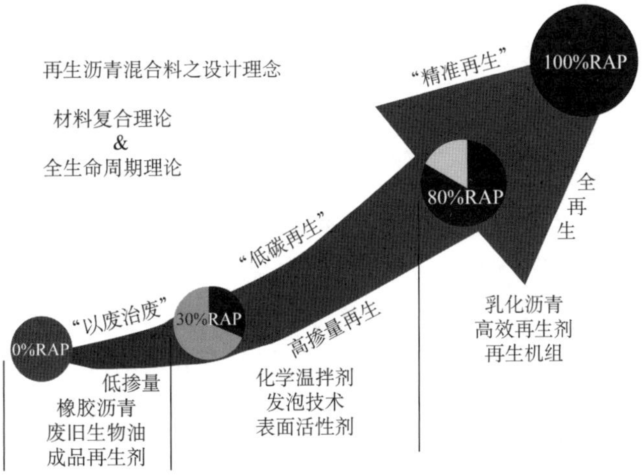

图 4-3　沥青混合料回收料的利用理念

4.1.3　小结

本节介绍了再生沥青混合料设计的理论基础，包括材料复合理论和全生命周期理论。材料复合理论支撑了沥青混合料回收料再生利用的材料学基础，为橡胶再生沥青混合料、低碳再生沥青混合料以及就地再生沥青混合料的材料设计提供了思路；而全生命周期理论为再生利用提供了经济和社会效益的可行性，基于此提出了"以废治废"和"低碳再生"的理念。

4.2　不同 RAP 掺量的再生沥青混合料设计理念

4.2.1　低掺量再生沥青混合料的增韧设计理念

低掺量再生沥青混合料是指再生沥青混合料中沥青混合料回收料(RAP)的掺量低于 15%，且往往将新沥青直接作为再生剂再生老化沥青，而不额外掺入其他再生剂。美国、部分欧洲国家和日本大多采用低掺量再生沥青混合料作为新建路面的筑路材料来源，从而有效减少新集料和新沥青的使用，节约筑路成本。尽管大量研究表明，15%以下 RAP 掺量的再生沥青混合料具有较好的路用性能，基本与新沥青混合料相同，但是受限于老化沥青自身的脆性，再生沥青混合料的韧性表现不佳，进而导致其疲劳寿命缩短，耐久性降低。笔者最早于 2004 年提出了废橡胶粉增强再生沥青混合料的增韧设计(Toughening design)理念，将废橡胶粉和 RAP 以合适的比例制备橡胶沥青再生沥青混合料，充分利用橡胶粉的柔韧性，有效增强了低掺量再生沥青混合料的弹性性能，进而提出了"以废治废"的固废资源循环利用思想[7]。

橡胶增韧技术是较成熟的材料共混改性技术之一。根据材料复合理论，在橡胶复合材料受到外力作用产生微裂缝时，裂缝的发展受到橡胶颗粒的阻挡，就必须拉伸橡胶，进而消耗大量能量，使得微裂缝不能形成破坏性裂缝，这就是弹性体增韧机理。此外，橡胶颗粒的玻璃态转变温度明显低于沥青，并且对温度敏感性比沥青低，且在不同温度下具有良好的性能稳定性，由此改善了沥青胶结料的低温抗裂性能。另外，胶粉与沥青在拌合过程中发生胶粉颗粒的溶胀和降解。高温条件下，胶粉颗粒通过吸收沥青中的芳香油，使其体积膨胀 1～3 倍，形成凝胶状材料。胶粉颗粒通过吸收胶结料中的轻组分和芳香分，降低了胶结料的轻质油分，胶粉改性沥青的温度敏感性下降，使得胶粉改性沥青的低温性能得到改善。此外，胶粉颗粒中的炭黑渗透到胶结料中又能提高沥青的高温性能。胶粉颗粒和胶结料形成连续或交叉的三维空间网络结构。当胶粉沥青在高温条件下持续搅拌，胶粉颗粒与沥青持续发生反应，未吸收饱和的胶粉颗粒继续吸收沥青中的轻质油分，同时伴随一些化学反应，主要是脱硫和解聚。

为了充分发挥橡胶颗粒与沥青材料各自的性能优势，需要对橡胶再生沥青混合料体系进行精心设计。从物质组成上，这一复杂体系包括了新沥青、新集料、沥青混合料回收料(含老化沥青和再生集料)、橡胶颗粒及其降解物、矿粉以及孔隙，如图 4-4 所示。需要设计的参数分为 3 个层面，即胶粉层面、沥青混合料回收料层面以及混合料配合比层面，总结每个层面的设计参数如表 4-1 所示。

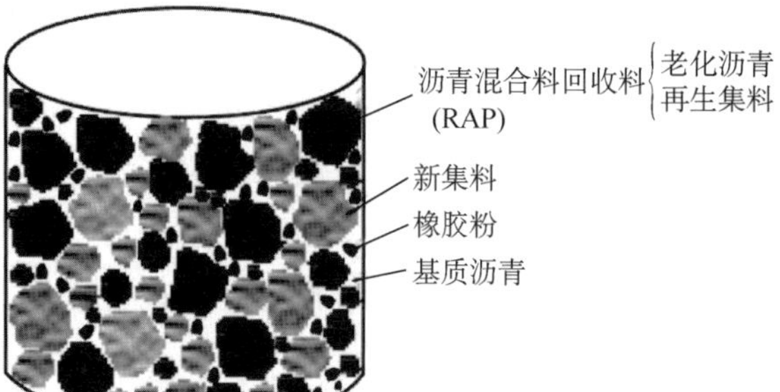

图 4-4　橡胶再生沥青混合料材料组成

表 4-1　　低掺量再生沥青混合料设计参数

层面	设计参数	参数范围
胶粉	破碎类型	冷冻破碎、常温破碎
	掺量	0～15%(沥青用量)
	目数	30 目(0.6 mm)、40 目(0.425 mm)
沥青混合料回收料	掺量	0～10%(混合料质量)
	级配	(12.5～4.75 mm)、(<4.75 mm)
	来源	是否和新集料同源
配合比设计	PG 分级/针入度分级	是否合适
	最佳沥青用量	设计方法与 JTG F40 保持一致
	集料级配	马歇尔或 Superpave 设计
	集料来源	是否和旧集料同源
	体积参数	设计方法与 JTG F40 保持一致

作为一个复杂体系，不同设计参数之间相互约束，共同作用影响沥青混合料的路用性能。黏度(旋转黏度计测试)作为沥青胶结料的重要指标之一，在宏观层面体现沥青的化学组成，也影响沥青混合料的路用性能。橡胶再生沥青混合料中，RAP 掺量的增加使得老化沥青占总沥青的比例增加，大分子化合物使整个沥青体系的黏度提升，而胶粉与沥青的拌合过程产生的交联作用同样增加了体系的黏度，并且提升的幅度与掺量正相关。新沥青的最佳用量受到 RAP 和胶粉的共同影响，一方面，RAP 量的增加提高了体系中沥青含量，使新沥青需求降低；另一方面，胶粉需要足够的新沥青进行溶胀反应，使得新沥青需求增加。沥青用量作为混合料配合比设计的关键，显著影响力学性能、水稳定性、抗车辙性能、低温抗裂性能以及疲劳性能等路用性能。研究发现，弹性模量(resilient modulus)随 RAP 掺入而增加，但是随胶粉增加而降低，这是由于胶粉颗粒的力学性能弱于集料。疲劳寿命随 RAP 掺量的增加而减少，随胶粉的掺入而增长，这体现了胶粉对再生沥青混合料长期性能的促进作用。而水稳定性指标间接拉伸强度(Indirect Tensile Strength, ITS)和劈裂强度比(Tensile Strength Ratio, TSR)随着 RAP 的掺入而增加，随胶粉掺量的增加而降低，体现了 RAP 对抗水损害性能的提升。低温抗裂性能随 RAP 的掺入而下降，随胶粉掺量的增加而提升，体现了胶粉对抗开裂性能的促进作用。根据 RAP 和胶粉对沥青混合料各项路用性能的影响，总结出“高温性能协同、低温疲劳水损互补”的设计思路[8-14]。此外，为了更好地控制沥青混合料回收料中集料级配，推荐将 RAP 经过筛分后加入新拌合沥青混合料中，一般可以将 RAP 筛分为+4RAP(12.5～4.75 mm)和−4RAP(<4.75 mm)，并且最好选择与 RAP 来源相

近或相同的新集料。在这种情况下，可以排除因集料工程性能不一致而导致的混合料性能变异，仅考虑集料级配的影响。另外，在集料级配设计中，不能够忽略胶粉颗粒作为细集料(0.4～0.6 mm)的影响，然而在湿法胶粉改性沥青中，胶粉在沥青作用过程中其体积会发生变化(溶胀和降解)，尽管该颗粒作用客观存在，但可以通过橡胶沥青混合料的 VMA 值进行控制。例如，加入胶粉后，沥青混合料的 VMA 值提升，恰好体现了这一现象。相关研究成果详见第 6 章。

4.2.2 高掺量再生沥青混合料的低碳设计理念

低掺量(0～15％)再生沥青混合料的制备方法与常规热拌沥青混合料没有明显差异，拌合与压实温度无须大幅提高。然而，随着再生沥青混合料中沥青混合料回收料比例的提升，尤其是 RAP 掺量达到 30％～50％时，再生沥青中含有老化沥青的比例提升，导致再生沥青的黏度提升，再生沥青混合料的制备温度升高，引起能源消耗增大和污染物排放增加，对施工人员的身体健康也有一定隐患。因此，对于高掺量再生沥青混合料采取降黏设计是一种行之有效的方式，一般可以采用温拌沥青技术和再生剂。

温拌沥青技术(Warm Mixed Asphalt, WMA)节能减排的特点使得其在全球的发展速度迅猛。目前已经进入应用或者初步应用阶段的温拌沥青技术产品近 20 种，以工作原理进行分类，温拌沥青技术可以分为发泡型温拌技术、降黏型温拌技术和表面活性型温拌技术三种类型。对应地，所使用的材料根据其机理不同可以分为泡沫温拌剂、表面活性温拌剂以及石蜡基温拌剂。表面活性温拌剂由亲油基和亲水基分子组成，在混合料拌和过程中，亲油基与沥青接触，亲水基与未蒸发散失的水分子结合，形成具有润滑功能的结构性水膜，提高了沥青混合料和易性，达到低碳再生效果。泡沫温拌剂通过水分气化的体积膨胀作用，能够显著增加沥青体积，促进沥青与石料及再生混合料表面接触，从而减少拌合时间，实现低碳拌合目的。石蜡基温拌剂中富含长直链烷烃的化学结构，充分发挥其在沥青、石料、沥青混合料回收料表面的界面润滑作用，降低沥青分子间摩擦力，改善再生沥青混合料和易性，进而提高沥青混合料回收料掺配率。

沥青的黏结和润滑作用是影响沥青与集料的黏附性和沥青混合料压实效果的重要因素。沥青的黏结作用使混合料易于成型而不致松散，沥青的润滑作用使矿料颗粒就位而不致被压碎。沥青混合料的拌和温度和压实温度影响着沥青的黏结作用和润滑作用。温拌沥青技术主要通过一定的措施使得沥青能够在相对较低的温度下很好地裹覆在旧沥青集料上，具有良好的黏结和润滑作用，从而使沥青能在相对较低的温度下进行拌和及施工，同时保持混合料使用性能不低于热拌沥青混合。

再生剂的设计与应用以“相容性理论”和“组分调和理论”为基础，以恢复沥青胶体结构热力学稳定性为目标，结合内聚能密度等高分子材料相容性指标，提出了再生材料设计理念。再生剂的化学组成主要是芳香烃和环烷烃等低分子量化合物，用来补充原老化沥青中缺少的轻质组分，调整胶体结构。尽管大量成品有机材料可以用来制备沥青再生剂，但研究采用废食用油机理的老化沥青再生方法，体现了“以废治废”和低碳设计理念（low-carbon design），并且废食用油中脂肪酸类、酮类、醛类等典型羰基化合物对老化沥青轻质组分弥补效果突出。

针对高掺量再生沥青混合料的降黏设计主要着眼于液液材料的物理融合，提升再生剂与老化沥青、新沥青的相容性。在高掺量沥青混合料中，沥青体系包含了再生剂、温拌剂、新沥青和老沥青，如图 4-5 所示。主要设计层面及其对应的设计参数如表 4-2 所示。

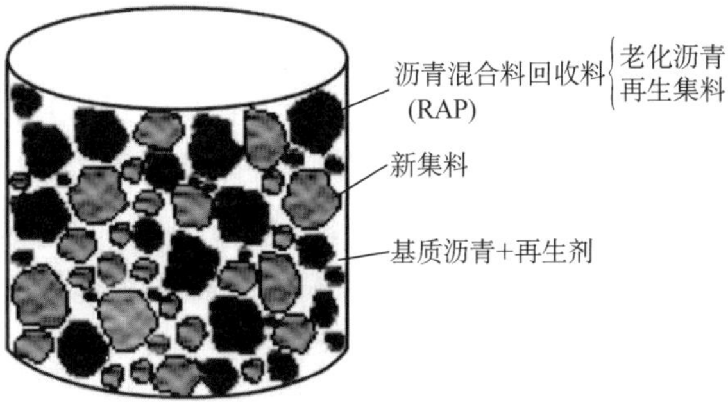

图 4-5　低碳再生沥青混合料材料组成

表 4-2　　低碳再生沥青混合料的设计参数

层面	设计参数	参数范围
温拌剂	类型	表面活性类、蜡基、发泡
	掺量	0～0.5%（沥青用量）
沥青混合料回收料	掺量	30%～50%（混合料质量）
	级配	(12.5～4.75 mm)(<4.75 mm)
	来源	是否和新集料同源
配合比设计	PG 分级/针入度分级	是否合适
	最佳沥青用量	设计方法与 JTG F40 保持一致
	集料级配	马歇尔或 Superpave 设计
	集料来源	是否和旧集料同源
	体积参数	设计方法与 JTG F40 保持一致
	拌合压实温度	

作为一个复杂体系，温拌再生沥青混合料需要进行精心设计，在节约能源和减少排放的基础上，满足路用性能的要求。如果说胶粉和 RAP 的复合体系是刚柔并济，那么

RAP 和温拌剂则是水乳交融。笔者于 2007 年开展温拌剂研究以来，发现温拌剂不仅可以作为一种节能降温的低碳手段，而且能够起到再生的作用。从具体研究中发现，高掺量 RAP(>30%)能够与基质沥青(PG 64-22 和 PG 58-28)充分拌和并且用于面层，但是随着 RAP 用量的增加，沥青胶结料的黏度增加，会消耗更多的化石燃料，温拌或半温拌方式能降低拌合过程中的能耗与排放。针对不同温拌剂类型，发现加入表面活性剂类温拌剂对黏度改善没有效果，而加入石蜡基温拌剂会加强界面润滑效果。对于最佳沥青含量，热拌沥青的最佳沥青用量为 4.5%(不同 RAP 掺量、沥青来源和类型)，提升 RAP 掺量不会明显改变最佳沥青含量，而发泡温拌技术能够影响最佳沥青用量，温拌沥青混合料的 VMA 减少随着 RAP 掺量的增加，WMA 和 RAP 对于决定 VMA 起关键作用，温拌技术不影响粉胶比，但是 RAP 含量影响粉胶比。就性能方面而言，增加 RAP 毫无疑问会提升再生沥青混合料的高温性能，但是降低了其抗疲劳性能，而合适的温拌剂正好抵消这些不利因素。而温拌沥青混合料存在水稳定性差的问题，可以通过 RAP 得到提升。因此，通过合适的材料组合可以取得"疲劳水损互补，高低温性能提高"的效果[15-16]。根据这一研究理念，开展了温拌剂、温拌沥青及温拌沥青混合料的系统性研究，详见第 7 章"温拌再生沥青混合料的性能表征"。

4.2.3 就地再生沥青混合料的优化设计理念

就地再生往往能实现接近 100%原路面材料的再生，是能够达到的最佳方式，对材料的重复利用和减少环境破坏有重要意义。如何更好地开展就地再生沥青混合料的实践是当前研究的热点问题。就地热再生及冷再生的难点在于再生工艺的优化，真正发挥废旧路面材料就地处置的时间和环境优势。沥青混合料回收料的就地处置不仅仅是材料再生方面的难题，还是工艺流程、施工组织协调与配合的难点。美国、部分欧洲国家和日本在相关机械设备研究方面已然成熟，往往通过大型就地热再生或冷再生机组配合少量人工，开展工程应用，国外沥青路面再生技术已日趋成熟，不同的再生工艺形成了不同的再生机械设备，实施了全套机械化作业。今后的发展方向是机械的大功率、高效率、低成本和功能综合，并通过机械设备的不断创新而提高再生路面的使用性能。

从设计理念来看，就地再生沥青混合料最大程度上利用了沥青混合料回收料，仅添加少量新沥青混合料补充车辙裂缝等损失的高程。因此，对原路面材料的原有性能有一定要求。在再生过程中，通过加热软化或机械破碎的方式使旧路面松散，再添加新沥青、再生剂等胶结料，激活旧沥青材料与集料的黏附性，最后使路面的标高恢复到原有路面高程或略高于原路面。在就地热再生路面中，材料组成包括了沥青混合料回收料(沥青及集料)、新沥青、再生剂与新集料，如图 4-6 所示。设计参数如表 4-3 所示。

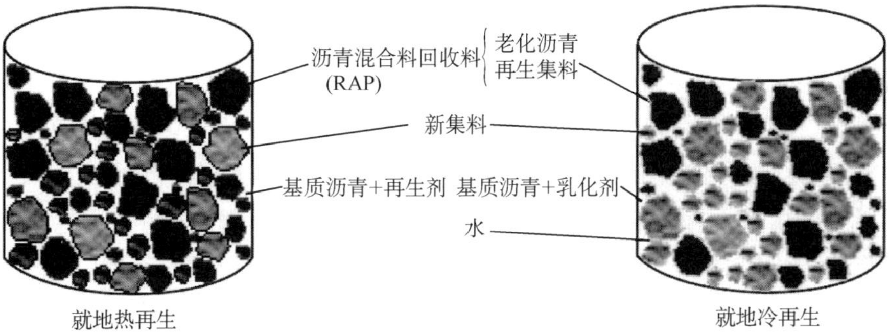

图 4-6　就地热再生和就地冷再生材料组成

表 4-3　　就地再生沥青混合料材料设计参数

就地再生类型	层面	设计参数	参数范围
就地热再生	新沥青混合料	沥青等级	试验确定
		沥青用量	试验确定
		集料级配	补充原缺失级配或与原级配相同
		集料来源	是否和原集料同源
		用量	试验确定
就地冷再生	新胶结料	类型	水泥、泡沫沥青、乳化沥青等
		用量	试验确定
		集料级配	补充原缺失级配或与原级配相同
		集料来源	是否和原集料同源
沥青混合料回收料		掺量	接近 100%
		级配	原路面级配
		来源	原路面

具体来说，就地热再生的材料设计需要考虑以下因素：

(1) 现有路面沥青和集料特性，包括现有路面沥青含量、级配、含水率、毛体积相对密度和最大理论密度，计算体积参数，通过对回收集料的级配、形状、棱角性及耐磨性进行判断，考虑是否满足规范要求。

(2) 新添加集料和混合料，新集料一般在拌合站制备成混合料加入，大部分外掺新混合料控制在 30%之内，棱角性好的粗集料有利于提高稳定度、抗车辙性能及摩擦系数。

(3) 室内成型与性能测试，一般芯样加热到 100 ℃左右就足够软化，加入再生剂时，拌合温度在 130 ℃左右，拌合时间尽量短，且能保证再生混合料稳定均一，与现场拌合时间相近，室内试验条件尽量与现场保持一致，压实程度根据预期工程交通量确定，试件冷却后进行常规性能试验。

(4) 现场配合比验证，在施工过程中，应对现场热再生混合料进行取样、验证。

此外，就地热再生的再生剂选择至关重要。沥青的老化是其化学组成随时间而变化的过程，受到沥青化学组成、环境条件和暴露时间有关。研究认为，沥青在整个老化过程中，胶体体系发生了恶化，胶质与沥青质增加。要恢复老化沥青的性质就应该重建沥青中的组分平衡即沥青质与可溶质的平衡。由此，再生剂的目的是重建起老化沥青各组分的相容性和恢复老化沥青的长期路用性能。近年来，国外研究者大力推广喷洒型沥青再生剂，此类再生剂富含极性树脂，能够渗入老化沥青路面裂缝中，对老化沥青实现再生的同时，可对裂缝病害进行有效处治，进一步提高路面的耐久性。美国 Tricor Refining 公司研制的 Reclamite 再生剂，由于具有特殊的分子结构(蜡自由基)，可有效溶解老化沥青，吸收大分子基团形成共晶结构，再生沥青混合料路用性能得到很大改善。Reclamite 再生剂生产成本低廉，在美国沥青再生剂市场占据较大份额[17]。此外，也有研究者从绿色环保的角度，采用棕榈油与沥青进行复配，合成可用于热再生工程的绿色再生剂。相应地，各国根据实际情况建立了不同再生剂标准。与早期再生剂产品相比，我国再生剂基础油逐步向重质油转变，并向基础油中添加增塑剂、抗老化剂、树脂类物质，显著提高了再生剂的热稳定性，对老化沥青的再生效果得到一定改善。针对就地热再生的施工流程，需要对再生剂提出新的要求。在再生剂迅速掺入与拌和过程中，再生剂裹覆在老化沥青表面，再生剂的渗透扩散速度在很大程度上影响着就地热再生的施工效果。如果再生剂不能渗透入老化沥青并很好融合，就会导致再生沥青混凝土性能大大降低。

就地冷再生中乳化沥青的性能是关键。沥青乳化就是运用了乳化剂亲水性基因团和亲油性基团的特点，借助外力的作用通过减少沥青与水的表面张力差和有效隔离沥青微粒，最终产生了不易分离但结构稳定的流动性液体。沥青通常情况下以固态形式存在，只有在一定温度下才能变成液体。固体状的沥青是不能和集料拌合的，因此冷再生技术就必须要将固态下的沥青变成可流动的液态沥青，那么乳化剂就是关键。为此使用具有亲水性基团和亲油性基团的乳化剂将沥青溶于水中，从而形成流动性的乳液，乳化剂本质上能减少沥青与水的表面张力差。为了便于施工中发挥其胶结作用，就必须从水中分离出来。这个过程中涉及破乳技术。所谓破乳，就是在乳化沥青与矿料拌合接触过程中，从乳液水中脱离的沥青颗粒相互聚集形成连续状态，沥青就回到原本独立状态。在利用乳化沥青混合料进行施工的过程中要把握好破乳时间，这点在整个冷再生技术中都是至关重要的。破乳时间把握不当，就会给施工带来困难：时间太短，会导致乳化沥青无法完全覆盖集料；时间过长，则会严重影响铺路和筑路的进度。不可否认，影响破乳的因素是多方面的，如温度、湿度等都会对破乳产生影响，因此要注意对乳化沥青的配合比进行设计。然而，如何选择乳化剂事关乳化沥青配合比设计。

综上,就地热再生和冷再生的优化设计(optimization design)理念,首先,需要对原路面进行充分调研和检测,明确是否适合采用就地再生的方式进行废旧路面材料的重新利用;其次,要选择合适的再生材料(如新沥青、再生剂、乳化沥青、泡沫沥青和水泥等胶结料)和高效的再生机械;最后,由于旧沥青路面现场变异性较大,若可以及时检测旧沥青路面级配及油石比变化,并辅以动态调整,将极大地提高现场热再生工程质量,延长路面寿命,提高市场竞争力,因此有必要提高对此问题的重视程度。

4.2.4 小结

本节阐述了三种再生沥青混合料的设计理念,包括低掺量下的增韧设计理念、高掺量下的低碳设计理念以及就地再生下的优化设计理念,涵盖了不同应用层面下沥青混合料回收料再生利用的工艺和技术,有助于工程技术人员根据设计理念开展材料设计,更好地服务于工程应用。

4.3 再生沥青混合料设计方法

考虑到实际工程应用的便利性,在开展再生沥青混合料设计过程中,往往不将其作为一种新的设计方法,而是基本沿用了已有的沥青混合料设计方法,如马歇尔设计方法和 Superpave 设计方法。再生沥青混合料设计过程中,RAP 材料作为一种新材料加入到原有沥青混合料中。但由于 RAP 材料既含有老化沥青,也含有一定级配的再生集料,会对再生沥青混合料的矿料级配与最佳沥青用量产生影响,因此需要进行精心设计。由于目前国内部分省份已经采用 Superpave 沥青混合料设计方法进行材料设计,在本节中以 Superpave 沥青混合料设计方法进行描述,设计的流程图如图 4-7 所示。需要指出的是,Superpave 设计方法对于有无 RAP 的掺入都是相似的,两者存在的区别包括:RAP 中再生集料需要看成是单独的一堆石料进行拌合及称量,必须保证对 RAP 的缓慢加热以避免改变老化沥青的性能,必须对 RAP 石料的密度进行估算,在配料时必须对 RAP 中再生沥青的含量进行说明,沥青含量要减少以平衡 RAP 中的再生沥青用量。根据 RAP 的含量、混合沥青的目标等级以及再生沥青的等级,基质沥青的等级可能需要调整。

4.3.1 厂拌热再生混合料设计

4.3.1.1 RAP 评价与掺量确定

RAP 材料的性能评价包括 RAP 老化沥青含量与等级、RAP 中再生集料的级配、集料的均一性、集料的棱角性、针片状含量、RAP 最大理论密度(G_{mm}, AASHTO T 209)和 RAP 集料密度等(具体可见第 2 章)。

在再生沥青混合料设计过程中需要尽早确定的一个关键参数就是 RAP 掺量。这

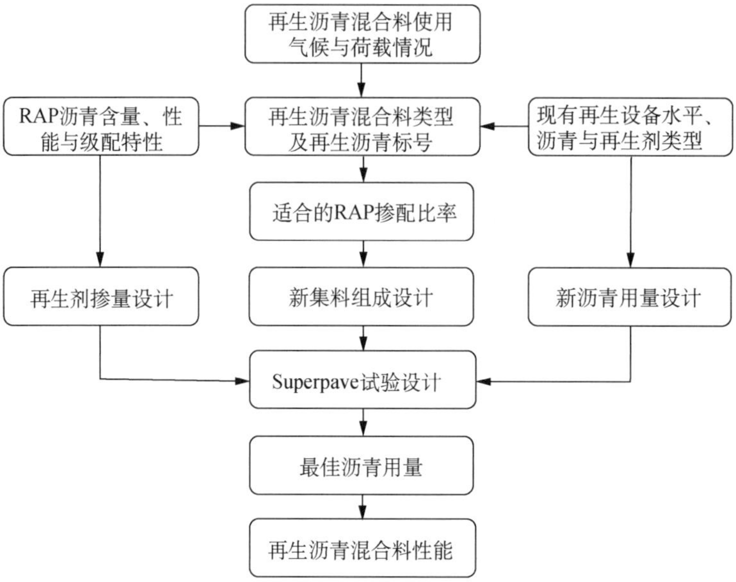

图 4-7　再生沥青混合料设计流程图

个参数受到许多方面的限制，主要包括现行的规范、经济因素、环境因素、材料以及生产相关因素等。其中材料及生产相关因素包括以下几个方面：①规范中对沥青混合料类型、拌合站选型及其他因素的限制；②RAP 材料的级配；③集料的均一性；④新沥青性能；⑤拌合站的加热、干燥及排风能力；⑥RAP 和天然集料的含水量；⑦集料加热的温度；⑧环境温度；⑨其他可能的因素。其中，生产的相关因素包括拌合站的一些能力，主要是对 RAP 以及集料的加热和干燥能力。如果环境温度较低或者材料的含水量较大，就需要更多的能源来加热并干燥材料；反过来，这些因素又会影响到热拌沥青混合料的生产速率。

对于 Superpave 混合料和马歇尔混合料来说，材料的影响因素对于 RAP 容许掺量的限制是有些差别的。例如，Superpave 混合料的容许级配要求更少的细料含量并且天然集料与 RAP 的混合料必须满足均一性，这比天然集料要求更加严格。Superpave 设计方法至少选择评价三种配比的混合料。当掺入 RAP 时，这些混合集料可能含有不同比例的 RAP，或者这些混合集料是同样比例的 RAP 与不同料堆的石料的混合。混合料必须满足级配的要求以及集料的一致性。此外，最后选择的混合料还必须满足 4%空隙率等体积参数要求，比如 VMA、沥青饱和度(Voids Filled with Asphalt, VFA)、油石比。总的来说，Superpave 混合料使用 RAP 的情况与马歇尔混合料是相似的，即混合集料需要有均一性，拌合站必须有能力加热并干燥材料，并且许多评价 RAP 的方法和传统评价方法都是类似的。

RAP 必须在实验室内加热至可加工，并与其他材料混合。尽管需要保证 RAP 加热彻底，但是一般来说，加热时间越短越好。对于1～2 kg的小样本来说，建议在110 ℃(230℉)下加热不超过2 h。研究发现，更高的温度以及更长的加热时间都会改变部分RAP的性能。在与RAP以及基质沥青拌合之前，天然集料需要加热到超过拌合温度10 ℃，随后就正常进行拌合、老化以及压实。在配料时，很重要的一点是注意RAP的一部分质量是沥青。考虑到RAP中含有的再生沥青，有必要增加RAP的用量并减少新沥青的用量。

通常来说，配合比的推荐做法是将堆积集料按照粒径分组，随后按照合适级配重新组合，将总质量乘以不同堆料的比例再乘以各料堆中每一档集料的比例。这样做可能需要大量的工作，但是好处也很大，既能够更好地控制级配，又能够保证不同料堆集料的合理分配。配合比设计时，RAP的质量包括集料和沥青。RAP的干重指代RAP中集料的质量，式(4-4)可以用来计算配合比设计时RAP的质量。

$$M_{\text{dryRAP}} = \frac{M_{\text{RAPAgg}}}{(100 - P_{\text{b}})} \times 100 \tag{4-4}$$

式中，M_{dryRAP}是干燥RAP的质量；M_{RAPAgg}是RAP中集料的质量；P_{b}是RAP中老化沥青含量。

4.3.1.2 新沥青等级选择

再生混合料所需的沥青等级取决于实际工程项目所在地的气候以及交通荷载等级。一般来说，在沥青混合料设计规范中会指定应采用的沥青等级并且在标准中进行说明。但是当使用RAP时，考虑到RAP含有老化和硬化的沥青，所采用的新沥青等级需要调整(例如采用更软的新沥青)。通常设计人员需要同时决定采用多少比例的RAP和采用何种等级的新沥青，也可以采纳来自规范制定部门、道路管理部门、咨询公司以及原料提供方的建议。表4-4提供了不同性能等级(PG)所对应的新沥青推荐等级。

表4-4　　再生沥青混合料的RAP掺量

推荐新沥青等级	回收沥青等级		
	PG XX-22或更低	PG XX-16	PG XX-10或更高
等级不变	<20%	<15%	<10%
比常规选择的沥青软*	20%～30%	15%～25%	10%～15%
根据新旧沥青混合调和法确定	>30%	>25%	>15%

注：* 例如新沥青PG 58-28常规选择PG 64-22

下面分两种情况具体阐述RAP掺配比例与新沥青等级选择：情况A为已知RAP掺量时的混合(新沥青等级未知)；情况B为已知新沥青等级时的混合(RAP掺量

未知)。

1) 情况 A:已知 RAP 含量时的混合(新沥青等级未知)

在许多实际工程中,再生沥青混合料中 RAP 的掺量往往是确定的。例如,道路管理部门可能希望使用指定项目中铣刨的所有 RAP,或者使用特定掺量的 RAP,认为这样是最为经济的。并且,新集料的级配或是再生沥青混合料的性能要求都会限制 RAP 的使用量,规范中也有对于 RAP 用量的限制。在这些情况下,往往可以先确定 RAP 掺量,再通过与 RAP 所含的老化沥青再生后的再生沥青特定等级,来决定使用何种等级的新沥青。也就是说,如果再生沥青的等级、性能和 RAP 的比例都是已知的,那么要选用的新沥青性能及等级就可以确定。下面用一个例子来说明,道路管理部门要求再生沥青的等级为 PG 64-22 或更高,且再生沥青混合料中 RAP 的用量为 30%,再生沥青的性能见表 4-5。

表 4-5　　再生沥青的失败温度

老化状态	性能指标	失败温度
原样(OB)	DSR $G^*/\sin\delta$	高温 86.6 ℃
短期老化(RTFO)	DSR $G^*/\sin\delta$	高温 88.7 ℃
长期老化(PAV)	DSR $G^*/\sin\delta$	常温 30.5 ℃
	BBR S-Value	低温 −4.5 ℃
	BBR m-Value	低温 −1.7 ℃
PG		实际 PG 86-11
		MP1 PG 82-10

用式(4-5)分别计算高温、常温及低温失败温度,进而确定能达到预想性能的新沥青等级,这些值的选取见表 4-7 及图 4-8。

$$T_{\text{Virgin}}=\frac{T_{\text{Blend}}-(\%RAP\times T_{\text{RAP}})}{(1-\%RAP)}\tag{4-5}$$

式中,T_{Virgin} 为基质沥青的失败温度;T_{Blend} 为混合沥青的失败温度(目标值);$\%RAP$ 为小数表示的 RAP 用量(例如用 0.3 表示 30%);T_{RAP} 为再生沥青的失败温度。

如表 4-6 及图 4-8 所示,当使用图 4-8 所示的 RAP 并且掺量为 30%时,基质沥青的高温等级至少要达到 54.3 ℃才能满足对混合沥青的等级要求(PG 64-22)。这就是说需要 PG 58-xx 的基质沥青才能保证 54.3 ℃的温度要求。表 4-6 和图 4-8 说明,同样的 RAP 用量情况下,基质沥青的低温等级至少要达到−26.4 ℃才能满足对混合沥青的等级要求。这意味着需要 PG xx-28 的基质沥青才能保证−26.4 ℃的温度要求。

表 4-6　　　　基质沥青的预估失败温度

老化状态	性能指标	失败温度
原样(OB)	DSR $G^*/\sin\delta$	高温 54.3 ℃
短期老化(RTFO)	DSR $G^*/\sin\delta$	高温 53.4 ℃
长期老化	DSR $G^*/\sin\delta$	常温 22.6 ℃
	BBR S-Value	低温 −15.2 ℃
	BBR m-Value	低温 −16.4 ℃
PG		实际 PG 54-26
		MP1 PG 58-28

从表 4-6 及图 4-8 可以看出，当使用图 4-8 所示 RAP 且掺量为 30%时，应选用 PG 58-28 的基质沥青。为了达到图 4-8 所示的常温温度等级($G^*\sin\delta$)，基质沥青的常温失败温度不能超过 22.6 ℃。由于 PG 58-28 沥青的最大中间失败温度为 19 ℃，所选用的沥青能够很容易满足所有混合沥青的要求。

需要注意的是，基质沥青的高温等级实际要求是 54.3 ℃。也就是说 PG 52-28 的沥青可能是适用的，前提是实际的高温等级能够达到 54.3 ℃。然而，考虑到材料的变异性(例如 RAP 和基质沥青)以及实验结果变异性(例如蠕变恢复和 DSR 实验)，这种选择的可行性值得考虑。

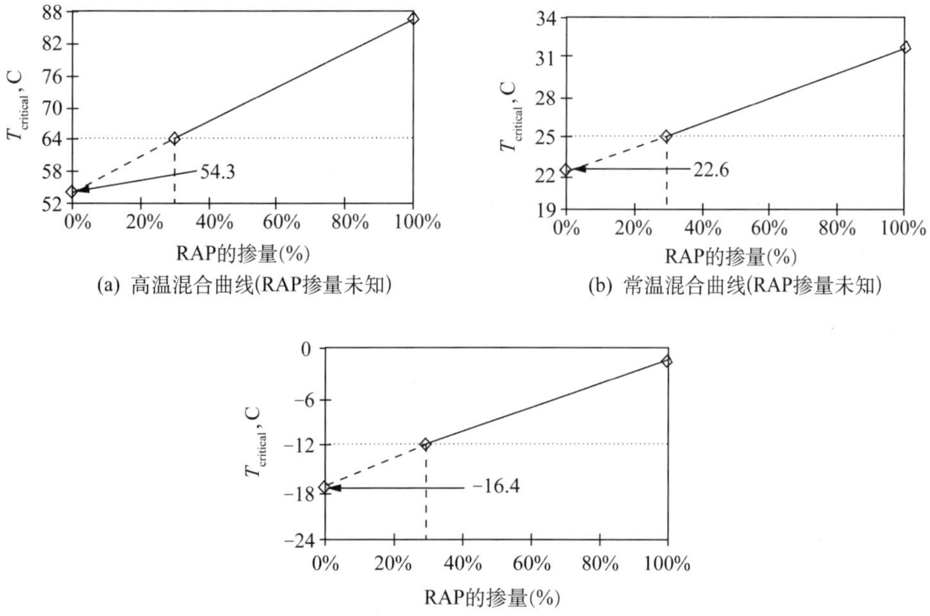

(a) 高温混合曲线(RAP掺量未知)

(b) 常温混合曲线(RAP掺量未知)

(c) 常温混合曲线(RAP掺量未知)

图 4-8　含不同 RAP 掺量的再生沥青高温、常温和低温失败温度

然而，在实际中，可能会出现管理部门想要用或者必须用某种新沥青的情况，沥青的等级需要根据经济性和实用性而确定，或是特定项目的特殊要求等。在这些情况下，就需要确定使用 RAP 的掺量，以保证最后的再生沥青性能达到要求。

2）情况 B：已知新沥青等级时的混合（RAP 掺量未知）

如果最终再生沥青的等级、新沥青的等级以及再生沥青的性能是已知的，那么 RAP 的掺量就可以确定。下面用一个例子来说明，道路管理部门要求再生沥青的等级为 PG 64-22 或更高，新沥青的等级为 PG 58-28，失败温度见表 4-7，再生沥青的等级为 PG 82-10，失败温度见表 4-7。

用式(4-6)分别计算高温、常温及低温的失败温度，进而确定能达到预想性能的 RAP 用量。这些值的选取见表 4-8 及图 4-9。

表 4-7　　基质沥青和再生沥青的失败温度

老化状态	性能指标	失败温度		
		温度范围	新沥青	RAP
原样(OB)	DSR $G^*/\sin\delta$	高温	60.5 ℃	86.6 ℃
短期老化(RTFO)	DSR $G^*/\sin\delta$	高温	61.0 ℃	88.7 ℃
长期老化	DSR $G^*/\sin\delta$	常温	14.2 ℃	30.5 ℃
	BBR S-Value	低温	−22.2 ℃	−4.5 ℃
	BBR m-Value	低温	−19.0 ℃	−1.7 ℃
PG		实际	PG 60-29	PG 86-11
		MP1	PG 58-28	PG 82-10

注：测试 RTFO 老化的回收沥青作为 PAV 老化的。

表 4-8　　达到混合沥青目标等级所需 RAP 用量的估计值

老化状态	性能指标	失败温度		
		温度范围	PG 64-22	PG 70-28
原样(OB)	DSR $G^*/\sin\delta$	高温	13.4%	36.4%
短期老化(RTFO)	DSR $G^*/\sin\delta$	高温	10.8%	32.5%
长期老化	DSR $G^*/\sin\delta$	常温	66.3%	—
	BBR S-Value	低温	57.6%	23.7%
	BBR m-Value	低温	40.5%	5.8%

$$\%RAP = \frac{T_{\text{Blend}} - T_{\text{Virgin}}}{T_{\text{RAP}} - T_{\text{Virgin}}} \tag{4-6}$$

式中，T_{Virgin} 为基质沥青的失败温度；T_{Blend} 为混合沥青的失败温度（目标值）；$\%RAP$

为小数表示的 RAP 用量(例如用 0.3 表示 30%)；T_{RAP} 为再生沥青的失败温度。

如表 4-8 及图 4-9 所示，当使用表 4-8 所示的 RAP 及基质沥青时，RAP 的用量应为 14%～36%，才能保证混合沥青满足高温要求(PG 64-22)。注意，当 PG 64-xx 为最低要求等级时，RAP 的用量应向上取整；当 PG 64-xx 为最高要求等级时(例如 PG 70-xx 等级是不合适的)，RAP 的用量应向下取整。表 4-8 和图 4-9 说明，同样情况，RAP 的用量应在 6%～40%以保证混合沥青的低温要求(PG 64-22)。注意，当 PG xx-22 为最低要求等级时，RAP 的用量应向下取整；当 PG xx-22 为最高要求等级时(例如 PG xx-28 等级是不合适的)，RAP 的用量应向上取整。

从表 4-8 和图 4-9 可以看出，RAP 用量在 14%～36%时，混合沥青能够满足 PG 64-22 等级的所有要求。如果最高的高温等级不是重点，RAP 的用量可以增加到 40%，同时又不会影响到所需要的再生沥青的低温等级。为了达到图 4-9 所示的常温温度等级($G^* \sin \delta$)，RAP 的用量不能超过 66%。

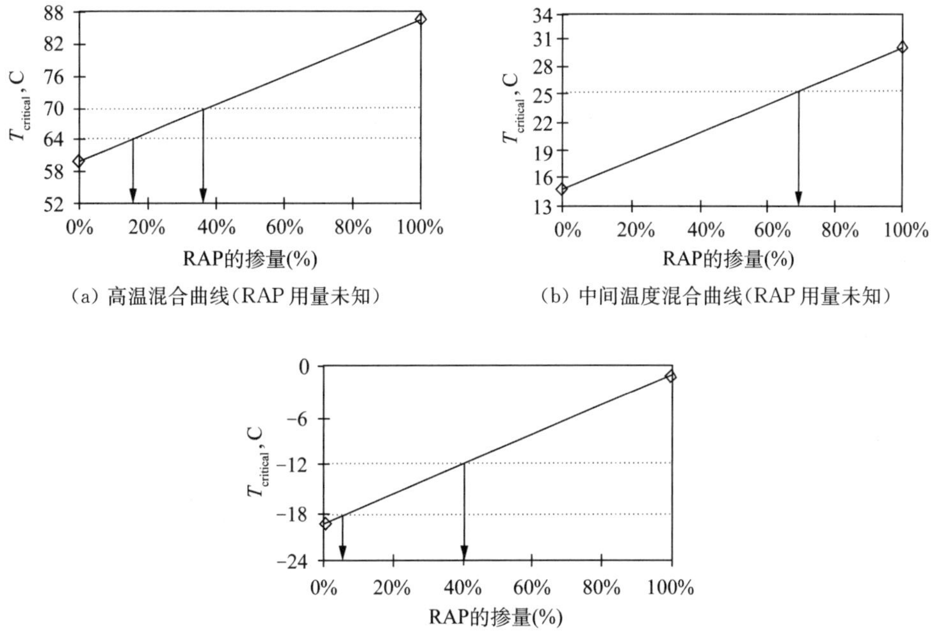

(a) 高温混合曲线(RAP 用量未知)

(b) 中间温度混合曲线(RAP 用量未知)

(c) 低温混合曲线(RAP 用量未知)

图 4-9 含不同 RAP 掺量的再生沥青高温、常温和低温失败温度

4.3.1.3 天然集料选择

再生沥青混合料中天然集料的要求与新拌沥青混合料是相同的。对于粗集料而言，要求洁净、干燥、表面粗糙、形状接近立方体，且无风化，不含杂质，具有足够强度、耐磨耗性和与沥青良好的黏附性；对于细集料而言，要求洁净、干燥、无风化、不含杂质，并有适当的级配范围，且与沥青具有良好的黏附性；对于填料而言，要求是石灰岩或岩浆岩中的强基性岩石等憎水性石料经磨细得到的矿粉，干燥、洁净、能自由地从石粉仓中流出。

4.3.1.4 再生沥青混合料类型和设计级配选择

再生沥青混合料的类型和设计级配是配合比设计的关键内容之一。由于 RAP 材料在服役期间受到车辆的长期荷载作用，级配细化，且不同路段的级配通常不同，因此，在再生沥青混合料配合比设计过程中需要根据 RAP 材料的实际筛分情况进行精心设计。一般而言，沥青混合料的类型可分为沥青玛蹄脂碎石（SMA）、开级配沥青混合料（OGFC）和密级配沥青混合料（AC）。在再生沥青混合料类型选择过程中，一般根据道路交通荷载等级与所处结构层位的使用要求进行选择，例如，SMA 适用于重交通荷载且对抗滑性能有要求的表面层，OGFC 适用于对排水、抗滑和降噪有要求的磨耗层，而密级配沥青混合料适用于各个层位和各个交通等级。

再生沥青混合料的设计级配选择主要涉及最大公称粒径和矿料级配范围。我国规范《公路沥青路面设计规范》(JTG D50—2017)规定了不同类型沥青混合料的最大公称粒径要求，例如，密级配沥青混合料、SMA 沥青混合料的结构层厚度不宜小于最大公称粒径的 2.5 倍，OGFC 沥青混合料的结构层厚度不宜小于最大工程粒径的 2 倍[18]。一般而言，最大公称粒径越大，沥青混合料的抗车辙性能和抗滑性能越好（级配偏粗），但在施工过程中容易出现离析，在服役过程中容易出现水损坏。

在设计过程中首先根据选定的 RAP 掺量与天然集料用量配置三种不同级配的混合集料，评价混合集料的均一性及集料性能。基于已知的 RAP 石料质量，得到混合集料的体积及表观密度。

试件成型过程首先确定试验沥青含量，采用旋转压实方法制备试件，根据交通等级，确定 $N_{initial}$（初始旋转压实次数）、N_{design}（设计压实次数）和 N_{max}（最大压实次数），最后测试体积参数（空隙率、毛体积密度和最大理论密度），需要注意考虑到 RAP 中含有的沥青，减少沥青用量。对制备的样品进行混合料性能评价确定 G_{mm}、$N_{initial}$ 以及 N_{design}，确定空隙率和 VMA。基于集料毛体积相对密度（G_{sb}）计算 VMA，确定 4%空隙率所需的沥青用量，按照预估的沥青用量确定混合料性能，最后确定油石比，用规范核对混合料性能，选择最佳级配结构进行后续分析。

4.3.1.5 最佳沥青用量选择

按照设计的最佳级配结构，对不同沥青用量的试件进行压实。首先，在配料过程中，要注意 RAP 的一部分质量为沥青，并减少新沥青的用量。压实过程中，计算混合料密度。其次，要按照沥青用量确定混合料性能，包括确定 G_{mm}、$N_{initial}$ 以及 N_{design}，确定体积指标，确定粉胶比，绘出混合料性能与沥青用量的关系，选择设计沥青用量，确定 4%空隙率的沥青用量，根据选择的沥青用量确定混合料性能，用规范核对混合料性能等。

4.3.1.6 再生沥青混合料性能验证

主要包括按照 AASHTO T 283 评价再生沥青混合料的水稳定性以及验证最大理论密度百分比（$\%G_{mm}$）在最大压实次数（N_{max}）小于 98%。

4.3.2 就地热再生混合料设计

就地热再生是采用专用的就地热再生设备对沥青路面进行加热、铣刨、就地掺入一定数量的新沥青、新沥青混合料和再生剂等，通过就地拌合、摊铺、碾压等工序，一次性对表面一定深度范围内的旧沥青路面进行再生的技术。就地热再生在处理特定深度(25～50 mm 深，即 1～2 英寸)的面层病害时有着不错的效果，但是这种方法受限于开裂的发展及程度，当开裂发展到 76 mm(3 英寸)左右时就不能使用。这种工艺可以有效解决轻微的面层车辙、波浪、剥落、泛油、表面摩擦的损失，轻微的温度裂缝以及轻微的荷载引起的开裂(Button 等，1994)[19]等问题。需要注意的是，就地热再生只能用于下层结构完好的情况。

就地热再生的目标是使老化沥青的性能达到或接近新路面。因此，必须对 RAP 中老化沥青受到氧化作用的影响进行评价。除此之外，由于车流的压密作用以及空隙率降低的影响，必须对交通荷载对沥青混合料的影响进行评价。

1) 评价现有的热拌沥青混合料并且确定混合料性能

正如 3.1 节中所提到的，需要明确现有材料的性能，进而确定再生剂的类型、数量以及对天然集料的需要。需要对芯样进行仔细核查，从而确定不同结构层的厚度、以前的表面处理、层间土工布、特殊混合料、材料失效(剥落、集料分离、水分残留以及分层的趋势)的证据。除了芯样，需要有现场得到的实际铣刨物或者是小型的铣刨设备，以帮助确定热拌沥青混合料在实际施工过程中的表现。

2) 对 RAP 进行实验，确定恢复沥青性能的最佳方法

方法包括只使用再生剂，使用软沥青的混合料，共同使用再生剂、软沥青和新集料。新的热拌沥青混合料也可作为一种选择，能够改善混合料性能或者得到更厚的结构层。在材料设计过程中，最重要的是了解再生剂的性质，优选合适的再生剂类型和掺量。

3) 需要确定老化沥青的黏度，随后添加足够的再生剂以恢复沥青的性能

使用 Superpave 的 PG 等级去预测路面的未来表现及寿命可能需要更多的信息，而仅仅使用黏度可能会误导设计人员。这部分的设计步骤如下：

(1) 取典型现场芯样。

(2) 萃取再生沥青，确定其沥青含量、黏度和针入度、其他 PG 分级所需要的性能。

(3) 用混合黏度曲线确定恢复老化沥青性能所需要的再生剂数量。

(4) 在就地热再生施工过程中，根据混合料外观及 QC/QA 实验结果，现场调整再生剂的用量。

(5) 在实验室准备试件并进行测试。混合料应该包含一系列的 RAP、再生剂、新集料、新沥青以及可能的新热拌沥青混合料。试件用以评价混合料的性能。常用的测试稳定度、劲度模量、水稳定性及其他性能的试验，都可以用来确定最佳组合。

(6) 确定现场拌合配比。一旦实验室的材料分析结束，就可以通过实验结果确定满足经济目标以及规范要求的最佳现场拌合配比。现场拌合配比应包括以下信息：

① 通过 ASTM D-2171 方法测得的沥青用量(%)、25 ℃的针入度和 60 ℃的黏度，或者可以采用 PG 分级所需的性能评价沥青。

② 确定的欲回收路面的级配(在萃取沥青后)。

③ 用于添加的热拌沥青混合料的级配及沥青用量。建议沥青等级、来源和性能(按照标准确定 JTG F40 的说明)。

④ 用于热拌沥青混合料集料的来源和性能。

⑤ 再生剂的来源、类型、数量和性能。

⑥ 集料级配(包括 RAP 和热拌沥青混合料)以及沥青含量(包括 RAP、热拌沥青混合料和再生剂)。

⑦ 确定的再生混合料的稳定度和体积参数。

⑧ 再生混合料中沥青的 25 ℃针入度、60 ℃和 135 ℃的黏度。

4.3.3 厂拌冷再生混合料设计

厂拌冷再生是将已有路面材料运输到拌合站进行的混合再生。典型的 RAP 厂拌再生工艺由破碎机、筛选机、输送装置以及存储几部分组成，是根据实际需要对 RAP 料进行工厂的加工处理，使其材料性能满足要求，并且根据厂拌冷再生设计配比的需要进行分类处理和加工。

与就地热再生和全深式再生相同，冷再生没有一个公认的设计方法，大部分使用冷再生的机构都有各自的设计方法。例如 AASHTO-AGC-ARTBA 联合委员会专案组 38 报告的《沥青路面冷再生报告》包含了马歇尔设计方法和维姆设计方法，同时也有研究正致力于将 Superpave 方法应用于冷再生混合料[20]。

与热拌沥青混合料的施工过程相同，混合料设计作为最初的现场拌合配比。一般需要根据施工和易性、裹覆情况和稳定度进行调整。虽然泡沫沥青和化学再生剂已经被广泛使用，大部分冷再生设计方法还是包含了沥青乳化剂的应用、乳化再生添加剂或者液体沥青。目前有三种关于这些再生添加剂在冷再生中应用的基本理论：第一种理论认为 RAP 会作为一种黑色集料，混合料设计包括确定包裹石料的再生添加剂的用量；第二种理论对再生沥青的物理化学性能进行评价并添加再生剂以使其性能恢复到以前，这种理论假设老化的旧沥青会完全软化；第三种理论同时也是最流行的理论，是前两种理论的组合，被称为有效沥青理论——它假设部分老化旧沥青会变软，认为再生添加剂和软化的旧沥青形成了一个有效沥青结构层。旧沥青的软化程度与其性能、再生添加剂和环境状况有关。由于软化程度很难确定，建议将冷再生混合料的力学试验作为混合料设计的一部分。

美国大部分采用冷再生的各州公路部门都有自己的设计流程，或简或繁。最简单的方法基于再生沥青的数量和一致性得到经验公式，并依此预测最初的再生添加剂含量；最烦琐的方法则包含了许多复杂的试验，例如回弹模量、稳定度以及水稳定性试验。

试验一般都包括短期养护和长期养护。现场对再生添加剂含量进行调整以获得最佳性能。不同的设计方法一般都包含图 4-10 所示的基本步骤。

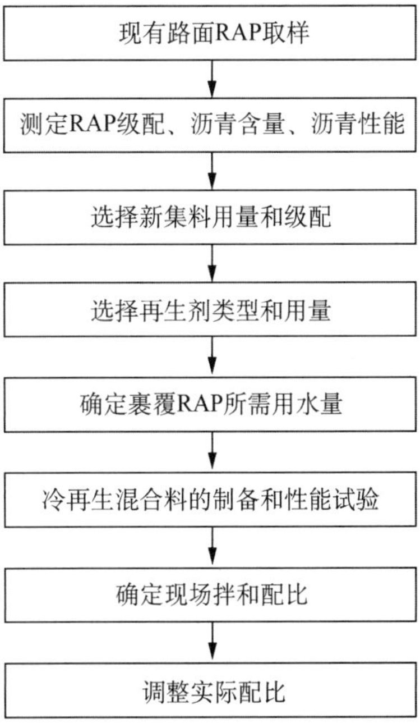

图 4-10　厂拌冷再生混合料设计流程图

4.3.3.1　现有路面取样

首先需要取得有代表性的 RAP 样本并对其进行评价，以进行合适的冷再生混合料设计。取样方案必须沿着项目长度方向确定 RAP 的物理性能。要结合施工和养护的记录文件进行目测，以确定材料是否存在显著性差异。要对材料有显著性差异的道路部分进行描绘，并单独取样以保证典型性。不同混合料的区域，以及养护情况不同的区域，不应该一起进行设计。在描绘代表性的样本点后，应该采用随机取样方法在每个单元进行取样。当有大量的区域要进行随机取样时，推荐采用分层随机取样。分块的个数以及不同块的样本随着项目长度和交通量的不同而变化。对更大的项目来说，当项目长度超过 4 英里(约 6.4 km)，推荐每 5/8 车道英里(或 km)取一个随机样本。这样每个项目至少有 6 个样本。在城市内，由于路面的变异性更大，推荐每 5/8 车道英里(或 km)或一个街区取 5 个样本。

样本一般包括芯样。芯样高度必须是全路面结构厚度，原因在于需要评价铣刨后的路面厚度以保证剩余路面能够支撑回收车辆的运行。为保证这一要求，一般建议沥青材料的剩余厚度最小为 1 英寸(约 25 mm)，2 英寸(约 50 mm)更佳，或者是 6 英寸(约150 mm)的集料基层厚度。

RAP 和萃取后的集料级配会影响到再生添加剂数量的选择，以及最终混合料的性能。因此，实际取样十分重要。RAP 的代表性样本也是必需的。一般通过钻芯、切割以及小型铣刨机进行现场取样。由于不同类型的铣刨机的取样一致性很差，而且这种方法花费昂贵，因此这种路面取样方法越来越少被采用。

4.3.3.2　测定 RAP 性能

第二步是对 RAP、萃取后的石料以及再生沥青的性能进行评价。RAP 的级配确定可以采用 AASHTO T 27“粗集料与细集料的筛分试验”或者 ASTM C136“粗集料与细集料的标准筛分试验”。RAP 的沥青含量也需要测定。对于小型项目，不适合对再生沥青混凝土进行评价，可以按照 ASTM D6307“评价热拌沥青混合料沥青含量的灼烧法”进行评价；对于大型项目，建议对再生沥青混凝土的性能进行测定，以便更好地选择合适等级的再生添加剂。

采用 AASHTO T 164“沥青路面混合料的定量萃取”进行 RAP 沥青含量的测定。

其他的萃取过程会改变再生沥青的性能。为了测定使用液体沥青或者含溶剂的乳化沥青制成的混合料残留沥青含量，有必要将 RAP 在 250℉(120 ℃)预加热 3 h。按照 ASTM D5404“用旋转蒸发仪提取溶液中的沥青”，来提取 RAP 中的老化沥青。设备不允许的情况下，可以采用 AASHTO T 170“阿布森法提取溶液中的沥青”。对再生沥青进行性能测试以确定老化对劲度和一致性的影响。最少也需要测定沥青 25 ℃的针入度以及 60 ℃的黏度，以帮助确定冷再生添加剂的等级。

目前的研究正致力于用 Superpave 的 $G^*/\sin\delta$ 试验方法测定再生添加剂的等级。希望这种方法能够在未来得到应用，取代现行的针入度和黏度。

4.3.3.3 选择新集料的数量和级配

大部分冷再生项目是不添加新集料，包括细级配的集料。是否添加新集料不能仅看 RAP 石料的级配，原因在于未被交通破坏的细料团会被冷铣刨变成有棱角的粗颗粒。但是，有些时候添加新集料能够起到改善作用，比如当混合料中的沥青含量过大，或者是需要提高混合料的构造形成力。需要进行混合料试验以确保增加的费用能够带来性能的明显提高。按照 ASTM D6307 或 AASHTO T 164 方法萃取后的石料，再按照 AASHTO T 11“水洗法测定小于 0.075 mm 的材料”以及 AASHTO T 27，采用水洗法测定其级配。根据 RAP 石料的级配，就可以评价是否需要新集料。

许多冷再生项目都包括升级现有路面以应对更高的交通量。许多的路面都使用较差的当地石料，比如沙子和碎石，这可能无法提高足够的结构承载力。增加粗集料和压碎材料的用量可以提高路面的结构承载力。添加新集料对那些沥青含量过高的 RAP 混合料也有好处。在一些没有优质粗集料的地区，将 C 型粉煤灰或者是 C 型粉煤灰和水泥的混合物作为冷再生的添加物，都能够有效地提高其结构承载力并且降低水损害的可能性。除了新集料以外，当需要更厚的结构层时，还需要添加额外的 RAP。当时由于薄弱层的存在，需要减少铣刨的深度。在道路拓宽时，推荐采用 RAP 和新集料以防止冷再生层厚度降低。为了保证混合料满足对级配和性能的规范要求，需要对新集料进行挑选。推荐的石料要求砂当量不小于 35%、500 转的洛杉矶磨耗值不大于 40 以及破碎面不小于 65%。

4.3.3.4 再生材料选择

新沥青能够促进压实、混合料的凝聚，降低老化沥青的黏度。用于补充新沥青的再生添加剂一般都为沥青乳液、再生剂或者是液体沥青。当使用 100%的 RAP 时，最佳再生添加剂用量一般是冷再生混合料的 0.5%～3%。对大多数的混合料设计方法来说，这个再生添加剂用量都是基于以往的经验或者经验公式。再生添加剂的需要量是混合料设计的开始。对一些项目来说，最佳再生添加剂用量是根据初始概算得到的，而在现场还需由经验人员进行调整。

对于冷再生来说，选择正确的类型和等级的再生添加剂是保证性能良好的必要条件。最常用的冷再生添加剂是乳化沥青和乳化再生剂，它们在目标温度下是液体并且很容易分散在混合料中。已有采用聚合物改性的乳化沥青和乳化再生剂去提高早期强度、抵抗车辙并且减少温度裂缝。其他的像水泥、石灰这样的改性剂也能够用于促进再生混合料的性能，可增强早期硬化并且提高抗水损害的能力。

最常用的再生添加剂是阳离子和阴离子乳化沥青(包括中裂和慢裂)，以及高浮乳液(包括聚合物改性和未改性)。中裂乳化沥青被用于与开级配或粗级配集料进行较好的拌和。乳液与石料接触不会立即破乳，从而能够保持一段时间的可施工性。高浮中裂乳化沥青是一种特殊的阴离子中裂乳化沥青。这种沥青在沥青残留时能够形成胶体结构，从而形成更厚的沥青膜，一定情况下(比如高温)使得 RAP 更好地被沥青裹覆。慢裂乳化沥青能够有效地处理密级配集料或者细料较多的集料。慢裂乳化沥青有着很长的可施工时间，足够在密级配集料中很好地分散。采用慢裂乳化沥青的目的是得到最大的混合料稳定度。一般认为，当再生沥青的针入度小于 30 时，采用中裂乳化沥青；当再生沥青的针入度大于 30 时，采用慢裂乳化沥青。而有些州例如宾夕法尼亚州交通运输部，当再生沥青的针入度大于 30 时，选择硬残留乳化沥青(CMS-2h，HFMS-2h 和 CSS-1h)。当再生沥青的针入度小于 10 时，另一些州要求采用聚合物改性乳化沥青。使用的乳化沥青应该和 RAP 以及新集料保持一致性。集料的表面有电荷，硅质集料的表面有更多的负电荷，而钙质集料的表面有更多的正电荷。用 C 等级表示的阳离子乳化沥青含有正电荷，适用于硅质集料。阴离子乳化沥青含有负电荷，更适用于钙质集料。当添加新集料时，需要根据新集料的表面电荷选择乳化沥青的类型。但是 RAP 的表面电荷不一定是 RAP 中石料的表面电荷，因此不能仅根据石料的类型选择乳化沥青的类型。对于使用 100%的 RAP 来说，乳化沥青的选择主要是为了达到最佳的裹覆效果和初始强度，以及控制破乳时间。应该通过以前项目的现场记录参考确定乳化沥青的类型与等级。可以采用 AASHTO T 59“测试乳化沥青”来评价沥青的包裹情况，并以此作为选择再生添加剂的参考。

冷再生中，一般采用乳化再生剂恢复老化沥青的性能。乳化再生剂一般采用阳离子乳化沥青。使用定制的、专有的乳化再生剂趋势越来越强。供应商用许多不同的大量乳化沥青混合得到再生剂。这种产品一方面恢复老化沥青的一致性，另一方面往混合料中添加胶结料。再生剂的选择取决于对沥青的需求以及对老化沥青黏度的降低。再生剂降低老化沥青黏度的效果受到许多因素的影响。这个反应取决于再生剂与老化沥青之间的相互作用，这种作用是受时间和温度影响的，并且十分复杂。软化的速率是再生剂和老化沥青的性能与一些机械作用的函数，包括拌和、压实、交通以及天气状况。因此，当确定再生剂的数量和类型时，建议在养生后测定再生混合料的性能，而不是简单地采用基于一致性的混合曲线。

泡沫沥青混合料在过去也有过应用，现在又重新开始被重视。然而，大部分的 100%RAP 混合料并没有足够的细集料用来被泡沫沥青裹覆。

4.3.3.5 确定裹覆 RAP 所需用水量

大多数再生添加剂需要加水以保证充分的裹覆，裹覆需要的水一般都比促进压实需要的水多。这些水可能是 RAP 中的自由水，也可能是外加到冷再生混合料里的。水可以在添加再生添加剂之前加入，比如加在刀头上作润滑和冷却用，或者与再生添加剂一起加入拌合机。对慢裂乳化沥青和阴离子中裂乳化沥青来说，加水才能保证良好的裹覆性。高浮乳化沥青和阳离子中裂乳化沥青含有石油馏出物，能与干集料更好地结合。无论采用什么再生添加剂，建议进行裹覆性试验以确定是否需要加水拌和以分散添加剂。裹覆性试验将 2.2 磅(约 1 000 g)RAP、预估的再生添加剂用量以及不同的水量进行拌和。加水量的递增量不变，一般是 RAP 质量的 0.5%。加水拌和使 RAP 湿润，最多不超过 30 s，再接下来的 60 s 内添加再生添加剂并拌和。分散是肉眼可判断的，选择裹覆性没有提高的最低用水量。用手拌和时，使用勺子和小碗能够更好地观察裹覆性和可施工性。对常用的乳化沥青和乳化再生剂这种再生添加剂，用水量、再生剂用量以及 RAP 含水量的和被称为液体总量。不同项目的液体总量是不同的，必须在混合料设计过程中进行仔细考虑。

4.3.3.6 冷再生混合料的制备与性能试验

试验混合料的数量取决于项目的范围和大小。对较小的项目来说，混合料试验有时候会被遗漏，这是不推荐的。冷再生一般都是按照下列的部分或全部步骤进行的。

RAP 的代表样本应该在 230℉(约 110 ℃)烘干至恒重，以测量含水量，满足裹覆性实验所需。剩余物需要进行筛分，从规范要求的最大号筛到 4 目(4.75 mm)或 8 目(2.36 mm)筛。最大号筛上的残余物应该缩小其尺寸，但是不能产生细料或者丢弃。4 英寸(约 100 mm)的马歇尔试件一般采用 2.4 磅(约 1 100 g)，6 英寸(约150 mm)的 Superpave 旋转压实试件一般采用 8.8 磅(约 4 000 g)，这些试件应该采用同样的 RAP 级配。所需试件的数量取决于试验的水平。一般建议每一种再生剂用量下取三个平行试件进行实验与评价。

在拌和之前，材料需要达到预期的拌和温度。大多数拌和都是在 68℉～77℉(20 ℃～25 ℃)，故而材料一般不需要专门加热。一些研究人员在拌和前将乳化再生剂在 140℉(约 60 ℃)加热 1 小时以加快破乳，实际上水也可以加热到相同的温度。对于 4 英寸(约 100 mm)的马歇尔试件，宜取大约 2.4 磅(约 1 100 g)的 RAP 在预定的液体总量下进行拌和，再生添加剂的用量在预计用量的 0.7%上下。对于乳化沥青，这样会导致残余沥青量约 0.5%的变化，故而需要调整用水量以保证液体总量一致。

混合料试件需采用标准压实功进行压实。采用该压实功压实的试件应该与现场生产的混合料密度相近。一些部门采用 140℉(约 60 ℃)击实 50 次进行马歇尔压实。这是不合适的，因为混合料的温度永远达不到这么高。最近的研究表明，100℉(约 40 ℃)击实 75 次能够得到与现场一致的密度。旋转压实法一直用于冷再生试件的成型，然而，必须降低热拌沥青混合料所需要的 N_{design} 以达到和现场一致的密度。目前的研究正致力于确定旋转压实次数。在现场，冷再生混合料一般在开始破乳的时候进行压实。对乳化沥青和乳化再生剂来说，可以通过颜色由棕变黑的现象来确定时机。在环境温度下可以在拌和后马上压实，或者可以先破乳再压实。对于平底盘中的松散料样本，破乳可以持续 2 h。对于升温压实的试件，可将松散的集料放到烘箱内预热至压实温度(1～2 h)，在这期间，混合料会破乳。先破乳后压实会导致部分水分的蒸发，进而无法促进压实，最新的方法希望在环境温度及破乳前进行压实，可按照 AASHTO T 245“用马歇尔设备测试沥青混合料抵抗塑性流变的能力”或 ASTM D1559“用马歇尔设备测试沥青混合料抵抗塑性流变能力的方法”进行马歇尔压实；或者按照 AASHTO T 246“用维母设备测试沥青混合料抵抗变形和凝聚力”或 ASTM D1561“用维母设备测试沥青混合料抵抗变形和凝聚力的方法”。如上所述，压实功需要保证试件的密度接近现场密度。压实温度、拌和(材料)温度以及允许试件破乳都会影响试件的压实密度。

冷再生混合料必须养生至没有多余的水，以达到最大强度。混合料试验可以用来评价初始现场情况、短期养护或者最终强度(最终养生)。不同部门采用的养生步骤不同。短期养生将试件在 140℉(约 60 ℃)进行养生 2～4 h；试件放在模具中，反过来放；不宜过早脱模以免损坏试件。长期养护将试件放在 230℉(约 110 ℃)中至恒重，其他方式将试件放在 140℉(约 60 ℃)养生 24～48 h 以模拟长期养护，试件可以在长期养护前脱模。

在进行强度试验之前，需要先对试件进行体积密度测试。压实试件的大约体积指标可以测定，但是由于养生时间的水分难以全部取出，一般不评价 VTM、VMA 和 VFA。一般采用的方法是 AASHTO T166“压实沥青混合料的表干法测定体积比重”或 ASTM D2726“不吸水的沥青混合料试件的体比重及密度测试方法”，或者用试件的质量除以体积。密度用来验证试验的压实以及控制施工质量。

强度试验包括马歇尔稳定度和流值(AASHTO T 245 或 ASTM D1559)、无侧限抗压强度(AASHTO T167)、沥青混合料抗压强度(ASTM D1074)或“沥青混合料抗压强度试验方法”，间接拉伸强度(Indirect Tensile Stress，ITS)(ASTM D4123)、沥青混合料的抗拉强度及回弹模量试验”或回弹模量(ASTM D4123)。强度测试没有固定的参考或阈值。最佳再生添加剂用量(ORAC)可以作为选择一个或几个最佳强度性能的指标。第二种选择 ORAC 的方法评价试件的 VTM。可以按照 AASHTO T 209“沥青路面混合料的最大理论比重及密度”或 ASTM D2041“沥青路面混合料的最大理论比重及密度测试方法”，确定不同再生添加剂用量时的试件的最大比重，以评价试件的 VTM。还可以按照 AASHTO T 269“密级配和开级配混合料的空隙率”或者 ASTM D3203“密级配和开级配混合料的空隙率试验方法”，计算 VTM。

在一些发生过水损害的地区，需要进行一些水处理的试验。AASHTO T 283“沥青混合料抗水损害能力”是最常用的试验方法，也有人采用残余回弹模量指数(IRRM)来确定，其计算方式为用水处理后的试件回弹模量除以未处理试件的回弹模量。水处理一般都按照 AASHTO T 283 中所示。试件压实至设计密度，而不是 AASHTO T 283 中的 7%VTM。一般来说，冷再生混合料的冻融劈裂强度比(TSR)要大于 70%～80%。波特兰水泥和石灰(包括生石灰和熟石灰)都能够有效地提高 TSR。

4.3.3.7 确定现场拌和配比

混合料设计完成后，就可以确定现场拌和配比(JMF)。JMF 应该详细说明 ORAC、再生添加剂的类型和等级、拌和用水量以及 ORAC 下的室内最大压实密度。这应该是施工的开始阶段，条件允许的话需要在现场由有资质的工作人员进行调整。

条件允许时，需要对现场拌和配比进行调整。现场工作人员要根据现场的实际情况对拌和用水量和再生添加剂用量进行调整。为了保证再生添加剂分散充分，用水量的 1%～2%的微量调整以及乳化沥青或乳化再生剂用量的 0.5%或更多的调整，都是必需的，主要考虑现场 RAP 级配的变化以及温度的变化。RAP 级配的变化主要是养护引起的路面不一致或者原始混合料不一致的区域所导致的。较低的路面温度会导致 RAP 的级配较粗以及压实密度较低。为了提高密度而增加再生添加剂用量，会导致混合料的沥青含量过大，并且会带来稳定度/可施工性的问题。湿度以及其他环境因素的变化，会影响乳化沥青或乳化再生剂的破乳，影响冷再生混合料的分散程度和施工和易性。必须根据环境因素去调整再生添加剂的用量，否则就会出现早期路面病害。

4.3.4 就地冷再生混合料设计

就地冷再生混合料需要一套独立的、连续运行的设备，其主要功能包括将原路面破碎或翻松、加工(筛选和分级/破碎材料)、混合磨碎的 RAP 材料以及添加液体再生剂等。一些特殊的沥青产品诸如阳离子、阴离子和聚合物改性乳化沥青、再生剂已经被研发出来用于就地冷再生过程。这些碳氢化合物有时可以用于软化或降低 RAP 中残留沥青胶结料的黏度，使它能够与新添加的沥青胶结料很好地兼容。就地冷再生经常用在一些低交通量或支线道路上，这些地方可能不方便获取热拌沥青混合料做加铺层(FHWA 2003)。也能用于重交通道路的修缮，并和热拌沥青混合料一起作为缓冲层。这能够有效地恢复乃至增强十字路口横断面、定点、横坡坡度，同时也能取出破碎路面[21]。对现有路面的仔细评价以确定病害原因和认清就地冷再生的限制，是成功的关键。这种方法不会恢复已损坏的路基。

就地冷再生首先通过铣刨除去已有路面的一部分，随后将加工的混合料重新摊铺。一般铣刨深度为 3 英寸(约 75 mm)，允许范围在 2～4 英寸(50～100 mm)。然后按粒径大小分级回收料，与添加剂拌和，并重新摊铺。有需要的话，可以在重新摊铺前添加天然原材料。

大部分公路部门的就地冷再生设计理念都是相似的，但目前还没有一种公认合理通用的方法。美国加利福尼亚州交通部很早就建立了一套就地冷再生的混合料设计方法，目前仍在发展中，其关键步骤总结如下。

(1) 从现场取 RAP 样品。如上所述,从已有路面的中心线和边缘处都取样,以确定已有路面的性能和厚度。要测定芯样以确定厚度的一致性以及以前摊铺工序导致的沿中心线的变化。获取样品最好采用铣刨机器,以获取和施工过程相类似的样品。

(2) 确定 RAP 性能。对 RAP 芯样进行室内试验以确定现有混合料的性能,包括 RAP 的级配、含水量、沥青含量和集料性能。这些是确定外加材料的性能和数量的基础。

(3) 选择新集料的数量和级配。有些时候,需要使用新集料以纠正过多的沥青用量,或者增强刚度和稳定度。而且,当 RAP 不足以构成所需厚度的结构层时,就需要新集料或热拌沥青混合料。即使可以增加铣刨深度,可能也不足以达到足够的厚度。

(4) 选择再生添加剂的类型和等级。最常用的冷再生添加剂是乳化沥青和乳化再生剂,因为它们在目标温度下是液体并且很容易分散在混合料中。一些添加剂含有聚合物的改性剂,用来提高胶结料的性能。其他的矿物添加剂例如石灰和水泥用来加快破乳、提高早期强度以及改善水敏感性。

(5) 预估再生添加剂的数量。经验表明,不外加新集料的就地冷再生混合料所用的再生添加剂是混合料总质量的 2%~4%。现场再生层的厚度也能帮助确定数量。设计的出发点取决于当地的做法、经验以及其他经验因素。再生剂的类型及活性水平(软化现有沥青的能力)决定了有多少老化沥青会恢复并成为新再生混合料的胶结料。一般来说,再生剂活性越高,需要的数量就越少。

(6) 确定充分裹覆所需的液体总量。加水的目的是提供足够的液体去促进裹覆并且帮助最终压实。当使用乳化沥青时,就有部分水来自于乳化沥青。然而,这种再生剂可能不足以湿润并裹覆 RAP 和新集料,因此仍需另外加水。裹覆性评价需要在实验室预先进行。将 RAP 样品、预定量的再生剂以及水混合,并观察裹覆情况。水的用量是递增的。当加水不能继续改善裹覆时,取最小的加水量作为最佳用水量。水稳定性以及松散也需要进行评价。

(7) 确定现场拌和配比。在使用压实度和液体总量的曲线进行混合料的试验评价后,确定现场拌和配比作为现场作业的开始。现场拌和配比包括再生添加剂的数量、类型和等级,加水量以及集料的要求。

(8) 进行现场调整。在项目开始,使用现场拌和配比去确定混合料参数。注意,现场需要根据天气、RAP 的变化以及对再生材料的需求变化去调整配比。如果观察发现裹覆性不是最佳的话,需要对用水量甚至是再生剂用量进行微调。在开始评价混合料时,压实度也是非常重要的。

4.3.5 小结

本节基于 Superpave 的设计方法对 4 种主要的再生混合料设计方法进行了描述。厂拌热再生混合料的设计方法与热拌沥青混合料相似,区别在于,厂拌热再生混合料的设计首先需要确定 RAP 的掺量以及性能，进而确定新沥青的等级。厂拌冷再生沥青混合料设计的关键点在于确定裹覆 RAP 所需的用水量，这一点与 RAP 本身特性以及胶结料有关。就地热再生主要依托就地热再生机组，如何确定新沥青混合料的掺量以及旧沥青路面的性能评价至关重要。就地冷再生沥青混合料的设计同样需要考虑裹覆 RAP 所需的用水量并通过现场调整确定最终的设计参数。

4.4 沥青混合料回收料的精准再生

不同于现有对再生沥青混合料的设计规范与方法，笔者根据多年沥青再生的科研和工程经验，初步提出了基于老化沥青组分分析、再生集料颗粒分析以及再生沥青混合料精准设计的理论与方法。

4.4.1 老化沥青的精准再生

沥青的再生技术以组分调和理论和相容性理论为基础，通过添加沥青老化过程中减少的轻组分以达到老化沥青增韧和降脆等目的。因此沥青组分划分方法直接影响"组分调和理论"的有效性。现行沥青组分划分方法主要有"三组分法"和"四组分法"。但是这些基于化学沉淀理论的组分划分方法存在诸多不足，主要有以下几点：

(1) 分组简单。"四组分法"将石油沥青分为沥青质、胶质、芳香分和饱和分四个部分。由于芳香分和饱和分等轻组分在沥青老化过程中挥发或向重组分转变，因此老化沥青中轻组分和重组分分布极不均匀，轻组分含量过低，重组分跨度过大，采用"四组分法"不能对老化沥青中大分子团进行有效分离与区别，因此无法准确表征沥青老化后的化学构成和胶体结构。

(2) 样本量少。采用"四组分法"分离石油沥青，单次实验量仅为 1 g 左右，只能对四组分含量进行测定，无法获取足够样本对各组分性质进行分析。此外，老化沥青中饱和分和芳香分等组分含量的大幅减少也使其测定准确性降低。

(3) 耗时过长，可操作性低。按照现行规范，采用四组分方法，仅分离沥青中的沥青质这一项就需要大约 8 h。此外，分离过程大量应用甲苯、正庚烷等有毒溶剂，对操作者身体健康和安全构成较大威胁。

另外，目前国内外主要研究热点集中在再生剂扩散机理、提高 RAP 掺量以及再生沥青性能预测模型上，从沥青组分变化的角度对沥青老化机理和再生机理进行剖析的研究较少；在沥青再生剂开发方面，主要以轻质油为主，这类再生剂不仅对老化沥青性能恢复效果差，还存在稳定性及抗老化性能不足等缺点。由于沥青组分划分不科学，分离效率低，传统再生剂开发过程中过分依赖"相容性理论"而忽略了"组分调节理论"，对再生方案的评价也局限于黏度、针入度、PG 分级等宏观指标，而对再生沥青成分的研究和评价较少，不足以为工程应用提供全面指导。

为了深入研究沥青组分调和规律，笔者采用 30# 和 70# 沥青，配置了 11 种不同软—老沥青组合。根据 ASTM4124 沥青组分分离试验，开发了增量版本的分离试验。具体操作步骤如图 4-11 所示。首先将 10 g 沥青放入 500 ml 锥形瓶中，并以每克沥青 25 ml 的比例添加正庚烷。然后将锥形瓶放在超声波震荡器中震荡 60 min 用于快速溶解沥青。待锥形瓶内沥青完全溶解，置于暗处静置 2 h。将静置后的沥青和正庚烷溶液用定量滤纸过滤至另外已称重的 2 号锥形瓶中。待全部过滤完成后，取出滤纸及残留物，折叠放入索氏提取器中，在抽提器中用正庚烷回流萃取。为保证滤纸中沥青软组分全部被萃取出来，实验人员需要不断观察索氏提取器内溶剂颜色的变化，当溶剂变为无色时证明萃取完成。随后在索氏提取器内换上刚开始装沥青溶液的锥形瓶，用 200 ml 甲苯萃取沥青质，持续时间和加热温度根据试验情况具体而定。待萃取结束后，进行后续旋转蒸发得到沥青质以进行后续相关试验。滤纸内最终剩下沥青中的甲苯不溶物。待滤纸完全干燥后称量质量，获得剩余沥青中甲苯不溶物的质量。随后，将得到的正庚烷溶液浓缩至 50 ml。然后将该溶液转移到色谱柱上，用 500 g 干燥氧化铝填充柱长80 cm，用 400 ml 正庚烷预润湿层析柱，后续相关实验溶剂及步骤按照 JTG E20—2011 和 T0618—1993 选择，具体如图 4-11 所示。待饱和分、芳香分、胶质分离液收集完成后，通过旋转蒸发的方式去除溶剂，并将各馏分作为样品进行分析。

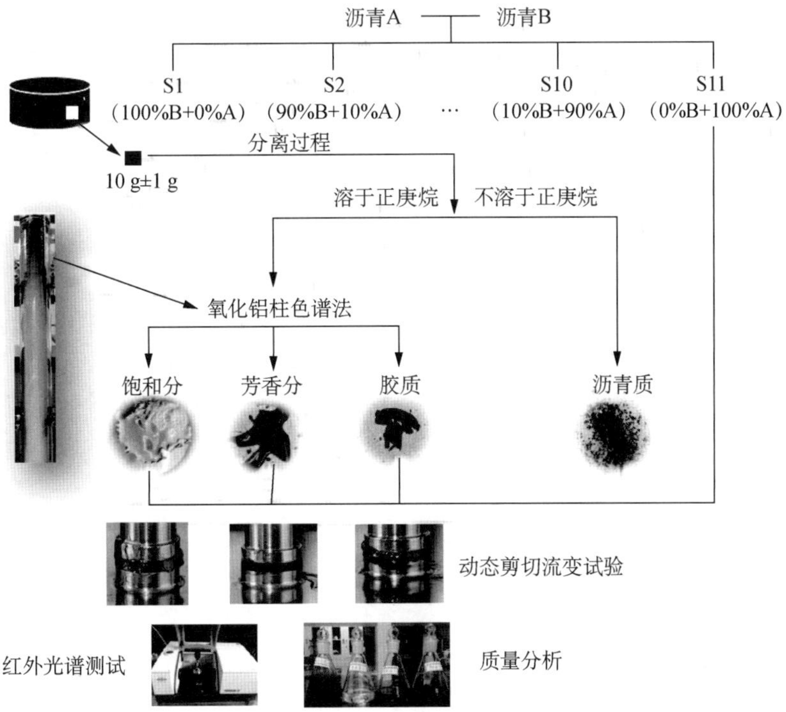

图 4-11　试验设计及四组分分离步骤

对于组分的分析主要采用动态剪切流变试验、傅里叶变换红外光谱试验和质量分析。根据组分含量不同，采用胶体不稳定系数 CII 表征，具体公式如下。

$$CII = \frac{(Asphaltenes\ in\ wt\%) + (Saturates\ in\ wt\%)}{(Resins\ in\ wt\%) + (Aromatics\ in\ wt\%)} \tag{4-7}$$

通过黏弹性主曲线对沥青及其相应组分进行分析，测试参数如表 4-9 所示。

表 4-9　　DSR 试验测试参数

材料类型	温度/℃	频率/Hz	夹具/mm
沥青(S1～S11)	0，10，20～80@10	0.1～20	φ8 mm@1 mm(0～40 ℃) φ25 mm@1 mm(50 ℃～80 ℃)
饱和分	−10，0，10～40@10	0.1～20	φ8 mm@1 mm
芳香分	−10，0，10～40@10	0.1～20	φ8 mm@1 mm
胶质	60，70，80～130@10	0.1～20	φ8 mm@1 mm

主曲线公式为

$$\lg|G^*| = \theta + \frac{\alpha - \theta}{1 + e^{\beta + \gamma \cdot \lg f_r}} \tag{4-8}$$

式中，G^* 为复数剪切模量(kPa)；θ 为平衡模量；α 为玻璃态模量；f_r 为频率；β 和 γ 为形状参数。

采用双对数模型对相位角进行表征

$$\delta = \delta_P - \delta_P H(f_r - f_P)\left\{1 - e^{-\left[S_R \lg\left(\frac{f_r}{f_P}\right)\right]}\right\} + \delta_L H(f_P - f_r)\left\{1 - e^{-\left[S_L \lg\left(\frac{f_P}{f_r}\right)\right]^2}\right\} \tag{4-9}$$

式中，δ 为相位角(°)；δ_P 为相位角平台值(°)；$\delta_P + \delta_L$ 为相位角在低频率下的值；f_P 为相位角平台值对应的频率(Hz)；S_R 和 S_L 分别为相位角平台值右侧和左侧的曲线斜率；$H(u)$ 为 Heaviside 函数。

采用阿伦尼乌斯时温等效公式表征饱和分、芳香分、胶质的时温等效特征：

$$\lg f_r = \lg f + \frac{E_a}{2.303 \times R}\left(\frac{1}{T} - \frac{1}{T_r}\right) \tag{4-10}$$

式中，f 为测试频率(Hz)；T_r 为参考温度(℃)；T 为测试温度(℃)；E_a 为活化能($J \cdot mol^{-1}$)；R 为通用气体常数($J \cdot mol^{-1}K^{-1}$)。

对于沥青胶结料采用 WLF 公式进行时温等效。

$$\lg f_r = \lg f + \frac{-C_1(T - T_r)}{C_2 + (T - T_r)} \tag{4-11}$$

式中，C_1 和 C_2 为拟合参数。

另外，主要用于分析沥青中的官能团的红外光谱见表 4-10。

表 4-10　　红外光谱分析官能团

官能团	简称	峰位/(cm^{-1})	峰范围/(cm^{-1})
Asymmetrical stretching —CH_2—	$L_{CH2—(A)}$	2 924	2 936～2 916
Symmetrical stretching of —CH_2—	$L_{CH2—(S)}$	2 848	2 863～2 843
C=C stretch in aromatics	$I_{C=C}$	1 605	1 642～1 547
C—H asymmetric deform in CH_2 and CH_3	$I_{C—H(A)}$	1 458	1 490～1 430
C—H symmetric deform in CH_3	$I_{C—H(S)}$	1 376	1 385～1 365
S=O stretching in sulfoxide types	$I_{S=O}$	1 030	1 065～1 007
=C—H bending vibration of benzene ring	$L_{=C—H}$	860, 810	900～800, 830～800
C—H stretching in CH_2 or CH_3	$I_{C—H}$	720	764～650

由图 4-12—图 4-15 可知，随着 30# 沥青含量的增加，沥青中沥青质和饱和分含量增加，而胶质和芳香分含量减少且胶体不稳定系数增加。饱和分具有恒定的相位角，而芳香分和胶质的相位角平台值达到 80°，胶质由于较多的芳香分结构在相位角平台值下具有更低的频率(更高的温度)。此外，研究发现芳香分 $I_{C=C}$ 和 $L_{=C—H}$ 以及胶质的 $L_{=C—H}$ 和 $I_{S=O}$ 与沥青 A 的含量具有显著关系。统计分析表明，C_{resins}、$C_{asphaltens}$、CII、芳香分的 $I_{C=C}$、芳香分的 $L_{=C—H}$、胶质的 $L_{=C—H}$ 和 $I_{S=O}$ 与沥青的流变性能具有多元线性回归关系[22]。

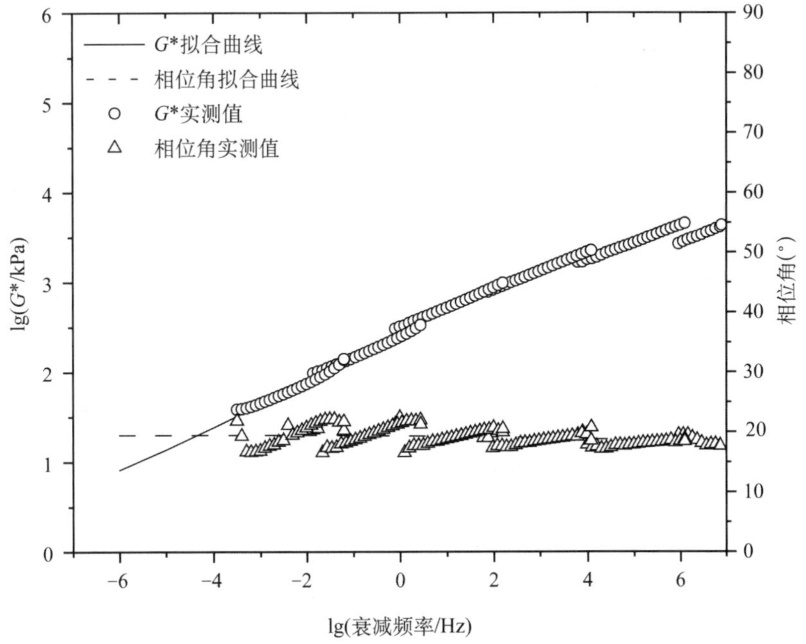

图 4-12　饱和分的复数剪切模量和相位角

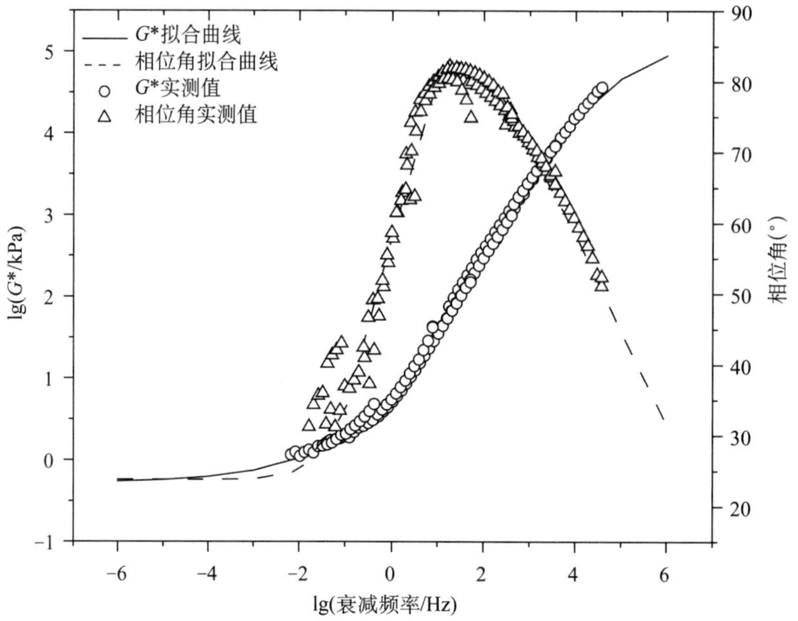

图 4-13　芳香分的复数剪切模量和相位角

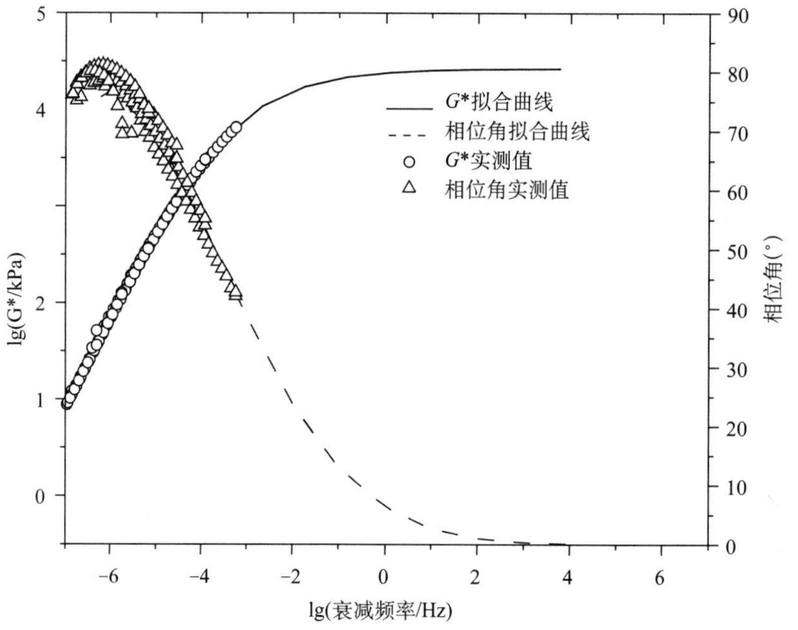

图 4-14　胶质的复数剪切模量和相位角

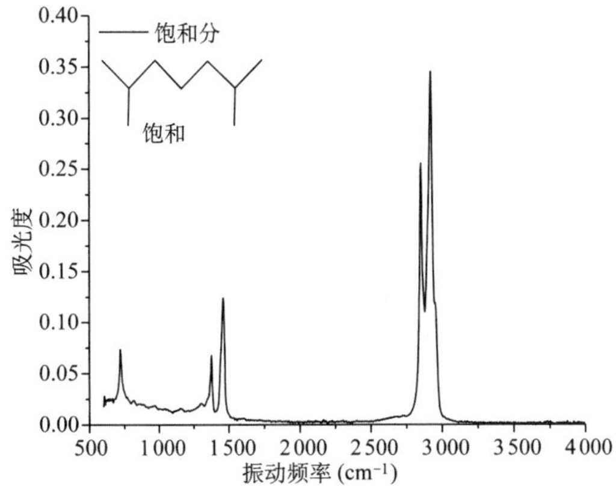

(a) 饱和分红外光谱

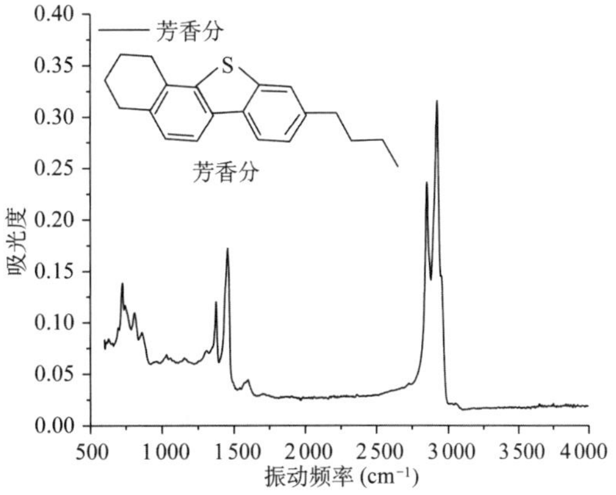

(b) 芳香分红外光谱

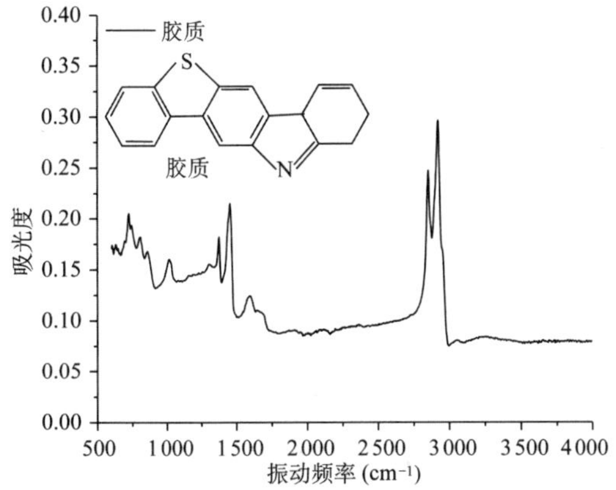

(c) 胶质红外光谱

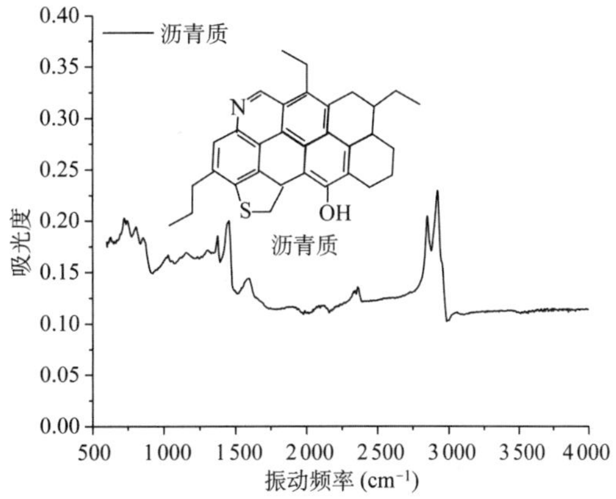

(d) 沥青质红外光谱

图 4-15 四组分的红外光谱

老化沥青的进一步分离和其组分的精准分析是提高沥青再生性能的关键。为了实现对老化沥青的精准分析,上述研究借助超临界萃取技术对沥青进行更为细致的分离,对比研究沥青老化前后各组分变化规律,可以更为直观地揭示沥青老化和再生机理,同时通过对老化沥青进行组分调配,有利于实现高效化、精准化的沥青再生。

4.4.2 再生集料的精准分析

再生集料是指沥青混合料回收料中的矿物集料。沥青混合料在“服役—回收”的过程中存在三个不容忽视的变异问题:

(1) 再生集料的形貌差异较大。服役期间,车轮荷载的反复作用导致上面层集料出现不同程度的磨耗与磨光。铣刨回收过程中,刀具机组的冲击作用导致集料出现不同程度的破碎,改变了部分集料的形状和棱角性。

(2) 再生集料的级配变异性较大。回收期间,铣刨回收过程中机械的物理破碎使沥青混凝土的级配产生较大变异,堆积后的破碎过程进一步加大了级配的变异性。

(3) 再生集料表面的老化沥青裹覆程度差异性较大。由于粗细集料的比表面积差异较大,不同粒径再生集料表面裹覆沥青的程度本身存在差异。同时,破碎会使部分集料出现裸露面,造成再生集料表面老化沥青裹覆程度差异(图 4-16)。

图 4-16 铣刨过程中破碎与未裹覆沥青的再生集料

以上三个变异问题不仅导致再生集料表面的形貌特征与天然集料存在显著差异,也使再生集料的级配存在较大变异,进而导致再生沥青混合料拌和成型过程中新旧集料与沥青在空间分布上的不均匀性,从而影响再生沥青混合料的各项性能指标及服役寿命。虽然研究者对再生沥青混合料的性能衰变、再生沥青的扩散融合与再生机理等方面进行了研究,但鲜有单独针对再生集料作用展开的研究。因此提高对再生集料作用的定量认识和精准分析,实现再生沥青混合料最优化再利用,具有必要性。

再生集料形貌特征的粗放表征往往使得沥青混合料的路用性能差异较大,对于再生集料的精细化研究能够丰富当前对集料形貌的客观认识。随着数字图像处理技术和离散元仿真技术的发展,再生集料表面形貌与级配变异特征数字化处理已经成为可能,同时,这些技术能够精确量化再生集料拌和成型过程中集料驱动规律,解决传统试验方法精度低、评价指标粗放等问题。

目前,再生沥青混合料配合比设计中并未考虑新旧集料的拌和与成型过程中的相互影响,也没有考虑再生集料的空间分布规律。然而,再生集料颗粒形状与老化沥青在沥青混合料中的空间位置极大影响了沥青混合料路用性能。为了区分再生集料与新集料的影响,改进和优化传统混合料配合比体积设计方法十分必要。近年来,机器学习算法和智能神经网络的发展能够帮助厘清新旧集料的相似性假定。以颗粒堆积理论为基础,以沥青混合料级配结构和孔隙分布为导向,智能求解新旧集料空间分布的堆积模型,建立并优化最佳沥青含量的再生沥青混合料配合比体积设计方法,对于拓展再生沥青混合料实际应用、充分挖掘再生集料的性能潜力、提高再生沥青混凝土的路用性能、延长再生沥青混凝土的服役寿命具有重要的应用价值。

因此,笔者提出以再生集料形貌及老化沥青砂浆分布为切入点,通过三维离散元仿真模型,揭示再生集料在拌和成型过程中的驱动规律,结合机器学习算法,以颗粒堆积理论和体积设计法为理论基础,提出再生沥青混合料配合比优化设计方法,并进行宏观路用性能评价。通过上述方法,能够实现对再生集料的精确把握,也有助于开展更为精细的再生实践。

4.4.3 再生沥青混合料的精准设计

沥青服役过程中存在明显的"硬化"效应,包括吸氧老化、轻组分挥发、自然腊质结晶以及矿料孔隙渗流等都会导致沥青硬化。笔者通过组分分析、红外光谱和凝胶渗透色谱分析,探明了沥青老化过程中物质结构组成的变化,发现了老化硬沥青与未老化软沥青的分子量分布特点[(图 4-17(a)],提出了老化沥青调配式再生方法[图 4-17(b)],实现了"软—老"沥青在分子量分布层面的调和,改善了老化沥青的组分比例、胶体结构稳定性以及宏观流变学特性。沥青混合料回收料表现出较高的黏度,不容易与新沥青混合,造成再生沥青混凝土品控困难,限制了废旧沥青材料掺配率的进一步提高。笔者基于热转换原理,根据物质扩散规律,采用红外光谱老化特征官能团定量表征方法,实现了"软—老"沥青融合程度精确测定,提出了提高骨料拌和温度、延长拌和时间的方法,建立了"软—老"沥青融合程度与拌和参数的预测模型[图 4-17(c)],实现了"软—老"沥青融合程度的精确控制。如图 4-17(d)所示,可以利用拌和时间与拌和温度两个参数,快速检索"软—老"沥青融合程度,为不同沥青混合料回收料掺量下再生沥青混凝土配合比设计和拌和工艺选择提供了指导,解决了再生沥青混凝土制备过程中"软—老"沥青融合程度困难、高效融合难以实现的问题。通过将"软—老"沥青融合程度测定值与预测值对比分析发现,该预测模型具有较高的精度[图 4-17(e)][23-24]。

4.4.4 小结

本节将沥青混合料回收料的精准再生理念分为三个层面进行了阐述:首先是老化沥青的精准再生,通过先进的沥青组分分离手段实现对不同组分性能和比例的深入分析,针对沥青的老化程度开展再生研究;其次是对再生集料进行精准分析,通过数字化手段和深度学习预测模型,以期实现对再生集料表面形貌特征和级配组成的深入分析;最后是对再生沥青混合料的精准设计,构建了不同拌和时间和拌和温度下对新老沥青拌和程度的模型,为再生沥青混合料的精准设计奠定了基础。

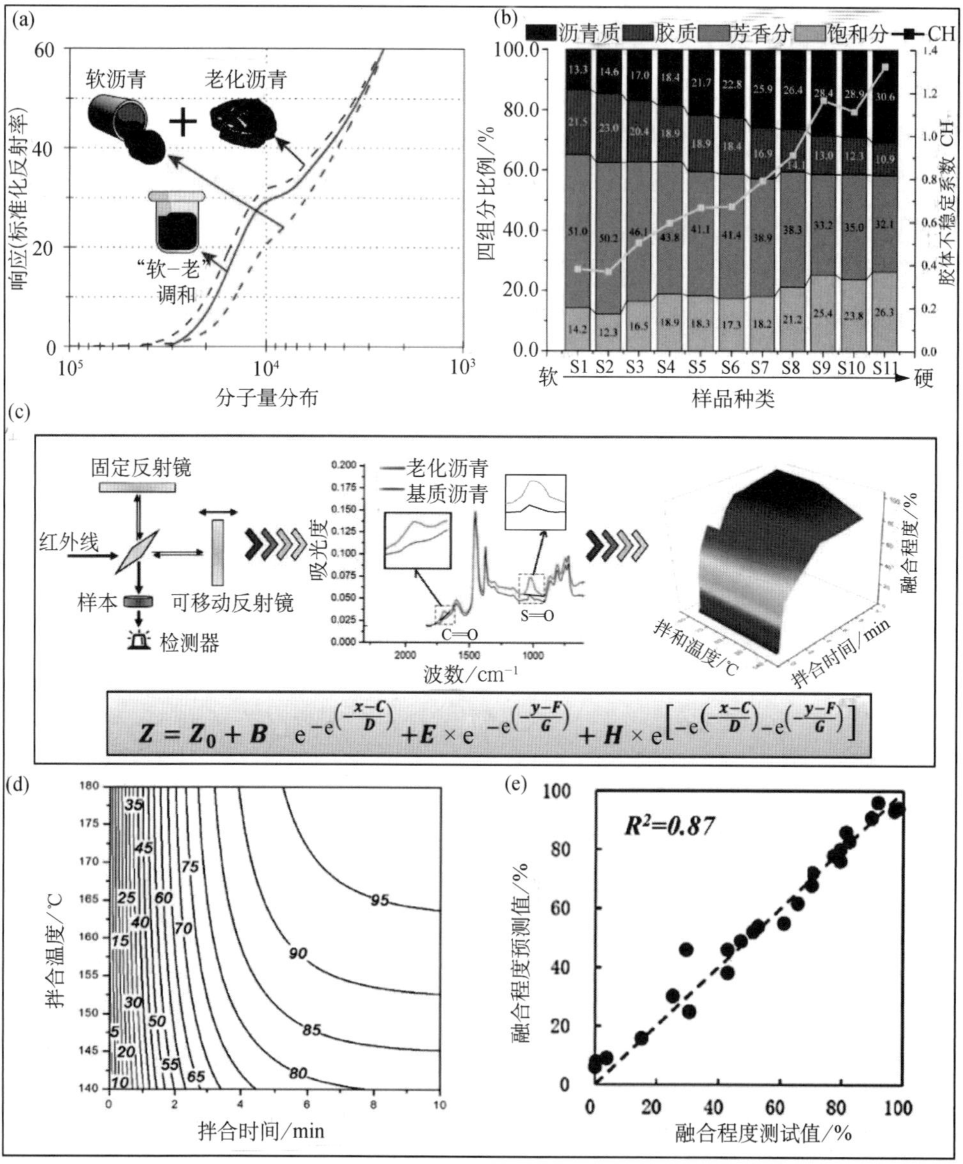

$$Z = Z_0 + B\ \mathrm{e}^{-\mathrm{e}^{\left(-\frac{x-C}{D}\right)}} + E \times \mathrm{e}^{-\mathrm{e}^{\left(-\frac{y-F}{G}\right)}} + H \times \mathrm{e}^{\left[-\mathrm{e}^{\left(-\frac{x-C}{D}\right)} - \mathrm{e}^{\left(-\frac{y-F}{G}\right)}\right]}$$

图 4-17　沥青混合料精准再生设计

4.5 结语

本章基于前述两章对于 RAP 材料的基本描述和沥青老化与再生机理，提出了再生沥青混合料的设计理念与方法。材料复合理论和全生命周期分析理论为再生沥青混合料的设计提供了理论基础，其中材料复合理论能够有效指导再生剂的研发、新型聚合物改性剂的运用以及再生沥青混合料的性能评价，而全生命周期分析理论则为再生材料的经济效益和社会效益提供理论支撑。在理论指导下，根据不同 RAP 掺量的沥青混合料提出了针对性的设计理念，即低掺量下的增韧设计理念、高掺量下的低碳设计理念和就地再生下的优化设计理念。另外，根据 Superpave 沥青混合料设计方法，对不同再生工艺对应的沥青混合料设计方法进行了总结，认为最核心部分为对 RAP 性能的评价以及再生剂的选择。最后，面向目前再生沥青混合料设计中存在的问题以及新时代对沥青再生的要求，提出了沥青混合料的精准再生理念。

参考文献

[1] Arrhenius Svante. The viscosity of solutions[J]. Biochemical Journal, 1917, 11(2):112.

[2] Grunberg L, Nissan Alfred H. Mixture law for viscosity[J]. Nature, 1949, 164(4175):799.

[3] Davison Richard R, Bullin Jerry A, Glover Charles J, et al. Verification of an asphalt aging test and development of superior recycling agents and asphalts[R]. Texas Transportation Institute, and Chemical Dept., Texas A&M Univ, College Station, Tex., 1994.

[4] McDaniel Rebecca S, Anderson R Micheal. Recommended use of reclaimed asphalt pavement in the Superpave mix design method: technician's manual[R]. National Research Council(US). Transportation Research Board, 2001.

[5] Soleimani Abddrasoul, Walsh Shanan, Hesp Simon A. Asphalt cement loss tangent as surrogate performance indicator for control of thermal cracking[J]. Transportation Research Record, 2009, 2126(1):39-46.

[6] Li Jin, Xiao Feipeng, Zhang Lanfang, et al. Life cycle assessment and life cycle cost analysis of recycled solid waste materials in highway pavement: A review[J]. Journal of Cleaner Production, 2019, 233(OCT. 1):1182-1206.

[7] Xiao Feipeng, Amirkhanian Serji N. Resilient modulus behavior of rubberized asphalt concrete mixtures containing reclaimed asphalt pavement[J]. Road Materials & Pavement Design, 2008, 9(4):633-649.

[8] Xiao Feipeng, Amirkhanian Serji N, Juang C Hsein. Rutting resistance of rubberized asphalt concrete pavements containing reclaimed asphalt pavement mixtures[J]. Journal of Materials in Civil Engineering, 2007, 19(6):475-483.

[9] Xiao Feipeng, Amirkhanian Serji N, Shen Junan, et al. Influences of crumb rubber size and type on reclaimed asphalt pavement(RAP) mixtures[J]. Construction and Building Materials, 2009, 23(2):1028-1034.

[10] Xiao Felpeng, Amirkhanian Serji N. Laboratory investigation of moisture damage in rubberised asphalt mixtures containing reclaimed asphalt pavement[J]. International Journal of Pavement Engineering, 2009, 10(5):319-328.

[11] Xiao Feipeng, Amirkhanian Serji N, Wu Boli. Fatigue and stiffness evaluations of reclaimed asphalt pavement in hot mix asphalt mixtures[J]. Journal of Testing & Evaluation, 2011, 39(1):

50-58.

[12] Xiao Feipeng, Amirkhanian Serji N, Putman Bradley, et al. Laboratory investigation of engineering properties of rubberized asphalt mixtures containing reclaimed asphalt pavement[J]. Canadian Journal of Civil Engineering, 2010, 37(11):1414-1422.

[13] Xiao Feipeng, Amirkhanian Serji N. Laboratory investigation of utilizing high percentage of RAP in rubberized asphalt mixture[J]. Materials & Structures, 2010, 43(1-2):223.

[14] Xiao Feipeng, Amirkhanian Serji N, Putman Bradley J, et al. Feasibility of superpave gyratory compaction of rubberized asphalt concrete mixtures containing reclaimed asphalt pavement[J]. Construction and Building Materials, 2012, 27(1):432-438.

[15] Xiao Feipeng, Putman Bradley, Amirkhanian Serji N. Rheological characteristics investigation of high percentage RAP binders with WMA technology at various aging states[J]. Construction and Building Materials, 2015, 98(15):315-324.

[16] Xiao Feipeng, Putman Bradley, Amirkhanian Serji N. Rheological characteristics investigation of high percentage RAP binders with WMA technology at various aging states[J]. Construction and Building Materials, 2015, 98(15):315-324.

[17] Way George B. Reflective Cracking Study at Minnetonka[C]. Arizona Conference on Roads & Streets, 1974.

[18] 中交公路规划设计院.JTG D50—2017 公路沥青路面设计规范[S].北京:人民交通出版社,2017.

[19] Anderson David A, Christensen Donald W, Bahia Hussain U, et al. Binder characterization and evaluation. volume 3: physical characterization[J]. Asphalt Cement, 1994, 3.

[20] AASHTO-AGC-ARTBA Joint Cooperation Committee. Subcommittee on new highway materials materials and technologies: 2006 summary report[R], 2006.

[21] Kandhal Prithvi S, Mallick Rajib B. Open graded friction course: state of the practice[J]. Transportation Research Board, National Research Council. 1998.

[22] Wang Jiayu, Wang Tao, Hou Xiangdao, et al. Modelling of rheological and chemical properties of asphalt binder considering SARA fraction[J]. Fuel, 2019, 238:320-330.

[23] Hettiarachchi Chamed, Hou Xiangdao, Xiang Qiong, et al. A blending efficiency model for virgin and aged binders in recycled asphalt mixtures based on blending temperature and duration[J]. Resources Conservation and Recycling, 2020, 161:104957.

[24] Hou Xiangdao, Hettiarachchi chanwpd, Xiao Feipeng, et al. Blending efficiency improvement and energy investigation of recycled asphalt mixture involved warm mix technology[J]. Journal of Cleaner Production, 2020:123732.

5 低掺量再生沥青混合料的性能表征

5.1 再生沥青胶结料的性能特征
5.2 再生沥青混合料的性能特征
5.3 结语

我国《公路沥青路面再生技术规范》(JTG/T 5521—2019)[1]中指出，沥青混合料回收料(RAP)掺量不超过20%时，无论掺加多少沥青混合料回收料，总沥青用量基本一致，但是并未对沥青混合料回收料掺量的高低限值进行界定。美国AASHTO[2]也指出，当沥青混合料回收料掺量在20%以下时，不用对配合比设计进行特殊调整。本章将着重讨论沥青混合料回收料掺量在15%及以下时，再生沥青胶结料、再生沥青混合料的性能特征以及低掺量沥青混合料回收料对再生沥青混合料配合比设计的影响。

5.1 再生沥青胶结料的性能特征

5.1.1 高温黏弹性

5.1.1.1 黏弹性模型

材料的黏弹性可以反映其在某温度下的力学响应。为方便理解，以图5-1中经典的Burgers模型为例，可以将材料的黏弹性用若干黏壶和弹簧表示，分别表征材料的黏性与弹性性能。弹簧与黏壶均为材料黏弹性模型的构件，通过对构件进行组合，可以找到最适合材料黏弹性性能的力学模型。经典的Burgers模型由Maxwell模型与Kelvin模型串联构成。Burgers模型的本构方程如式(5-1)所示，在蠕变—恢复过程中，蠕变阶段与恢复阶段的本构方程分别如式(5-2)—式(5-4)所示。

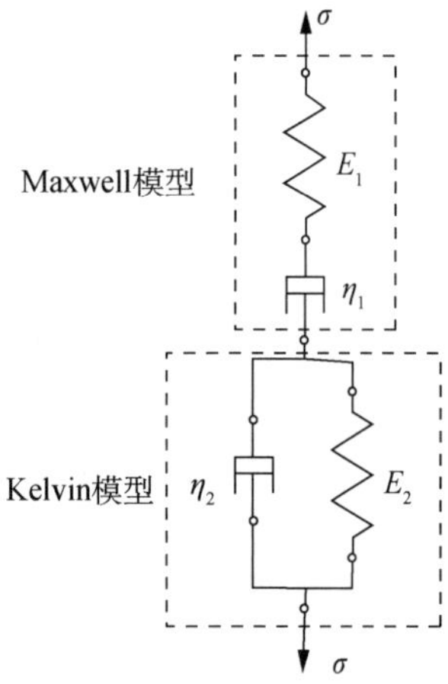

图5-1 经典Burgers模型

$$E_1E_2\sigma+(E_1\eta_1+E_2\eta_1+E_1\eta_2)\dot{\sigma}+\eta_1\eta_2\ddot{\sigma}=E_1E_2\eta_1\dot{\varepsilon}+E_1\eta_1\eta_2\ddot{\varepsilon} \tag{5-1}$$

$$\varepsilon(t)=\sigma_0\left[\frac{1}{E_1}+\frac{1}{\eta_1}t+\frac{1}{E_2}\left(1-e^{-\frac{E_2}{\eta_2}t}\right)\right] \tag{5-2}$$

$$\varepsilon(t)=\sigma_0\left[\frac{1}{\eta_1}t_1+\frac{1}{E_2}\left(1-e^{-\frac{E_2}{\eta_2}t_1}\right)e^{-\frac{E_2}{\eta_2}(t-t_1)}\right] \tag{5-3}$$

$$\sigma(t)=\frac{E_1\varepsilon_0}{\alpha-\beta}\left[\left(\frac{E_2}{\eta_2}-\beta\right)e^{-\beta t}-\left(\frac{E_2}{\eta_2}-\alpha\right)e^{-\alpha t}\right] \tag{5-4}$$

Burgers模型中Maxwell模型的弹簧表征材料的瞬时弹性模量，表示沥青材料加载瞬间发生的变形，E_1值越大则瞬间发生的变形越小，但是卸载后该弹簧上的变形会完全消散；Maxwell模型中的黏壶表征沥青材料的永久变形，即黏壶流动使材料发生不可恢复的永久变形，从而使沥青材料发生不可恢复的形变。对于Kelvin模型，模型中的弹簧表征沥青材料的缓慢变形特性，该形变在卸载后长时间内逐渐恢复。特别地，Kelvin模型中的E_2弹簧对沥青材料的变形有延滞作用，在与η_2协同变形的过程中起到减缓变形速率的作用；Kelvin模型中的黏壶表征沥青材料抵抗永久变形的能力，η_2越大表明沥青材料对永久变形的抵抗能力越强。

从上述分析中可知，对弹簧与黏壶等力学构件进行不同组合具有不同的物理力学意义。一般而言，低掺量再生沥青胶结料的黏弹性性能相比基质沥青具有更好的弹性性能，这是由于老化沥青相比基质沥青具有更大的劲度模量，弹性性能更好而黏性性能较差，因此低掺量老化沥青替换基质沥青会提高再生沥青胶结料的弹性性能。显然，随着老化沥青掺量逐渐升高，再生沥青胶结料会具有更好的弹性性能。由此可见，低掺量再生沥青胶结料的黏弹性性能与其组分密切相关。

5.1.1.2　再生沥青胶浆的黏弹性性能

沥青胶结料的黏弹性性能能够用相位角进行表征。相位角是指在对沥青胶结料施加剪切应力后，由于沥青胶结料具有的黏弹性，产生的剪切应变与施加剪切应力之间的时间差。相位角通常用于表征沥青胶结料的黏性响应，通常来说，相位角越小，则沥青胶结料的弹性恢复性能越好。

为了研究不同再生沥青组成的流变行为，选用 3 种基质沥青、6 种老化沥青进行再生，制成 18 种老化沥青掺量为 15%的再生沥青胶结料，采用剪切流变仪测量每种再生沥青胶结料在未老化、旋转薄膜烘箱（RTFO）老化和加压（PAV）老化后的相位角[3]。3 种基质沥青的流变学性质见表 5-1。

表 5-1　三种基质沥青的流变学性质

沥青种类	来源	老化状态						
		未老化			RTFO 老化	PAV 老化		
		黏度(135 ℃)/(Pa·S)	失败温度/℃	$G^*/\sin\delta$ (64 ℃)/kPa	$G^*/\sin\delta$ (64 ℃)/kPa	$G^*/\sin\delta$ (25 ℃)/kPa	劲度模量(−12 ℃)/MPa	m 值(−12 ℃)
PG 58-28(I)	B	0.315	60.2	1.38 (58 ℃)	3.88 (58 ℃)	3 595 (58 ℃)	249 (−18 ℃)	0.281 (−18 ℃)
PG 64-22(II)	A	0.465	65.6	1.23	3.70	3529	178	0.306
PG 76-28(III)	B	1.735	81.15	1 613.1 (76 ℃)	3 625.3 (76 ℃)	2 807	129.5	0.258

对于未老化的再生沥青胶结料的相位角进行测试，由基质沥青 I 制备的再生沥青胶结料的相位角见图 5-2，其中 A～F 代表 6 种不同的老化沥青。如图可知，当老化沥青的来源不同时，再生沥青胶结料在 64 ℃、70 ℃与 76 ℃的相位角也不同。不同来源的老化沥青在组分与老化程度上都有可能存在差异，进而导致再生沥青胶结料性能的差异。随着测试温度的升高，再生沥青胶结料的相位角增大，再生沥青胶结料的弹性恢复性能变弱而黏性增强。这是由于沥青组分中的大分子是由大量的结构单元连接而成的长链分子，分子中的单键自旋转赋予高分子以柔性，由于分子的热运动、分子构象的改变，分子尺寸也将随着改变。因此当温度升高，分子布朗运动加剧，沥青材料具有更好的流动性，则宏观性能的变化表现为相位角随测试温度的上升而增大。

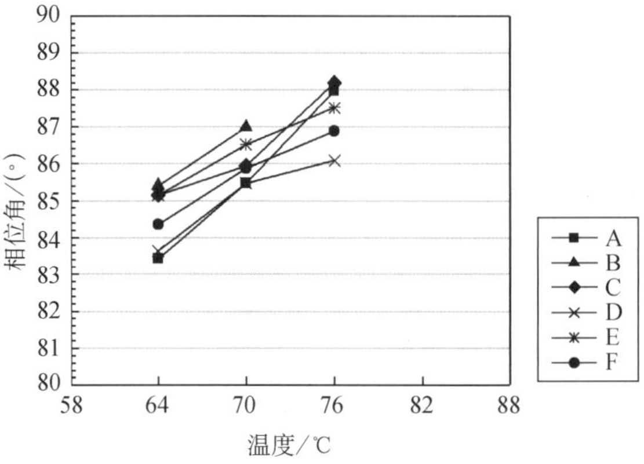

图 5-2　15%老化沥青与 PG 58-28 基质沥青复配出再生沥青胶结料的相位角

将 PG 58-22 的基质沥青对 15%的老化沥青再生后得到的再生沥青胶结料在旋转薄膜烘箱中进行短期老化，并对 6 种再生沥青胶结料分别在 64 ℃、70 ℃和 76 ℃的测试温度下再次进行相位角测试，测试结果见图 5-3。与未经过短期老化后的再生沥青胶结料相比，经过短期老化后的 6 种再生沥青胶结料的相位角在对应的测试温度下均呈现出减小的趋势。其中利用 A 来源的老化沥青进行复配得出的再生沥青胶结料相位角的减小幅度最明显，利用 F 来源的老化沥青进行复配得出的再生沥青胶结料相位角的减小幅度最小。这是由于在不同复配组合中，不同来源的老化沥青对短期老化的敏感性不同，而对短期老化敏感性的差异来源于沥青组分的差异。当老化沥青的老化程度不高，组分中仍然含有较多饱和分与芳香分等轻质油分时，经历短期老化过程会促使老化沥青损失相对较多的轻质油分，此时再生沥青胶结料会表现出更多的弹性恢复性能，相位角会呈现出较大的减小幅度。反之，当老化沥青的老化程度较高，组分中主要含有沥青质等重组分时，短期老化并不会使老化沥青损失较多轻质组分，相应的也不会使再生沥青胶结料的黏弹性性能产生较大变化。

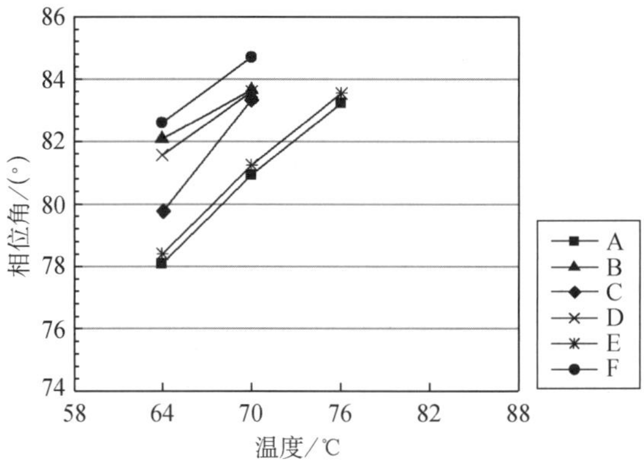

图 5-3　PG 58-28 沥青再生 15%老化沥青经 RTFO 短期老化后的相位角

根据美国 Superpave 规范，将再生沥青胶结料(原改性沥青)在压力老化容器中置于 100 ℃、(2.1±0.1)MPa 的条件下老化 20 小时，模拟道面沥青胶结料的长期老化。图 5-4 给出了 6 种来源的老化沥青再生得到的再生沥青胶结料在测试温度为 31 ℃下相位角的测试结果。由图可知，经过长期老化后，掺配 15%老化沥青制备而成的 6 种再生沥青胶结料的相位角均在 49°～53°，并未体现出较大差别。这是由于长期老化作用对 PG 58-22 的基质沥青与已经老化的沥青都有十分显著的老化作用，再生沥青胶结料表现出较为明显的弹性恢复能力。此时，再生沥青胶结料的黏弹性行为更多地表现为弹性恢复能力较强而黏性流动性较弱。

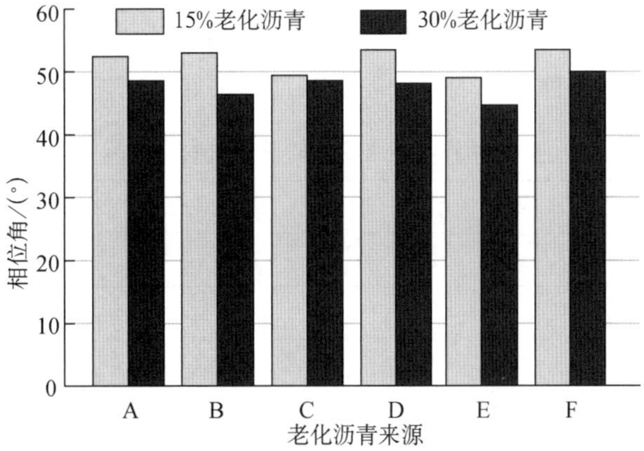

图 5-4　PG 58-22 沥青再生 15%与 30%老化沥青经 PAV 长期老化后的相位角

图 5-4 同时对比了老化沥青掺量分别为 15%与 30%时，再生沥青胶结料在 31 ℃时表现出相位角的差别。显然，对于任意一种老化沥青的来源，掺入 30%的老化沥青所得的再生沥青胶结料，相比掺入 15%的老化沥青所得的再生沥青胶结料，具有更小的相位角。由此可见，多掺入 15%的老化沥青有助于增强再生沥青胶结料的弹性恢复性能，其中老化沥青相比基质沥青具有更大的劲度模量，其弹性性能更好的特性起到了关键作用。通过图 5-2—图 5-4 对比可知，随着老化程度的增加，掺入 15%老化沥青所得的再生沥青胶结料的相位角逐渐减小，再生沥青胶结料的弹性恢复性能逐渐变强而黏性逐渐变弱，从外观上体现出硬化、不易流动的特点。因此，当加入更多的老化沥青，再生沥青胶结料体系中老化沥青贡献的组分所占比重逐渐增大，基质沥青贡献的组分所占比重逐渐减小，则再生沥青胶结料更多体现老化沥青的特性，即相位角较小，弹性恢复性能好，抗变形能力较好，质地较硬。

由此可见，在再生沥青胶结料体系中加入较多的老化沥青能够增强胶结料的弹性恢复性能，然而，轻质组分的缺乏同时也会导致再生沥青胶结料相比基质沥青拥有更弱的低温抗裂能力。尤其是在我国北方地区，冬季最低气温在 0 ℃以下，此时再生沥青胶结料会由于较弱的黏性流动性而产生低温开裂，严重影响道路的路用性能。

5.1.1.3 生物再生剂改性后再生沥青胶浆的黏弹性性能

为改善再生沥青胶结料轻质组分缺乏、较硬、黏性流动性较差的特点，大量的研究采用了不同类别的再生剂，通过组分调和的方法对再生沥青胶结料进行再生。组分调和，顾名思义，是为再生沥青胶结料补充小分子轻质油分，恢复和再生沥青胶结料的黏性，提高其低温抗裂性。在这一过程中，由于再生沥青胶结料的组分发生了变化，其黏弹性行为也相应产生了变化[4]。

以棉花籽油、废旧食用油与一般再生剂为例，对再生沥青胶结料通过组分调和进行再生[5]。选取三种不同来源的老化沥青（A～C）、三种再生剂的掺量（0%、5%和10%）、基质沥青（PG 64-22）对再生沥青胶结料的黏弹性行为进行测试，老化沥青与基质沥青的基础流变学指标见表 5-2，显然，任意一种来源的老化沥青都较基质沥青有更高的失败温度，这说明三种来源的老化沥青都具有更好的高温稳定性。

表 5-2　　老化沥青与基质沥青的基础流变学指标

测试温度		A	B	C	PG 64-22
$G^*/\sin\delta$(kPa)	64 ℃		123.31		1.51
	70 ℃		55.06		0.88
	76 ℃	5.94	24.74	9.64	
	82 ℃	2.85	11.30	4.58	
	88 ℃	1.45	5.26	2.29	
	失败温度(℃)	90.8	101.0	91.7	65.8

采用相位角与复数模量（G^*）对再生沥青胶结料的黏弹性性能进行表征。复数模量，一般也称动态剪切复数模量，被定义为最大剪切应力与最大剪切应变的比值，用来表征剪切应力下胶结料对形变的抵抗能力。同时，复数模量也是复数柔量的倒数形式，其表达式见式(5-5)：

$$G^* = G' + iG'' \tag{5-5}$$

式中，G^* 为复数模量；G' 为复数模量的储存模量，又称弹性模量，是胶结料在发生形变时，由弹性可逆形变而储存能量的大小，反映材料弹性的大小，储存模量是与应变同相的稳态应力与应变的比值，是复数模量的实部；G'' 为复数模量的损耗模量，又称黏性模量，是胶结料在发生形变时，由于黏性不可逆形变而损耗的能量大小，反映材料的黏性大小，损耗模量是和应变相位差 90°的稳态应力与应变的比值，是复数模量的虚部。

在很多研究中，将损耗模量与储存模量的比值称为损耗角正切值，反映材料黏性与弹性的比例；相应地，当储存模量远大于损耗模量时，材料主要发生弹性形变，材料多数情况下呈现固态；而当损耗模量远大于储存模量时，材料主要发生黏性形变，材料多数情况下呈现流动状态；当储存模量与损耗模量相当时，材料为半固态。因此，可以通过对复数模量的实部和虚部进行分析，进一步对再生沥青胶结料的黏弹性进行评价。

将老化沥青、再生剂和基质沥青(PG 64-22)在 145 ℃、200 r/min 的拌和条件下拌和 15 min，其中老化沥青与基质沥青的质量比为 1∶3。搅拌结束后迅速将样品在动态剪切流变仪中进行流变学实验。其中，利用 B 来源老化沥青与三种再生剂复配得到的再生沥青胶结料的复数模量与相位角测试结果如图 5-5 所示。成品再生剂用 R 表示，棉花籽油用 O 表示，废旧食用油用 W 表示。

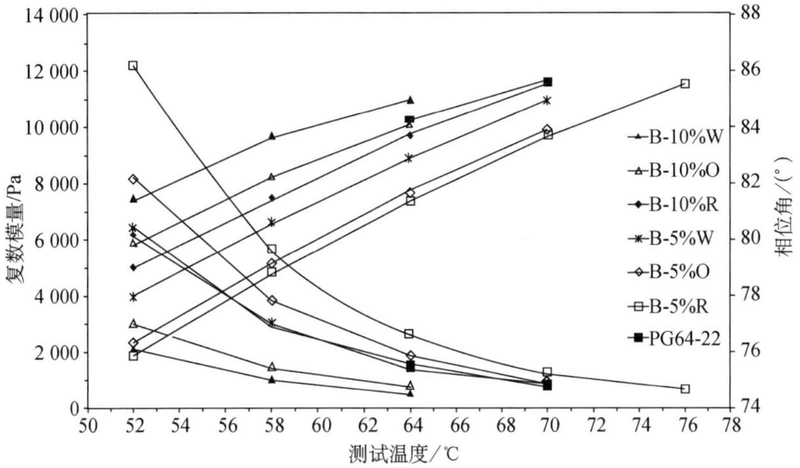

图 5-5　不同再生剂掺量下再生沥青胶结料的复数模量与相位角测试结果

由图 5-5 可知，再生剂的掺量对再生沥青胶结料的相位角具有较大影响。特别地，再生沥青胶结料的相位角与再生剂掺量和测试温度具有较大关联。一般情况下，再生沥青胶结料的相位角随着测试温度的升高而增大，也随着再生剂掺量的增加而增大。这是由于再生剂中轻质油分在再生沥青胶结料体系中起到了调和作用，极大程度上补充了再生沥青胶结料中的轻质油分，增加了胶结料的黏性，弱化了胶结料原先的弹性恢复性能。三种再生剂当中，在掺量与实验温度一致的条件下，加入一般再生剂(R)的再生沥青胶结料表现出的相位角较小，因此利用一般再生剂再生获得的再生沥青胶结料相比利用剩余两种再生剂获得的再生沥青胶结料具有更好的弹性恢复性能。

对不同掺量的再生剂的再生效果进行横向对比可以发现，含有 5%废弃食用油的再生沥青胶结料，较含有 10%一般再生剂的再生沥青胶结料有更小的相位角；同时，含有 5%棉花籽油的再生沥青胶结料，较含有 5%废弃食用油的再生沥青胶结料有更小的相位角。当两种再生剂成本相同，并且只以相位角作为再生效果的判断指标时，则优先选用低掺量能达到再生效果的再生剂更能节省成本。另外，可以从图 5-6 中看出，利用三种再生剂改性后的再生沥青胶结料与 PG 64-22 的基质沥青具有相近的相位角，说明三种再生剂起到了再生效果，对再生沥青胶结料具有相当明显的作用。

废弃的食物油、棉花籽油、一般再生剂都含有大量的不饱和脂肪酸，在结构与组成上与沥青中的轻质组分类似。沥青胶结料长期服役后,组分中的轻质组分会挥发减少,宏观表现为沥青胶结料的老化。因此,再生剂的再生机理可以理解为对新老沥青进行"组分调和"使得再生沥青胶结料体系中轻质组分恢复的过程。如图 5-6 所示,研究通过凝胶渗透色谱(GPC)法实验分别测试了老化沥青、软沥青以及调和后再生沥青胶结料的分子量分布情况。在分子量为 10^4 附近,老化沥青具有较大的响应,软沥青的响应较小,而调和再生后的胶结料响应位于老化沥青与软沥青之间。凝胶渗透色谱实验中,如果样品在某一量值的分子量分布较大,则说明该样品在这一区域有较多分子链。因此,凝胶渗透色谱法能够有效量化再生剂组分调和再生老化沥青的过程,通过添加再生剂稀释老化沥青大分子的浓度,对老化沥青进行改性。

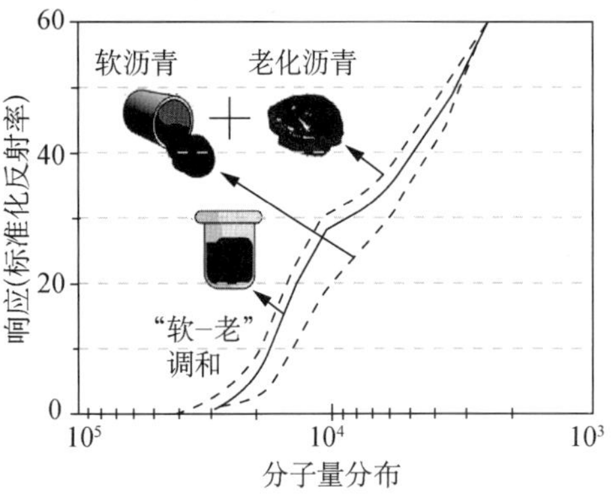

图 5-6　再生剂的组分调和再生机理

本节介绍了再生沥青胶结料的黏弹性性能以及其定性表征方法。利用动态剪切流变仪,可以对再生沥青胶结料的相位角与复数模量进行测试,从而表征再生沥青胶结料的弹性恢复性能与黏性性能。本节还对加入再生剂后再生沥青胶结料的黏弹性性能进行了介绍与说明。特别要指明的是,动态剪切流变仪不仅能实现对再生沥青胶结料黏弹性性能的定性表征,还可以通过应力松弛与蠕变实验对胶结料的黏弹性性能进行定量表征,通过选择再生沥青胶结料的黏弹性本构模型,推导在该本构模型下松弛柔量与蠕变劲度表达式,利用实验结果拟合出弹性参数与黏性参数,对再生沥青胶结料的黏弹性性能进行定性评价。

5.1.2　低温抗裂性

沥青胶结料的低温性能通常采用动态剪切流变仪与弯曲梁流变仪进行测试表征,而实验样品均为沥青胶结料,但是对需要进一步复配才能得到的再生沥青胶结料,需要将基质/改性沥青与老化沥青进行拌和才能获得实验样品,在此过程中最困难的步骤在于获得老化沥青。多数情况下,老化沥青的来源是沥青混合料回收料,在实验室经过筛分、除尘、抽提、旋转蒸发等复杂步骤获取。显然,获取老化沥青的过程是十分漫长并且复杂的,因此,本节将着重介绍在不进行抽提的情况下,利用再生沥青砂浆作为样品,对其低温性能进行测试和表征。

采用三种不同的基质沥青并进行短期老化和长期老化处理,所测的其在不用老化状态下的黏度、失败温度与车辙因子等指标见表 5-3[6]。老化沥青来源于三种不同来源的沥青混合料回收料,其中沥青混合料回收料经过筛分,保留下能通过 50 号筛(筛孔直径 0.3 mm)而残余在 100 号筛(筛孔直径 0.149 mm)上的细料用来制备再生沥青砂浆。研究发现,在利用沥青混合料回收料的细料制备再生沥青砂浆时,一旦再生沥青砂浆中再生沥青混合料的掺量大于 15%,无论 RAP 的来源,所得到的再生沥青砂浆都过于黏稠以至于难以在 165 ℃的高温下将再生沥青砂浆倒入弯曲梁流变仪的磨具中进行试件成型[11]。另一方面,预实验结果表面,大部分再生沥青砂浆的劲度模量都非常高(高于 1 000 MPa)并且在−12 ℃的环境下加载 240 s 后没有产生挠度。因此,将再生沥青砂浆中的沥青混合料回收料掺量控制在 10%以下。为进行对照试验,将再生沥青细料在马弗炉中焚烧直至老化沥青完全消失,再将剩余的细集料与基质沥青拌和,为了使对照组与再生沥青砂浆的级配相同,还需加入新集料确保实验结果的合理性。再生沥青砂浆的实验组(未燃烧再生沥青细料)与对照组(燃烧再生沥青细料)的结构如图 5-7 所示。控制再生沥青细料掺量为 5%和 10%,采用弯曲梁流变仪对再生沥青砂浆的低温性能进行测试,选取−18 ℃、−12 ℃、−6 ℃三个温度进行测试并在相应温度下测试再生沥青砂浆的劲度模量和 m 值。特别地,为了探究沥青混合料回收料存放时间对再生沥青胶结料低温性能的影响,控制三种不同来源的再生沥青混合料的取样时间,分别在取样当天及取样日期一年后同一天对沥青混合料回收料进行取样。

表 5-3　沥青胶结料的流变学性质

沥青种类	来源	老化状态						
		未老化			RTFO 老化		PAV 老化	
		黏度(135 ℃)/(Pa·s)	失败温度/℃	$G^*/\sin\delta$ (64 ℃)/kPa	$G^*/\sin\delta$ (64 ℃)/kPa	$G^*/\sin\delta$ (25 ℃)/kPa	劲度模量(−12 ℃)/MPa	m 值(−12 ℃)
PG 58-28	2	0.315	60.2	1.38(58 ℃)	3.88(58 ℃)	3 595(19 ℃)	249(−18 ℃)	0.281(−18 ℃)
PG 64-22	1	0.465	65.6	1.23	3.70	3 529	178	0.306
PG 76-22	2	1.735	81.15	1.61(76 ℃)	3.63(76 ℃)	2 807	129.5	0.258

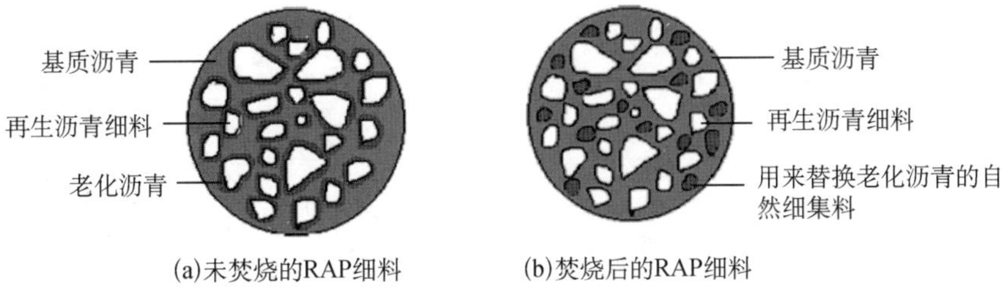

图 5-7　再生沥青胶结料含有 RAP 细料

5.1.2.1　由未焚烧 RAP 细料制备得到的再生沥青砂浆的低温性能

图 5-8 给出了 PG 58-28 的基质沥青与 3 种不同来源的 RAP 细料制备成的再生沥

青砂浆的劲度模量和 m 值。如图所示，无论沥青混合料回收料的来源，再生沥青砂浆的劲度模量均随着加载时长下降而 m 值均随着加载时长上升。特别地，与掺入 10％的老化沥青相比，只掺入 5％的老化沥青的再生沥青砂浆在加载全过程中表现出更小的劲度模量和更大的 m 值；同时发现，当老化沥青掺量更少时，再生沥青砂浆劲度模量和 m 值随着加载时间的变化幅度更小。对比图 5-8(a)、(b)、(c)可知，利用 PG 58-28 的基质沥青和 3 种不同来源的 RAP 细料制备成的再生沥青砂浆劲度模量和 m 值差异较大，这充分说明沥青混合料回收料的来源对老化沥青性能的差别有较大影响。利用PG 64-22 和 PG 76-22 基质沥青制备成的再生沥青砂浆具有相似的变化趋势。

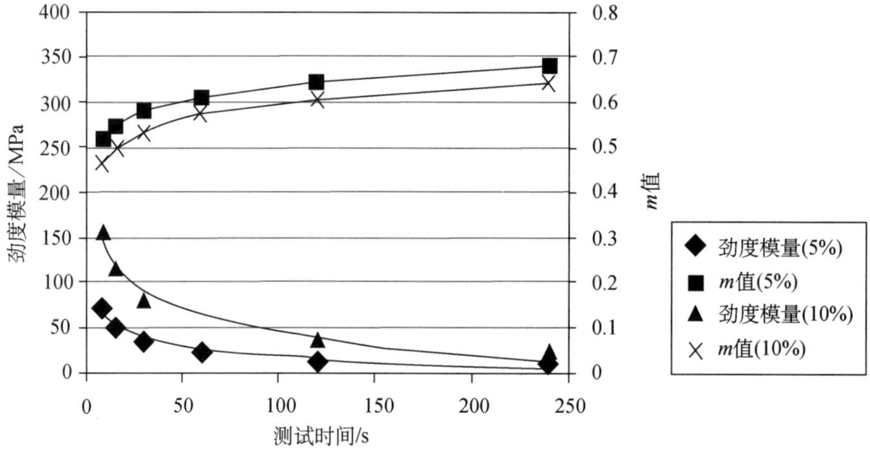

(a) A 来源

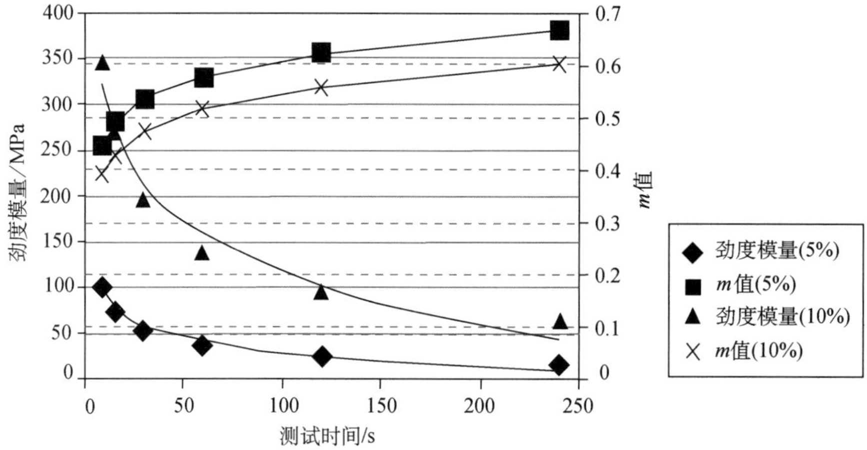

(b) B 来源

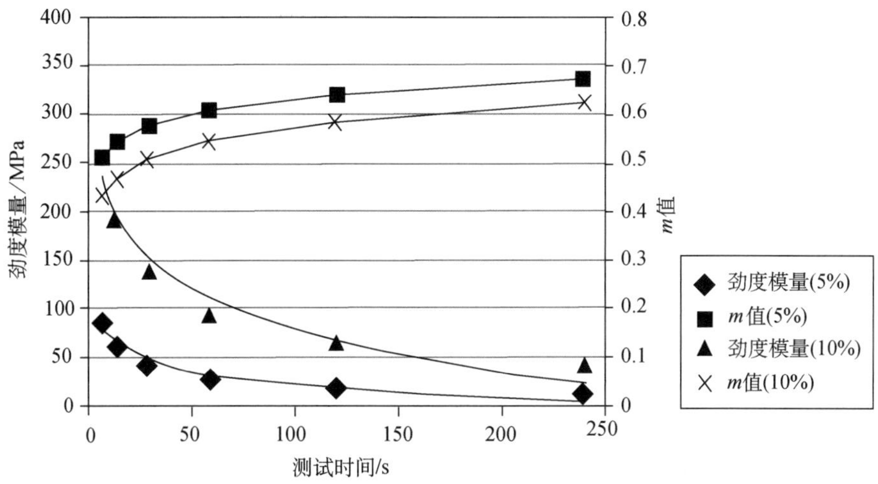

(c) C来源

图 5-8 PG 58-28 的基质沥青与三种来源 RAP 细料拌和而成的再生沥青砂浆在－6 ℃下的劲度模量与 *m* 值

利用 PG 58-28 的基质沥青和 3 种来源的 RAP 细料制备成的再生沥青砂浆的低温 PG 分级结果(在 300 MPa 的劲度模量下)如图 5-9 所示。由图可知,再生沥青砂浆的劲度模量随着测试温度的升高而减小;另一方面,老化沥青掺量为 10%的再生沥青砂浆的劲度模量在任意测试温度下都比老化沥青掺量为 5%的再生沥青砂浆的劲度模量大。通过观察得知,一般情况下,当掺入 10%的老化沥青时,再生沥青砂浆的低温 PG 分级在 300 MPa 时要高于－12 ℃。当使用 m 值对 PG 58-22 的基质沥青和沥青混合料回收料细料制备成的再生沥青砂浆进行判断时,发现当老化沥青掺量为 5%、测试温度为－18 ℃时,再生沥青砂浆的 m 值要大于 0.3,这是由于等级为 PG 58-28 的基质沥青一般要比另两种基质沥青更加软。另两种基质沥青(等级为 PG 64-22 和 PG 76-22)也有相同的变化趋势,但是各个测试温度下的 m 值相比等级为 PG 58-28 的基质沥青都要更大。

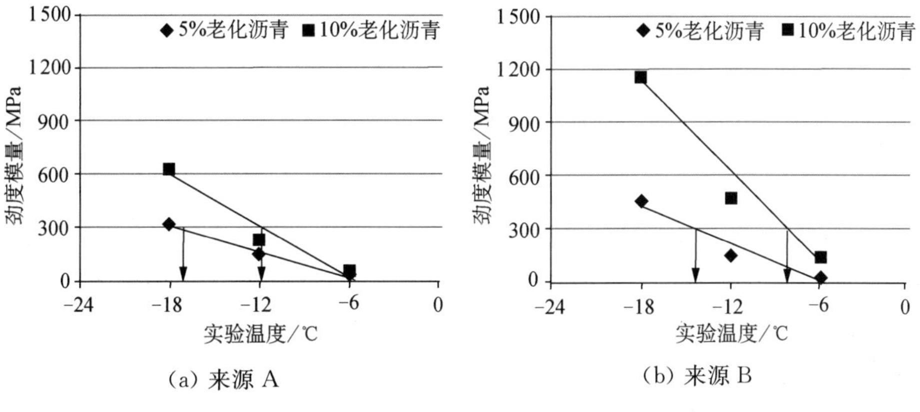

(a) 来源 A　　(b) 来源 B

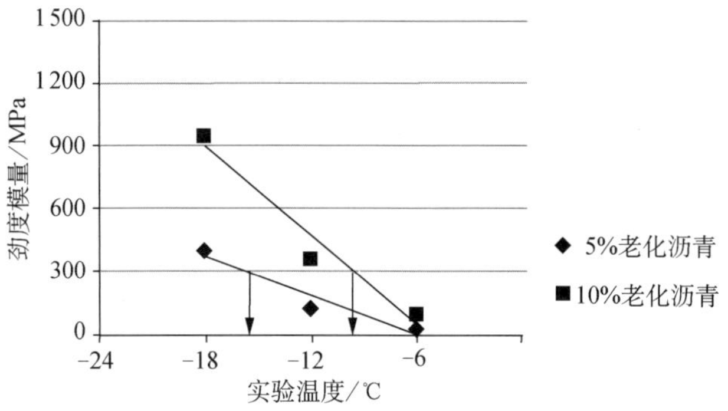

（c）来源 C

图 5-9　PG 58-22 的基质沥青与三种来源的沥青混合料回收料细料制备的再生沥青砂浆的低温 PG 等级(基于劲度模量)

将 2 种不同老化状态(基质、RTFO、PAV)的砂浆、2 种不同存放时间(在现场堆放 1 年和未堆放直接取用)的沥青混合料回收料所制备程度沥青砂浆进行低温 PG 等级测试,其中由未堆放的沥青混合料回收料细料制备的再生沥青砂浆的低温 PG 等级如表 5-4 所示。

表 5-4　由未堆放的回收沥青混合料制备成的再生沥青砂浆

基质沥青种类	RAP 来源	未老化		RTFO 老化		PAV 老化	
		5%	10%	5%	10%	5%	10%
PG 58-28	A	<−24	−14.2	−18.9	−12.2	<−24	−15.8
	B	−21.3	−12.2	−13.8	−8.7	−19.7	−11.3
	C	−21.8	−13.7	−15.2	−10.1	−22.5	−11.9
PG 64-22	A	−16.8	−10.3	−10.1	−4.5	−17.2	−9.6
	B	−13.0	−7.9	−9.2	−4.1	−12.7	−7.5
	C	−13.4	−8.2	−10.1	−3.2	−6.2	−10.1
PG 76-22	A	−11.8	−11.9	−12.6	−8.7	−18.4	−12.1
	B	−16.9	−9.8	−10.9	−16.3	−16.3	−10.1
	C	−16.6	−10.3	−11.3	−15.8	−15.8	−9.4

对于采用堆放 1 年后 RAP 细料制备而成的再生沥青胶结料砂浆,同样利用弯曲梁流变仪对样品进行低温 PG 分级的测试。实验结果显示,无论沥青混合料回收料的来源,在其存放 1 年后所得的再生沥青砂浆,相比未存放的沥青混合料回收料普遍具有较高的低温 PG 分级。特别地,由 PG 58-28 基质沥青掺配 5%老化沥青制备而成的再生沥青砂浆,其低温 PG 分级,较沥青混合料回收料未在现场存放 1 年时间的再生沥青砂浆平均提高了 7 ℃;而掺配 10%老化沥青制备而成的再生沥青砂浆的低温 PG 分级,较

沥青混合料回收料未在现场存放1年时间的再生沥青混凝土也有升高，但升高幅度小于掺配5%老化沥青的再生沥青胶浆的升高幅度。另两种等级的基质沥青制备而成的再生沥青砂浆也可以发现类似的规律，可以发现，在掺配存放1年后的沥青混合料回收料后，再生沥青砂浆的低温PG分级与基质沥青的种类有很大关系。由PG 64-22的基质沥青所成型的再生沥青砂浆，加入存放1年后的沥青混合料回收料后，其低温PG分级的变化较由PG 28-28的基质沥青成型的再生沥青砂浆要小。这意味着当基质沥青更硬时，沥青混合料回收料对再生沥青胶浆性能的影响更小。综上所述，从表5-5可以得出结论，将RAP在现场存放1年会使掺配后的再生沥青砂浆具有较低的低温性能。

表5-5　未老化状态下RAP存放1年对再生沥青砂浆低温PG分级的影响

	老化沥青掺量/状态	A来源RAP	B来源RAP	C来源RAP
PG 58-28	5%	<−24	−21.3	−21.8
	5%+存放1年	−16.3	−14.3	−15.4
	10%	−14.2	−12.2	−13.7
	10%+存放1年	−11.8	−8.7	−9.7
PG 64-22	5%	−16.8	−13	−13.4
	5%+存放1年	−12.8	−10.3	−11
	10%	−10.3	−7.9	−8.2
	10%+存放1年	−8.1	−10.4	−6.8
PG 76-22	5%	−11.8	−16.9	−16.6
	5%+存放1年	−12.1	−9.6	−11.2
	10%	−11.9	−9.8	−10.3
	10%+存放1年	−8.8	−5.7	−7.3

另一方面，为了研究短期老化对再生沥青砂浆低温性能的影响，对RTFO处理过的再生沥青砂浆也进行了同样的实验。将3种来源的沥青混合料回收料与短期老化后的3种基质沥青进行复配，制备再生沥青砂浆的实验样本。利用弯曲梁流变仪测试经过短期老化处理的再生沥青砂浆的劲度模量和m值，并且评价其低温性能。为进行对比，利用在现场存放1年的沥青混合料回收料制备了再生沥青砂浆进行同样的实验。须知，仅有基质沥青经过短期老化处理，并非拌和好的再生沥青砂浆进行了短期老化处理；为简化表达，将短期老化处理后的基质沥青制备而成的再生沥青砂浆称为短期老化处理后的再生沥青砂浆。研究结果表明，经过短期老化的再生沥青砂浆的劲度模量与m值的变化规律，与未老化的基质沥青制备成的再生沥青砂浆类似，由未存放的沥青混合料回收料制成的再生沥青砂浆的低温PG分级，比存放1年的沥青混合料回收料制成的再生沥青砂浆要低。而经过短期老化处理的再生沥青砂浆的低温PG分级，要高于基质沥

青制备得到的再生沥青砂浆，这表明基质沥青的老化程度对再生沥青砂浆的低温PG分级起到至关重要的作用，而在本实验中，将沥青混合料回收料在现场存放1年后会降低再生沥青砂浆的低温PG分级，即会降低再生沥青砂浆的低温性能。

同样，利用长期老化处理后的基质沥青制备再生沥青砂浆，并利用弯曲梁流变仪测试其劲度模量与m值，进一步表征长期老化处理后的再生沥青胶浆的低温性能。与短期老化处理后的再生沥青砂浆相比，长期老化处理后的再生沥青砂浆的不同点仅仅在于基质沥青经过PAV进行长期老化处理，其余实验操作均保持一致。研究结果表明，利用在现场存放一年的沥青混合料回收料细料制备的再生沥青胶结料的低温PG分级，比其仅长期老化而沥青混合料回收料细料未存放的再生沥青胶浆对照组，下降了近50%，相当于低温性能降低了一个等级。这再次说明，沥青混合料回收料的存放时间与基质沥青的老化程度，将严重影响再生沥青砂浆的低温PG等级，存放时间越长、基质沥青老化程度越明显，再生沥青砂浆的低温性能衰减越明显。

5.1.2.2 由焚烧后的再生沥青细料制备得到的再生沥青砂浆的低温性能

利用焚烧后的再生沥青细料制备再生沥青砂浆，采取弯曲梁流变仪对再生沥青砂浆的劲度模量和m值进行测量并对其低温性能进行进一步表征。结果表明，焚烧后的再生沥青细料制备得到的再生沥青砂浆的劲度模量和m值的变化趋势，与未焚烧的再生沥青细料制备得到的再生沥青砂浆类似。

当基质沥青未经过任何老化处理时，当由PG 58-28的基质沥青、5%的老化沥青和沥青混合料回收料焚烧后的骨料制备再生沥青砂浆时，可以发现沥青混合料回收料在现场存放1年所制备的再生沥青砂浆的低温PG分级，比直接取用沥青混合料回收料所制备的再生沥青砂浆的低温PG分级低了6 ℃，相当于将沥青混合料回收料在现场存放1年将导致再生沥青砂浆的低温PG等级降低一级。相比低老化沥青掺量的再生沥青砂浆，高老化沥青掺量的再生沥青砂浆受到沥青混合料回收料现场存放的影响较小，由此引起的低温PG等级平均降低了6 ℃，最少降低4 ℃。特别地，当使用等级PG 64-22和PG 76-22的基质沥青时，无论老化沥青的掺量是5%还是10%，由沥青混合料回收料现场存放时长的影响更小。这也可能由于基质沥青已经有一定程度的老化，因此老化沥青对再生沥青砂浆体系的低温性能影响较小。

当基质沥青经过短期老化处理之后，利用短期老化后的基质沥青制备成的再生沥青砂浆与基质沥青制备成的再生沥青砂浆相比，其低温PG分级稍有下降，原因是短期老化后的基质沥青相比于未老化的基质沥青低温性能更弱。另一方面，掺入5%老化沥青的再生沥青砂浆对存放1年的沥青混合料回收料的敏感性，要高于掺入10%老化沥青制得的再生沥青砂浆。

当基质沥青进过长期老化处理之后，利用长期老化后的基质沥青制备再生沥青砂浆试件进行弯曲梁流变实验。研究结果显示，每种再生沥青砂浆的低温PG分级都要高于－16 ℃。这表明基质沥青的老化程度对再生沥青砂浆的低温性能具有较为明显的作用。另一方面，利用 5%的焚烧后的沥青混合料回收料，和长期老化处理后的 PG 64-22 的基质沥青制备成的再生沥青胶结料，相比组内其他采用焚烧后沥青混合料回收料制备成的再生沥青砂浆，有较高的低温 PG 分级；当采用其他基质沥青与沥青混合料回收料时也可以发现相同的规律。研究还发现，当基质沥青的劲度模量上升时，老化沥青对再生沥青砂浆的低温性能的影响更小。

5.1.2.3 沥青混合料回收料存放时间对低温性能的影响

经过统计学分析，将沥青混合料回收料存放 1 年这一因素，对再生沥青砂浆的低温 PG 分级有较为重要的影响，详细结果见表 5-6。分析发现，当使用未老化的基质沥青时，除了使用 PG 76-22 和 5%未焚烧的沥青混合料回收料制成的再生沥青砂浆，其余组合都在沥青混合料回收料存放 1 年这个条件下显示出较强的显著性，随着基质沥青老化程度的增加，基质沥青的劲度模量增大，越来越多的组合不再对存放沥青混合料回收料显示出较强的显著性；这可能是由于基质沥青较高的劲度和硬度，覆盖了老化沥青对再生沥青砂浆体系的影响。

另一方面，长期老化处理后的基质沥青，和采用细砂替代部分沥青混合料回收料细料而制成的再生沥青砂浆试件，与其他对比组有较大差异；这可能是由于长期老化处理后的基质沥青已经将焚烧沥青混合料回收料细料带来的老化影响覆盖。特别地，当沥青混合料回收料经过焚烧处理，老化沥青已经完全消失，因此在现场存放 1 年对老化沥青的影响也被完全抹去，其对再生沥青砂浆的影响也可完全忽略。

表 5-6　存放时间对再生沥青砂浆低温 PG 分级影响的统计学分析

沥青混合料回收料	沥青混合料回收料掺量	沥青种类	老化状态		
			未老化	RTFO 老化	PAV 老化
未焚烧	5%	PG 58-28	Y	N	Y
		PG 64-22	Y	N	N
		PG 76-22	N	N	Y
	10%	PG 58-28	Y	N	Y
		PG 64-22	N	Y	Y
		PG 76-22	Y	Y	N
焚烧	5%	PG 58-28	Y	Y	N
		PG 64-22	Y	Y	N
		PG 76-22	Y	Y	N
	10%	PG 58-28	Y	Y	N
		PG 64-22	Y	N	N
		PG 76-22	Y	Y	Y

注：有显著影响为 Y，无显著影响为 N。

综上所述,我们采用 RAP 细料制备再生沥青砂浆的方法对再生沥青砂浆的低温性能进行评价,研究结果表明,对任意老化状态的基质沥青和任一来源的沥青混合料回收料,将沥青混合料回收料在现场放置 1 年,会增加再生沥青砂浆的劲度模量并减小 m 值,并且表现出较差的低温 PG 等级;这也意味着在现场继续堆放的沥青混合料回收料会继续老化,其低温性能也会持续衰减。另一方面,RAP 细料使用得越多,再生沥青砂浆的低温性能也就越弱;而基质沥青的老化程度越高,沥青混合料回收料(即老化沥青)所带来的影响也越小。

5.2 再生沥青混合料的性能特征

5.2.1 水稳定性

随着我国对能源可持续发展战略方法的提倡和对低碳节能技术手段的推广,沥青混合料回收料被越来越多地使用在道面工程建设当中。尽管在铺筑道面时掺入一定量的沥青混合料回收料可以有效减少新加沥青胶结料的用量,但沥青混合料回收料同样导致了一系列路面问题,如疲劳开裂、低温开裂和水损害。这主要是由老化沥青衰减的流变学性质决定的,轻质组分的挥发和氧化作用致使沥青老化,路用性能随着使用寿命进一步衰减。传统解决方法是使用再生剂对老化沥青进行改性,使流变学性能得到恢复。但是,这反而使其丧失了高温性能好的优势。另一方面,再生剂的掺量又会影响再生沥青混合料低温抗裂性和水稳定性,尤其在当沥青混合料回收料掺量很高的情况下(如掺量高于 30%再生沥青混合料的总质量)。

为了研究再生沥青混合料的水稳定性规律,笔者选用 PG 64-22 的基质沥青,6 种不同来源的集料(图 5-10),6 种不同的沥青混合料回收料(其中集料也相应有 6 种不同的来源,掺量为 12%),采用消石灰[$Ca(OH)_2$]和其余 5 种不同的抗剥落剂,选用 2 种不同的掺量对基质沥青进行改性,制备再生沥青混合料,并研究抗剥落剂对再生沥青混合料水稳定性能的影响[7]。其中 6 种不同来源的集料性能见表 5-7 与表 5-8。

表 5-7　6 种不同来源的粗集料的物理性质

粗集料	洛杉矶磨耗率/%	吸水率/%	比重			坚固性(5 个循环周期)/%			砂当量
			毛体积密度	表干密度	表观密度	1～3/4	3/4～3/8	3/8～4	
A	51.6	0.64	2.770	2.790	2.820	0.4	0.3	0.6	81
B	33.7	0.68	2.590	2.610	2.640	0.7	1.3	1.6	70
C	24.7	0.44	2.610	2.620	2.640	0.2	1.6	0.8	64
D	47.7	0.68	2.752	2.770	2.800	0.5	0.4	0.6	57
E	54.7	0.76	2.630	2.650	2.680	0.8	0.6	0.6	71
F	29.6	0.57	2.680	2.700	2.700	0.6	1.4	0.5	56

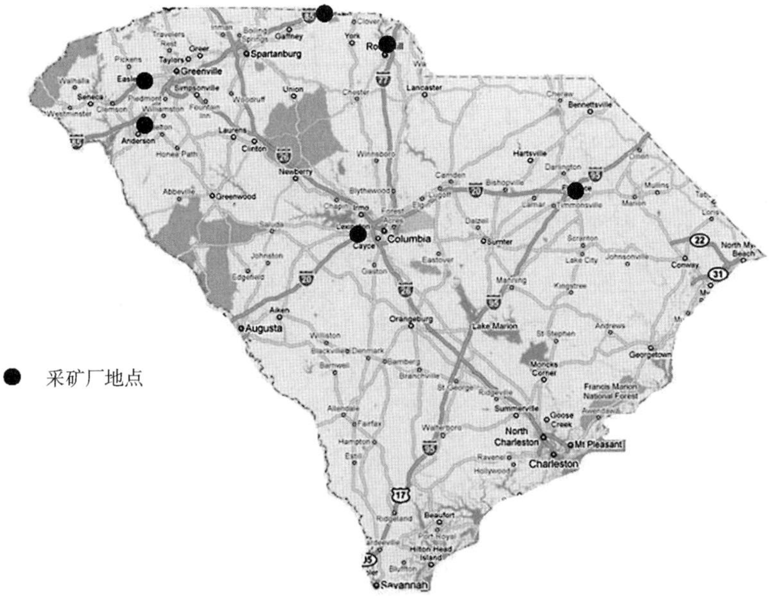

图 5-10　美国南卡罗来纳州 6 种集料来源图示

表 5-8　　6 种不同来源的细集料的物理性质

细集料	细度模量	吸水率	表干密度	坚固性
A	2.23	0.50%	2.775	4.5%
B	2.60	0.90%	2.630	1.0%
C	2.84	0.30%	2.640	0.6%
D	2.94	0.40%	2.640	0.6%
E	2.60	0.10%	2.681	2.1%
F	2.63	0.80%	2.704	1.3%

在掺加抗剥落剂(图 5-11)时,先将液态抗剥落剂与基质沥青在适当温度(154 ℃～157 ℃)拌和 3～5 min,使沥青胶结料与抗剥落剂能达到均匀的状态,再与集料进行拌和。6 种抗剥落剂的物理化学性质与掺量见表 5-9。

表 5-9　　6 种抗剥落剂的物理化学性质与掺量

性质	石灰	液态 ASA Ⅰ	液态 ASA Ⅱ	液态 ASA Ⅲ	液态 ASA Ⅳ	液态 ASA Ⅴ
成分	$Ca(OH)_2$	脂肪酸酰胺	—	—	—	—
物理状态	粉末状	液态	液态	液态	黏稠液态	液态
颜色	白色	暗棕色	棕色	棕色	琥珀色	淡黄色

（续表）

性质		石灰	液态 ASA Ⅰ	液态 ASA Ⅱ	液态 ASA Ⅲ	液态 ASA Ⅳ	液态 ASA Ⅴ
气味		无味	淡味	氨气气味	鱼腥味	鱼腥味、氨气气味	—
分子量		—	—	—	—	—	—
比重		2.3～2.6	0.96～0.98	—	—	1.03～1.08	1.015～1.030
蒸汽密度		—	>1	—	>1	4.6(空气=1)	—
毛体积密度		—	—	0.94～0.99	1.09	—	—
pH 值		—	—	碱性	11.9	10～12	10%水溶液中性
沸点		2 850 ℃	—	>150 ℃	>255 ℃	>200 ℃	—
闪点		—	>300℉	—	165 ℃	>204 ℃	>80 ℃
黏度		—	0.3 Pa・S (100℉)	—	—	0.127 Pa・S (77℉)	0.001～0.05 Pa・S
水中溶解度		可忽略	少量溶解	—	—	0.02 g/l	具有水分散性
掺量	Ⅰ	1.0*	0.5	0.5	0.4	0.5	0.07
	Ⅱ	1.0*	0.7	0.7	0.7	0.7	0.7

注：ASA 为 Anti-Striping Agent；* 为对总集料的质量百分比。

图 5-11　3 种抗剥落剂

为研究抗剥落剂对低掺量再生沥青混合料水稳定性能的影响，采用 3 种不同的级配分别制备上面层再生沥青混合料、中面层再生沥青混合料 A 和中面层再生沥青混合料 B，3 种级配的通过率曲线见图 5-12。采用美国 Superpave 试验规程的要求制备试件。

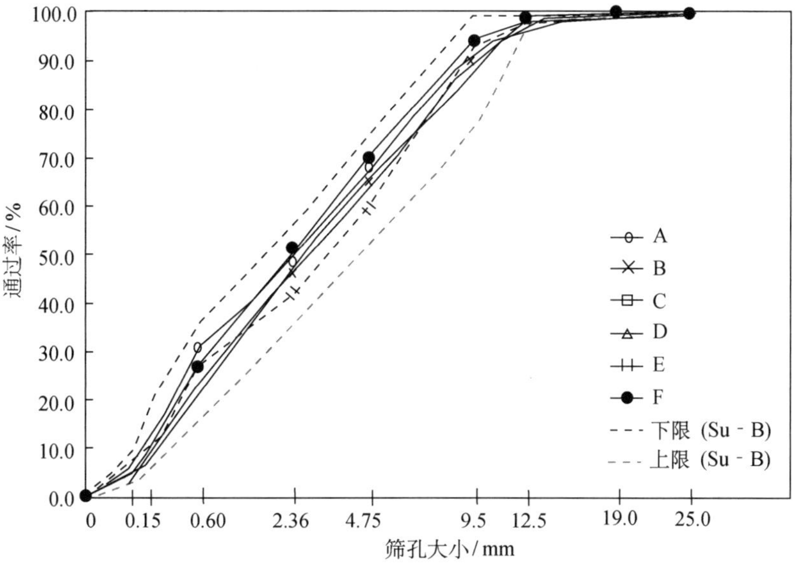

(a) 上面层再生沥青混合料级配曲线

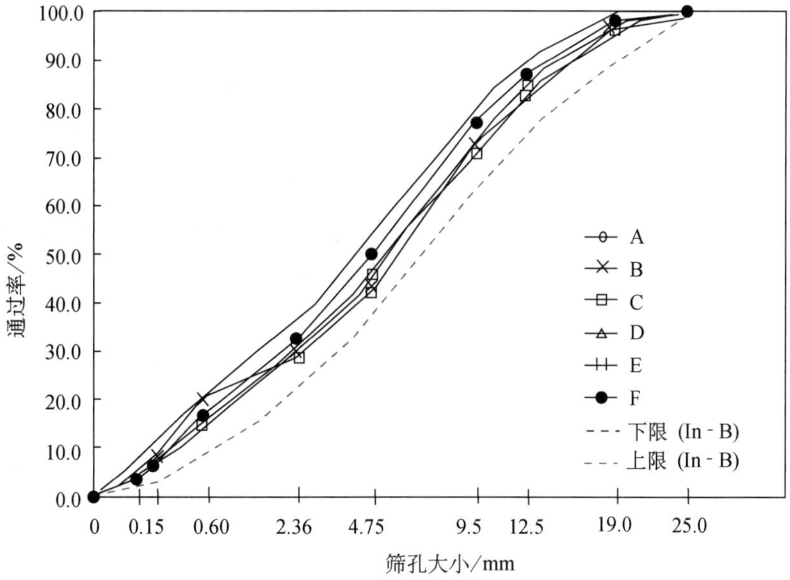

(b) 中面层再生沥青混合料 A 级配曲线

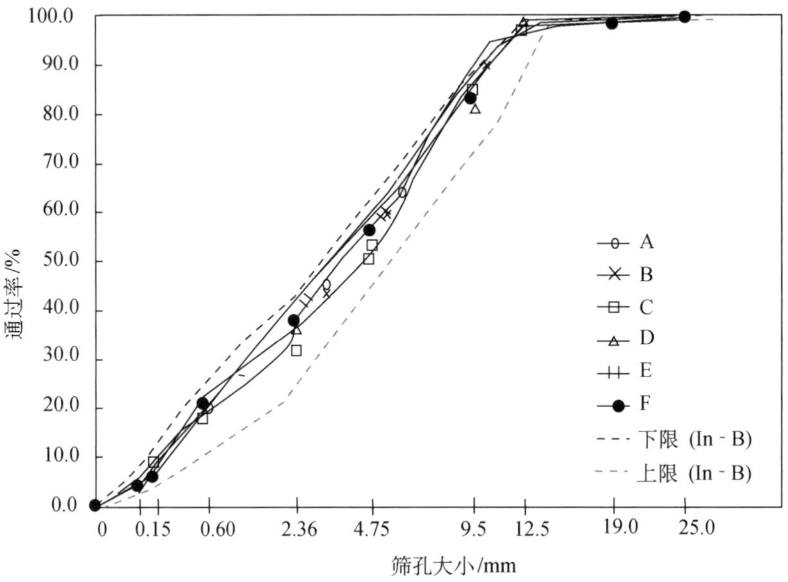

(c) 中面层再生沥青混合料B级配曲线

图 5-12 再生沥青混合料级配曲线

采用间接拉伸实验与水煮法分别测试再生沥青混合料的水稳定性能与黏附性能。在间接拉伸实验中，采用旋转压实法制备出直径 150 mm、高 95 mm 的试件，旋转压实温度控制在(146±3)℃，通常在 15～45 个旋转压实循环内成型完成。每个配合比下制备 4 组平行试件。4 组平行实验中，选取 2 个试件在干燥环境下进行测试，另 2 组试件按照实验要求进行冻融处理，在冻融环境下进行测试。采用实验结果中的劈裂强度比(TSR)对再生沥青混合料的水稳定性能进行评估，并对不同种类的抗剥落剂进行评价。称量 1 500 g 最佳沥青用量下的再生沥青混合料，根据相应实验规程，用水煮法对再生沥青混合料的黏附性进行测试。

对于上面层的再生沥青混合料，当采用石灰作为抗剥落剂时，掺加 1%的石灰制备再生沥青混合料(总集料质量的 1%)，对试件进行间接拉伸强度测试。实验结果见图 5-13。从图中可以得到，经冻融处理过的再生沥青混合料的间接拉伸强度(ITS)值普遍低于干燥状态下的间接拉伸强度值。可以发现，当含有 A 类集料与 E 类集料时，干湿状态下的间接拉伸强度值要低于沥青其他 4 种来源的集料制备的再生沥青混合料的间接拉伸强度值；但是无论干湿条件，其间接拉伸强度值均大于南卡罗来纳州 448 kPa 的要求。

当采用抗剥落剂 ASA Ⅰ制备再生沥青混合料时，分别采用 0.5%与 0.7%两种掺量制备再生沥青混合料，实验结果见图 5-14，与采用石灰作为抗剥落剂时的实验结果相似。采用 A 来源与 E 来源集料制备再生沥青混合料的间接拉伸强度值较小，而采用 E

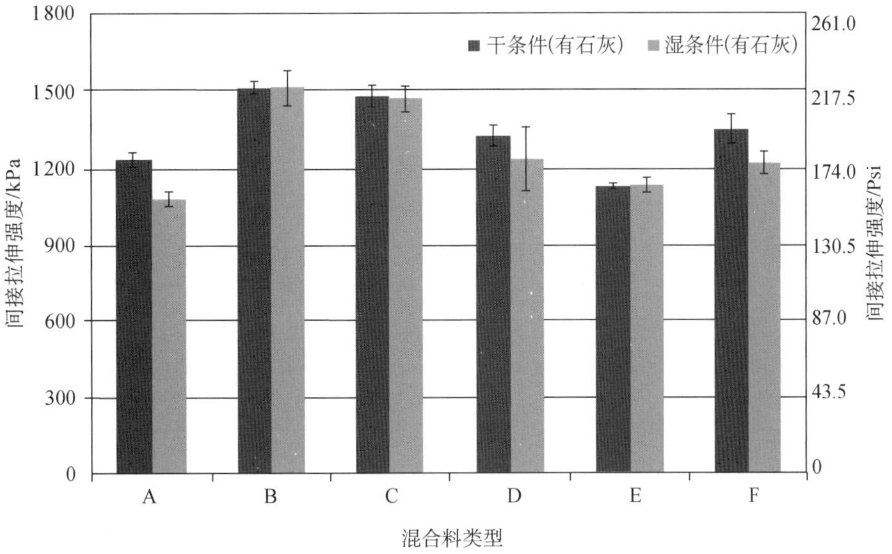

图 5-13 采用石灰做抗剥落剂时干湿条件下面层间接拉伸强度结果

来源集料制备再生沥青混合料时其间接拉伸强度值往往最小。在大多数情况下，干燥条件下得到的间接拉伸强度值要大于冻融状态下得到的间接拉伸强度值。此外，当 ASA Ⅰ抗剥落剂掺量不同时，实验结果也有所不同。在大多数情况下，掺入 0.7%ASA Ⅰ时所得到的湿润状态下的间接拉伸强度值要大于只掺入 0.5%ASA Ⅰ时得到的湿润状态的间接拉伸强度值。尽管两种不同掺量下干燥状态时获得的间接拉伸强度值相似，对于采用 D 来源集料制备的再生沥青混合料测试得到的间接拉伸强度，掺加 0.5%的 ASA Ⅰ所得到的实验结果要略微大于掺加 0.7%的 ASA Ⅰ所得到的实验结果。

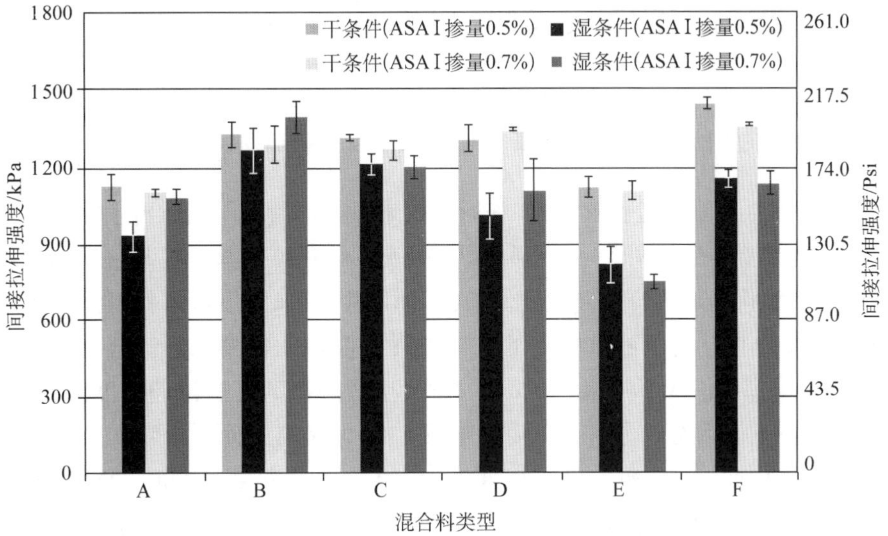

图 5-14 采用抗剥落剂 ASA Ⅰ时干湿条件下面层沥青混合料的间接拉伸强度结果

当采用其他几种不同的抗剥落剂时，所得到的实验结果与采用 ASA Ⅰ抗剥落剂所得到的实验结果类似。由此说明，无论在哪个掺量下，干燥状态下测试得到的间接拉伸强度值要高于湿润状态下测试得到的间接拉伸强度值；并且利用 E 来源集料制备得到的再生沥青混合料的间接拉伸强度最低，利用 A 来源集料制备得到的再生沥青混合料的间接拉伸强度略高与 E 来源集料制备得到的再生沥青混合料。

对于中面层 A 级配的再生沥青混合料，当采用石灰作为抗剥落剂时，实验结果如图 5-15 所示。与上面层相反，含有 A 来源集料的再生沥青混合料间接拉伸强度值较高，但是含有 E 来源集料的再生沥青混合料间接拉伸强度值仍然处于较低水平。在大多数情况下，干燥状态的再生沥青混合料间接拉伸强度值都要高于湿润状态下的间接拉伸强度值，但是利用 D 来源和 E 来源集料制备得到的再生沥青混合料在湿润状态下的间接拉伸强度值要高于在干燥状态下的间接拉伸强度值。

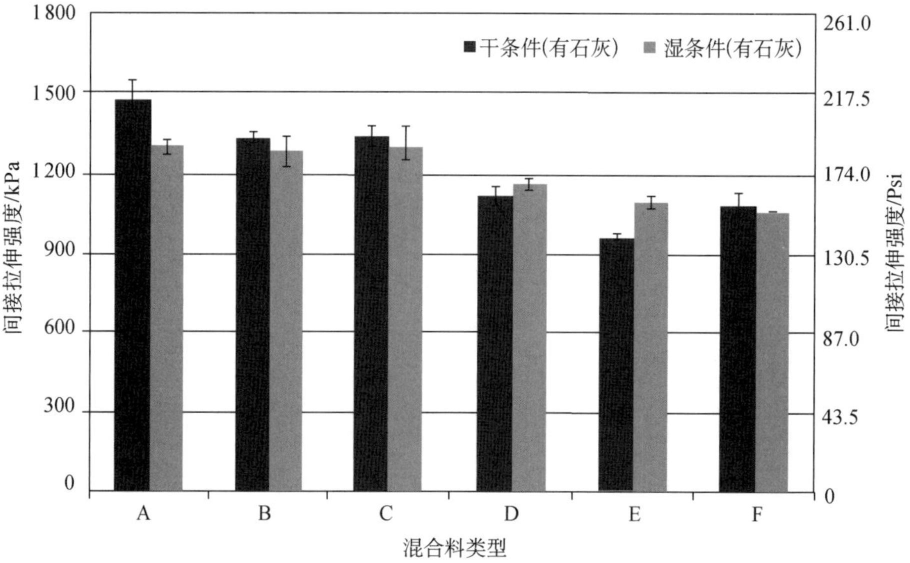

图 5-15　采用石灰作为抗剥落剂时干湿条件下中面层 A 级配沥青混合料的间接拉伸强度结果

当采用 ASA Ⅰ作为抗剥落剂时，利用不同来源集料制备得到的再生沥青混合料的间接拉伸强度实验结果见图 5-16。通过结果可知，利用 E 来源集料制备得到的再生沥青混合料在湿润状态下的抗拉伸强度值最低，而利用 A 来源集料制备得到的再生沥青混合料，无论在干湿状态下测试得到的抗拉伸强度值都处较高水平。与上面层沥青混合料结果类似，多数情况下掺入 0.7%的 ASA Ⅰ后测得的间接拉伸强度值，要高于掺入 0.5%的 ASA Ⅰ后测试得到的间接拉伸强度值，但是与上面层沥青混合料测试结果不同，A 级配的中面层沥青混合料在掺入 0.7%的 ASA Ⅰ抗剥落剂时，在干燥状态下测得的间接拉伸强度值要高于掺入 0.5%的 ASA Ⅰ时测试得到的间接拉伸强度值。对于其他几种抗剥落剂，其实验结果与采用 ASA Ⅰ作为抗剥落剂时的实验结果类似。

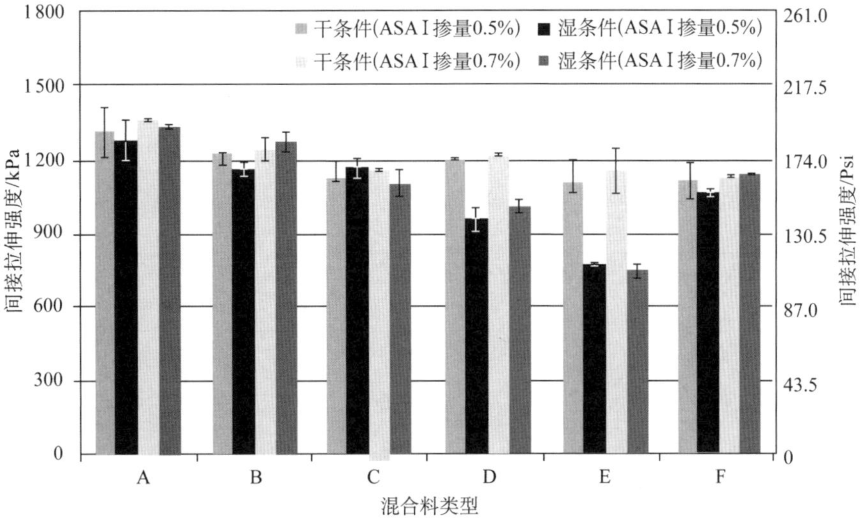

图 5-16 采用 ASA Ⅰ作为抗剥落剂时干湿条件下中面层 A 级配沥青混合料的间接拉伸强度结果

对于中面层 B 级配的沥青混合料，当使用石灰作为抗剥落剂时，采用 6 种不同来源的集料制备得到的再生沥青混合料测试得出的间接拉伸强度值均满足南卡罗来纳州的技术规范要求。其中采用 A 来源集料制备得到的再生沥青混合料的间接拉伸强度值最小，采用 E 来源集料制备得到的沥青混合料的间接拉伸强度值，虽然略大于采用 A 来源集料制备得到的再生沥青混合料的间接拉伸强度值，但与采用另 4 种来源集料制备得到的再生沥青混合料的间接拉伸强度值相比，仍然处于较低水平。采用石灰作为抗剥落剂时测试得到的实验结果见图 5-16。

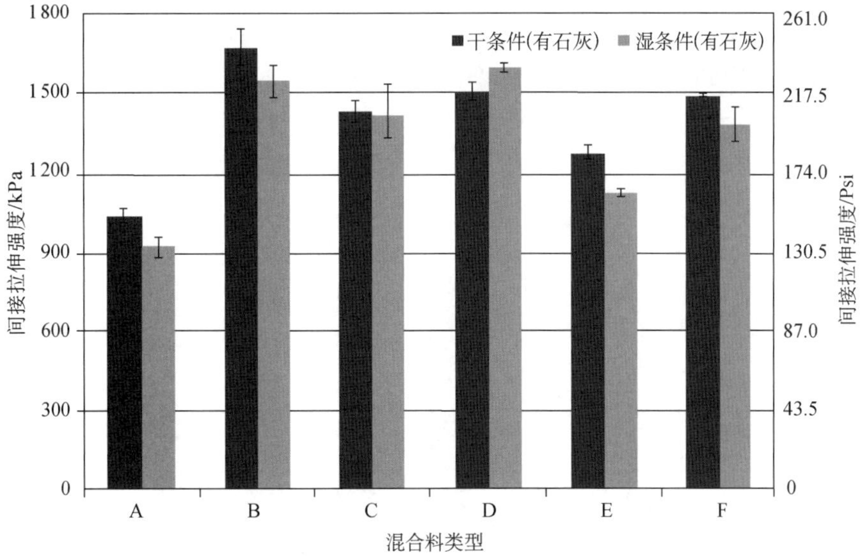

图 5-17 采用石灰作为抗剥落剂时干湿条件下中面层 B 级配的沥青混合料的间接拉伸强度结果

当使用 ASA Ⅰ作为抗剥落剂时，实验结果见图 5-18，采用各个来源集料制备而成的再生沥青混合料的实验结果与采用石灰作为抗剥落剂时得到的实验结果类似。其中采用 0.5%掺量所获得的实验结果与采用 0.7%掺量的实验结果相似，并不像中面层 A 级配那样有明显差异。这说明抗剥落剂 ASA Ⅰ在 0.5%～0.7%掺量范围内对级配 B 的沥青混合料来说并不敏感。

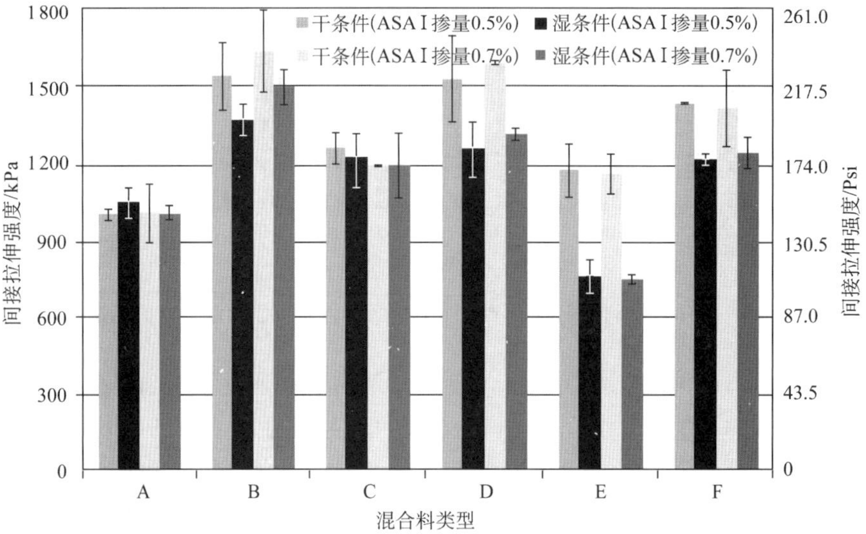

图 5-18　采用 ASA Ⅰ作为抗剥落剂时干湿条件下中面层 B 级配的沥青混合料的间接拉伸强度结果

劈裂强度比(TSR)可以作为评价再生沥青混合料水稳定性能的重要指标。对于上面层沥青混合料，当采用石灰作为抗剥落剂时，实验结果见图 5-19。石灰是南卡罗来纳州采用的较为典型的抗剥落剂，其效果也在实验中得到了充分的验证。其中，利用 6 种不同来源的集料制备得到的再生沥青混合料的间接拉伸强度比均大于 85%，利用 B 来源、C 来源与 E 来源集料制备得到的再生沥青混合料的实验结果接近 100%，说明这些沥青混合料中几乎没有发生水损害，充分证明了石灰对沥青混合料水稳定性能的积极作用。

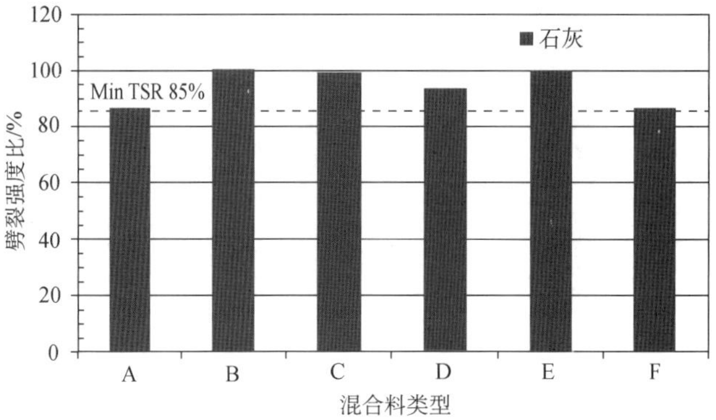

图 5-19　采用石灰作抗剥落剂时上面层再生沥青混合料的间接拉伸强度比结果

当采用ASA Ⅰ作为抗剥落剂时，实验结果见图5-20。南卡罗来纳州交通运输部要求沥青混合料的间接拉伸强度比不得小于85%。实验结果表明，当采用A来源、F来源、E来源与F来源的集料制备再生沥青混合料上面层时，再生沥青混合料的水稳定性能无法达到当地规范要求，特别是采用E来源的集料制备再生沥青混合料时，当石灰的掺量由0.5%增加到0.7%时，其间接拉伸强度比非但没有上升，反而呈现出下降的趋势。相反，采用B来源与C来源的集料制备得到的再生沥青混合料表现出较高的间接拉伸强度比，说明采用这两种来源的集料制备的上面层再生沥青混合料会表现出较为优异的水稳定性能。当采用其他液态ASA抗剥落剂时，某些情况下再生沥青混合料的间接拉伸强度比小于85%，其中抗剥落剂的掺量与集料来源都会影响再生沥青混合料的间接拉伸强度比，并且一个较高的抗剥落剂掺量也并不一定会使再生沥青混合料表现出较高的间接拉伸强度比。然而实验结果发现，当掺入0.7%的Ⅱ～Ⅴ种ASA抗剥落剂时，利用B来源、C来源、D来源与F来源制备得到的再生沥青混合料的间接拉伸强度比大于85%。

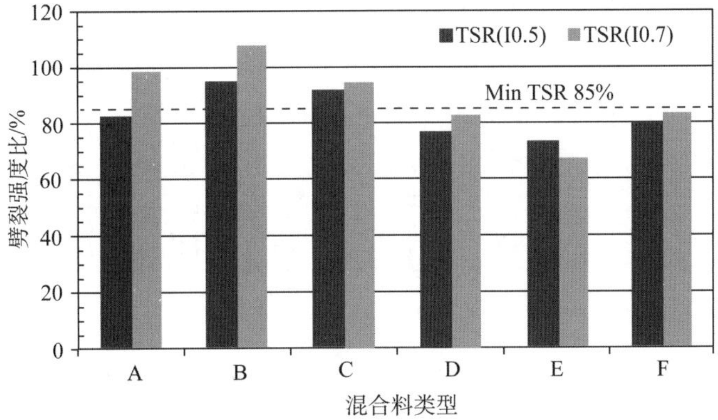

图5-20　采用ASA Ⅰ作为抗剥落剂时上面层再生沥青混合料的间接拉伸强度比结果

对于中面层级配A沥青混合料，当采用石灰作为抗剥落剂时，实验结果如图5-21所示。利用6种不同来源集料制备得到的再生沥青混合料间接拉伸强度比值均大于85%，然而利用A来源集料制备得到的再生沥青混合料的间接拉伸强度比仅略高于85%，远低于利用其他几种来源集料制备得到的再生沥青混合料的间接拉伸强度比。由此可知，集料来源对加入石灰作为抗剥落剂的沥青混合料的间接拉伸强度比具有重要作用。

当采用ASA Ⅰ作为抗剥落剂时，实验结果见图5-22。实验结果表明，仅当采用A来源、B来源、C来源与F来源的集料制备再生沥青混合料时，其间接拉伸强度比大于85%。除此之外，ASA Ⅰ掺量也对混合料间接拉伸强度比大小有一定影响，而ASA Ⅰ掺量的增加并不一定使混合料的间接拉伸强度比增大。当采用其余几种液态ASA抗剥落剂时，除了利用E来源集料制备再生沥青混合料的间接拉伸强度比不满足南卡罗来纳州当地要求，掺入0.7%的抗剥落剂时得到的再生沥青混合料的间接拉伸强度比要大于85%。

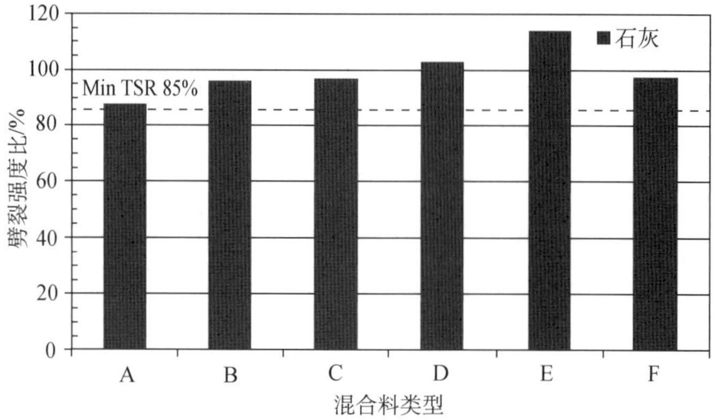

图 5-21　采用石灰作为抗剥落剂时中面层级配 A 沥青混合料的间接拉伸强度比结果

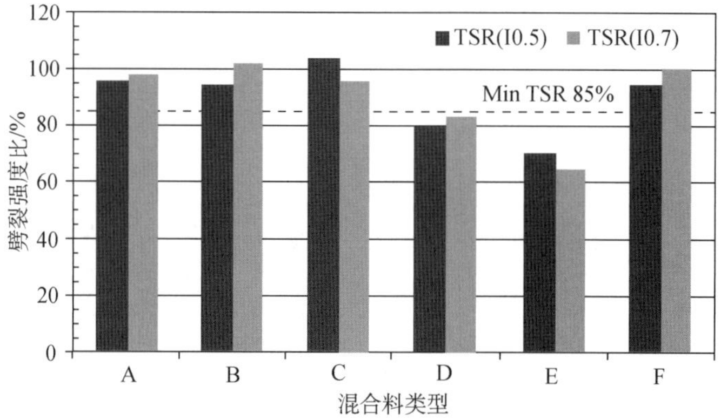

图 5-22　采用 ASA Ⅰ作为抗剥落剂时的中面层级配 A 沥青混合料的间接拉伸强度比结果

综上可知,石灰与液体抗剥落剂都对再生沥青混合料的水稳定性能有积极影响,其中石灰对再生沥青混合料水稳定性能具有较好的促进作用,利用石灰处理过的再生沥青混合料的间接拉伸强度比均大于 85%,满足南卡罗来纳州的规范要求。对于液体抗剥落剂,其掺量与集料来源都对再生沥青混合料的水稳定性能有较大的影响。在某些实验组别中,高掺量抗剥落剂对再生沥青混合料的作用效果并不像低掺量抗剥落剂对再生沥青混合料的作用效果那样明显,因此为保证沥青混合料的水稳定性能,建议采用 0.7%的 ASA 抗剥落剂掺量作为标准掺量。

在利用水煮法对再生沥青混合料的水稳定性能进行评价时,如图 5-23 所示以上面层再生沥青混合料为例,在进行的 132 个样品合 6 种配合比设计当中,大部分再生沥青混合料都没有出现剥落的情况,其中利用 B 来源、D 来源和 F 来源制备出的再生沥青混合料在实验中没有出现剥落的迹象。在利用 A 来源与 C 来源的集料制备得到的再生沥青混合料中,有少于 10%的样品出现了剥落迹象。另外,利用 E 来源集料制备而成的再生沥青混合料当中，有 27.27%的样品发生了剥落，特别地，当采用了 ASA Ⅳ抗剥落剂和 ASA Ⅴ抗剥落剂时，利用 E 来源集料制备成的再生沥青混合料会发生严重剥落，该实验结果与间接拉伸实验结果保持一致。

图 5-23　利用 A-F 来源的集料制备的面层沥青混合料未剥落表面

图 5-24　分别利用 A 来源、C 来源和 E 来源集料制备再生沥青混合料时集料的剥落情况

通过水煮法实验可以发现，抗剥落剂的使用最好具体到每个再生沥青混合料的配合比设计当中，逐个分析再生沥青混凝土的间接拉伸强度、间接拉伸强度比与水煮法测试结果，对集料来源与抗剥落剂进行选择。

5.2.2 黏弹性

5.2.2.1 黏弹性性能测试方法

5.1.1 节详细介绍了再生沥青胶结料的黏弹性性能，通常在实验室中采用动态剪切流变仪和弯曲梁流变仪对再生沥青胶结料的黏弹性性能进行测试，利用应力松弛、蠕变等试验测试胶结料的黏弹性响应，采取相位角、复数模量等指标对胶结料的黏弹性性能进行表征。对沥青混合料而言，材料由胶结料、集料、空隙三部分组成，其黏弹性与胶结料的黏弹性相比必然因为集料和空隙这类塑性材料的加入而不同。实验室中，通常采用单轴压缩实验对沥青混合料的黏弹性响应进行测试，采用动态模量（$|E^*|$）、相位角以及流变次数(Flow Number，FN)对其黏弹性性能进行表征。

动态模量是试件在半波正弦荷载状态下所受应力与应变的比值，是用来表征材料黏弹性特性的重要指标。而复数模量只能在线性黏弹性范围内对材料的黏弹性进行表征。此外，复数模量的法线值可以通过试件在正弦轴向荷载的条件下通过最大应力（峰对峰）与最大可恢复应变（峰对峰）的比值求得。黏弹性材料的力学响应处于纯黏性材料和纯弹性材料之间，具体体现为应变有一定相位角的滞后。而相位角具体表现为在正弦荷载下，最大应力与相应产生的最大应变之间的角度差。动态模量一般作为沥青路面的重要设计参数之一，特别是在美国力学经验法路面设计方法（Mechanistic Empirical Pavement Design Guide，MEPDG）中较为常用。同时，动态模量也是力学经验法用来评估路面高温抗车辙性能和疲劳抗裂性能的关键指标之一。过去 40 年里已经有大量学者对动态模量在力学经验法中作为输出变量的情况作了充分的研究，大量的数据作为数据库支撑了很多学者在建立道路预测模型领域的研究。

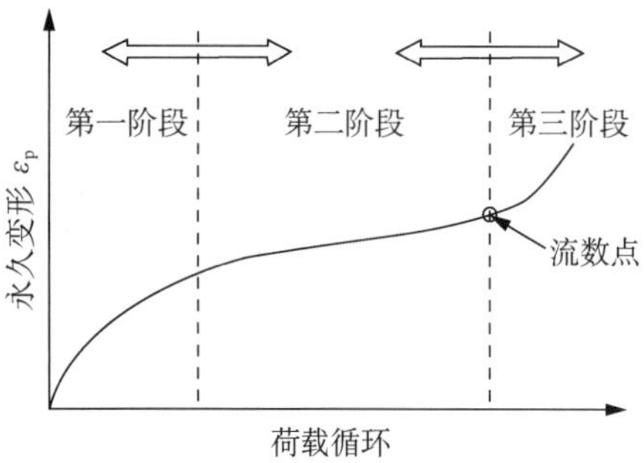

图 5-25 沥青混合料循环荷载下永久变形的相应

重复荷载流变次数实验是一个动态蠕变实验，实验中试件承受半正弦荷载，两次加载之间有卸载间歇。通常情况下得到的永久应变与循环荷载周期之间可以详细划分为三个阶段进行讨论与分析，详细结果见图 5-25。在第一阶段，永久变形的应变率（曲线在某点切线的斜率）随着荷载循环的增加而下降，并且下降趋势较为迅猛。在低应力阶段，材料主要表现出第一阶段与第二阶段的永久应变，在这种情况下，当应变接近于某一值时永久变形率可能会无限接近零。这意味着在应力水平较低的情况下，第三阶段在较长一段时间内无法出现。而在较高应力水平的情况下，材料出现稳定的第二阶段的永久变形取决于施加的应力水平。如果荷载循环次数更多，则出现的流变次数就越高，沥青混凝土路面也就相应表现出更好的抗车辙性能[8]。

实验室中动态模量通常采用可以液压控制的设备进行测试，并且要求设备可以施加可控的正弦或半正弦压力荷载；除此以外，通常设备还需具有控制加载频率（0.1～

25 Hz)和加载应力水平(达到 2 800 kPa)的功能。对于正弦荷载,美国 AASHTO 规范规定加载的标准差应小于 5%,并且配备有可以调节实验温度的环境箱,对试验温度进行调节;通常环境箱的温度需要控制在−10 ℃～60 ℃(14℉～140℉),并且控温精度需要在±0.5 ℃(1℉)之间。实验设备通常通过电脑进行控制,可以实时显示轴向应力与轴向应变,并对数据进行记录和存储。如图 5-26 所示,实验室中通常用来测试动态模量的设备有万能实验机(Universal Testing Machine, UTM)、沥青混合料性能实验仪(Asphalt Mixture Performance Tester, AMPT)和简单性能测试仪(Simple Performance Tester, SPT)等。

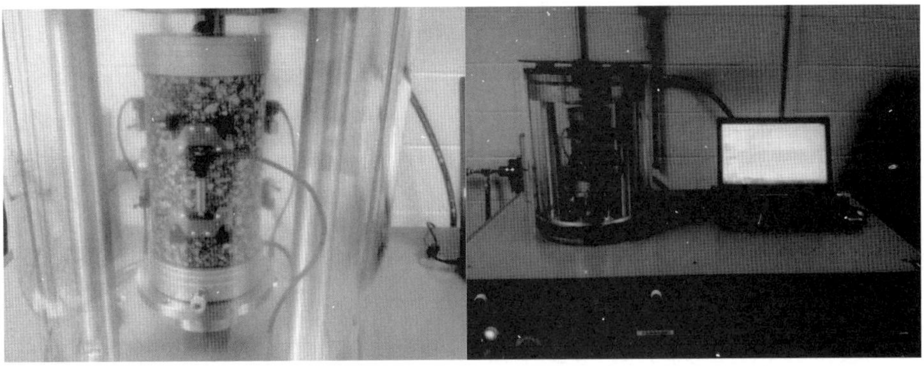

图 5-26 动态模量测试设备和样品

动态模量测试要求试件直径在 100～104 mm、高度为 147.5～152.5 mm 的标准圆柱。通常要求将试件提前置于环境箱中 4 h;平行实验所需的试件总数应根据测试需求和需要的精度进行设定。实验温度一般根据材料进行设定,但基本都会在−10 ℃、4.4 ℃、21.1 ℃、37.8 ℃和 54 ℃(即 14℉、40℉、70℉、100℉和 130℉)下进行测试,并且在每个温度下,在 0.1 Hz、0.5 Hz、1.0 Hz、5 Hz、10 Hz 和 25 Hz 的加载频率下进行测试。从低温到高温、高频到低频,每个试件会在共 30 种温度与加载频率的组合下进行测试。对于流变次数实验,压力荷载通过半正弦的模式进行加载,加载时间 0.1 s,加载间歇 0.9 s,实验停止条件一般为达到最大加载循环周期 1 000 次或 50 000 微应变的变形;同时,对试件施加一个 600 kPa 的偏应力直到达到流变次数。当永久应变的变化速率显著增高时,标志着已经到达流变次数。对于实验条件,流变次数的实验要求在实际路面以下 20 mm 处的平均 7 日最高温度下进行。除此以外,流变次数实验是在没有侧向压力的条件下进行的。由于动态模量实际是非破坏型实验,因此试件可以在无侧压的流变次数实验中继续使用。

5.2.2.2 改性剂再生沥青混合料的黏弹性性能

选取 2 种集料和 2 种来源的沥青混合料回收料进行复配,再生沥青混合料中回收沥青混合料的掺量为 12%;2 种集料、2 种回收沥青混合料以及复配好的再生沥青混合料的级配见图 5-27。实验中，采用 2 种不同的集料制备了 11 种不同的配合比设计，其中 7 种采用集料Ⅰ、4 种采用集料Ⅱ。采用 4 种不同的胶结料进行配合比设计：第 1 种胶结料掺有标准掺量的 SBS(苯乙烯—丁二烯共聚物，掺量为 3.5%，记为胶结料 1)；第 2 种胶结料含有白色粉末状的乙烯均聚物(掺量为 2.5%，记为胶结料 2)；第 3 种含有石蜡状的氧化聚乙烯(掺量为 2.5%，记为胶结料 3)；第 4 种胶结料由 SBS 与氧化聚乙烯共同改性(掺量为 1%的氧化聚乙烯和 2%的 SBS，记为胶结料 1+3)。采用 PG 64-22 的基质沥青在 150 ℃下与改性剂进行拌和，制备得到的改性沥青胶结料的 PG 分级为 PG 76-22。其中胶结料 3 与胶结料 1+3 与 SBS 改性沥青的流变性能类似[8]。每种混合料的体积参数、最佳沥青用量、老化沥青含量等配合比设计详细信息见表 5-10。

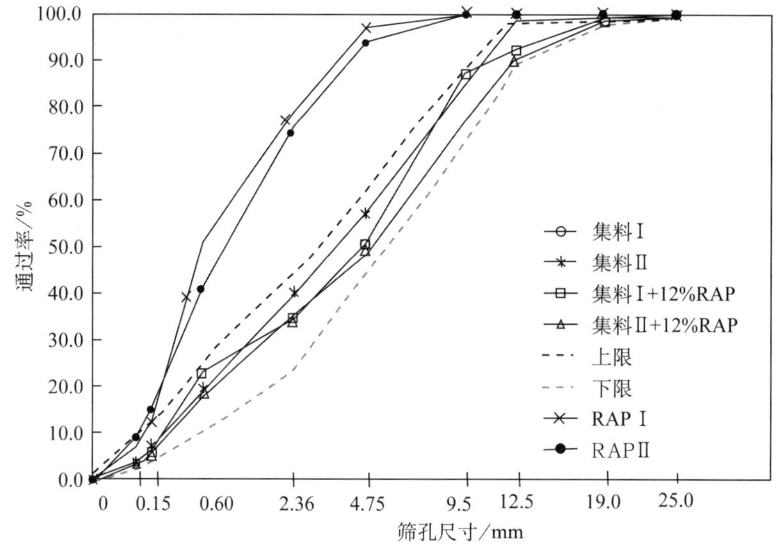

图 5-27　集料与回收沥青混合料的级配曲线

表 5-10　　再生沥青混合料配合比设计

集料种类	沥青胶结料	老化沥青掺量/%	最佳沥青用量/%	毛体积密度/(g·cm^{-3})	VMA/%	VFA/%
		<15	4.5～6.0	—	>14.5	70～80
集料Ⅰ	1	0	4.8	2.371	14.5	76.1
	3	0	4.8	2.371	14.6	75.4
	1	15	4.7	2.374	14.6	74.1
	3	15	4.8	2.372	14.7	74.9
	1+3	15	4.8	2.356	14.7	74.5
	2	15	4.8	2.381	14.5	76.2
	2(无石灰)	15	4.9	2.368	14.9	75.2

（续表）

集料种类	沥青胶结料	老化沥青掺量/%	最佳沥青用量/%	毛体积密度/($g\cdot cm^{-3}$)	VMA/%	VFA/%
		<15	4.5～6.0	—	>14.5	70～80
集料Ⅱ	1	0	4.7	2.386	14.6	74.4
	3	0	4.8	2.382	14.8	75.0
	1	15	4.8	2.386	14.7	76.0
	3	15	4.8	2.381	14.8	74.7

以集料Ⅰ制备而成的沥青混合料为例，试件分别在 4 ℃、20 ℃、45 ℃的环境箱中静置后，再进行实验。每个配合比下有 3 个样品作为平行试件。图 5-28 为 4 ℃沥青混合料动态模量与相位角在不同加载频率下的实验结果。在 4 ℃时，不同频率下，沥青混合料中含有 SBS 改性沥青的试件动态模量最低，而含有胶结料 3 的沥青混合料动态模量最高，可以推断出胶结料 3 中用于改性的聚合物弹性恢复性能在所有聚合物中是最好的，主要是因为它能更好地提供改性沥青与集料之间的黏结强度。实验结果还发现，当加载频率升高时，各组沥青混合料的相位角都减小，这意味着即使环境温度不变，沥青混合料的弹性恢复性能也会受到加载频率的影响，当加载频率升高，沥青混合料的弹性恢复性能上升，表现出更多的弹性行为。

当实验温度为 20 ℃时，实验结果见图 5-29。同样可以发现，当加载频率上升时，沥青混合料的动态模量上升而相位角呈现减小趋势。对于 4 种再生沥青混合料的相位角，胶结料为 SBS 改性沥青的再生沥青混合料在不同加载频率下始终保持最高，而胶结料为氧化聚乙烯改性沥青的再生沥青混合料则在不同加载频率下始终保持较低的水平。这说明在相同的集料类型与相同的回收沥青混合料掺量下，氧化聚乙烯改性沥青相比 SBS 改性沥青能够带给再生沥青混合料更好的弹性恢复性能；反之，SBS 改性沥青则能带给再生沥青混合料更好的黏性性能。当胶结料使用 SBS 与氧化聚乙烯复合改性沥青时，再生沥青混合料的相位角更接近单独使用 SBS 改性沥青作胶结料的再生沥青混合料的相位角，这意味着在 SBS 与氧化聚乙烯复合改性的沥青中，SBS 对再生沥青混合料黏弹性性能的影响起到主导作用。对于含有 15%沥青混合料回收料的再生沥青混合料，其本身具有较强的弹性恢复性能，因而具有较好的高温抗车辙性能，而低温抗裂性能较弱。因此在 4 种改性沥青胶结料中，SBS 改性沥青可以提高再生沥青混合料黏性，较为适合用作再生沥青混合料的胶结料。当使用氧化聚乙烯改性沥青作为胶结料时，再生沥青混凝土在各个加载频率下均表现出最小的相位角，这表明在 4 种改性剂中，氧化聚乙烯能够显著提高再生沥青混合料弹性恢复性能，增强再生沥青混合料的高温性能。对于动态模量，组内再生沥青混合料试件的动态模量都随着加载频率的增加而上升。其中，含有氧化聚乙烯改性沥青的再生沥青混合料的动态模量在各个加载频率下都高于其余再生沥青混合料，而含有SBS改性沥青的再生沥青混合料的动态模量最低；动态模量的实验结果表明，氧化聚乙烯改性沥青能够显著提高再生沥青混合料的弹性恢复性能。

从沥青混合料回收料、基质沥青、石料与改性剂之间的内在关系来看，在沥青混合料回收料体系中对黏弹性起到主导的是集料和胶结料，而二者之中主导黏性的主要是胶结料；因此，胶结料对再生沥青混合料黏弹性能影响的主导作用在于高分子掺加剂。实验结果表明，SBS大分子对老化沥青具有一定软化作用，相较其他掺加剂能增加老化沥青的黏性并保留老化沥青的弹性恢复性能，从而对老化沥青进行有效的改性。反之，氧化聚乙烯则充分增强了老化沥青的弹性恢复性能，使其具备更好的高温稳定性与抵抗永久变形的能力。除此之外，掺加2.5%的乙烯均聚物与掺加1%氧化聚乙烯和2%的SBS对老化沥青的黏弹性行为的改性效果较为类似。在各个加载频率下，两种再生沥青混合料表现出的相位角与动态模量均类似；同时说明2.5%的乙烯均聚物改性沥青与1%的氧化聚乙烯和2%的SBS复合改性沥青与集料具有相似的黏结作用。另一方面，对乙烯采用不同处理方法得到的氧化聚乙烯与乙烯均聚物也具有不同的分子特性，因而用作改性剂对沥青进行改性后，改性沥青获得的黏弹性具有较大差异。

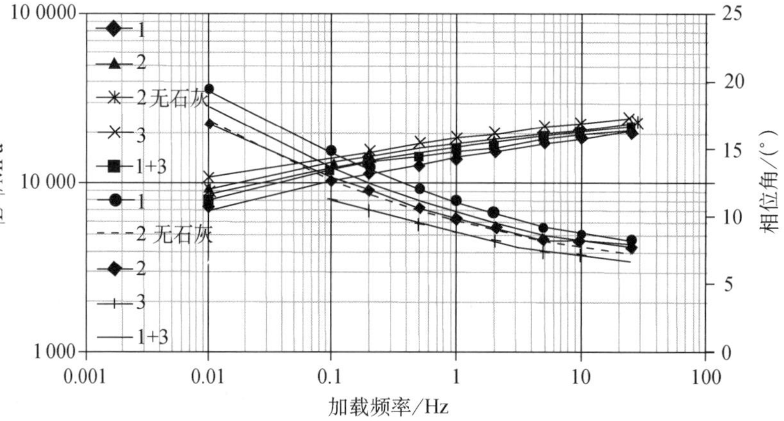

图 5-28　4 ℃下沥青混合料的动态模量与相位角随加载频率的变化曲线

当测试温度为45 ℃时，实验结果与4 ℃及20 ℃得到的实验结果类似。如图5-30所示，各组再生沥青混合料试件的动态模量均随加载频率的上升而下降，然而各组再生沥青混合料试件的相位角随着加载频率的增加呈现先增大后减小的趋势。当加载频率从0.01 Hz上升到2 Hz，各组再生沥青混合料的相位角逐渐增大，再生沥青混合料的黏性逐渐上升而弹性恢复性能逐渐下降；当加载频率从2 Hz上升至10 Hz，各组再生沥青混合料的相位角增加缓慢，而由氧化聚乙烯改性沥青作为胶结料的再生沥青混合料相位角呈现减小趋势；当加载频率上升至10 Hz时，增大加载频率后各组再生沥青混合料的相位角都呈现减小趋势。根据时温等效原理，升高温度与延长观察时间对分子运动

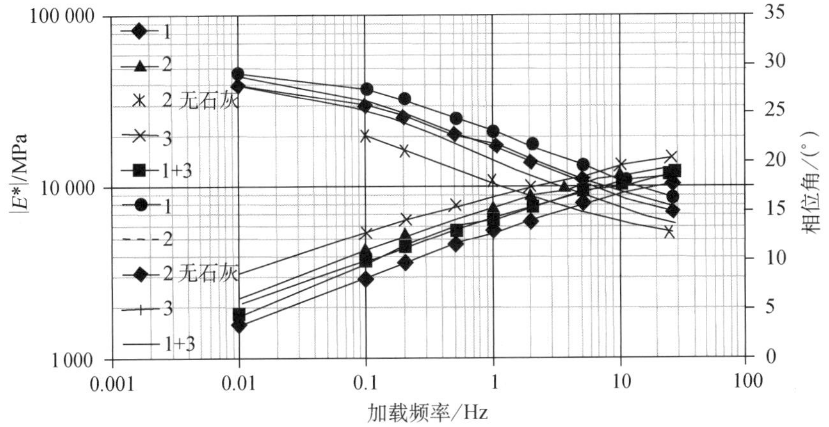

图 5-29　20 ℃下沥青混合料的动态模量与相位角随加载频率的变化趋势

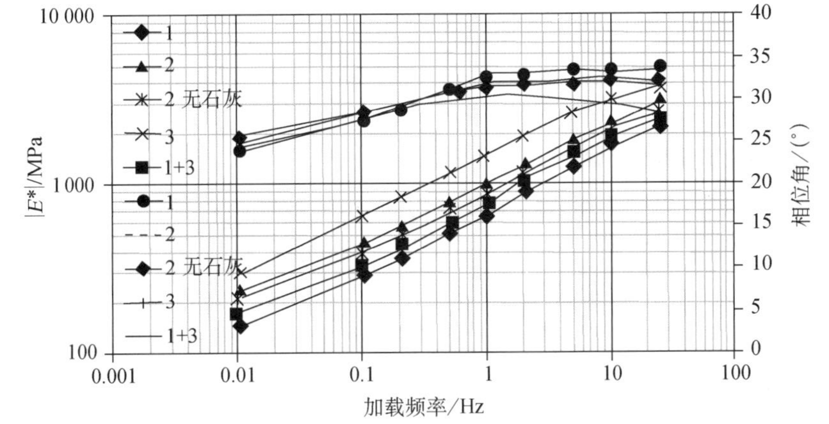

图 5-30　45 ℃下沥青混合料的动态模量与相位角随加载频率的变化趋势

是等效的，即高聚物的同一力学松弛现象可以在较高的温度和作用频率下观察到，也可以在较低的温度和作用频率下观察到。实验观察到，各组再生沥青混合料在 45 ℃和较高加载频率下的相位角变化趋势与其在 4 ℃和较低加载频率下相位角变化趋势类似，证明随着温度的增加，再生沥青混合料的相位角将会在某一个加载频率有局部极大值，再生沥青混合料将会在相应的温度和加载频率下有最好的黏性性能。

根据需求，在 59 ℃下测试再生沥青混合料的流变次数。其中含有乙烯均聚物改性胶结料的再生沥青混合料流变次数最低，仅有 208；而含有氧化聚乙烯改性胶结料的再生沥青混合料流变次数最高，达到 1 076。实验结果表明，含有氧化聚乙烯改性的再生沥青胶结料高温性能较好，弹性恢复能力和抗车辙能力较高，该结果与再生沥青混合料动态模量与相位角结果一致。另外，各组再生沥青混合料的流变次数均大于 190，满足 AASHTO 规范要求。

本节介绍了含有低掺量沥青混合料回收料的再生沥青混合料的黏弹性性能。通常,实验室用于表征混合料黏弹性性能的指标为相位角、动态模量和流变次数,采用万能试验机、沥青混合料性能分析仪、简单测试仪等设备进行测试得到。本节特别介绍了采用不同聚合物改性基质沥青后得到的再生沥青混合料的黏弹性性能。实验结果表明,再生沥青混合料的黏弹性性能不仅与实验温度有关,还与荷载的加载频率有关。随着荷载加载频率的逐渐上升,再生沥青混合料的动态模量逐渐上升,而相位角的变化与测试温度有关。在本实验中,当试验温度为 4 ℃与 20 ℃时,相位角随着荷载加载频率的上升而减小;当试验温度为 45 ℃时,相位角随着荷载加载频率的上升先呈现增大趋势,当加载频率达到 10 Hz 后又呈现减小趋势。

对于低掺量再生沥青混合料,SBS 改性沥青能够增强老化沥青和再生沥青混合料的黏性,有助于改善再生沥青混合料的低温性能和抗开裂性能。相反,氧化聚乙烯改性沥青增强了再生沥青混合料的弹性恢复性能,加强了再生沥青混合料的抗车辙性能。另一方面,研究发现,采用 2.5%的乙烯均聚物与掺加 1%的氧化聚乙烯和 2%的 SBS 对老化沥青的黏弹性行为的改性效果较为类似。

5.2.3 抗车辙性

5.2.3.1 抗车辙性能测试方法

沥青混合料回收料中集料表面裹覆老化沥青,质地较沥青混合料更硬,因此其高温稳定性和抗车辙性能会更强。对于低掺量再生沥青混合料,其抗车辙性能会由于较硬的沥青混合料回收料的加入而增强。通常采用沥青路面分析仪(Asphlat Pavement Analyzer, APA)和汉堡车辙试验对沥青混合料的抗车辙性能进行测试与评价。

采用 2 种不同来源的集料(A 来源与 B 来源)、15%掺量的老化沥青、3 种不同的改性沥青(a0、a1 和 a2)胶结料和 2 种不同的液体抗剥落剂(LASA Ⅰ与 LASA Ⅱ)制备再生沥青混合料,并对再生沥青混合料的抗车辙性能进行评价[9]。其中 3 种不同的改性沥青在不同温度下的黏度如表 5-11 所示。

表 5-11　　3 种改性沥青的黏度测试结果

标号	改性剂	135 ℃(c.p.)	150 ℃(c.p.)	165 ℃(c.p.)
a0	空白组	550.4	270.8	150.8
a1	SBS	1620.7	810.8	429.2
a2	塑性高分子材料	697.5	335.8	186.7

5.2.3.2 改性再生沥青混合料的黏弹性性能

采用 A 来源和 B 来源集料制备的沥青混合料的 APA 实验的实验结果如图5-31和图 5-32 所示,每个样品都经过 6 000 次循环荷载。实验结果表明,无论利用哪个集料来源制备沥青混合料,没有试件的车辙深度大于 3 mm。显然,当再生沥青混合料含有塑性高分子改性沥青时，其车辙深度最小；另外，实验结果也表明，利用来源 A 集料和液体抗剥落剂制备得到的再生沥青混合料的车辙深度要高于利用石灰作为抗剥落剂时制备得到的再生沥青混合料的车辙深度。相比于 A 来源的集料，利用 B 来源集料制备得到的再生沥青混合料的车辙深度要明显更小，说明利用 B 来源集料制备得到的再生沥青混合料具有更好的高温抗车辙能力。

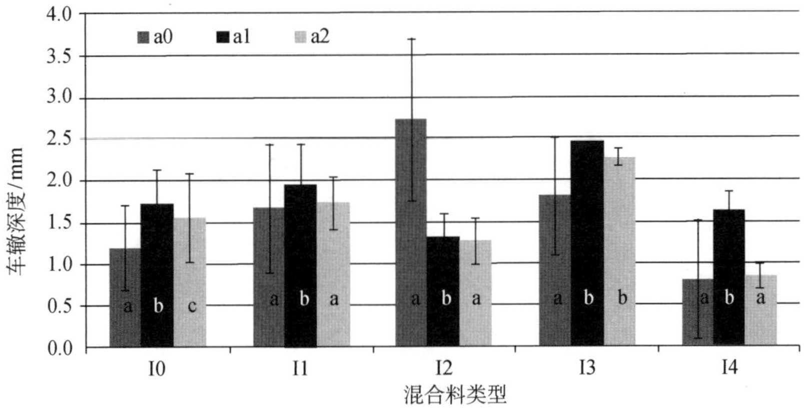

图 5-31　APA 实验中利用 A 来源的集料和 3 种不同改性沥青制备的再生沥青混合料的车辙深度

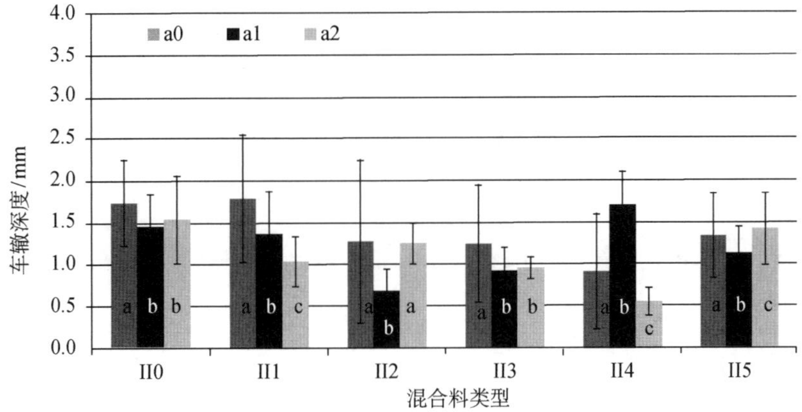

图 5-32　APA 实验中利用 B 来源的集料和 3 种不同改性沥青制备的再生沥青混合料的车辙深度

汉堡车辙实验是用来表征沥青混合料的抗车辙性能和水稳定性能的重要实验。通过汉堡车辙仪轮碾过程，沥青混合料中结构脆弱的集料发生破碎、硬度不足的沥青胶结料发生变形并且结构整体受到水损坏，沥青混合料会出现车辙。汉堡车辙实验通过测试车辙深度与达到破坏时车轮碾压次数来表征沥青混合料的抗车辙性能。实验中采用 20 000 次轮碾对每个配合比下 4 组平行试验进行测试。试件通过旋转压实成型，控制孔隙率为(7.0±1.0)%得到直径为 150 mm、高为 60 mm 的试件，实验温度为 50 ℃。实验结果见图 5-33 与图 5-34。

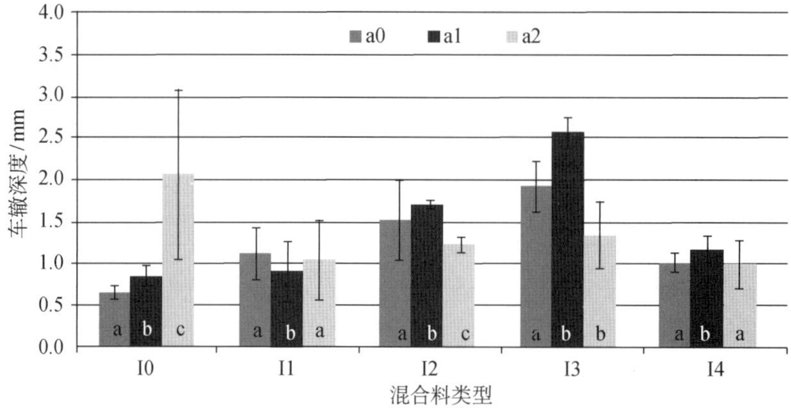

图 5-33　采用 A 来源集料制备得到的再生沥青混合料试件在 50 ℃下的车辙深度

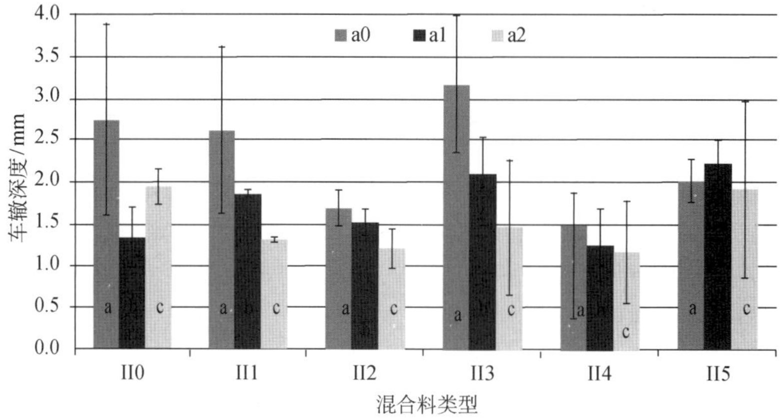

图 5-34　采用 B 来源集料制备得到的再生沥青混合料试件在 50 ℃下的车辙深度

由图可知，每种样品在 70.3 kg 的轮碾 20 000 下得到的车辙深度都小于 4 mm，尽管每 2 组改性沥青之间所得的实验结果具有一定差异，但每种配合比都要满足规范对沥青混合料永久变形的要求。除此之外还可以发现，ASA 抗剥落剂对再生沥青混合料的抗车辙性能没有太大的影响。

综上所述，由于老化沥青质地较硬、高温性能较好，低掺量再生沥青混合料通常具有较好的抗车辙性能，虽然集料来源对再生沥青混合料的抗车辙性能有一定影响，但是实验中利用两种集料来源制备得到的沥青混合料均表现出较小的车辙深度。此外，沥青胶结料对抗车辙性能具有较大影响，实验发现塑性高分子改性沥青可以有效提高再生沥青混合料的抗车辙性能。

5.3 结语

本章针对低掺量再生沥青混合料的性能特征进行了阐述。由于沥青混合料回收料表面裹覆质地较硬的老化沥青，低掺量再生沥青混合料的黏弹性性能、低温抗裂性、水稳定性能、抗车辙性能都与常规的热拌再生沥青混合料有所区别。对于再生沥青胶结料，其弹性性能随着测试温度的升高而降低，黏性性能随着测试温度的升高而提升；另一方面，随着老化沥青掺量的提高，再生沥青胶结料的弹性性能提高，黏性性能下降。介绍了将 RAP 细料制备再生沥青砂浆，从而直接对其低温性能进行评价的方法，该方法无须对回收沥青混凝土进行抽提。研究结果表明，对任一老化状态的基质沥青和任一来源 RAP，将 RAP 在现场放置一年会增加再生沥青砂浆的劲度模量并减小 m 值，并且表现出较差的低温 PG 等级；这也意味着在现场堆放的 RAP 会继续老化，其低温性能也会持续衰减。另一方面，RAP 细料使用得越多，再生沥青砂浆的低温性能也就越弱；而基质沥青的老化程度越高，RAP(即老化沥青)所带来的影响也越小。

对于再生沥青混合料的水稳定性能，集料的来源与抗剥落剂的类别都对其水稳性能有一定程度的影响。总体而言，石灰对再生沥青混合料的水稳定性能有较好的促进作用。对于低掺量再生沥青混合料的黏弹性性能，SBS 改性沥青能够增强老化沥青和再生沥青混合料的黏性，有助于改善再生沥青混合料的低温性能和抗开裂性能。相反，氧化聚乙烯改性沥青增强了再生沥青混合料的弹性恢复性能，加强了再生沥青混合料的抗车辙性能。另一方面，研究发现采用 2.5%的乙烯均聚物与掺加 1%氧化聚乙烯和 2%的 SBS 对老化沥青的黏弹性行为的改性效果较为类似。最后，对于低掺量再生沥青混合料的抗车辙性能，由于老化沥青质地较硬、高温性能较好，低掺量再生沥青混合料通常具有较好的抗车辙性能，虽然集料来源对再生沥青混合料的抗车辙性能有一定影响，但是实验中利用 2 种集料来源制备得到的沥青混合料均表现出较小的车辙深度。此外，沥青胶结料对抗车辙性能具有较大影响，并且塑性高分子改性沥青可以有效提高再生沥青混合料的抗车辙性能。

参考文献

[1] 中华人民共和国交通运输部. 公路沥青路面再生技术规范 JTG/T F41—2017[S]. 中国：中华人民共和国交通运输部，2017.

[2] American Association of State Highway and Transportation Officials. Mechanistic-empirical Pavement Design Guide：A Manual of Practice，2nd ed[S]. Washington，D. C.：American Association of State Highway and Transportation Officials：2015.

[3] Shen Junan，Amirkhanian Serji N，Xiao Feipeng，et al. Influence of surface area and size of crumb rubber on high temperature properties of crumb rubber modified binders[J]. Construction and Building Materials，2009，23(1)：304.

[4] Amirkhanian Serji N，Xiao Feipeng，Corley Mary. Estimation of low temperature properties of RAP binder without extraction[R]. South Carolina：Tri County Technical College，2016.

[5] Chen Meizhu，Xiao Feipeng，Putman Bradley，et al. High temperature properties of rejuvenating recovered binder with rejuvenator，waste cooking and cotton seed oils[J]. Construction and Building Materials，2014. 59：10.

[6] Xiao Feipeng，Li Ruoyu，Zhang Henglong，et al. Low temperature performance characteristics of reclaimed asphalt pavement (RAP) mortars with virgin and aged soft binders[J]. Journal of Applied Sciences，2017. 7(3)：304.

[7] Amirkhanian Serji N. Characterization of asphalt concrete dynamic modulus in South Carolina[R]. South Carolina：Tri-County Technical College，2018.

[8] Amirkhanian Serji N，Xiao Feipeng，Herndon David. The evaluation and specification development of alternate modified asphalt binders in South Carolina：final report[R]. South Carolina：South Carolina Department of Transportation，2014.

[9] Amirkhanian Serji N，Xiao Feipeng，Corley Mary. Laboratory performance of liquid anti-stripping agents in asphlat mixtures used in South Carolina：final report[R]. South Carolina：South Carolina Department of Transportation，2018.

6 橡胶再生沥青混合料的性能表征

6.1 胶粉特性与处理工艺
6.2 橡胶沥青特性
6.3 橡胶再生沥青混合料的性能评价
6.4 结语

目前，将固体废弃物回收利用于沥青路面的新建和翻修已成为一大趋势，这其中就包括常用的沥青混合料回收料（RAP）和来源于废旧轮胎的胶粉颗粒[1]。众所周知，由于热、氧、光、水等造成的老化作用，RAP 中的老沥青在服役过程中已逐渐丧失其原有的弹性成分。而另一方面，由废旧轮胎破碎得到的胶粉则凭借其内部的橡胶成分而具备优异的弹性。因此，考虑到胶粉作为一种弹性体可通过增韧作用实现 RAP 材料的再生，笔者提出了将胶粉和 RAP 这两种固体废弃物共同应用于沥青混合料的制备，以期同时达到更佳的再生效果和更好的社会经济效益。

6.1 胶粉特性与处理工艺

6.1.1 胶粉的性能特征

从材料组成来看，轮胎主要包括三种成分，即弹性体化合物（橡胶）、织物和钢。其中，织物和钢构成轮胎的结构“骨架”，而弹性体化合物作为“肉”填充于其中。轮胎橡胶中主要含有天然橡胶、人工橡胶以及炭黑和塑化剂等添加剂。天然橡胶一般呈黏稠状，加热时容易变形，冷却时则易脆。天然橡胶的这种非弹性变形本质上是由其中的长链聚合物导致的。在天然状态下，橡胶聚合物链之间可以相互独立运动，从而导致天然橡胶形状的易变性和不可逆性。显然，天然橡胶无法直接用于制造需具备良好弹性的橡胶产品。而硫化反应可在橡胶聚合物链之间形成交联网络，从而限制链与链之间的相互运动，所制得的产品则被称为硫化橡胶或人工橡胶。当承受压力时，人工橡胶仍旧产生变形。但当压力释放时，人工橡胶就会恢复到原来的形状。通过调整硫化必需的反应物和催化剂的种类和掺量，可合成不同硬度和模量的人工橡胶，以适应不同应用场景。轮胎制品根据其应用场景可大致分为卡车轮胎和汽车轮胎两类。通常而言，卡车轮胎比汽车轮胎含有更高比例的天然橡胶和更低比例的人工橡胶。表 6-1 概括了典型轿车轮胎和卡车轮胎的化学组成成分。

表 6-1　典型轮胎的组成成分

组成成分	汽车轮胎/%	卡车轮胎/%
天然橡胶	14	27
人工橡胶	27	14
炭黑	28	28
钢	14～15	14～15
织物和其他添加剂	16～17	16～17

如今，全球每年有数量上亿的轮胎被销售出去，工业化国家道路上行驶的车辆数量也在不断增加。随之而来的是每年大量废旧轮胎的产生和弃置，这些难以处理的废旧

轮胎已成为当前亟待解决的一个环境隐患。一个典型的废旧轮胎回收应用途径便是去除轮胎中的织物和钢后，使用机械设备将剩下的轮胎橡胶研磨粉碎成颗粒。所制得的废旧轮胎橡胶颗粒(以下简称“胶粉”)可作为一种弹性体应用于土木工程领域，其中，将胶粉作为改性剂制备成橡胶沥青用于路面建设，已成为其最广泛的应用场景之一。

胶粉的制备工艺主要包括常温破碎、低温破碎以及一些新型破碎方法。作为最常用和经济有效的加工方法，常温破碎工艺是指在室温或高于室温的温度下对废旧轮胎进行研磨或加工。常温破碎是一种机械研磨工艺，主要通过旋转叶片和刀具来完成。其中的关键步骤是纤维的分离，主要是钢纤维。将金属材料分离出来后，最终可制得粒径在 0.5～5 mm 范围内的胶粉。通过该工艺可制得形状不规则、具有较大表面积的胶粉，进而促进胶粉与基质沥青之间的相互作用。而在低温破碎过程中，先使用液氮(温度一般在－198 ℃～－87 ℃)将废旧橡胶冷冻至变脆，进而使用锤式粉碎机将冷冻橡胶粉碎成光滑胶粉颗粒，其相较于常温破碎胶粉具备更小比表面积。这两种不同工艺所制备的胶粉表面微观形态对比如图 6-1 所示。

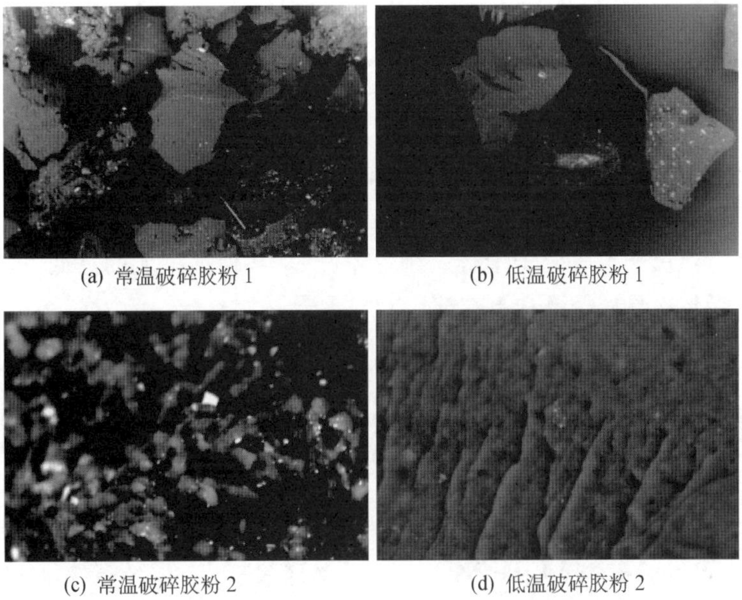

(a) 常温破碎胶粉 1　　(b) 低温破碎胶粉 1

(c) 常温破碎胶粉 2　　(d) 低温破碎胶粉 2

图 6-1　常温破碎胶粉和低温破碎胶粉的表面微观形态对比

近年来一些新型破碎工艺也相继得到了推广应用，比如湿法破碎工艺和水射流破碎工艺。湿法破碎工艺是一种已经获得专利的研磨工艺，废旧橡胶在液体介质(通常为水)中被两个间隔紧密的砂轮研磨成胶粉；水射流破碎工艺则是通过高压水射流的高速旋转将废旧橡胶切割成细小颗粒，其最大优势在于所制得的胶粉产品表面粗糙度很高，适用于制备橡胶沥青。

6.1.2 胶粉的预处理工艺

目前，尽管橡胶沥青被广泛认为是一种具有工程和环境效益的绿色铺面材料，但沥青与胶粉的相容性差，严重限制了其实际应用，这主要是由胶粉和基质沥青在化学性质（包括分子大小和极性）和物理特性（包括密度和溶解度）上的巨大差异造成的。目前解决这一问题的一个有效方法便是对胶粉进行预处理，改变胶粉的化学和/或物理特性，进而增强其与基质沥青的化学反应活性。到目前为止，主流的胶粉预处理技术可分为脱硫和表面活化两大类。脱硫是指通过物理、化学和微生物手段，在不影响胶粉聚合物主链的情况下，选择性地断开硫化胶粉的交联键（主要是 C—S 和 S—S 键）[2]；表面活化则是通过各种方法来提高或恢复硫化胶粉的表面活性，主要包括化学处理范畴内的预反应、氧化、接枝、聚合物包覆、溶液浸泡和物理处理范畴内的等离子体处理和伽玛辐射[3-9]。

在轮胎橡胶的生产过程中，天然橡胶中的线性聚合物长链在硫化剂的作用下通过化学交联形成三维网状结构。如图 6-2 所示，生成的硫交联键主要分为单硫键、双硫键和多硫键。硫化反应旨在为橡胶产品提供良好的弹性和其他理想的力学性能，以满足轮胎的应用需求，但在废旧轮胎研磨成胶粉应用于橡胶沥青时，硫化橡胶内部的交联网络反而成为其回收利用的障碍——这种交联网络严重限制了沥青分子进入胶粉内部，以实现二者之间的充分共混。因此，硫化反应的"逆反应"，即脱硫反应，常用于胶粉的预处理。至今已有许多脱硫方法得到了尝试和应用，包括但不限于微波辐射、螺杆挤出和微生物处理。但是无论是何种方法，脱硫的核心始终都是选择性地断开胶粉内部的交联键，而尽量不影响橡胶分子主链。在脱硫过程中，根据键能的高低，多硫键通常会先被打断，然后依次是二硫键和单硫键。

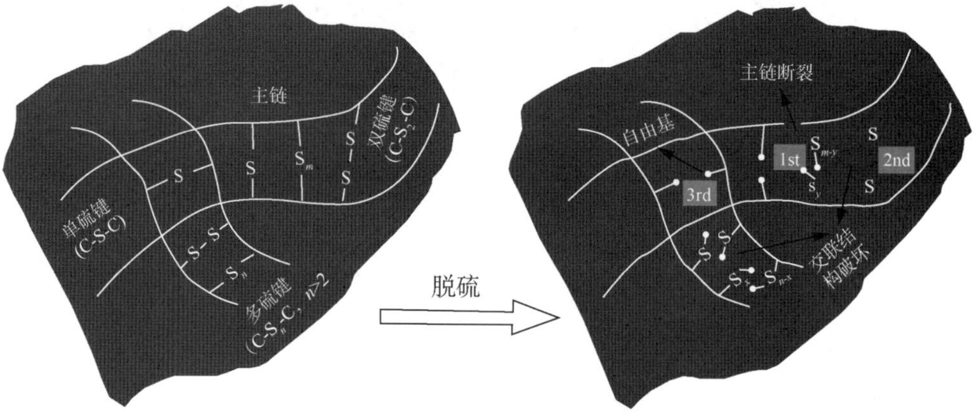

图 6-2 胶粉脱硫反应过程

另一方面，橡胶生产过程中交联剂和固化剂的加入也同时会造成胶粉表面呈化学惰性。因此，可采用表面活化工艺对胶粉进行预处理，以改善或恢复其表面的化学活性。根据所采用的技术手段，目前的胶粉表面活化工艺可大致分为化学活化和物理活化两大类。如图 6-3(a)所示，化学活化采用化学试剂进行胶粉预处理，主要包括预反应、氧化、接枝、聚合物涂覆和溶液浸泡；而物理活化采用物理技术，比如等离子处理和伽马射线辐射，如图 6-3(b)所示。然而需要说明的是，化学和物理这两大类表面活化工艺均能引起胶粉表面的化学变化，比如在胶粉表面引入特定的官能团和增强胶粉表面极性。同时，上述大部分活化工艺还能通过物理刻蚀和化学侵蚀等作用提高胶粉的表面粗糙度，从而增加胶粉与沥青基质之间的交互反应面积。

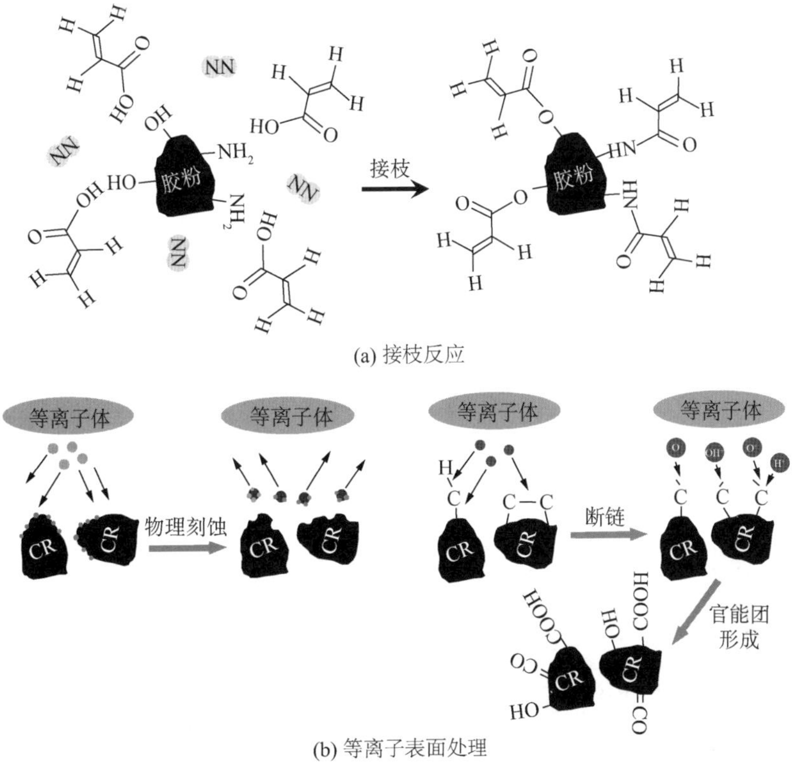

图 6-3　胶粉表面活化

6.1.3　小结

在材料组成上，胶粉主要包含天然橡胶、人工橡胶、炭黑与其他添加剂。利用不同的制备工艺，如常温破碎、低温破碎、湿法破碎和水射流破碎等，可得到不同表面特性的胶粉。为解决后续沥青改性过程中沥青与胶粉的相容性问题，有必要对胶粉进行预处理。目前，常用的胶粉预处理方法可分为脱硫和表面活化两大类。脱硫是指通过物理、化学和微生物手段，在不影响胶粉聚合物主链的情况下，选择性地断开硫化胶粉的交联键；表面活化则是通过各种方法来提高或恢复硫化胶粉的表面活性。

6.2 橡胶沥青特性

6.2.1 橡胶沥青的制备工艺

根据美国材料实验协会(American Society of Testing Materials, ASTM)标准,橡胶沥青可被定义为废旧轮胎胶粉与基质沥青在高温状态下均匀拌和而成的改性沥青胶结料。其中,胶粉掺量一般在20%左右,常用的胶粉粒径为20～40目[10]。在介绍橡胶沥青的制备工艺前,有必要先了解制备过程中胶粉作为改性剂与基质沥青之间的交互作用机理[11-15]。一般认为,胶粉与沥青之间的主要交互作用同时涉及溶胀和溶解反应。一方面,由于极性相似,沥青基质中的轻质油组分会被吸收和渗透到胶粉中并使其发生溶胀。胶粉的溶胀过程主要是一个物理反应,会导致其体积膨胀到最初体积的几倍。此外,当胶粉的溶胀反应进行到平衡状态时,其体积的膨胀会缩减它们之间的距离,进而可相互接触。因此,胶粉可通过其表面的凝胶膜相互连接形成半固态连续网络,约束沥青基质的移动,起到加筋作用。另一方面,在常规的反应条件下,胶粉的溶解反应实际上是很轻微的。这是因为硫化胶粉中的交联网络结构使其不易溶于有机溶剂。但当反应温度过高或反应时间过长时,胶粉则会在沥青中发生明显的溶解。与溶胀反应相反,胶粉的溶解过程是一个化学反应,主要包括脱硫和降解。其中,脱硫是指胶粉内部交联网络的断裂,而降解是指橡胶聚合物主链的分解。图6-4为胶粉与沥青的交互作用机理。

阶段一:
胶粉刚加入沥青中,尚未发生交互反应。

阶段二:
胶粉吸收沥青轻质组分并充分溶胀,但仍保持其弹性颗粒核心。

阶段三:
胶粉发生进一步的脱硫和降解,逐步溶解于沥青基质中。

阶段四:
胶粉完全溶解于沥青基质中,胶粉中聚合物溶解至沥青大分子尺寸。

图6-4 胶粉与沥青的交互作用机理

广义上的胶粉改性沥青的制备工艺主要包括传统的湿法工艺(Wet Process)及其演变发展而来的终端拌和(Terminal Blend, TB)工艺(图6-5)。其中,湿法工艺一般是指20世纪60年代由Charles McDonald提出和发展起来的McDonald工艺(McDonald Process),具体流程主要为将基质沥青和胶粉在大约170 ℃的温度下用机械搅拌机混合搅拌45～60 min。在McDonald工艺的基础上,美国佛罗里达州又发展出了连续混合工艺(Continuous Blend)。不同于McDonald工艺的间歇操作,连续混合工艺实现了在较低的搅拌温度下和较短的搅拌时间内的连续操作。但 McDonald 工艺和连续混合工艺在制备原理上是一致的，主要是胶粉的溶胀反应主导沥青与橡胶之间的相互作用。湿法工艺所制备的最终产品也就是传统意义上的橡胶沥青。图 6-6 为橡胶沥青现场搅拌制备。

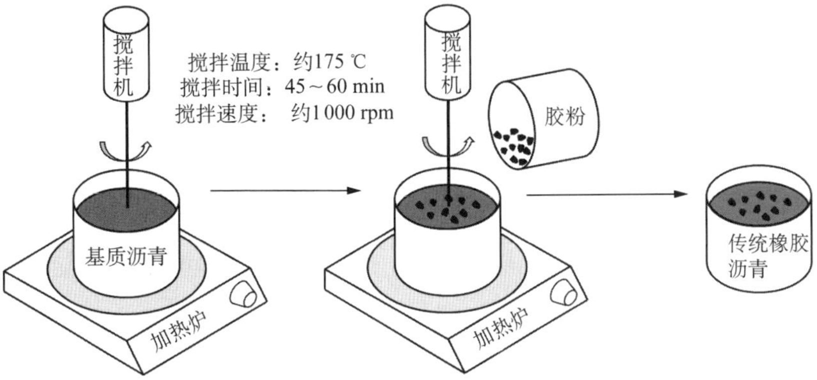

(a) 传统湿法工艺

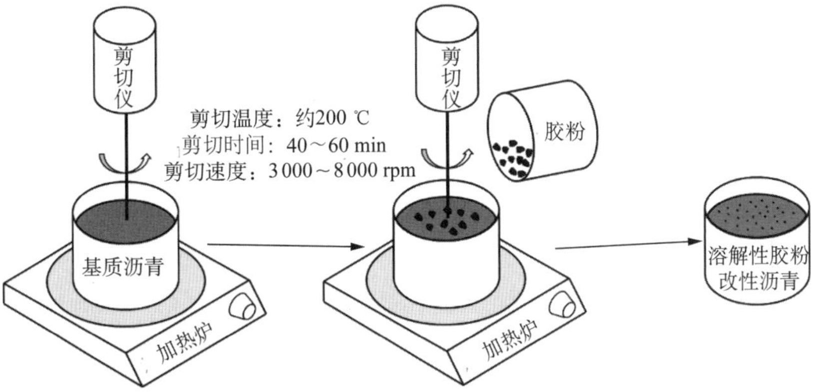

(b) 终端拌和工艺

图 6-5 橡胶沥青的制备工艺

图 6-6 橡胶沥青现场搅拌设备

而新兴的终端拌和工艺则不同于上述两种传统的湿法工艺。美国加利福尼亚州交通运输部(California Department of Transportation, Caltrans)的规范将其定义为一种特殊湿法工艺,即在炼油厂或沥青终端将胶粉与热基质沥青混合,输送到沥青拌合站或施工现场使用。由终端拌和工艺制备的产品一般被称为溶解性胶粉改性沥青或者 TB 胶粉改性沥青。溶解性胶粉改性沥青的一大优点,便是能在较长时间内保持胶粉颗粒均匀分散在沥青基质中,从而在终端使用时无须强制搅拌。因此,终端拌和工艺又称湿法无搅拌工艺。与传统湿法工艺相比,应用终端拌和工艺时应特别注意搅拌温度、搅拌持续时间以及搅拌速度的选取。终端拌和工艺可大致总结如下:首先将基质沥青加热至 200 ℃以上,加入给定掺量的胶粉改性剂;然后使用高速剪切仪以 3 000～8 000 rpm 的剪切速度在高温下持续 40～60 min。不同于传统工艺中胶粉的溶胀反应占主导,在终端拌和工艺的反应条件下,胶粉在热沥青中主要发生更深层次的脱硫和降解反应,从而制得更加稳定和均匀的胶粉改性沥青。但同时胶粉的过度溶解也会导致其原有弹性被大量损耗,而且过高的反应温度也会造成基质沥青中轻组分的挥发和额外的生产安全隐患。

6.2.2 橡胶沥青的性能特征

目前,橡胶沥青路面已在美国应用近 60 年,在其他欧洲国家如法国、西班牙等也已经应用多年,已成为一种成熟的沥青路面技术。根据已有的研究和应用,橡胶沥青用于路面建设中所体现出的优异性能可总结如下:①延长路面寿命:橡胶沥青能提高沥青路面对永久变形和疲劳开裂的耐受性,从而大大提高沥青路面的耐久性;②限制反射裂缝:使用橡胶沥青铺筑于半刚性基层和面层之间的应力吸收层能有效减缓沥青路面内部反射裂缝的萌生和发展;③减弱交通噪声:胶粉颗粒的阻尼和弹性特性能提高沥青混合料吸收振动和冲击的能力,从而实现降噪效果;④节省全生命周期成本:橡胶沥青路面耐久性的提高能降低路面所需养护修复的频率和难度,从而降低路面工程造价和因路面施工导致的交通延误成本。

然而,橡胶沥青在实际应用中还存在以下技术瓶颈:①存储稳定性差:在高温存储过程中,分散在沥青基质中的胶粉颗粒由于二者密度不同而表现出向底部沉降的趋势,从而导致严重的相态分离;②施工和易性差:橡胶沥青的黏度较高,因此橡胶沥青混合料制备和路面施工通常需要较高的拌和温度和压实温度;③有害气体排放:橡胶沥青混合料的搅拌温度和施工温度较高,同时废胶粉的化学组成较复杂,因此相较于常规沥青混合料可能会在拌合站和施工现场产生额外的有害气体排放。

6.2.3 小结

胶粉改性沥青的制备工艺主要包括传统的湿法工艺(Wet Process)及其演变发展而来的终端拌和(Terminal Blend, TB)工艺。在湿法制备过程中,胶粉的溶胀反应主导沥青与胶粉之间的相互作用,所制备的也就是传统意义上的橡胶沥青。但在终端拌和工艺的反应条件下,胶粉在热沥青中发生更深层次的脱硫和降解反应,从而制得更加稳定和均匀的胶粉改性沥青。相较于普通沥青,橡胶沥青具有延长路面寿命、限制反射裂缝、减弱交通噪声和降低全生命周期成本等优势,但同时也存在存储稳定性差、施工和易性差和会排放有害气体等问题。

6.3 橡胶再生沥青混合料的性能评价

6.3.1 配合比设计

沥青混合料的配合比设计是沥青路面设计过程中的一个重要组成部分。不同于大多数工程材料,沥青混合料达到最高强度的设计不一定是实际应用中的最佳选择,而综合考虑了等效单轴载荷、目标表面构造、环境条件和其他因素的设计才最大程度满足路用需求。沥青混合料的高温稳定性(抗永久变形)和耐久性(抗水损、开裂和轮胎磨损)是沥青混合料设计阶段要考虑的两个主要特性。另外,沥青混合料的施工和易性也需要与沥青路面的高温稳定性和耐久性要求相平衡。总而言之,将沥青混合料设计得尽可能经济实用是非常重要的。

美国公路战略研究计划(Strategic Highway Research Program, SHRP)项目于20世纪90年代所提出的高性能沥青路面Superpave设计方法是目前国际上应用最广泛的混合料级配设计方法之一。Superpave方法采用旋转压实仪(Superpave Gyratory Compactor, SGC)模拟沥青混合料的现场压实过程,且已有研究表明其压实效果优于传统的马歇尔(Marshall)击实仪。通常而言,一个完整的Superpave配合比设计过程,包括选择符合规范要求的沥青和集料等原材料,以及对经旋转压实后的沥青混合料试件进行体积参数分析。尽管橡胶再生沥青混合料被认为具有相当的环境和经济效益,但作为一种改性沥青混合料,其配合比设计能否适用规范的Superpave方法却无法直接判断。因此,有必要利用Superpave方法的体积参数分析对橡胶再生沥青混合料的配合比设计可行性进行验证。

将橡胶再生沥青混合料设计为一种广泛应用于美国南卡罗来纳州路面面层的公称最大粒径为9.5 mm的细粒式Superpave混合料,整体试验设计如图6-7所示[16]。选用2种不同工艺制备的胶粉(常温破碎和低温破碎)、4种胶粉掺量(分别占基质沥青质量0%、5%、10%和15%)、1种胶粉粒径(40目)、4种RAP掺量(分别占集料总质量0%、15%、25%和30%)、2种RAP来源(简称为L和C)、2种不同来源的花岗岩新集料(简称为L和C),以及2种PG等级的基质沥青(PG 64-22和PG 52-28)。另外,需说明此处选用的RAP集料与新集料开采于同一地理区域,目的是确保两者具有相似的岩石特性。最后,使用旋转压实仪(压实次数75次)制备出直径150 mm和高度约115 mm的橡胶再生沥青混合料试件进行后续的体积参数分析。其中,基质沥青和RAP

老化沥青的基本性能如表 6-2 所示，新集料的基本性能如表 6-3 所示，RAP 集料的级配和沥青含量如表 6-4 所示，集料级配如图 6-8 所示。

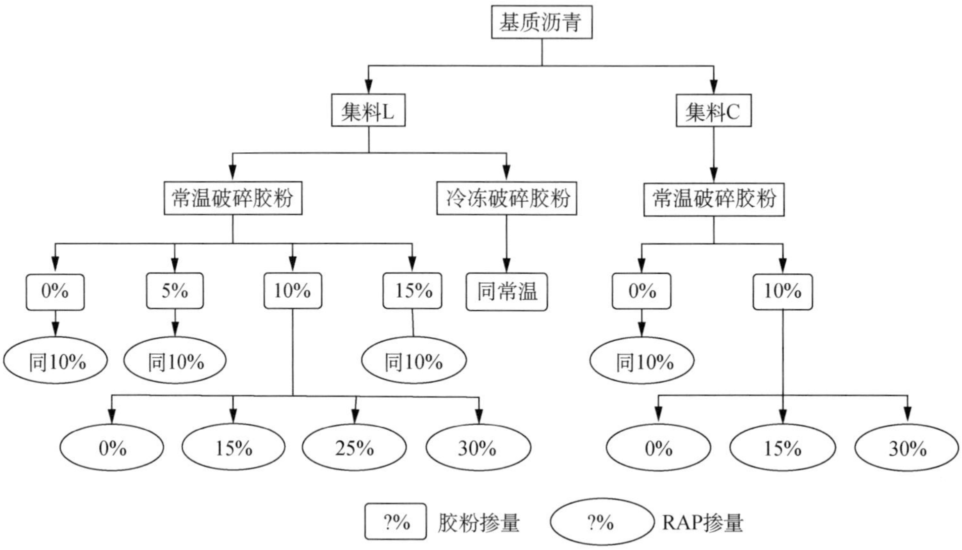

图 6-7 试验设计方案

表 6-2 基质沥青和 RAP 老化沥青的基本性能

老化状态	性能	基质沥青		RAP 抽提老化沥青	
		PG 64-22	PG 52-28	来源 L	来源 C
未老化	135 ℃黏度/(Pa·S)	0.430	0.213	5.982	2.55
	64 ℃车辙因子/kPa	1.279	0.398	58.542	45.625
短期老化	64 ℃车辙因子/kPa	2.810	0.825	109.780	95.298
长期老化	25 ℃疲劳因子/kPa	4 074	821	8 000	11 000
	−12 ℃蠕变劲度模量/MPa	217	60.4	294	277
	−12 ℃蠕变恢复速率	0.307	0.476	0.241	0.243

表 6-3 新集料的基本性能

集料来源	洛杉矶磨耗/%	吸水率/%	相对密度			坚固性损耗/%			含砂当量	硬度
			烘干	表干	表观	11/2～3/4	3/4～3/8	3/8～#4		
L	51	0.70	2.650	2.660	2.690	0.3	0.2	0.3	76	5
C	23	0.50	2.610	2.620	2.640	0.2	2.4	1.0	60	6

表 6-4　　　　RAP 集料的级配和沥青含量

RAP 来源	RAP 种类	9.5 mm	4.75 mm	2.36 mm	0.60 mm	0.15 mm	0.075 mm	沥青含量 /%
		3/8″	＃4	＃8	＃30	＃100	＃200	
L	＋4 RAP	97	59	45	30	14	8	4.66
	－4 RAP	100	100	88	57	24	14	6.96
C	＋4 RAP	84	43	33	21	9	5.4	4.46
	－4 RAP	100	100	90	56	16	8	5.66

注：－4 RAP 指能通过 4 号筛孔的 RAP 集料；＋4 RAP 指不能通过 4 号筛孔的 RAP 集料。

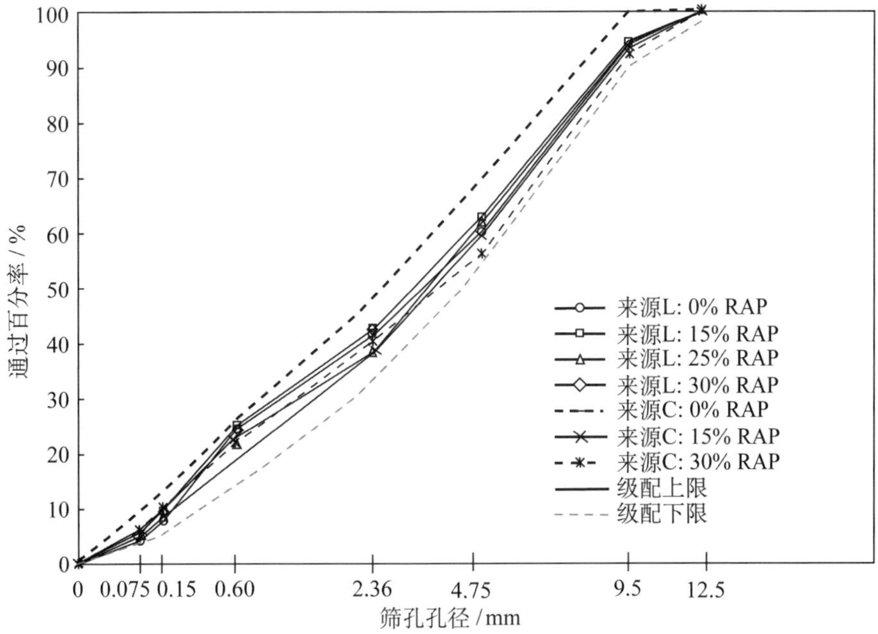

图 6-8　集料级配

根据美国国家公路与运输协会（American Association of State Highway and Transportation Officials，AASHTO）规范，沥青混合料的搅拌和压实温度分别对应其沥青黏度为 0.17 Pa·s 和 0.28 Pa·s 时的温度。采用不同胶粉掺量和 RAP 掺量所制备的橡胶沥青再生沥青混合料的搅拌和压实温度结果如表 6-5 所示。为达到 4％的目标空隙率，相比于常规沥青混合料橡胶沥青再生混合料的制备需要更高的搅拌和压实温度。通常而言，这 2 个温度随着胶粉和 RAP 掺量的增加而增高，主要是由于胶粉的加筋改性作用和 RAP 中老化沥青的增黏作用。

表 6-5　　橡胶沥青再生沥青混合料的搅拌和压实温度

搅拌温度/压实温度/℃		胶粉掺量			
		0%	5%	10%	15%
RAP 掺量	0%	173/150	175/153	177/156	177/159
	15%	175/155	176/158	177/161	177/164
	25%	176/160	177/163	178/165	179/165
	30%	176/162	177/165	178/167	179/167
	30%*	148/140	150/143	152/146	155/150

注：* 表示选用 PG 52-28 基质沥青，无标注表示选用 PG 64-22 基质沥青。

沥青混合料的最佳沥青用量(Optimal Asphalt Content，OAC)在 Superpave 设计方法中通常被定义为在给定压实功下使沥青混合料的空隙率达到 4.0%的沥青用量。本书提出的各种橡胶再生沥青混合料，其最佳沥青用量如表 6-6 所示。一方面，可见 RAP 掺量的增加使沥青混合料的最佳沥青用量减小，这是由于 RAP 中的老化沥青可代替部分新沥青的作用；另一方面，随着胶粉掺量的增加，最佳沥青用量略微增加，这是由于胶粉在沥青基质中的溶胀作用使得沥青黏度显著增加，因此需要使用更多的沥青以达到目标空隙率；再一方面，由冷冻破碎胶粉制备的混合料的最佳沥青用量一般大于相应的由常温破碎胶粉制备的混合料。

表 6-6　　橡胶沥青再生沥青混合料的最佳沥青用量

最佳沥青用量(%)	集料 L						集料 C		
	胶粉掺量(常温破碎)			胶粉掺量(低温破碎)			胶粉掺量(常温破碎)		
RAP 掺量	0%	5%	10%	15%	5%	10%	15%	0%	10%
0%	5.40	5.60	5.85	6.35	5.25	6.08	6.11	5.00	5.75
15%	5.25	5.45	5.75	5.90	5.25	5.85	5.30	5.10	5.53
25%	4.70	5.02	5.08	5.65	5.02	5.18	5.10	N/A	N/A
30%	4.82	4.59	5.12	5.25	4.80	5.30	5.08	N/A	5.10
30%*	4.65	4.95	4.90	5.05	N/A	N/A	N/A	4.85	5.00

注：标注 * 表示选用 PG 52-28 基质沥青，无标注表示选用 PG 64-22 基质沥青；N/A 表示未进行测试。

根据 AASHTO T 166 规范计算得到的压实混合料试件的毛体积相对密度(Bulk Specific Gravity，BSG)如表 6-7 所示。随着胶粉掺量的增加，无论何种胶粉制备工艺和 RAP 掺量，毛体积相对密度值均降低。这也造成了标准体积的试件的质量和空隙率降低。而 RAP 掺量的增加却提高了橡胶再生沥青混合料的毛体积密度，因此 RAP 中的老化沥青有助于实现目标空隙率。

表 6-7　　橡胶沥青再生沥青混合料的毛体积相对密度

毛体积相对密度	集料 L						集料 C		
	胶粉掺量(常温破碎)			胶粉掺量(低温破碎)			胶粉掺量(常温破碎)		
RAP 掺量	0%	5%	10%	15%	5%	10%	15%	0%	10%
0%	2.345	2.336	2.322	2.299	2.340	2.297	2.305	2.323	2.303
15%	2.361	2.345	2.330	2.327	2.344	2.318	2.304	2.347	2.317
25%	2.364	2.350	2.325	2.322	2.367	2.332	2.352	N/A	N/A
30%	2.373	2.376	2.363	2.354	2.372	2.348	2.367	N/A	2.338
30%*	2.388	2.373	2.372	2.370	N/A	N/A	N/A	2.346	2.339

注:标注*表示选用 PG 52-28 基质沥青,无标注表示选用 PG 64-22 基质沥青;N/A 表示未进行测试。

沥青混合料的矿料间隙率(Voids in Mineral Aggregate, VMA)作为一个强制性的体积参数,可结合表中的毛体积相对密度计算得到,并以占沥青混合料总体积的百分比表示。矿料间隙率参数在 Superpave 和 Marshall 配合比方法中均有引入,其实际上表征的是集料表面沥青膜的厚度。因此,Superpave 方法中的最低矿料间隙率要求背后的基本原理是保证在混合料中加入足量的沥青,以确保沥青混合料的耐久性。该最低要求与沥青混合料的公称最大粒径相关,本书设计的橡胶沥青再生混合料的公称最大粒径为 9.5 mm,所对应的最低矿料间隙率为 15.5%。尽管 RAP 集料的加入及其掺量的增加会导致沥青混合料的矿料间隙率降低,但是橡胶沥青的使用能够显著提高矿料间隙率,从而能在不改变级配的前提下使橡胶再生沥青混合料满足矿料间隙率的最低要求。沥青饱和度(Voids Filled with Asphalt, VFA)作为另外一个重要的体积参数,是指沥青体积在矿料间隙率中所占的百分比,其对本书设计的混合料的要求范围为 70%~80%。类似地,橡胶沥青再生混合料的沥青饱和度随着 RAP 掺量的增加而降低,随着胶粉掺量的增加而升高,也能满足 Superpave 规范要求。另外,粉胶比(Dust to Asphalt Ratio)等参数也均能满足规范要求。综上,体积参数分析表明橡胶沥青再生混合料能适用 Superpave 配合比设计及其配套的旋转压实方法,并且能具备与常规沥青混合料相当的性能。

6.3.2 水稳定性

沥青路面的水损坏,主要表现为交通荷载作用下沥青胶结料或胶浆与集料之间的黏结强度降低,以及随之引发的沥青从集料表面的剥离。这是由于沥青路面自身存在不可避免的空隙,使水分得以相对容易渗透进入路面结构。沥青混合料中的集料所具有的天然亲水性导致沥青膜易被水取代,从而失去沥青胶结料的沥青混合料逐渐松散脱落,不再拥有承受荷载的强度。这种早期病害会直接导致沥青混合料的强度和耐久性下降,最终造成沥青路面在荷载的作用下过早失效。根据已有研究,可能的水损坏机理可总结为以下六种:分离、置换、自发乳化、孔隙水压力、水力冲刷和环境影响。虽然这些机理都可以单独解释水损坏现象，但一般认为水损坏是上述六者共同作用的结果。目前，国内外广泛采用冻融劈裂试验来评价沥青混合料的抗水损性能。冻融劈裂试验(AASHTO T 283)是指沥青混合料试件在进行规定次数的冻融循环后，分别测定沥青混合料试件受到水损坏前后的间接拉伸强度比(ITS)，进而以劈裂强度比(TSR)评价沥青混合料的水稳定性。橡胶沥青再生混合料的冻融劈裂试验结果如图 6-9 所示[17]。

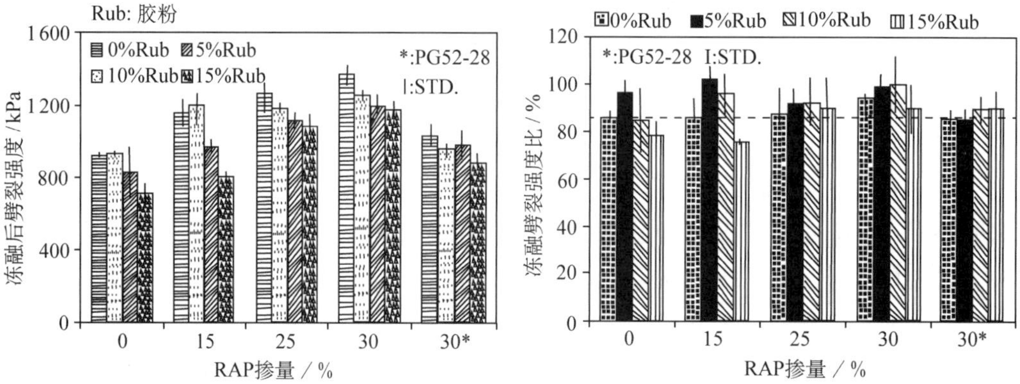

(a) 常温破碎胶粉及 RAP 来源 L

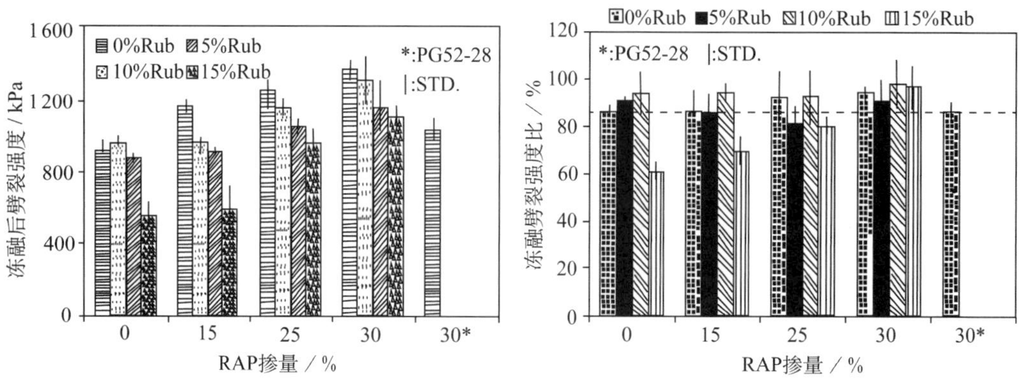

(b) 低温破碎胶粉及 RAP 来源 L

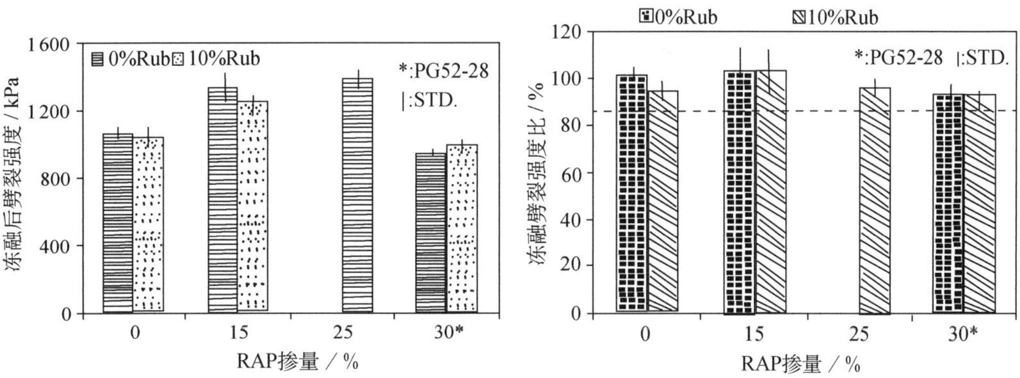

(c) 常温破碎胶粉及 RAP 来源 C

图 6-9　冻融劈裂试验结果

一方面,橡胶沥青再生混合料的间接拉伸强度(ITS)随着胶粉掺量的增加而降低。胶粉的掺入会吸收基质沥青中的轻质油组分,从而提高沥青的黏度。因此,沥青黏度的增加会造成其本身更难充分地裹覆于集料表面,从而导致橡胶沥青与集料之间的黏结强度降低;RAP 掺量的增加会提高橡胶沥青再生混合料的间接拉伸强度,这可能是由于 RAP 中的老沥青具有更高的模量。同时,由 PG 64-22 基质沥青所制备的混合料相较于 PG 52-28 基质沥青具有更高的间接拉伸强度,但由两种不同来源的集料(L 和 C)所制备的沥青混合料则表现出相同的实验结果。另一方面,从劈裂强度比(TSR)的试验结果来看,当 RAP 掺量低于 15%时,无论掺加的是由何种工艺所制备的胶粉,只要胶粉掺量高于 15%就会导致所制备的沥青混合料的劈裂强度比低于规范要求的 85%。这说明胶粉掺量过高的再生沥青混合料在服役过程中易发生水损坏,因此针对这种情况有必要添加额外的抗剥落剂以提高其抗水损性能。另外,RAP 的掺量以及胶粉的制备工艺对再生沥青混合料的抗水损性能无明显影响。

6.3.3　抗车辙性能

车辙是沥青路面的一种典型损坏形式,在表观上体现为轮迹带范围内路面的纵向下凹,有时还伴随轮迹带边缘的隆起。在目前的主流路面设计方法中,抗车辙性能均是评价沥青路面路用性能的主要指标。尽管已有研究表明橡胶沥青的应用能有效改善沥青路面的抗车辙性能,但是橡胶沥青与 RAP 材料联合应用于沥青路面对其抗车辙性能的影响目前还未得到深入研究。目前,国内外广泛采用循环轮载试验来模拟实际路面上的交通荷载,且以车辙深度来表征沥青混合料的抗车辙性能。选用沥青路面分析仪(Asphalt Pavement Analyzer, APA)对橡胶再生沥青混合料的抗车辙性能进行评价,试验结果如图 6-10 所示[18-20]。

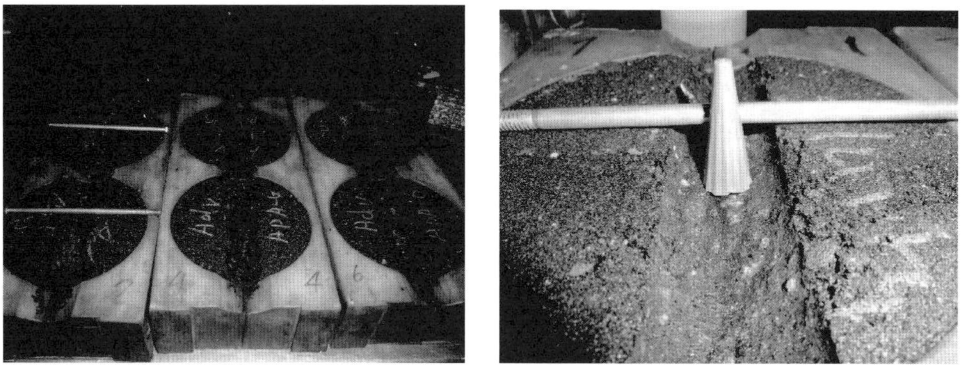

图 6-10　APA 试验试样

由图 6-11(a)可见，对于 RAP 掺量为 25%的再生沥青混合料，胶粉掺量的增加显著降低了沥青混合料的车辙深度，即胶粉掺量的提高能有效改善再生混合料的抗车辙性能。这主要是由于胶粉作为一种弹性改性剂，能有效增强沥青混合料的弹性，从而降低其黏性和塑性永久变形。另一方面，如图 6-11(b)所示，对于胶粉掺量为 10%的再生沥青混合料，其试验得到的车辙深度也随着 RAP 掺量的增加而降低。这表明由于 RAP 中的老化沥青具有更高的车辙因子，RAP 的掺入同样能提高再生沥青混合料的抗车辙性能。相比于冷冻破碎胶粉，由常温破碎胶粉所制备的再生沥青混合料具备较优异的抗车辙性能。同时，由集料 C 所制备的混合料相比集料 L 在循环荷载下产生的永久变形量更小，而且随 RAP 掺量的增加其变化幅度也较小，这可以归因于该来源的集料与沥青之间的黏结强度更高。

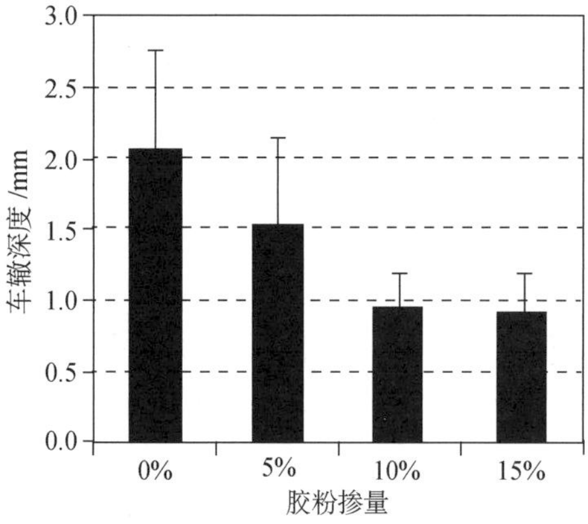

(a) 不同胶粉掺量

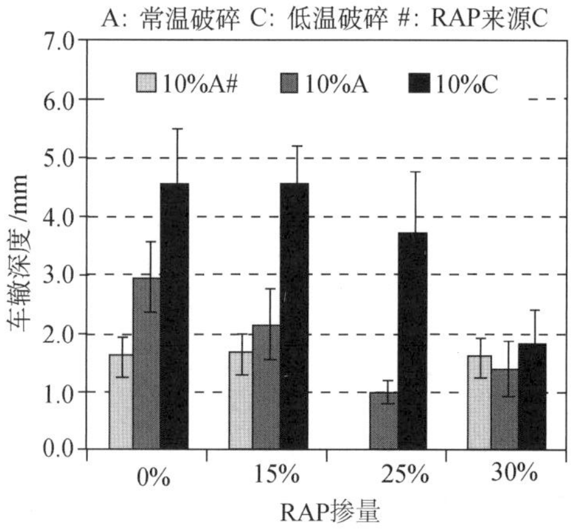

(b) 不同RAP掺量

图 6-11　APA 车辙试验结果

6.3.4 抗疲劳性能

沥青路面的疲劳破坏可归因于其受到的重复交通荷载，被认为是柔性路面最重要的结构性损伤模式之一。已有研究表明，沥青路面的疲劳寿命与沥青混合料性质（包括材料和结构参数）、荷载条件以及环境条件均有关，并阐明了重复交通负荷下疲劳裂缝是如何形成和扩展的。当沥青混合料受到循环载荷或应力时，材料在拉伸和压缩模式下的力学响应主要包括以下三种成分：弹性应变、黏弹性应变和塑性应变。其中，塑性（永久）拉伸应变是造成沥青路面疲劳破坏的主要原因。路面结构中的最大拉应力和应变一般产生于面层底部，当拉应力超过沥青混合料的抗拉强度时，疲劳裂缝形成并扩展。疲劳裂缝作为疲劳的表现，也称为龟裂，其出现说明该处路面在重复荷载作用下实际上已达到疲劳寿命极限。选用四点弯曲疲劳试验方法评价橡胶沥青再生混合料的抗疲劳性能，具体试验过程如图 6-12 所示。四点弯曲疲劳试验的结果见表 6-8—表 6-11[21-23]。

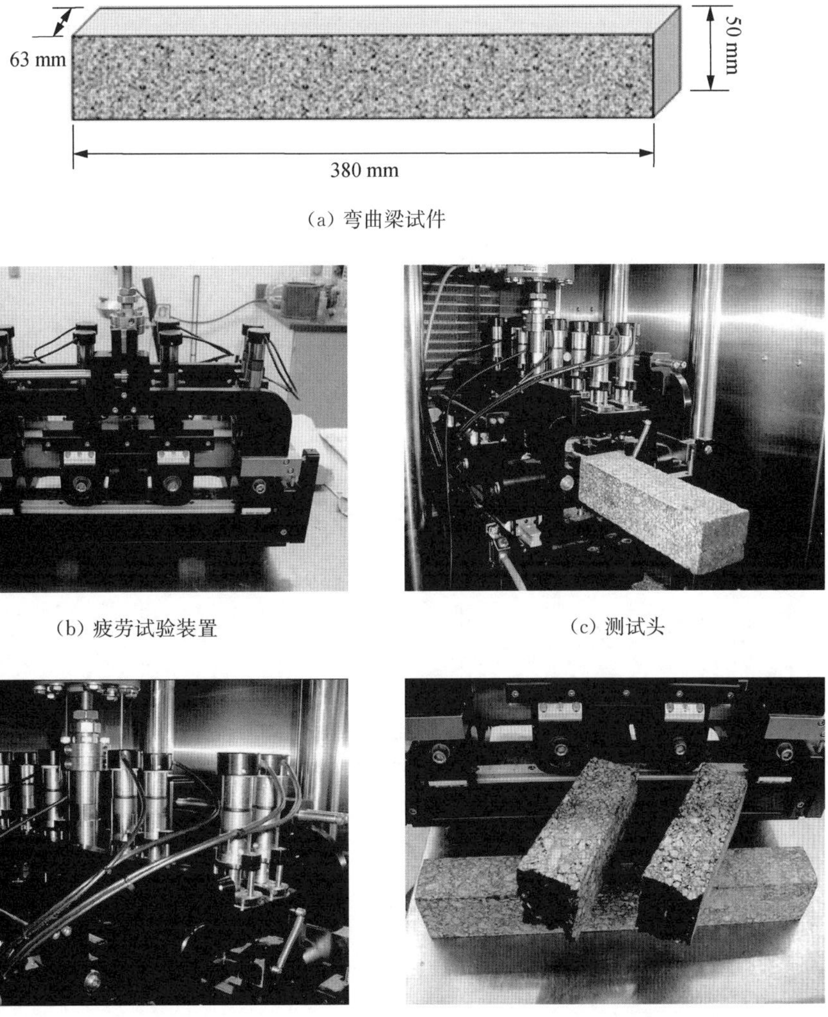

(a) 弯曲梁试件

(b) 疲劳试验装置

(c) 测试头

(d) 试验过程

(e) 试验后断裂的梁试件

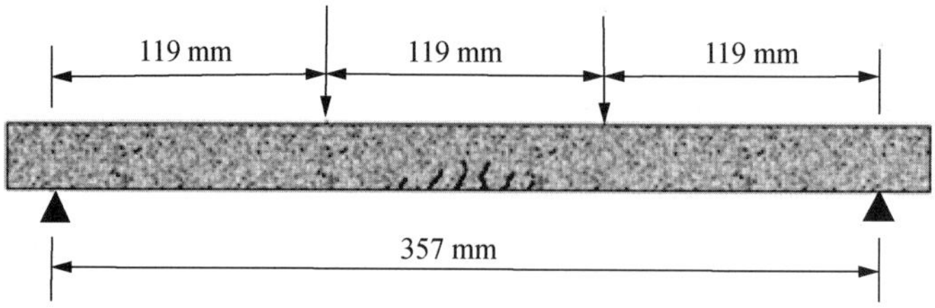

(f) 施加荷载

图 6-12　四点弯曲疲劳试验

表 6-8　四点弯曲疲劳试验结果(常温破碎胶粉,5 ℃)　单位:次

疲劳寿命		胶粉掺量			
		0%	5%	10%	15%
RAP 掺量	0%	35 425	35 426	23 335	22 808
	15%	29 911	37 539	61 871	59 400
	25%	10 055	15 412	17 562	33 860
	30%	22 515	19 290	27 311	21 497
	30%*	23 785	29 144	20 436	40 299

表 6-9　四点弯曲疲劳试验结果(常温破碎胶粉,20 ℃)　单位:次

疲劳寿命		胶粉掺量			
		0%	5%	10%	15%
RAP 掺量	0%	52 989	94 253	134 530	54 657
	15%	57 424	43 800	47 143	59 831
	25%	23 221	21 386	21 766	11 630
	30%	53 905	38 711	34 819	39 818
	30%*	22 518	20 159	21 383	24 335

表 6-10　四点弯曲疲劳试验结果(冷冻破碎胶粉,5 ℃)　单位:次

疲劳寿命		胶粉掺量			
		0%	5%	10%	15%
RAP 掺量	0%	35 425	14 663	37 723	128 538
	15%	29 911	14 873	16 793	6 073
	25%	10 055	8 450	17 640	8 980
	30%	22 515	38 283	6 723	15 370

表 6-11　　四点弯曲疲劳试验结果(冷冻破碎胶粉,20 ℃)　　单位:次

疲劳寿命		胶粉掺量			
		0%	5%	10%	15%
RAP 掺量	0%	52 989	40 435	57 681	141 295
	15%	57 424	39 218	79 410	35 555
	25%	23 221	22 910	20 895	25 793
	30%	53 905	27 368	27 000	4 115

理论上,掺入的 RAP 中的老化沥青会降低再生沥青混合料的疲劳寿命,而胶粉作为弹性体添加剂会改善其抗疲劳性能。但如表 6-8—表 6-11 中结果所示,本书设计的橡胶沥青再生混合料的疲劳寿命实际上未对增加的 RAP 和胶粉掺量表现出明显的规律。一方面,这可能是由于四点弯曲疲劳试验结果的变异性本就偏大,尽管对每种配合比设计均制备了四个重复试件;另一方面,RAP 和胶粉两种材料的同时掺入也会导致沥青混合料疲劳行为的变化趋势在这两者的耦合作用下变得更加复杂。因此,有必要采用合适的模型或方法来研究并预测橡胶沥青再生混合料的抗疲劳性能。

目前,沥青混合料的疲劳寿命的研究和预测方法可主要分为基于应力/应变的方法和基于耗散能的方法两大类,其通式如下所示:

$$N_f = a(1/\varepsilon_0)^b(1/S_0)^c \tag{6-1}$$

$$N_f = a(1/\sigma_0)^b(1/S_0)^c \tag{6-2}$$

$$N_f = dW^e \tag{6-3}$$

式中,N_f 为疲劳寿命;ε_0 为弯拉应变;σ_0 为弯拉应力;S_0 为弯曲劲度模量;W 为总耗散能;a, b, c, d 和 e 为试验确定的系数。

根据上述基于应变和基于耗散能的研究思想,并结合弯曲劲度模量和沥青饱和度等主要影响因素,利用广义多元回归模型可得到沥青混合料疲劳寿命的具体预测方程,如式(6-4)和式(6-5)所示:

$$\ln(N_f) = a + b\ln(\varepsilon_0) + c \cdot VFA + d\ln(S_0) \tag{6-4}$$

$$\ln(N_f) = e + f\ln(W_0) + g \cdot VFA \tag{6-5}$$

式中,VFA 为沥青饱和度;a, b, c, d, e, f 和 g 为试验确定的系数。

然而上述疲劳寿命预测方程起初均是针对常规沥青混合料提出的,对于掺加了 RAP 和胶粉这两种非常规材料的橡胶沥青再生混合料而言,其有效性无法得到保证。因此,本书在基于应变和耗散能这两种预测思路的基础上,引入了人工神经网络

(Artificial Neural Network，ANN)模型；另外，所构建的预测模型中除考虑到了拉伸应变、弯曲劲度模量、沥青饱和度和耗散能等传统参数以外，还引入了RAP掺量和胶粉掺量这两个针对性参数及其衍生参数。具体表达式如式(6-6)和式(6-7)所示。

$$N_f = f(R_b, R_p, R_b \cdot R_p, R_b^2, R_b^3, VFA, R_b \cdot VFA, R_p \cdot VFA, S_0, \varepsilon_0) \tag{6-6}$$

$$N_f = f(R_b, R_p, R_b \cdot R_p, R_b^2, R_b^3, VFA, R_b \cdot VFA, R_p * VFA, W_0) \tag{6-7}$$

式中，R_b 为胶粉掺量；R_p 为RAP掺量。

如图6-13(a)所示，人工神经网络模型的结构一般可分为输入层、隐藏层和输出层三部分，每一层均由一个或多个神经元节点组成。顾名思义，输入层中的神经元用来输入已知的自变量参数，输出层中的神经元用来输出模型预测的因变量结果，而两者之间的隐藏层中的神经元则主要用来进行循环计算。其中，输入层神经元的个数由所输入的自变量数量确定，输出层神经元个数则由所输出的因变量数量决定。而隐藏层中的神经元个数可以灵活调节，理论上取能使预测效果达到预期目标的最小数量。对于输出层和隐藏层中的任一神经元节点，其功能主要由两部分组成，如图6-13(b)所示。一部分仅简单地将加权后的输入值以及偏差汇总求和，另一部分则利用转换函数将上述总和进行数值转换后输出，如式(6-8)所示。

$$a = f(Wp + b) \tag{6-8}$$

式中，a 为该神经元的输出值；f 为转换函数；W 为权重；p 为该神经元的输入值；b 为偏差。

常用的转换函数包括硬限函数、线性函数和Logistic函数，如图6-13(c)所示。选用Logistic函数作为转换函数，其表达式如式(6-8)所示。

$$f(t) = \frac{1}{1 + e^{-t}} \tag{6-9}$$

综上，对于书中所应用的三层人工神经网络，混合料疲劳寿命预测模型的最终表达式如下所示：

$$N_f = f_T\left\{B_0 + \sum_{k=1}^{n}\left[W_k f_T\left(B_{hk} + \sum_{i=1}^{m} W_{ik} P_i\right)\right]\right\} \tag{6-10}$$

式中，f_T 为转换函数；B_0 为输出层的偏差；W_k 为隐藏层神经元 k 与输出层唯一神经元之间的权重；B_{hk} 为隐藏层神经元 k 的偏差；W_{ik} 为输入层神经元 i 与隐藏层神经元 k 之间的权重；P_i 为第 i 个输入层的参数。

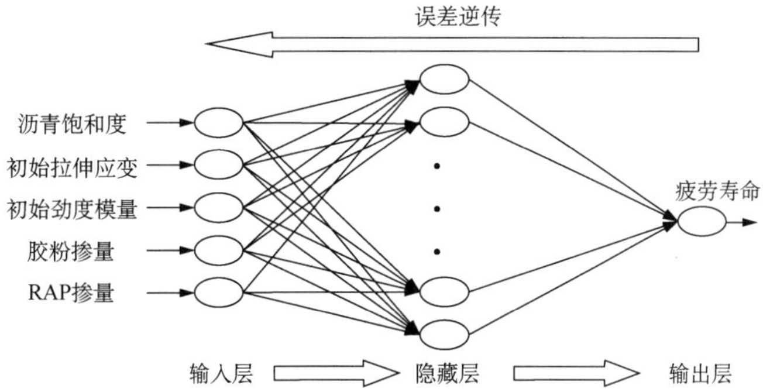

(a) 三层网络模型

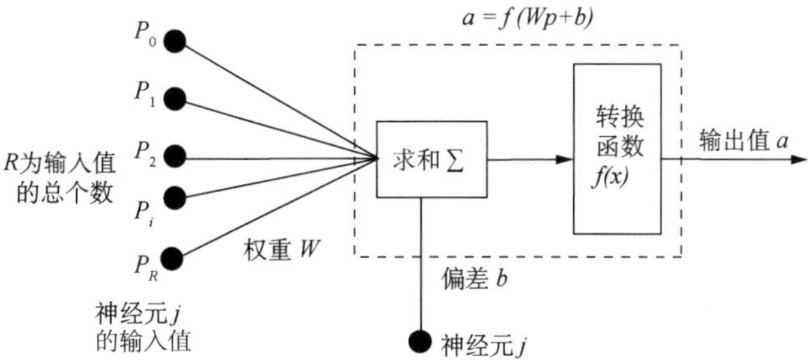

(b) 神经元节点

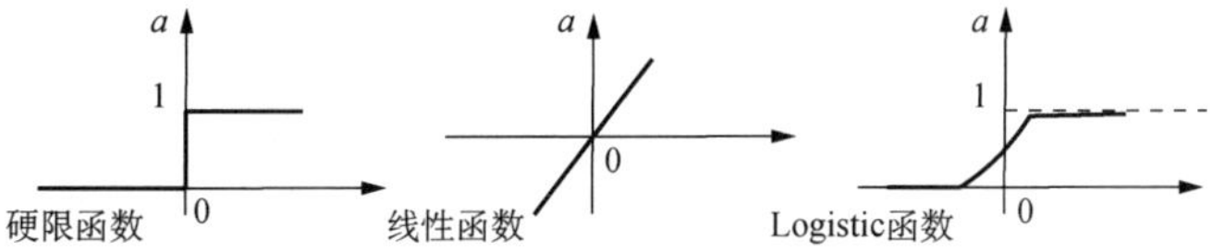

(c) 常用转换函数

图 6-13 人工神经网络模型

在确定好人工神经网络的具体框架后，进一步选用逆向传播(Back-Propagation, BP)算法对所选用的神经网络模型进行训练。该算法的基本思想是利用梯度搜索技术，使神经网络模型的实际输出值与期望输出值的误差最小。如图 6-14 所示，计算过程由正向计算(传播)过程和逆向计算(传播)过程组成。正向传播过程输入模式从输入层经隐藏单元层逐层处理，并转向输出层，每一层神经元的状态只影响下一层神经元的状态。如果在输出层不能得到期望的输出，则转入逆向传播。误差信号将沿原来的连接通路返回，通过修改各神经元的权值使得误差信号最小。

根据 4 种 RAP 掺量和 4 种胶粉掺量的正交设计试验方案，总共可获得 16 组橡胶沥青再生混合料的疲劳试验相关数据，以用作人工神经网络的数据集。其中，11 组数据集用于人工神经网络模型的训练过程，即确定预测模型[式(6-10)]中的各个权重和偏差值。该训练过程可通过循环利用如图 6-15 所示的 Excel 电子表格并搭配宏命令进

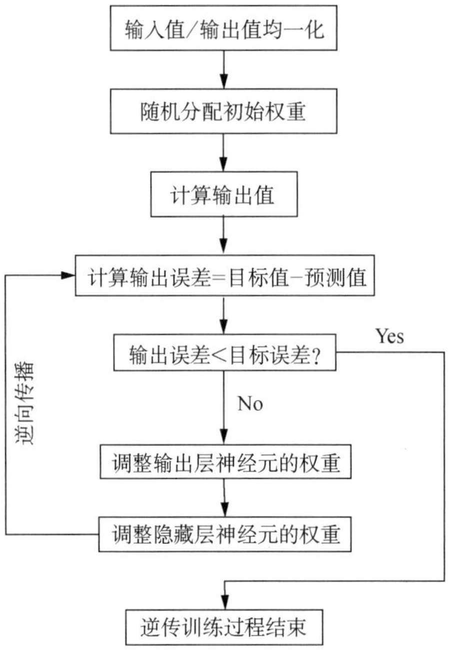

图 6-14 逆向传播计算过程

1	A	B	C	D	E	F	G
2		COMMANDS OF EXECUTING EQ.8	Hidden Layer				
3		ARGUMENT("R_b","R_p","P_1","P_2","P_3","$Ln(\varepsilon_0)$")	Weight matrix	Hidden 1	Hidden 2	Hidden 3	Hidden 4
4		ARGUMENT("VFA","P_4","P_5","$Ln(S_0)$")	Bias	8.50785	−9.71422	−2.95993	−1.94422
5		$R_b=(R_b+0.019)/0.19$; $R_p=(R_p+0.038)/0.38$	Input 1	−2.92512	3.77847	0.21774	−2.58416
6		$P_1=(p_1+0.0056)/0.056$; $p_2=(p_2+0.003)/0.03$	Input 2	−5.43439	2.23798	1.56790	−4.47596
7		$P_3=(p_3+0.0004)/0.004$; $Ln(\varepsilon_0)=(Ln(\varepsilon_0)+7.91)/0.37$	Input 3	−2.05854	3.93442	3.62199	0.22930
8		$VAF=(VAF-0.725)/0.053$; $p_4=(p_4+0.015)/0.15$	Input 4	2.04824	3.40047	−0.12879	2.48973
9		$p_5=(p_5+0.028)/0.28$; $Ln(S_0)=(Ln(S_0)-16.64)/0.333$	Input 5	2.17721	3.49616	−5.61273	4.02605
10		Pi 1=1/(1+EXP(-($R_b D\$5+R_P*D\$6+P_1/D\$7+P_2*D\$8+$	Input 6	−1.07765	3.16621	1.70724	−1.50146
11		$P_3*D\$9+Ln(\varepsilon_0)*D\$10+VFA*D\$11+P_4*D\$12+$	Input 7	−7.00788	−0.51641	2.25666	−1.66313
12		$P_5*D\$13+Ln(S_0)*D\$14+D\$4$)))	Input 8	0.78339	−1.49672	2.87061	2.33660
13		Pi2=1/(1+EXP(-($R_b E\$5+R_p*E\$6+P_1/E\$7+P_2*E\$8+$	Input 9	0.25014	2.09887	3.63714	−3.44396
14		$P_3*E\$9+Ln(\varepsilon_0)*E\$10+VFA*E\$11+P_4*E\$12+$	Input 10	0.34972	3.67111	−3.83600	−0.36828
15		$P_5*E\$13+Ln(S_0)*E\$14+E\$4$)))					
16		Pi3=1/(1+EXP(-($R_b*F\$5+R_p*F\$6+P_1*F\$7+P_2*F\$8+$	Output Layer				
17		$P_3*F\$9+Ln(\varepsilon_0)*F\$10+VFA*F\$11+P_4*F\$12+$	Bias	4.06708			
18		$P_5*F\$13+Ln(S_0)*F\$14+F\$4$)))	Hidden 1	−3.83664			
19		Pi4=1/(1+EXP(-($R_b*G\$5+R_p*G\$6+P_1*G\$7+P_2*G\$8+$	Hidden 2	2.81230			
20		$P_3*G\$9+Ln(\varepsilon_0)*G\$10+VFA*G\$11+P_4*G\$12+$	Hidden 3	−4.37899			
21		$P_5*G\$13+Ln(S_0)*G\$14+G\$4$)))	Hidden 4	−4.17195			
22		Z=Pi1*D18+Pi2*D19+Pi3*D20+Pi4*D21+D17					
23		Z=1/(1+EXP(-Z))					
24		Ln(F)=2.041*Z+9.007					
25		RETURN(F)					

Weight matrix:
Cells D4: G4 are B_{HK}
Cells D5: G14 are W_{ik}

Cells B3:B25 are macro commands to execute Eq.8

Weight matrix:
Cell D17 is B_o
Cells D18: D21 are W_{ik}

图 6-15 面向人工神经网络训练学习过程的 Excel 计算表示例

行。虽然该训练过程会耗费一定的时间，但是使用基于人工神经网络的电子表格来计算疲劳寿命操作非常简单，执行速度也非常快。

其余5组数据集则用于验证所构建模型的有效性，验证结果如图6-16和图6-17所示。人工神经网络模型的预测成功率(拟合优度)基本上都高于90%，某些情况下甚至可以达到97%。这表明无论是采用基于应变还是基于耗散能，人工神经网络模型作为一种新的建模方法都可以准确地预测出橡胶沥青再生混合料的疲劳寿命。

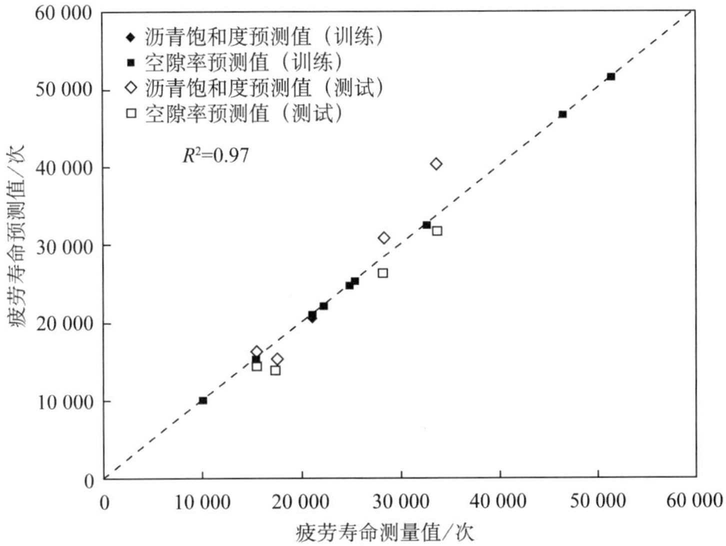

(a) 常温破碎胶粉，5 ℃

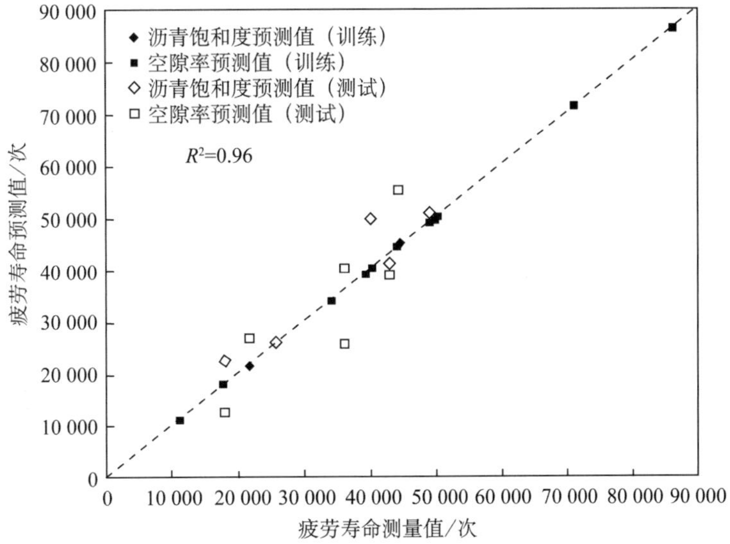

(b) 常温破碎胶粉，20 ℃

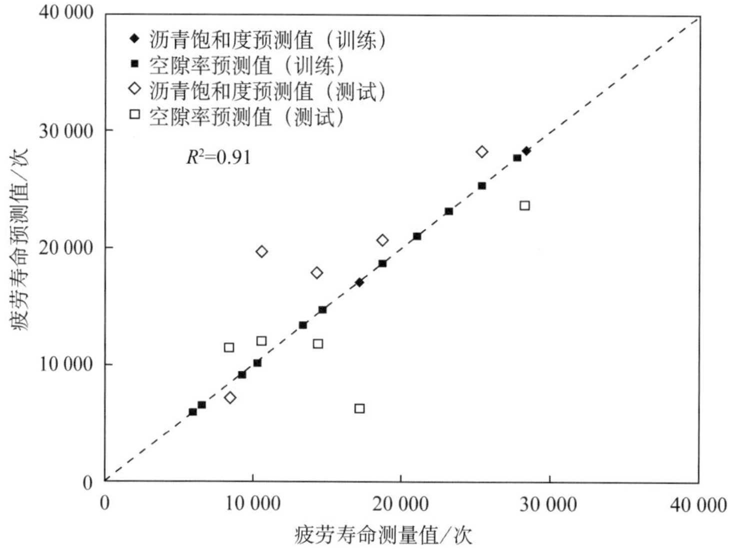

(c) 低温破碎胶粉，5 ℃

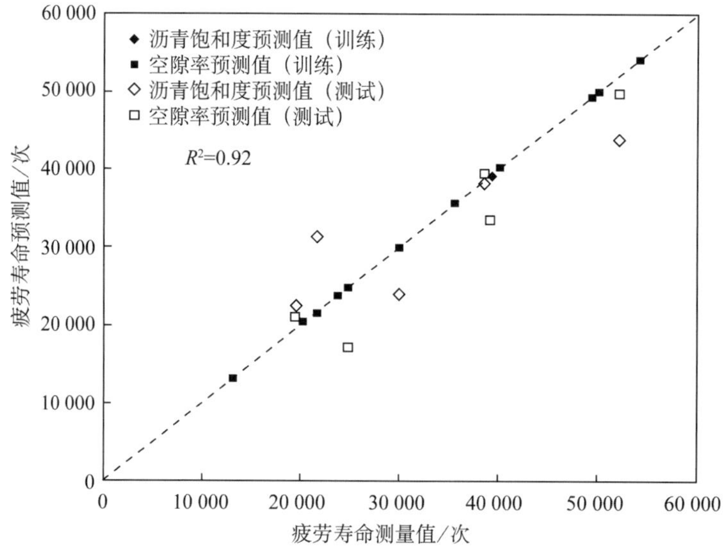

(d) 低温破碎胶粉，20 ℃

图 6-16　基于应变的人工神经网络模型的预测效果

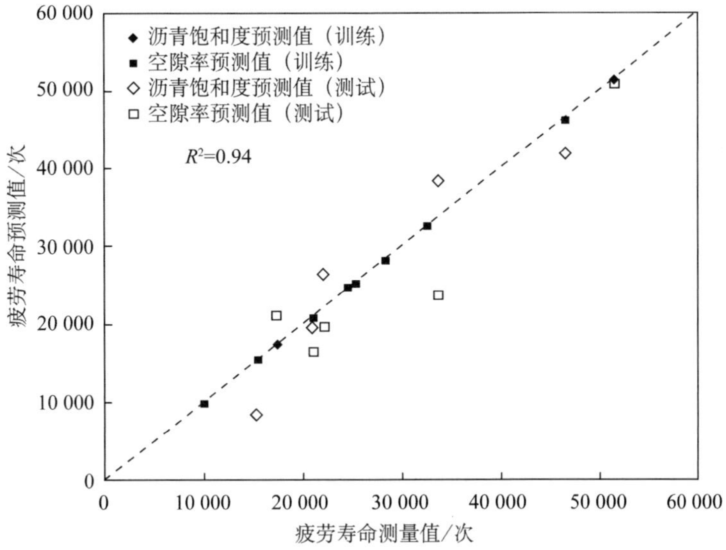

(a) 常温破碎胶粉，5 ℃

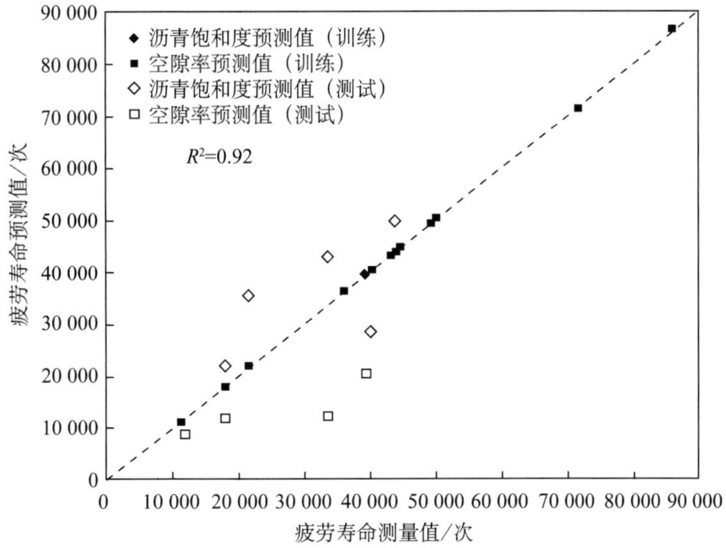

(b) 常温破碎胶粉，20 ℃

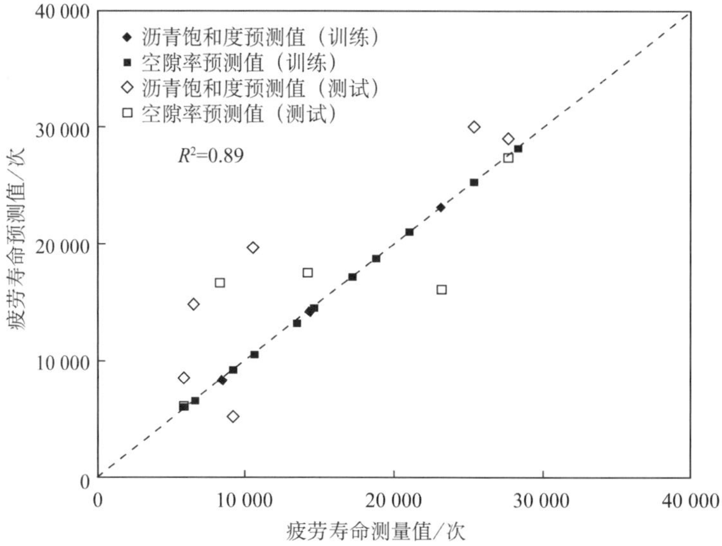

(c) 低温破碎胶粉，5 ℃

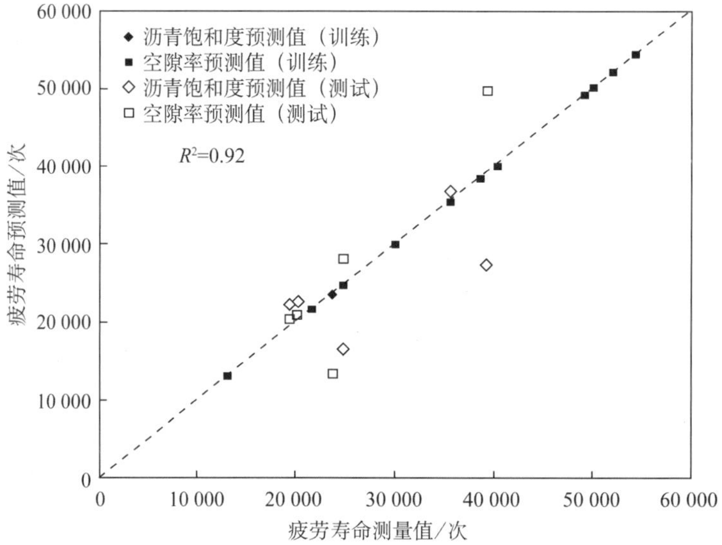

(d) 低温破碎胶粉，20 ℃

图 6-17　基于耗散能的人工神经网络模型的预测效果

6.3.5　小结

综上，体积参数分析表明橡胶再生沥青混合料能适用 Superpave 配合比设计及其配套的旋转压实方法，并且能具备与常规沥青混合料相当的性能。沥青混合料回收料掺量的增加会提高橡胶再生沥青混合料的冻融劈裂强度，而胶粉掺量过高的再生沥青混合料在服役过程中易发生水损坏。同时，沥青混合料回收料和胶粉的掺入均能显著提高橡胶再生沥青混合料的抗车辙性能。最后，虽然橡胶再生沥青混合料的疲劳寿命未对沥青混合料回收料和胶粉的掺量表现出明显的规律，但利用人工神经网络模型可以精准预测出橡胶再生沥青混合料的疲劳寿命。

6.4 结语

本章针对橡胶再生沥青混合料的性能特征进行了阐述。首先，胶粉作为一种弹性体，在材料组成上主要包含天然橡胶、人工橡胶、炭黑与其他添加剂。利用不同的制备工艺，如常温破碎、低温破碎、湿法破碎和水射流破碎等，可得到具有不同表面特性的胶粉。为解决后续沥青改性过程中沥青与胶粉的相容性问题，可对胶粉进行预处理，包括脱硫和表面活化。其次，橡胶沥青的制备工艺主要包括传统的湿法工艺及其演变发展而来的终端拌和工艺。相较于普通沥青，橡胶沥青具有延长路面寿命、限制反射裂缝、减弱交通噪声和降低全生命周期成本等优势，但同时也存在存储稳定性差、施工和易性差和会排放有害气体等问题。最后，将胶粉作为一种增韧再生剂对沥青混合料回收料进行再生，不仅可以"以废治废"实现资源回收利用，还能显著提高再生沥青混合料的抗车辙性能和抗疲劳性能等，从而实现更佳的再生效果和更大的环境经济效益。另外，基于前馈学习的人工神经网络模型可以精准预测出橡胶再生沥青混合料的疲劳寿命，有利于指导实际工程中的路面全寿命监控。

参考文献

[1] Presti Lo. Recycled tyre rubber modified bitumens for road asphalt mixtures: A literature review [J]. Construction and Building Materials, 2013, 49(6): 863-881.

[2] Xu Ouming, Rangaraju Rao, Wang Shifeng, et al. Comparison of rheological properties and hot storage characteristics of asphalt binders modified with devulcanized ground tire rubber and other modifiers[J]. Construction and Building Materials, 2017, 154(15):841-848.

[3] Kocevski Saso, Yagneswaran Sriram, Xiao Feipeng, et al. Surface modified ground rubber tire by grafting acrylic acid for paving applications[J]. Construction and Building Materials, 2012, 34: 83-90.

[4] Xiao F, Yao Shenglei, Wang Jiayu, et al. Physical and chemical properties of plasma treated crumb rubbers and high temperature characteristics of their rubberised asphalt binders[J]. Road Materials and Pavement Design, 2020, 21:587-606.

[5] Li Jin, Yao S, Xiao F, et al. Surface modification of ground tire rubber particles by cold plasma to improve compatibility in rubberised asphalt[J]. International Journal of Pavement Engineering, 2020:1-12.

[6] Li J, Xiao F, Amirkhanian Serji N. Storage, fatigue and low temperature characteristics of plasma treated rubberized binders[J]. Construction and Building Materials, 2019, 209:454-462.

[7] Li J, Xiao Feipeng, Amirkhanian Serji N. Rheological and chemical characterization of plasma-treated rubberized asphalt using customized extraction method[J]. Fuel, 2020, 264(Mar. 15): 116819.1-116819.13.

[8] Li J, Xiao Feipeng, Amirkhanian Serji N. High temperature rheological characteristics of plasma-treated crumb rubber modified binders [J]. Construction and Building Materials, 2020, 236:117614.

[9] Li J, Wang Jiayu, Xiao Feipeng, et al. Characterizing compatibility of crumb rubber modified asphalt by customized drainage method[J]. Test. Eval, 2021, 49:20190856.

[10] Shen Junan, Amirkhanian Serji N, Xiao Feipeng, et al. Influence of surface area and size of crumb rubber on high temperature properties of crumb rubber modified binders[J]. Construction and Building Materials, 2009, 23(1):304-310.

[11] Tang Naipeng, Huang Weidong, Xiao Feipeng. Chemical and rheological investigation of high-cured crumb rubber-modified asphalt [J]. Construction and Building Materials, 2016, 123: 847-854.

[12] Huang W, Lin Peng, Tang N, et al. Effect of crumb rubber degradation on components distribution and rheological properties of Terminal Blend rubberized asphalt binder [J]. Construction and Building Materials, 2017.

[13] Li Benliang, Huang W, Tang N, et al. Evolution of components distribution and its effect on low temperature properties of terminal blend rubberized asphalt binder[J]. Construction and Building Materials, 2017, 136(APR. 1):598-608.

[14] Lin P, Huang W, Tang N, et al. Performance characteristics of Terminal Blend rubberized asphalt with SBS and polyphosphoric acid[J]. Construction and Building Materials, 2017, 141 (Jun. 15):171-182.

[15] Lin P, Huang W, Tang N, et al. Understanding the low temperature properties of Terminal Blend hybrid asphalt through chemical and thermal analysis methods [J]. Construction and Building Materials, 2018, 169(APR. 30):543-552.

[16] Xiao Feipeng, Amirkhanian Serji N, Putman B J, et al. Feasibility of Superpave gyratory compaction of rubberized asphalt concrete mixtures containing reclaimed asphalt pavement[J]. Construction and Building Materials, 2012, 27(1):432-438.

[17] Xiao Feipeng, Amirkhanian Serji N, Laboratory investigation of moisture damage in rubberised asphalt mixtures containing reclaimed asphalt pavement[J]. International Journal of Pavement Engineering, 2009, 10(5):319-328.

[18] Xiao Feipeng, Amirkhanian Serji N, Laboratory investigation of utilizing high percentage of RAP in rubberized asphalt mixture[J]. Materials and Structures, 2009, 43(1-2):223.

[19] Xiao Feipeng, Amirkhanian Serji N, Putman B, et al. Laboratory investigation of engineering properties of rubberized asphalt mixtures containing reclaimed asphalt pavement[J]. Canadian Journal of Civil Engineering, 2010, 37(11):1414-1422.

[20] Xiao Feipeng, Amirkhanian Serji N, Juang C Hsein. Rutting resistance of rubberized asphalt

concrete pavements containing reclaimed asphalt pavement mixtures[J]. Journal of Materials in Civil Engineering, 2007, 19(6):475-483.

[21] Xiao Feipeng, Amirkhanian Serji N, Shen Junan, et al. Influences of crumb rubber size and type on reclaimed asphalt pavement(RAP) mixtures[J]. Construction and Building Materials, 2009, 23(2):1028-1034.

[22] Xiao Feipeng, Amirkhanian Serji N, Juang C Hsein. Prediction of fatigue life of rubberized asphalt concrete mixtures containing reclaimed asphalt pavement using artificial neural networks [J]. Journal of Materials in Civil Engineering, 2009, 21(6):253-261.

[23] Xiao Feipeng. Development of fatigue predictive models of rubberized asphalt concrete(RAC) containing reclaimed asphalt pavement(RAP) mixtures[D]. Clemson University, South Carolina State, USA, 2006.

7 温拌再生沥青混合料的性能表征

7.1 温拌剂类型与性能
7.2 温拌再生沥青胶结料的性能表征
7.3 温拌再生沥青混合料的性能表征
7.4 结语

温拌沥青技术(WMA)是指在制备沥青混合料的过程中通过材料和工艺降低拌和成型温度。热拌沥青混合料的生产过程会排放大量温室气体,随着减排目标的不断落实,为了减少道路行业造成的环境污染,温拌沥青技术逐渐进入大众视野。传统的热拌沥青混合料是在 140 ℃～180 ℃下生产和压实的,而使用温拌沥青技术可将混合和压实温度降低 20 ℃～60 ℃。根据美国国家沥青技术中心(National Center for Asphalt Technology, NCAT)的一般规范要求,温拌沥青混合料一般控制在 115 ℃～135 ℃的温度范围内进行制备。自 2004 年,美国铺筑了第一条温拌沥青道路后,NCAT 分别于 2009 年、2010 年和 2011 年进行了现场调查,以确定美国境内使用温拌沥青技术的道路路段的现场性能,通过分析密度、间接拉伸强度、沥青含量和沥青等级等指标后,认为温拌沥青混合料总体路用性能良好。

此外,使用温拌沥青技术有许多直接和间接的优势[1],具体包括:

(1) 减少沥青混合料加热过程的能源需求。温拌沥青技术不仅能够节省化工燃料的消耗,还降低了能源生产中的生产成本。许多研究表明,与传统的热拌沥青混合料相比,使用温拌沥青技术可以节约 18%～30%的能量。此外,生命周期成本评估研究表明,使用温拌沥青技术可以将成本降低 10%～30%。

(2) 减少温室气体排放。温拌沥青技术减少温室气体排放可分为两个阶段:第一阶段是通过减少燃料消耗而减少温室气体排放;第二阶段是减少由于沥青加热产生的温室气体。根据研究,每吨温拌沥青混合料可减少 4.1～5.5 kg 的温室气体,使用温拌沥青技术可以减少 24%的空气污染。

(3) 烟尘污染小。与热拌沥青混合料相比,在使用温拌沥青混合料的施工现场,沥青烟雾和粉尘的排放量非常低。根据研究,摊铺机后的沥青烟气减少 30%～90%。德国沥青研究论坛对沥青烟雾和气溶胶进行的多项研究表明,温拌沥青混合料(130 ℃)的烟气排放量比热拌沥青混合料(160 ℃)的排放量低 50%。图 7-1 显示了摊铺机后热拌沥青混合料和温拌沥青混合料之间的沥青烟气排放比较。

(4) 施工和易性好。温拌沥青技术降低了沥青在较低温度下的黏度,因此沥青混合料的可压实性和可加工性优于热拌沥青混合料,该特性对铺筑和压实沥青混合料非常有帮助。某些温拌剂还具有润滑作用,改善了沥青的流动特性,在寒冷和大风条件下也可轻松将沥青混合料压实。

(5) 适应更长距离的运输及更广的施工温度范围。热拌沥青混合料的主要问题之一是运输造成热量损失,过长的运距导致热拌沥青混合料达不到所需的压实温度。由于温拌沥青混合料具有较低的压实温度,热损失率较低,易于运输更长的距离而不会损失所需的压实温度。同样,在相对较低的施工温度使温拌沥青混合料能够在更广范围的环境温度下使用,延长了路面施工周期,尤其对受季节变化影响的施工方而言更加具有优势。另外,由于施工温度较低,温拌沥青混合料还允许铺筑后的道路比使用热拌沥青技术更快开放,减轻了道路新建和翻修时的交通拥堵。

(a) 热拌沥青混合料　　(b) 温拌沥青混合料

图 7-1　摊铺机后沥青混合料烟气排放比较

(6) 能够用于再生高掺量沥青混合料回收料(RAP)。一方面,温拌沥青技术通过使用温拌添加剂降低拌和压实温度来降低生产成本和环境污染;另一方面,RAP 通过使用再生材料来降低生产成本和环境污染。温拌沥青技术和再生沥青技术的结合使用可以在提高性能的同时进一步降低生产成本和环境污染。在热拌沥青混合料中使用 RAP 的主要问题之一是已经老化的 RAP 在高温拌和阶段很容易发生二次老化,这可能会大大增加路面早期开裂的可能性。在温拌沥青混合料中使用的较低温度可以防止 RAP 在拌和过程中的二次老化,它通过改善老化沥青的柔韧性来减少路面的疲劳裂缝和温度裂缝,使其更具弹性以防止早期开裂。同样,温拌沥青添加剂降低了温拌沥青混合料中较硬的 RAP 沥青胶结料的黏度,弥补了沥青混合料回收料较差的施工和易性,从而允许在温拌沥青技术中使用更高的 RAP 含量。因此,掺入 RAP 的温拌沥青混合料的压实度大于掺入 RAP 的热拌沥青混合料的压实度,这延长了路面的使用寿命。因此,在温拌沥青技术中使用 RAP 会以积极的方式相互补充,以克服温拌沥青技术和路面再生技术的固有局限性。

许多研究人员对温拌再生沥青混合料进行了实验室和现场性能评估。但是,由于不同的温拌材料与工艺具有各自的优缺点,相应的路用性能随着所选材料和工艺的不同而不同,往往没有统一的结论。许多研究人员已经对温拌再生沥青混合料的适用性进行了研究,对各种温拌技术和添加剂进行了评估,以确定 RAP 在温拌沥青技术中的优缺点。同时,研究了温拌再生沥青混合料的性能,以尽可能多地掺入 RAP,掺量基本上可以达到 60%以上。以下从温拌剂、温拌再生沥青胶结料及混合料三方面详细讨论温拌再生沥青技术的特性。

7.1 温拌剂类型与性能

7.1.1 温拌沥青技术的分类

温拌沥青技术通过使用不同的温拌剂和温拌工艺降低沥青混合料的制备和摊铺温度，尽管这些温拌材料和工艺在原理上有很大的不同，但它们都针对降低沥青黏度、改善沥青混合料的施工和易性以及减少烟气排放。根据降低的温度范围，可将温拌沥青技术分为温拌沥青技术和半温拌沥青技术，而根据温拌原理，可将温拌沥青技术分为以下三种[1]：①发泡沥青技术(细分为沸石发泡工艺和添加剂发泡工艺)；②有机添加剂[例如 Fischer-Tropsch(FT)合成蜡、脂肪酸酰胺(Fatty acid amide)蜡和 Montan 蜡]；③化学添加剂(通常是乳化剂或聚合物)。具体如图 7-2、表 7-1 所示。

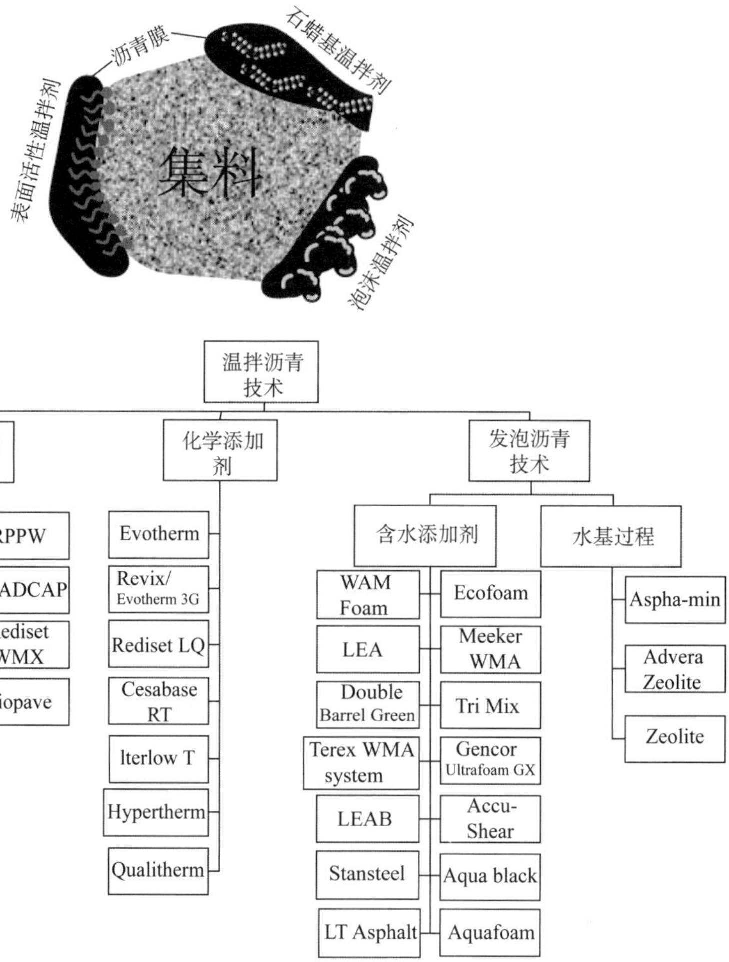

图 7-2 温拌沥青技术的分类

表 7-1　　温拌沥青技术常见产品

温拌技术		产品名称	生产公司	描述	温拌剂掺量	使用地区	使用温度（降低温度）/℃
发泡技术	含水发泡技术	Aspha-Min	Eurovia and MHI	使用沸石的含水发泡技术	混合料总质量的 0.3%	全球	(20～30)
发泡技术	含水发泡技术	Advera	PQ Corporation		混合料总质量的 0.25%	美国	(10～30)
发泡技术	水基发泡技术	Double Barrel Green	Astec	水基发泡过程	沥青质量 2% 的水、抗剥落剂	美国	116～135
发泡技术	水基发泡技术	Ultrafoam GX	Gencor 工业		沥青质量 1%～2%的水	美国	不明确
发泡技术	水基发泡技术	LT Asphalt	Nynas	带有亲水添加剂的泡沫沥青	沥青质量的 0.5%～1%	荷兰和意大利	90
发泡技术	水基发泡技术	WAM-Foam	Shell and Kolo-Veidekke	软胶结料涂覆，硬质胶结料发泡	硬质胶结料质量 2%～5%的水	全球	100～120
发泡技术	水基发泡技术	Low Energy Asphalt	LEACO	热粗骨料与湿砂混合	细砂质量 3% 的水	美国、法国、西班牙、意大利	<100
发泡技术	水基发泡技术	Low Emission Asphalt	McConnaughay 科技	热粗骨料、添加剂与湿砂混合	细砂质量 3% 的水，沥青质量的 0.4%	美国	90
发泡技术	水基发泡技术	LEAB	Royal Bam Group	与沥青发泡，在低于水沸点下与骨料混合	沥青质量的 0.1%，黏合添加剂	荷兰	90
有机添加剂	Fischer-Tropsch 蜡（FT 蜡）	Sasobit	Sasol	Fischer-Tropsch 蜡	沥青质量的 2.5%（德国），沥青质量的 1% ～ 1.5%（美国）	德国等国家	(20～30)
有机添加剂	Montan 蜡	Asphaltan B	Romonta GmbH	精制 Montan 蜡和脂肪酸酰胺	沥青质量的 2%～4%	德国	(20～30)
有机添加剂	脂肪酸酰胺蜡	Licomont BS	Clariant	脂肪酸酰胺	沥青质量的 3%	德国	(20～30)
有机添加剂	脂肪酸酰胺蜡	3E LT or Ecoflex	Colas	保留所有权	未明确	法国	(30～40)

（续表）

温拌技术		产品名称	生产公司	描述	温拌剂掺量	使用地区	使用温度（降低温度）/℃
化学添加剂		Evoterm 技术	Mead Westvaco	化学封装（含水或无水）	沥青乳液质量的 0.5%，乳液中含有 70%的沥青	全球	85～115
		Cecabase RT	CECA	化学封装	沥青混合料质量的 0.2%～0.4%	美国、法国	(30)
		Rediset	Akzo Nobel	阳离子表面活性剂和有机添加剂	沥青质量的 1.5%～2%	美国、挪威	(30)
		Revix	Mathy-Ergon	表面活性剂、蜡、加工助剂、聚合物	未明确	美国	(15～25)
		Iterlow T	IterChimica	无描述	沥青质量的 0.3%～0.5%	意大利	120

7.1.2 沥青发泡技术

沥青发泡技术易于操作，并且在许多情况下可以满足沥青混合料的性能要求，随着泡沫沥青技术越来越普及，逐渐被施工方所广泛接受。沥青发泡过程的机理可以概括为：向热沥青胶结料中添加一定比例的水，使其在高温（超过 150 ℃）下产生水蒸气。当水分散到加热的沥青胶结料中并变成蒸汽时，会导致沥青胶结料体积膨胀并相应地增大了沥青胶结料的表面积，这有助于增加沥青胶结料的润湿性和降低沥青的黏度。泡沫沥青混合料的生产温度通常比具有相同等级的热沥青混合料低 20 ℃～35 ℃，某些情况下甚至可以低于 100 ℃。这一工艺显著改善了沥青混合料的裹覆性和可加工性，但是其持续时间受到限制，这就意味着必须在制备泡沫沥青混合料后立即将其摊铺并压实。另外，添加水时必须采取特殊的措施。添加水的量应足以产生泡沫效果，但又不至于引起沥青混合料的集料剥离问题。尽管大多数沥青发泡材料和沥青发泡技术的基本过程是相同的，但是将水注入到沥青胶结料中的方式可能会有所不同。根据这一不同，将泡沫沥青制备方法分为沸石沥青发泡法（间接方法）和添加剂发泡法（直接方法，图 7-3）两种。

7.1.2.1 含水沥青发泡技术

含水沥青发泡技术使用沸石来实现发泡过程。沸石由碱金属的硅铝酸盐组成，结构具有较大的空隙，并且含有大约 20%的结晶水。随着温度的升高，结晶水会从沸石结构中释放出来并在沥青混合料中产生起泡效果，持续时间为 6～7 h。失去和吸收水而不破坏晶体结构的能力是该硅酸盐骨架的主要特征。

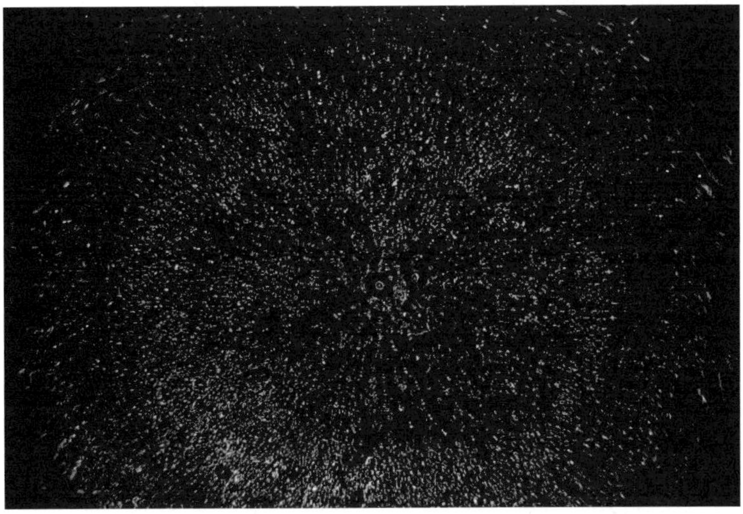

图 7-3 直接发泡沥青工艺

7.1.2.2 添加剂沥青发泡技术

添加剂沥青发泡技术以更直接的方式注入水，产生发泡效果所需的水通常是使用特殊喷嘴直接注入加热的沥青黏结剂中。随着水的快速蒸发产生大量泡沫，从而形成泡沫沥青材料。根据不同发泡工艺主要有以下几种泡沫沥青混合料的制备类型：

Double Barrel Green，Ultrafoam GX，LT Asphalt：尽管将水注入热沥青胶结料的设备有所不同（每个公司都有不同的机械设备），但基本原理是相同的，即使用喷嘴注入冷水，使沥青胶结料发泡。

WAM-Foam：这是一种两组分胶结料系统（也称为两阶段法），可在生产过程中的不同时间将软沥青胶结料和硬泡沫胶结料加入混合循环中。首先将软沥青与骨料混合以对其进行预裹覆；然后将硬质沥青添加到沥青混合料中，该沥青混合料已通过事先注入冷水而发泡，添加量为硬质胶结料质量的 2%～5%。软质胶结料和硬质胶结料的发泡这种组合降低了沥青黏度，以提供必要的施工和易性。

低能耗沥青发泡方法：使用湿的细骨料，当其与加热的沥青胶结料接触时会产生发泡效果。此类技术最终含水量通常为 0.5%，施工温度大约为 95 ℃，这保证了沥青混合料的施工和易性和足够的压实度。

低排放沥青发泡方法：与低能耗沥青发泡过程类似，将化学添加剂和发泡技术结合。混合过程分为两个阶段：在第一阶段，将掺入化学添加剂的沥青胶结料添加到加热的粗骨料中；在第二阶段，添加潮湿细骨料产生沥青发泡效果。

总之，泡沫沥青混合料通常易于压实，因为沥青胶结料中分散的水会显著软化沥青胶结料并增加沥青的体积，从而在生产过程中具有更好的施工和易性。但是，在对泡沫沥青混合料性能测试过程中的再加热是否对其性能有影响还未有明确的结论，导致对泡沫沥青混合料的路用性能评价受施工工艺和测试方法的影响。因为在再加热过程中,发泡沥青混合料中的水可能已完全蒸发,因此会影响沥青胶结料的老化过程。另外,沥青黏结剂中也可能包含一些微小的气泡,这些微小气泡在再加热过程中会加速沥青黏结剂的氧化。图 7-4 对比了实验室回收提取的泡沫沥青与工程现场的泡沫沥青,由于在重新加热过程中泡沫沥青进一步氧化,图中可以发现多数实验室回收提取的泡沫沥青失败温度要高于工程现场直接制备的泡沫沥青。此外,由于拌合站 A 掺入了更多的 RAP 老化沥青,相比其他 3 个拌合站得到的温拌沥青具有更高的失败温度。

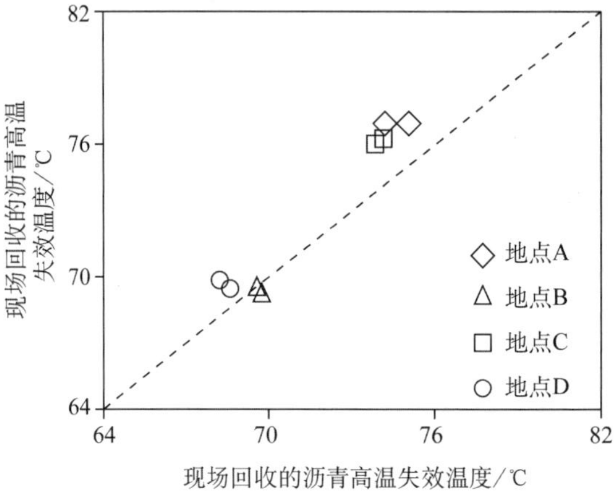

图 7-4　实验室和现场回收的沥青胶结料高温失效温度的比较

7.1.3　有机添加剂

有机添加剂大都采用的是熔点较低的有机降黏剂,如蜡基材料,这种改性剂在高温下首先发生熔化分解,随后吸附与其化学结构相类似的饱和分中(这些饱和组分大多为蜡基或油基分子),进而发生相互溶解,形成稳定不离析的溶液。这种吸附溶解作用,降低了沥青的运动黏度,并且随着温度升高,吸附溶解作用越显著,引起运动黏度急剧下降。随着沥青混合料的冷却,这些添加剂固化成微观上小的且均匀分布的颗粒,与纤维增强材料类似,它们增加了沥青胶结料的刚度。因此,为了避免可能出现的使用温度不匹配问题,必须仔细选择有机添加剂的类型。具体来说,如果有机添加剂的熔点低于沥青混合料的使用温度,则可能导致沥青脆化,选择合适的有机添加剂可使低温下沥青的脆性最小化。因此,有机添加剂应在工作温度下具有合适的抵抗变形能力。

有机添加剂中的蜡基材料是具有 80 ℃～120 ℃熔点的高分子烃链,能够改变沥青胶结料的性能。蜡基材料的熔化温度与碳链的长度(C_{45}或更高)直接相关,蜡基材料的添加量通常为沥青总质量的 2%～4%,加入这些蜡通常可降低温度 20 ℃～30 ℃。此外,它们还能够提高沥青胶结料的抗变形能力。20 世纪 80 年代末相继开发了三种蜡基材料,用于降低沥青胶结料黏度,分别为 Fischer-Tropsch 蜡(FT 蜡)、脂肪酸酰胺蜡和 Montan 蜡。

7.1.3.1 Fischer-Tropsch 蜡

FT 蜡来源于(CO/H_2)合成烃类和其他脂肪族化合物的材料。该添加剂是不带官能团的纯烃,具有优异的化学稳定性和耐老化性。尽管它在纯净状态下约 100 ℃时熔化,但与沥青混合时,其熔点较低(80 ℃～85 ℃),这使得沥青混合料可以在低于 100 ℃时制备和压实。在冷却过程中,它从 105 ℃开始产生结晶,并于 65 ℃结束结晶,在沥青中形成规则分布的微观棒状颗粒。天然沥青蜡和 FT 蜡之间的差异在于它们的结构和物理性质。更具体地说,主要区别是 FT 蜡的链长更长且晶体结构精细。研究表明,FT 蜡抗老化性能良好,保存时间较长。

7.1.3.2 脂肪酸酰胺蜡

脂肪酰胺蜡是通过胺与脂肪酸反应而合成制备的蜡基材料。一般而言,它们在 140 ℃～145 ℃下熔化,而在 35 ℃～45 ℃下发生结晶。随着脂肪酸酰胺的冷却固化,它们在沥青中形成微晶,从而增加了沥青胶结料的稳定性和抗变形性。这类产品一直是沥青中的黏度调节剂,并且从 20 世纪 70 年代开始应用于屋顶的沥青涂层,20 世纪 80 年代开始用于道路沥青的降黏。

7.1.3.3 Montan 蜡

Montan 蜡(褐煤蜡)是从特殊的蜡质褐煤中提取的。从化学意义上讲,Montan 蜡主要由化石脂肪酸酯组成。它是非甘油酯长链羧酸酯、游离长链有机酸、长链醇、酮、烃和树脂的组合。这种蜡在其纯态下的熔点约为 75 ℃,经常与熔点较高的材料如酰胺蜡混合。可以将 Montan 蜡直接加入沥青混合料的搅拌器中,也可以加入用于乳化沥青的移动式搅拌器中。

7.1.4 化学添加剂

温拌沥青技术的另一种类型是使用化学添加剂。这些产品不依赖产生泡沫或降低黏度来降低沥青混合料拌和和压实的温度。相反,它们通常是乳化剂、表面活性剂、聚合物、添加剂以及抗剥落剂的复合材料,以改善沥青混合料的裹覆效果、施工和易性和抗剥落性能。所需添加剂的剂量和通过该技术实现的温度降低范围取决于具体使用的产品。例如产品 REVIX 的降温范围为 15 ℃～30 ℃,产品 Evotherm ET 的降温范围为 50 ℃～75 ℃。通常在将骨料加入拌合机中之前,先将化学添加剂与沥青充分混合。化学添加剂在美国更为常见,在法国和挪威等欧洲国家也已被使用。

7.1.5 温拌剂对路用性能的影响

温拌沥青技术通过发泡技术、降黏材料和表面活性材料等来降低沥青混合料的拌和和压实温度,进而在保证沥青混合料性能的同时提高施工和易性。然而,众多的温拌沥青产品使得研究者很难得到统一的结论来描述温拌沥青混合料的性能特征,因为每种温拌技术都有各自的优势和局限性。表 7-2 总结了目前常用的 12 种不同温拌沥青技术对沥青路面路用效果的影响。

表 7-2　　温拌沥青技术的性能评价

温拌剂	技术分类	抗车辙性能	疲劳性能	水稳定性	低温抗裂性	压实效果
Aspha-Min	发泡技术	－	＋	＝	－	＋
Advera		－	＋	－	＋	＋
Double barrel green		＝－	＝－	＝	＋	＋
Ultrafoam GX		＝	＝	－	＋	＋
WAM-Foam		＋	＋	－	－	＋
Aquablack		＝	＝	＝	－	＋
Rediset WMX	有机添加剂	－	＋	＋	＋	＋
Sasobit		＋	＝	＝	＝	＋
Asphaltan B		＋	＝	＋	＝	＋
Licomont BS 100		＋	＝	＋	＝	＋
Evotherm	化学添加剂	＋	＝	－	＋	＋
Cesabase RT		－	－	－	＝	＋

注：＋性能提升，－性能下降，＝性能均等，＝＋性能略好，＝－性能略差(与对照样品或者热拌沥青混合料相比)。

基于表 7-2 的结果，可以得出以下有关温拌沥青技术的一般性结论：首先，不管采用哪种技术生产温拌沥青混合料，其压实效果和施工和易性均得到明显改善；其次，有机添加剂在路用性能方面表现优异，尤其是水稳定性，而沥青发泡技术和化学添加剂的效果相同或略微下降；再次，大部分采用温拌沥青技术的混合料疲劳性能优于热拌沥青混合料；最后，Ultrafoam、Sasobit 和 Evotherm 分别在各自类别的温拌技术(发泡技术、有机添加剂和化学添加剂)中均表现更好。

7.1.6 小结

温拌沥青技术通过使用温拌剂来降低沥青黏度、改善沥青混合料的施工和易性以及减少烟气排放。根据温拌原理可将温拌剂分为发泡沥青技术、有机添加剂和化学添加剂三种。随着温拌沥青技术的不断发展，越来越多的温拌剂被应用到科研和生产中。不同的温拌剂有各自的优势和局限性，应根据具体要求选择和使用合适的温拌技术。

7.2 温拌再生沥青胶结料的性能表征

温拌再生沥青胶结料是指采用温拌沥青再生 RAP 中的老化沥青。研究考察了三种基质沥青和两种 RAP 抽提后的老化沥青以及若干种温拌工艺，从黏度、高温车辙因子、失败温度、相位角和疲劳因子等流变学特征不同温拌再生胶结料进行了性能表征[2]。

7.2.1 黏度

黏度作为表征沥青胶结料流变性能和施工和易性的关键指标，可以通过旋转黏度计进行测试。图 7-5 和图 7-6 显示了由基质沥青、温拌剂 Evotherm M 和 RAP 中老化沥青以不同比例混融得到的沥青胶结料的黏度值。图 7-5(a)为基质沥青 A 再生 20% 和 30%老化沥青胶结料 I 的沥青胶结料在 120 ℃和 135 ℃下的测试结果。可以注意到，无论有无温拌剂 Evotherm M，老化沥青胶结料掺量在 120 ℃下从 20%增加到 30%时，黏度值都有显著增加，但在 135 ℃下测试时没有发现明显的增加。图 7-5(b)显示了基质沥青胶结料 B 再生不同掺量的老化沥青胶结在 120 ℃、135 ℃和 150 ℃下的黏度值。在图 7-5(b)中，可以注意到，掺入温拌剂 Evotherm M 的沥青胶结料通常具有相对较低的黏度，且与老化沥青胶结料的掺量无关。而且，较高的老化沥青胶结料掺量导致黏度值差异更大。如所预期的，增加的老化沥青胶结料掺量导致所有沥青胶结料的黏度值增加。

含有老化沥青胶结料 Ⅱ 的再生沥青胶结料的黏度值显示在图 7-6 中。与图 7-5(a)相似，图 7-6(a)表明，无论是否使用温拌剂 Evotherm M，在 120 ℃的测试温度下，老化沥青胶结料掺量从 20%增加到 30%时，沥青的黏度值都会显着增加。另外，如图 7-6(b)所示，使用和不使用温拌剂 Evotherm M 的沥青胶结料具有近似相等的黏度值。

总结来说，无论沥青胶结料的类型，RAP 来源和测试温度如何，老化沥青胶结料的掺量的增加都会导致沥青胶结料的黏度值增加，这是老化沥青胶结料本身分子量大、黏度大导致的，并且无论在哪一种沥青胶结料中添加温拌剂 Evother M，对沥青胶结料的黏度都没有显著影响。

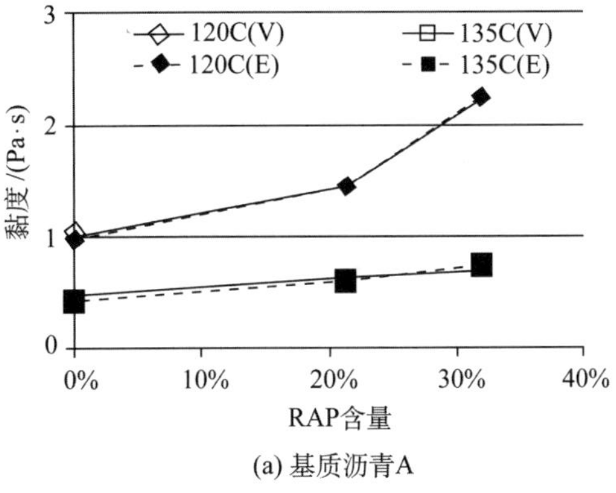

(a) 基质沥青A

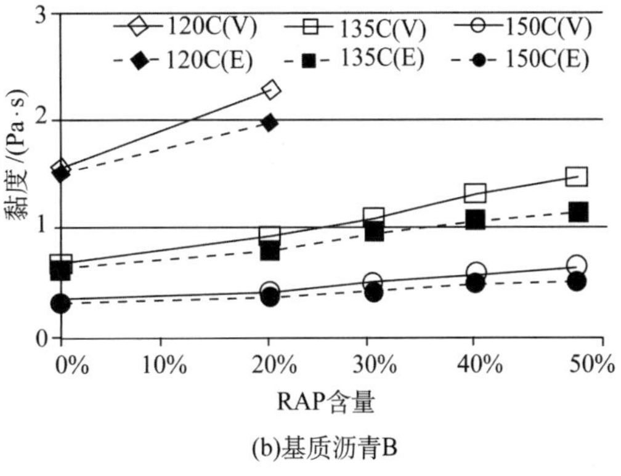

(b)基质沥青B

图 7-5　基质沥青再生老化沥青胶结料 I 在不同温度下的黏度

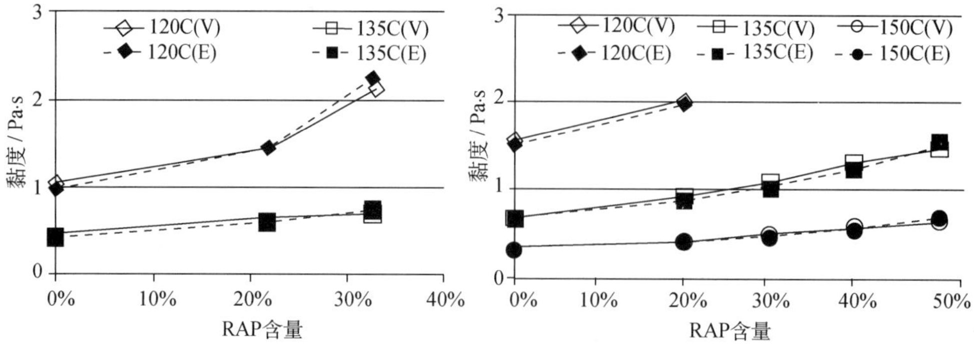

(a) 基质沥青A　　(b) 基质沥青B

图 7-6　基质沥青再生老化沥青胶结料Ⅱ在不同温度下的黏度

7.2.2　高温黏弹性

高温黏弹性性能主要通过车辙因子($G^*/\sin\delta$)、高温失败温度以及相位角(δ)进行评价[3]。

图 7-7 为原样温拌再生沥青胶结料的车辙因子测试结果。如图 7-7(a)所示，随着 RAP 掺量的增加，在 64 ℃、70 ℃和 76 ℃下再生沥青胶结料的车辙因子逐渐升高，说明

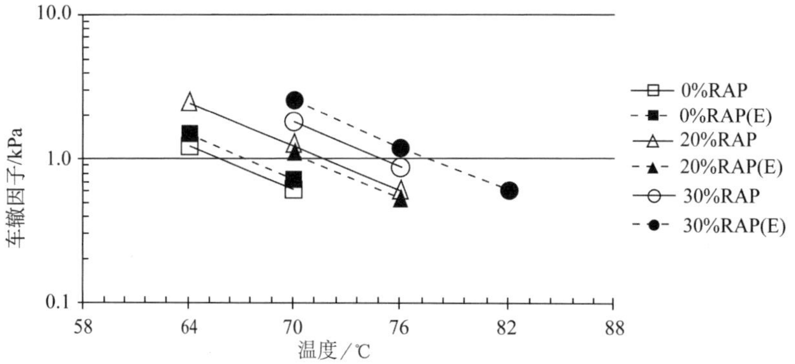

(a) 基质沥青A

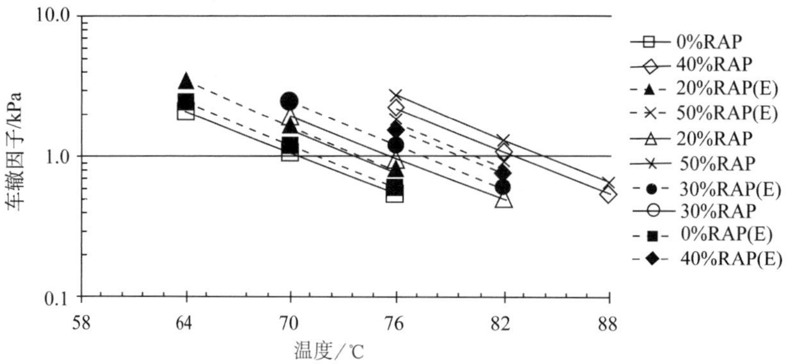

(b) 基质沥青B

图 7-7　基质沥青再生 RAP Ⅰ的原样车辙因子测试结果

老化沥青胶结料能够提升基质沥青的抗车辙性能。同时,温拌再生沥青和热拌再生沥青在小于 20%RAP 掺量下接近,但在 30%RAP 掺量下,温拌沥青胶结料的车辙因子大于热拌沥青胶结料。类似地,在图 7-7(b)中,当 RAP 沥青胶结料掺量从 0%增加到 50%时,车辙因子提升并且与使用温拌沥青技术的沥青胶结料相比,热拌沥青胶结料的车辙因子存在一定差异。

短期老化后沥青胶结料的车辙因子测试结果如图 7-8 所示。根据 Superpave 沥青胶结料规范,短期老化后的沥青胶结料高温失败温度对应的车辙因子为 2.2 kPa。图 7-8(a)中,在 70 ℃和 76 ℃下,掺有 20%RAP 和 30%RAP 的沥青胶结料 A 的车辙因子均小于 2.2 kPa;而图 7-8(b)中,在 70 ℃下,经过短期老化后掺入 RAP Ⅰ 的沥青胶结料 B 的车辙因子均大于 2.2 kPa。具有 40%RAP 和 50%RAP 的沥青胶结料,在 82 ℃时的车辙因子大于 2.2 kPa。由此说明,掺入老化沥青胶结料能够提高沥青的抗车辙性能。此外,可以发现掺入温拌剂的沥青胶接料(图中虚线部分)相比不掺温拌剂的沥青胶结料具有更低的车辙因子。

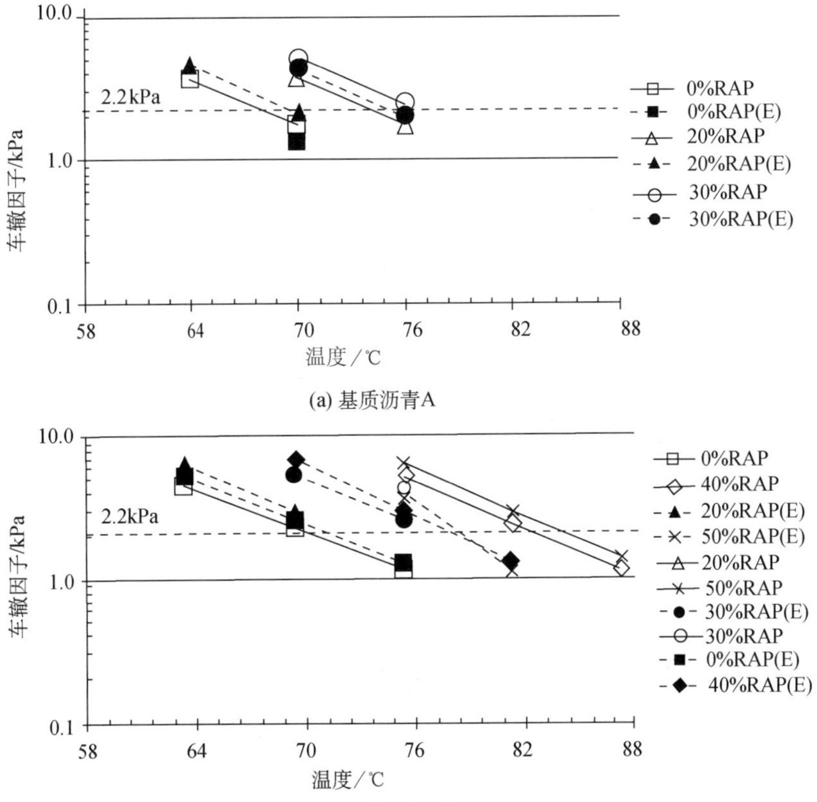

(a) 基质沥青A

(b) 基质沥青B

图 7-8 基质沥青再生 RAP Ⅰ 的短期老化车辙因子测试结果

图 7-9 显示了温拌再生沥青和热拌再生沥青的高温失败温度，使用的温拌剂为 Evotherm M。从图中可以发现，随着 RAP 掺量的增加，失败温度升高，体现了高温稳定性。还可以发现，在不掺入温拌剂 Evotherm M 的情况下，对于基质沥青 B，再生沥青胶结料具有更高的失败温度，并且当 RAP 沥青掺量增加时，热拌沥青胶结料和温拌沥青胶结料之间的差异会增加。通过线性回归可以发现，无论是否使用温拌剂，RAP 掺量与失败温度之间存在良好的线性关系，拟合优度(R^2)均大于 0.95。

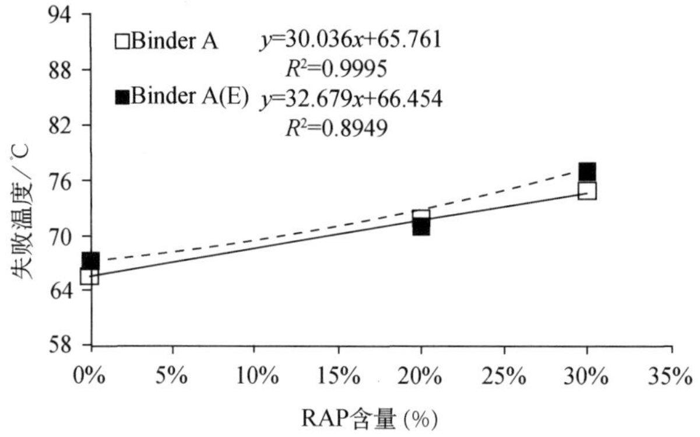

(a) 基质沥青A

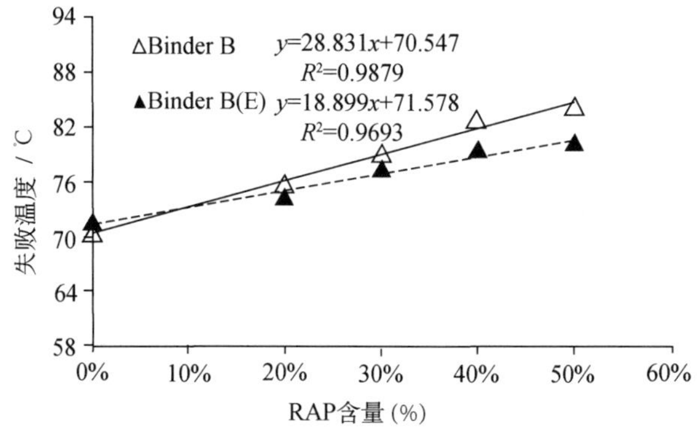

(b) 基质沥青B

图 7-9　基质沥青再生 RAP Ⅰ 的原样失败温度

短期老化后，基质沥青再生 RAP Ⅰ 的短期老化失败温度如图 7-10 所示，对比短期老化后再生沥青胶结料的失败温度可以发现，随着 RAP 掺量的增加，沥青胶结料的失败温度提高。并且，与含有温拌剂的沥青胶结料相比，热拌沥青胶结料具有更高的失败温度，与 RAP 沥青胶结料的含量无关。对于热拌和温拌沥青胶结料建立了两个失败温度线性相关方程，拟合优度 R^2 较高。显然，与温拌沥青胶结料相比，热拌沥青胶结料的失败温度更高，随着 RAP 百分比的增加，这种差异变得明显，这有助于改善沥青胶结料的高温性能。

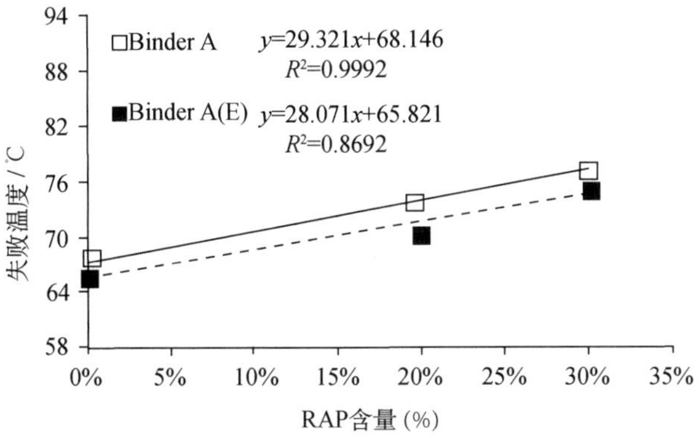

(a) 基质沥青A

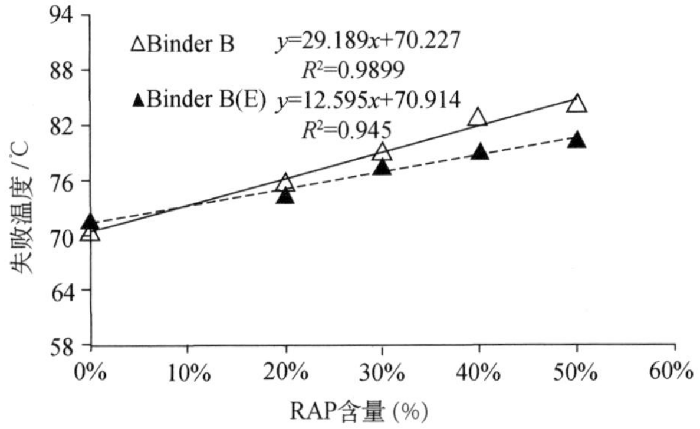

(b) 基质沥青B

图 7-10　基质沥青再生 RAP Ⅰ 的短期老化失败温度

此外还研究了温拌剂与 RAP 掺量对相位角的影响规律，如图 7-11 所示。从图中可以发现，相位角随着测试温度的升高而增大，体现出黏性成分增加；随着 RAP 掺量的增大而减小，体现出弹性成分的增加，对抵抗车辙有利。另外，在大多数情况下，无论 RAP 掺量多少，热拌沥青胶结料的相位角都接近温拌沥青胶结料的相位角。

在短期老化后，如图 7-12 所示，可以注意到，增加 RAP 的掺量会减小沥青胶结料的相位角，且与沥青胶结料的来源和测试温度无关。此外，较高的测试温度下具有较大的相位角，而与沥青胶结料来源、RAP 沥青含量和 RAP 来源无关。图 7-12 也表明，对于所有的沥青胶结料，热拌沥青胶结料的相位角值通常小于温拌沥青胶结料。因此，添加温拌剂 Evotherm M 会降低温拌沥青胶结料的弹性并增加其黏性。

7.2.3　疲劳性能

疲劳因子用于评价沥青胶结料经过短期和长期老化后抵抗重复加载作用的能力。如图 7-13 所示，无论采用何种类型的基质沥青和温拌剂，$G^* \sin\delta$ 值（疲劳因子）随着

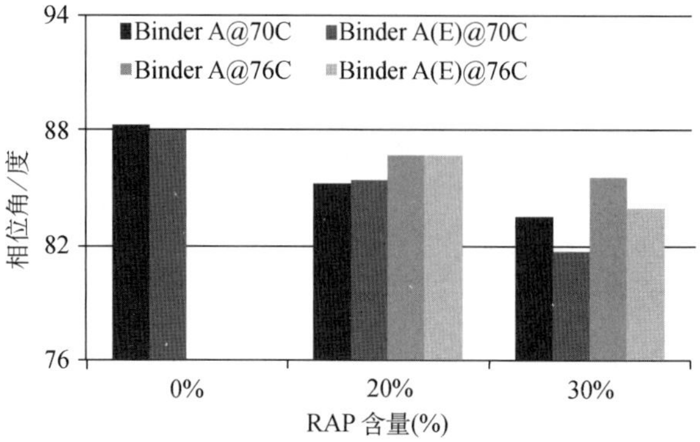

(a) 基质沥青A

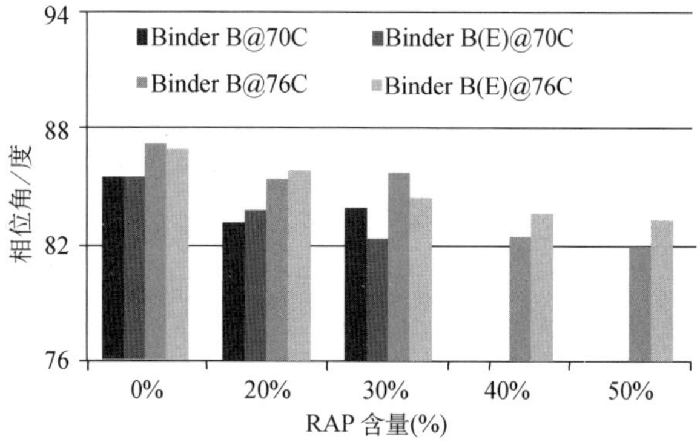

(b) 基质沥青B

图 7-11 基质沥青再生 RAP Ⅰ 的原样相位角

RAP 掺量的增加而增加。通过线性回归可以发现，RAP 掺量与疲劳因子呈线性相关，且具有较高的拟合优度。另外，可以发现所有再生沥青胶结料的疲劳因子均小于 5 000 kPa（Superpave 沥青胶结料规格规定的最大值），满足了规范的要求。此外，在图中可以看出，无论 RAP 沥青胶结料含量和基质沥青胶结料类型如何，在相同温度下，热拌沥青胶结料的疲劳因子均大于温拌沥青胶结料的疲劳因子。因此，可以得出结论，在高比例的 RAP 沥青胶结料中，添加温拌剂 Evotherm M 可以改善这些沥青胶结料的抗疲劳性能。

7.2.4 小结

温拌剂的使用会对再生沥青胶结料的性能产生影响，包括黏度、高温流变性和疲劳性能。具体来说，增加老化沥青胶结料的掺量会增加沥青的黏度值，提高沥青的车辙因子和失败温度。相位角的减小体现出弹性成分的增加，对抵抗车辙有利。而疲劳因子的增大意味着疲劳性能的恶化。温拌剂的使用对沥青胶结料的黏度和相位角没有显著影响，但是降低了沥青胶结料的车辙因子和失败温度，另外，温拌剂 Evotherm M 可以改善再生沥青恶化的抗疲劳性能。

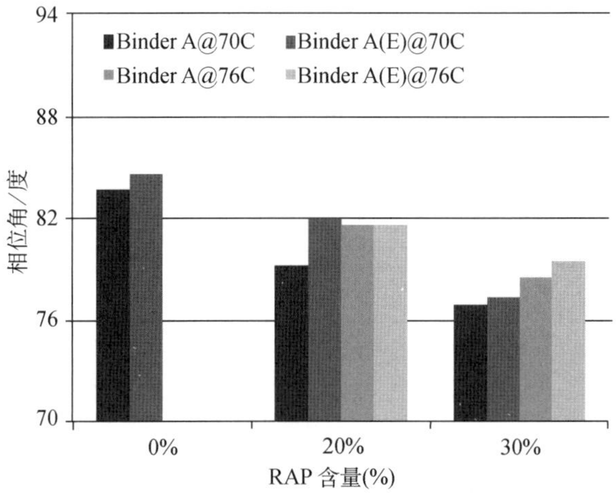

(a) 基质沥青A

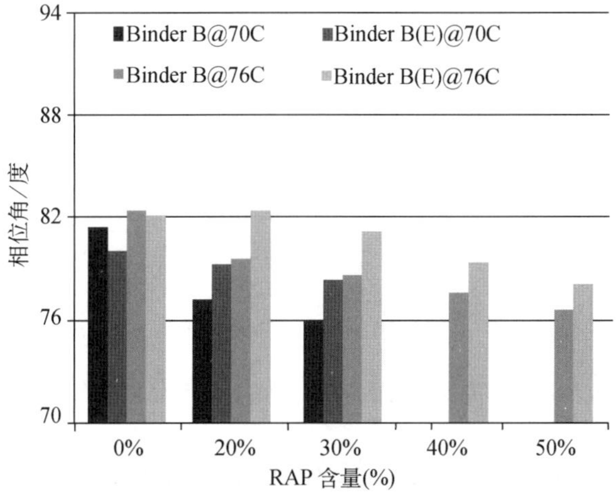

(b) 基质沥青B

图 7-12　基质沥青再生 RAP Ⅰ的短期老化相位角

7.3 温拌再生沥青混合料的性能表征

温拌沥青再生技术在路面再生实践中的应用越来越普遍,因此了解不同温拌技术对沥青混合料性能的影响也越来越重要。目前,关于温拌技术和再生技术如何分别影响沥青混合料路用性能的研究很多,尽管有部分研究涉及了两者的结合,但尚无预测温拌再生沥青混合料力学性能的方法,包括利用高掺量 RAP 的温拌沥青技术。另外,老化的 RAP 沥青胶结料与温拌添加剂之间的共混和相互作用是未知的。温拌沥青混合料改善的施工和易性为 RAP 的掺入提供了更多空间,并且不会损害温拌再生沥青混合料的性能。许多研究发现,在温拌沥青技术中使用 RAP 可以改善温拌沥青混合料的路

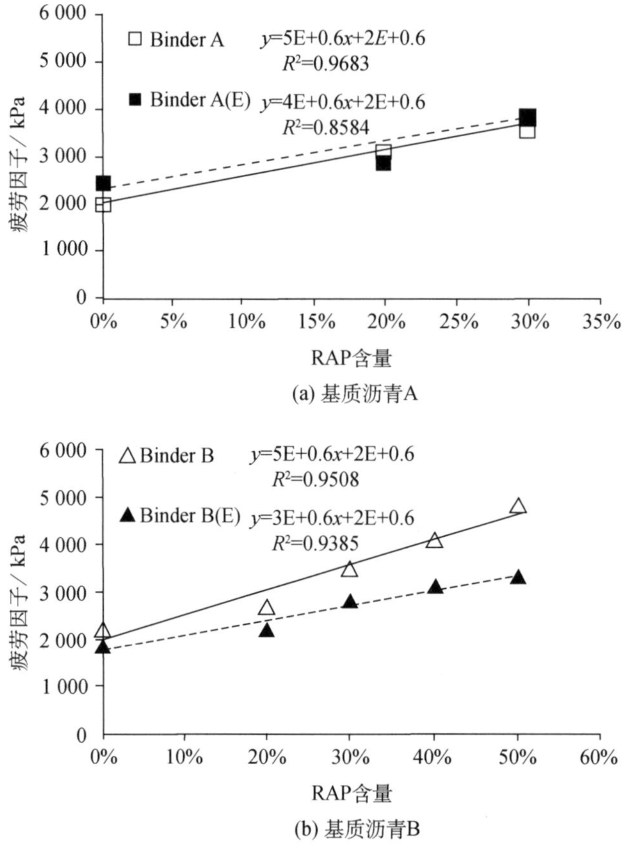

图 7-13　基质沥青再生 RAP Ⅰ的长期老化后的疲劳因子

用性能，例如在高温抗车辙性能方面，含 RAP 的混合料比原样沥青混合料的性能更好。NCHRP 的报告指出，在沥青混合料中使用相对较低掺量的 RAP 时，无须对沥青胶结料进行任何测试。但是，如果采用较高的 RAP 掺量，则应进行常规 Superpave 沥青胶结料的测试，以确定具体的 RAP 含量以及原样沥青胶结料的类型和来源。另外，使用温拌沥青技术可能会导致沥青混合料较高的水敏感性。

对热拌再生沥青混合料、温拌沥青混合料和温拌再生沥青混合料路用性能进行了对比分析[1]，每项路用性能指标考虑了至少 10 种不同的研究，见图 7-14。从图中可以发现，RAP 和 WMA 的组合扩展了不同性能在雷达分布图上的范围，使其比单独使用温拌技术和沥青再生技术更好。另外，温拌技术和再生沥青技术的组合使用体现了其性能特征，例如，与温拌沥青混合料相比，抗疲劳性、抗低温性能和高温性能已略有下降，这是由于 RAP 对沥青混合料性能的影响。但是，综合性能仍较优，这意味着与热拌再生沥青混合料或温拌沥青混合料相比，温拌再生沥青混合料的性能仍然更好。

在 7.1 节介绍温拌再生沥青混合料在有机添加剂、化学添加剂和发泡技术方面的

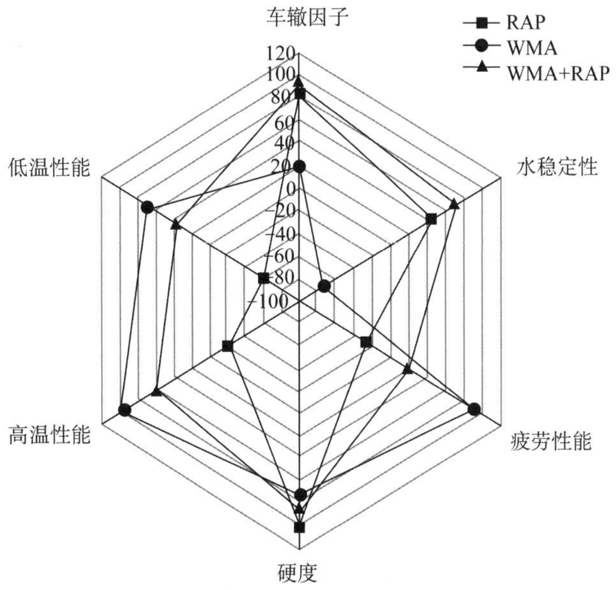

图 7-14 热拌再生沥青混合料、温拌沥青混合料和温拌再生沥青混合料路用性能对比

性能时进行了类似的对比分析，结果汇总于图 7-15。与化学添加剂和发泡技术相比，有机添加剂在抗水损性能、抗疲劳性能和低温性能方面表现出更好的性能。但是，与有机添加剂相比，化学添加剂和发泡沥青技术在沥青混合料模量、施工和易性和抗车辙性能方面表现出略微改善的效果。使用有机添加剂的混合料高温性能明显低于使用化学添加剂和发泡沥青技术的混合料高温性能。

温拌沥青技术和再生路面材料的结合(WMA-RAP)可以弥补彼此性能上的不足，并改善沥青路面的性能。因此，温拌沥青技术允许使用较高比例的 RAP。但是，必须仔细选择温拌沥青技术的类型和 RAP 百分比。WMA-RAP 沥青混合料的性能主要取决于温拌沥青技术的添加剂类型以及使用的 RAP 百分比。因此，在选择温拌再生技术进行应用时，应考虑诸多因素。例如，使用有机添加剂的温拌再生沥青混合料的高温性能，明显低于使用化学添加剂或发泡添加剂制备的温拌沥青混合料的高温性能，因此，有机添加剂可能不适用于气候条件炎热的地区。同样，使用有机添加剂的温拌沥青混合料的抗水损性能也更好，如果路面遇到大雨或湿度高的地方，使用有机添加剂更合适。也可以增加 RAP 掺量以改善温拌沥青混合料的抗水损性能。因此，建议根据路面的应用条件和气候条件选择合适的温拌添加剂类型和 RAP 掺量。

许多学者对温拌沥青混合料的疲劳性能进行了研究。温拌沥青技术中使用的较低温度可能会提高沥青混合料的抗疲劳性能。但是，温拌沥青混合料的疲劳性能在一些研究中有许多差异。对于未老化和老化的沥青混合料，含有 Sasobit 温拌添加剂的沥青混合料疲劳性能均优于热拌沥青混合料。但是，与热拌沥青混合料相比，使用 Rheofalt

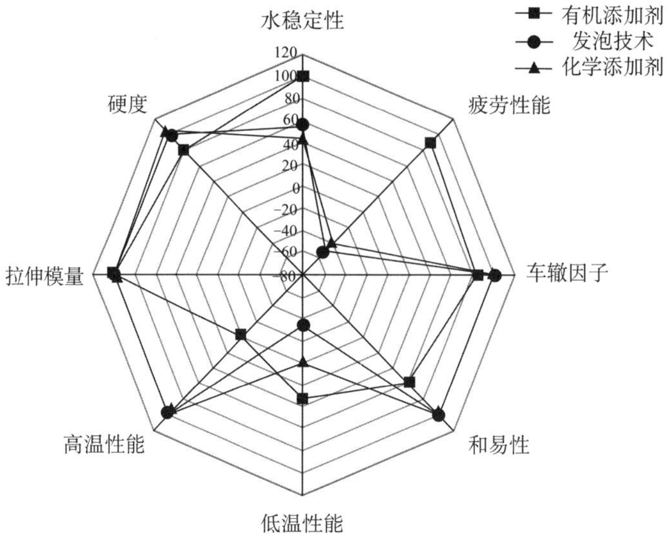

图 7-15 使用不同温拌技术的温拌再生沥青混合料的性能对比

温拌添加剂生产的沥青混合料疲劳性能更差。由于温拌添加剂改变了沥青胶结料的流变性并在沥青混合料中形成了晶格结构，因此温拌沥青技术对沥青混合料的疲劳寿命具有实质性的影响。

抗永久变形能力是决定沥青混合料性能的另一个因素。研究人员已经进行了许多研究，以确定温拌沥青混合料抗永久变形能力。由于温拌沥青技术相对较新且正处于不断发展过程中，许多不同的温拌沥青技术对温拌沥青混合料的永久变形能力反映出了模糊的结论。一些研究人员指出，温拌沥青技术会降低沥青混合料长期老化过程中的抗车辙性；但也有一些研究人员指出，一些用于制备沥青混合料的温拌添加剂可能会增加沥青中的结晶，提高沥青混合料的抗车辙性。结果的不一致主要是由于使用的温拌沥青添加剂的类型不同。

温拌沥青混合料的水敏感性大于热拌沥青混合料，这主要是由于某些温拌沥青技术使用水作为含水添加剂或水基发泡剂。同样，用于制备沥青混合料的较低温度不能为骨料提供足够的热量以完全去除水分。由于沥青胶结料与骨料表面之间缺乏化学亲和力，湿骨料上与沥青胶结料接触的水分会增加温拌沥青混合料的水敏感性。因此，由于沥青胶结料和骨料之间的化学键断裂，沥青胶结料将从骨料中剥离。但是，可以通过使用合适的添加剂来缓解这个问题。诸如表面活性剂之类的添加剂可通过充当“桥梁”来改善沥青胶结料与骨料之间的黏合。最近的一项研究表明，在泡沫温拌沥青技术中使用纳米级的消石灰作为添加剂可以降低沥青混合料的水分敏感性。

沥青混合料的低温开裂是恶劣气候条件下的另一个问题。多项研究表明，温拌沥青混合料在低温条件下表现良好，表现出非常好的抗低温开裂性能。许多学者进行了类似的研究，结果表明，使用含蜡添加剂或 Evotherm 的温拌沥青混合料与热拌沥青混合料表现出相同或更高的抗低温开裂性能。

以下从温拌再生沥青的体积参数、压实性能、水稳定性、抗车辙性能、弹性模量和疲劳性能出发，展开分析温拌再生沥青混合料的性能特征。

7.3.1 体积参数

温拌再生沥青混合料的体积参数是材料设计过程中的重要评价指标，本节将详细说明各体积参数与 RAP 掺量及温拌沥青工艺的关系[4]。

7.3.1.1 空隙率

3.5%～4.5%的空隙率要求用于确定 Superpave 混合料设计的最佳沥青含量、矿料间隙率(VMA)、沥青饱和度(VFA)和粉胶比。通常，空隙率主要决定了 Superpave 混合料设计的体积特性。具有不同 RAP 掺量的热拌沥青混合料的空隙率，如图 7-16 所示。可以发现，大多数含有沥青胶结料Ⅱ的沥青混合料的空隙率接近 4.0%，但是含有沥青胶结料Ⅱ的一组混合料的空隙率是 3.5%。可以得出结论，沥青种类在确定 Superpave 混合料设计的空隙率中起着重要作用。

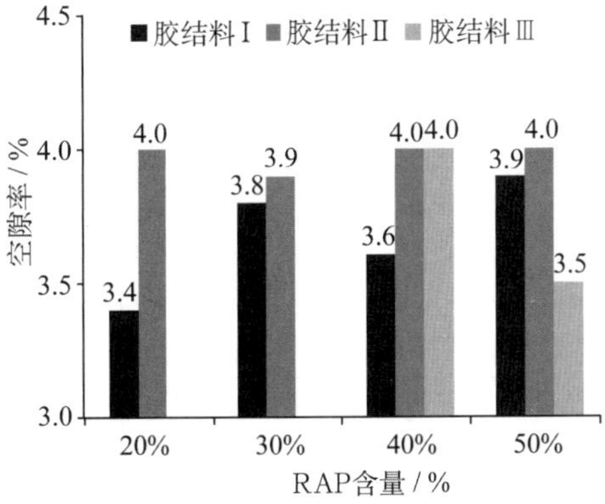

(a) 骨料 A

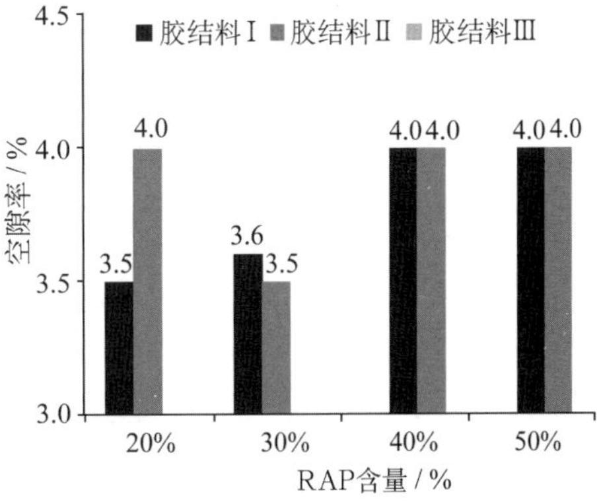

(b) 骨料 B

图 7-16 不同 RAP 含量的热拌沥青混合料空隙率

相比之下，图 7-17 显示了使用 20%～50%RAP 的各种温拌沥青技术对沥青混合料空隙率的影响。有证据表明，在图 7-17(a)中，与温拌沥青混合料相比，含有胶结料Ⅰ的热拌沥青混合料具有较低的空隙率，而使用温拌剂 Evotherm 的混合料具有最高的空隙率。图 7-17(b)说明，使用沥青发泡技术时，空隙率是最低的。因此，Superpave 样品的空隙率取决于沥青来源和相关的温拌沥青技术，以实现 Superpave 混合料设计中最佳的沥青含量。

通常，沥青混合料的空隙率能够影响沥青路面的耐久性。考虑到许多因素，包括但不限于沥青胶结料种类、拌和和压实温度。样品的空隙率常用于评价沥青混合料的压

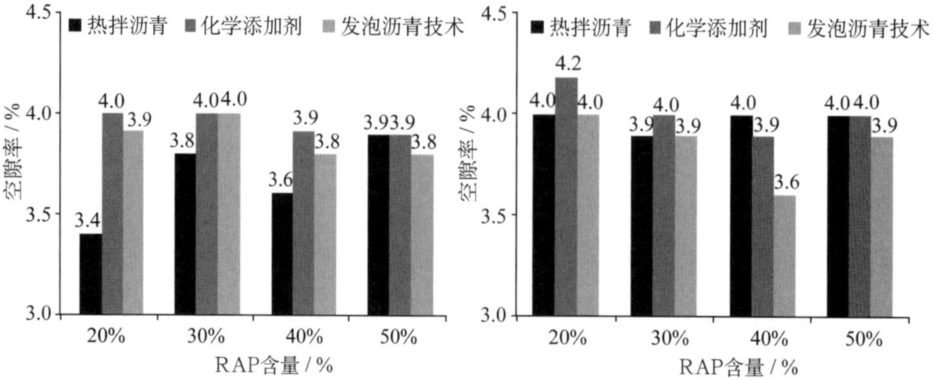

(a) 沥青胶结料Ⅰ　　(b) 沥青胶结料Ⅱ

图 7-17　不同 RAP 掺量的温拌沥青混合料空隙率

实能力。在图 7-18(a)中,可以观察到,在大多数情况下,现场压实的大多数样品比实验室压实的样品空隙率略高;图 7-18(b)表明,来自实验室和现场的大多数 ITS 样品的空隙率非常接近。根据统计学分析,在所有沥青拌和现场压实和实验室压实的样品之间,在体积参数试件,ITS 试件、APA 试件和弹性模量试件之间,没有发现空隙率之间存在显著差异[3]。

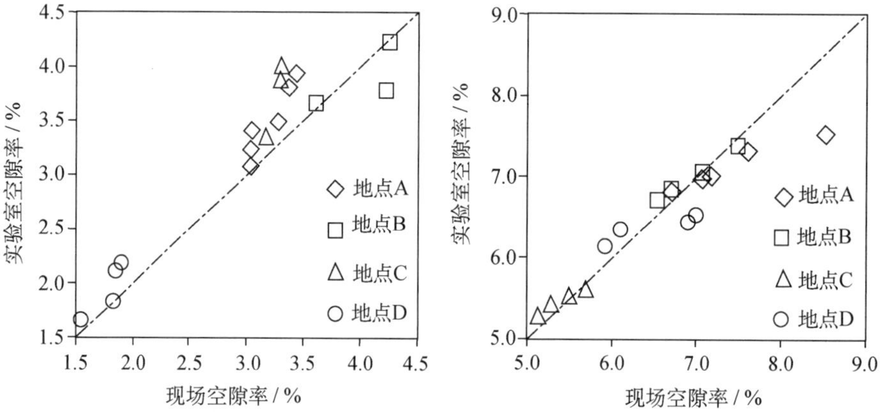

(a) 体积参数试件　　(b) ITS 试件

图 7-18　实验室和现场压实试件的空隙率比较

7.3.1.2　最佳沥青含量

沥青混合料的最佳沥青含量通常会影响沥青路面的强度、耐久性、疲劳寿命、抗裂性、抗车辙和水稳定性,特别是决定沥青路面的初始建设成本。因此,最佳的沥青含量需要满足沥青路面的体积特性和性能特征的要求。

如图 7-19(a)所示,具有不同 RAP 含量的热拌沥青混合料的最佳沥青含量通常为 4.5%,而与沥青的来源和类型无关,这是南卡罗来纳州 B 型面层混合料的最低沥青含量。此外,如图 7-19 所示,使用骨料 B 的混合料的最佳沥青含量为 4.5%(包含 20% RAP 和 30%RAP),但是对于胶结料Ⅱ和胶结料Ⅲ,当 RAP 含量为 40%和 50%时,混合料的最佳沥青含量分别增加至 4.7%和 4.9%,可能的原因是需要更高的压实温度才能实现 4.0%的空隙率。

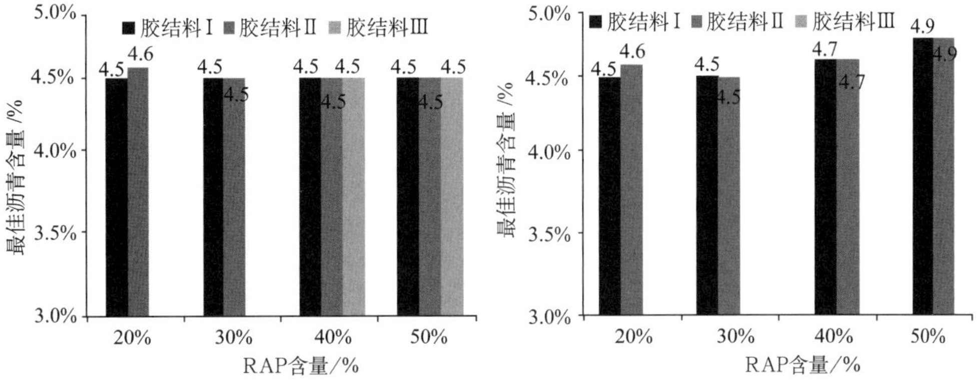

(a) 骨料 A　　(b) 骨料 B

图 7-19　不同 RAP 含量的热拌沥青混合料最佳沥青含量

使用温拌沥青技术和不同 RAP 掺量的沥青混合料最佳沥青含量如图 7-20 所示。可以注意到,使用 Evotherm 温拌添加剂的沥青混合料的最佳沥青含量略高于热拌和发泡沥青混合料,二者通常具有相同的最佳沥青含量,而与沥青类型和 RAP 含量无关。另外,增加的 RAP 掺量不会明显改变最佳沥青含量。

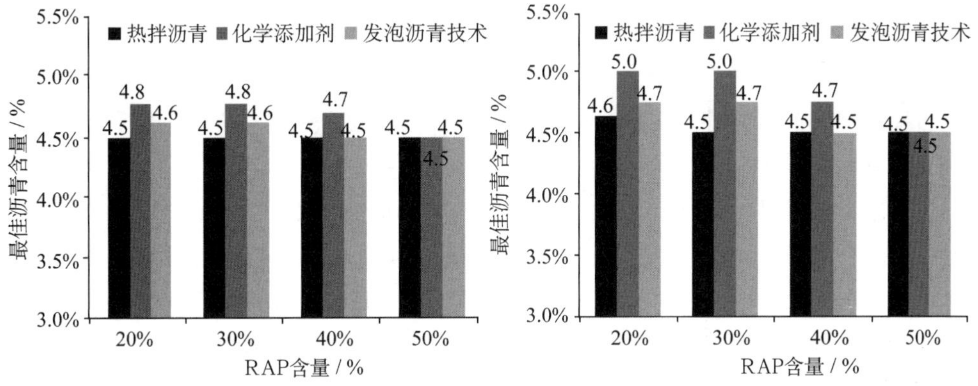

(a) 沥青Ⅰ　　(b) 沥青Ⅱ

图 7-20　不同 RAP 掺量的温拌沥青混合料最佳沥青含量

表 7-3 列出了现场和实验室样品经过燃烧法测沥青含量后获得的结果。可以观察到,通常同一沥青现场的Ⅰ号和Ⅱ号拌和处的沥青含量接近。但是,实验室样品中的沥青含量与现场样品中的沥青含量略有不同。此外,实验室和现场压实的样品沥青含量

低于 Superpave 规定的沥青含量，这可能是混合料中使用 RAP 的作用。另外，根据统计学分析，来自现场 A、C 和 D 的混合料样品和实验室样品的沥青含量之间存在显著不同。

表 7-3　　实验室和现场压实试件的沥青含量比较

混合料种类	拌和处	现场压实	实验室压实
		沥青含量/%	沥青含量/%
现场 A	地点 1	4.45	4.73
	地点 2	4.45	4.60
现场 B	地点 1	5.25	5.63
	地点 2	5.65	5.67
现场 C	地点 1	4.84	4.07
	地点 2	4.66	4.03
现场 D	地点 1	6.48	6.14
	地点 2	6.42	6.09

7.3.1.3　矿料间隙率(VMA)

矿料间隙率是有效沥青和空隙的总和，定义为压实沥青混合料中沥青和空隙所占据的空间。按照定义，吸收的沥青体积不是 VMA 的一部分，因为它是矿物骨料孔结构的一部分。确保沥青混合料中的 VMA 值足够，是 Superpave 混合料设计要求的重要部分。另外，最大的挑战是确保合适的 VMA 而不削弱骨料的骨架作用。因此，有必要研究使用/不使用温拌沥青技术的各种 RAP 含量的混合料 VMA 值。

如图 7-21(a)所示，使用胶结料Ⅰ时，由不同 RAP 百分比的骨料 A 拌和的热拌沥青混合料的 VMA 值通常较低。然而，在图 7-21(b)中，由骨料 B 拌和的混合料通常具有较高的 VMA 值。另外，无论胶结料类型如何，包含 40%RAP 或 50%RAP 的混合料的 VMA 值均大于 15.0%。

关于温拌沥青技术对 VMA 的影响，可以注意到，在图 7-22 中，与 Evotherm 添加剂混合的混合料具有最高的 VMA 值，而热拌沥青混合料具有最低的 VMA 值，与胶结料类型和 RAP 含量无关。此外，无论沥青来源如何，随着 RAP 掺量的增加，温拌沥青混合料的 VMA 值都会降低。因此，可以得出以下结论：在这项研究中，温拌沥青技术和 RAP 含量在确定温拌沥青混合料的 VMA 中起着关键作用。

7.3.1.4　沥青饱和度(VFA)

根据 VFA=100×(VMA−Va)/VMA 来确定沥青饱和度 VFA(不包括吸收的沥青)，其中，Va 为压实混合料中的空隙率。对于南卡罗来纳州的 A 型和 B 型面层混合料，VFA 值的规范范围是 70%～78%。

具有不同 RAP 含量的热拌沥青混合料的 VFA 值如图 7-23 所示。可以观察到，除

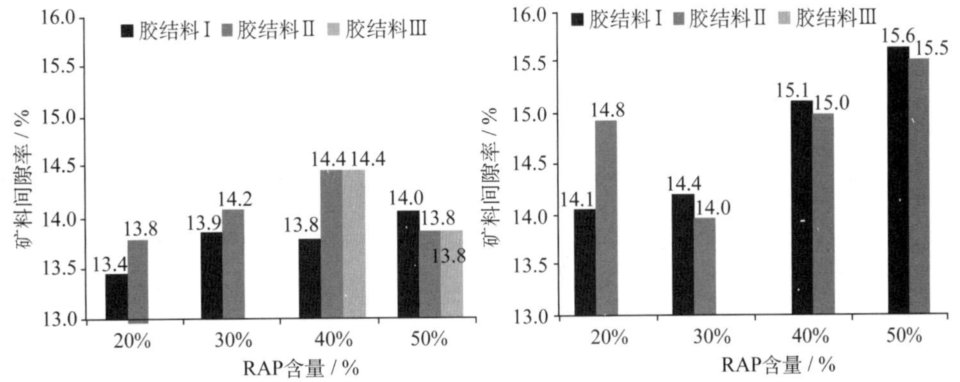

(a) 骨料 A　　(b) 骨料 B

图 7-21　不同 RAP 含量的热拌沥青混合料矿料间隙率

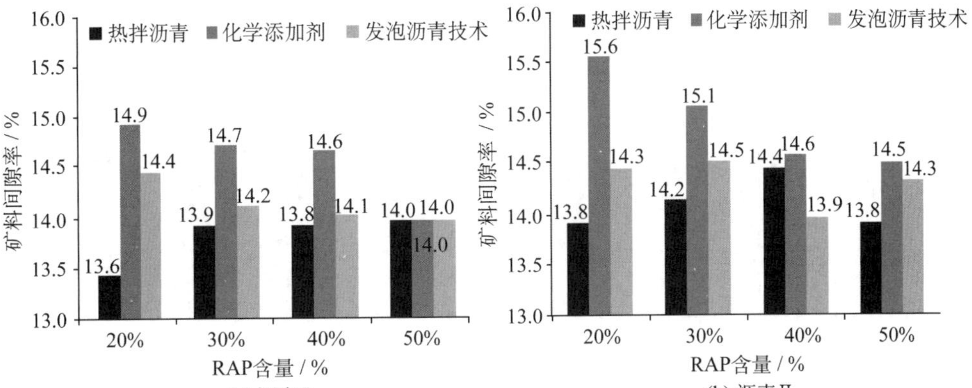

(a) 沥青Ⅰ　　(b) 沥青Ⅱ

图 7-22　不同 RAP 掺量的温拌沥青混合料矿料间隙率

了由骨料 B 拌和的具有 20%RAP 的混合料外，所有热拌沥青混合料的 VFA 值都在 70%～78%。在图 7-23(a)中，可以注意到，使用胶结料Ⅰ并且 RAP 含量低于 50%的其他混合料的 VFA 值较高。然而，图 7-23(b)中，骨料 B 和胶结料Ⅰ的混合料 VFA 值比其他混合物低，胶结料Ⅱ的 VFA 值最高。此外，随着 RAP 百分比的增加，没有发现 VFA 值的明显趋势。因此，可以得出这一结论：在这项研究中，骨料来源和沥青来源会影响 Superpave 混合料设计中的 VFA 值。

温拌沥青技术对 VFA 值的影响如图 7-24 所示。显然，所有 VFA 值均大于 70% 而小于 78%。两种胶结料的热拌和温拌沥青混合料的大部分 VFA 值为 72%～74%。三种拌和技术的 VFA 值略有不同。此外，在本研究中，RAP 含量不会改变温拌再生沥青混合料的 VFA 值。

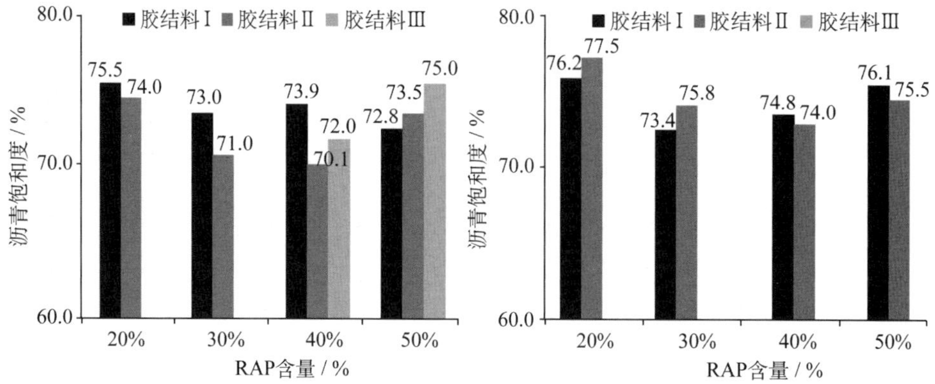

(a) 骨料 A　　(b) 骨料 B

图 7-23　不同 RAP 含量的热拌沥青混合料沥青饱和度

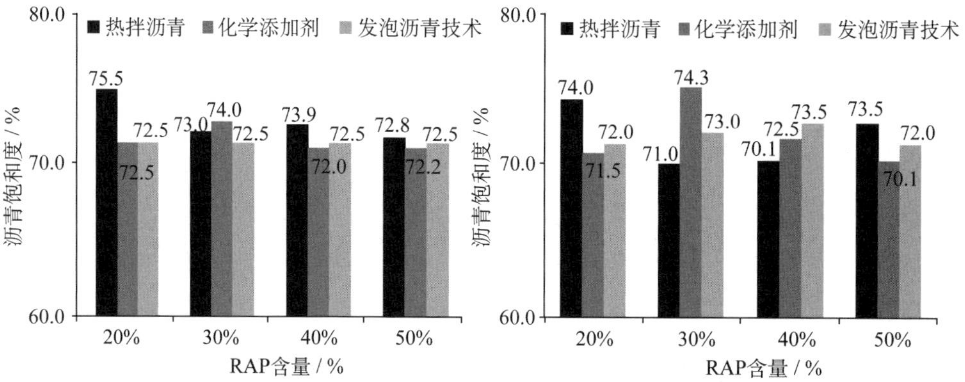

(a) 沥青Ⅰ　　(b) 沥青Ⅱ

图 7-24　不同 RAP 含量的温拌沥青混合料沥青饱和度

7.3.1.5　粉胶比

粉胶比(D/A)可根据 200 号筛(0.075 mm)细骨料的通过百分比和沥青胶结剂含量计算得出。它应满足 SCDOT 设定的标准,即 0.6～1.2。在某些情况下,粉胶比较大,大多数情况下都是减小 200 号骨料的通过百分比,这有助于减少沥青用量并提高混合料的抗车辙性[5]。

在图 7-25 中,所有的粉胶比都在 0.6～1.2,满足 Superpave 混合料设计的标准。通常,与使用相同的 RAP 含量相比,使用不同胶结料的混合料的粉胶比值接近。因此,胶结料来源通常对 D/A 比值没有影响。另外,可以发现,在图 7-25 中,RAP 百分比的增加导致 D/A 比值的增加,而与胶结料来源和骨料来源无关。

当使用温拌沥青技术时,图 7-26 表明所有 D/A 比值均大于 0.6 且小于 1.2。此外,在图 7-26 中,可以注意到,含温拌剂 Evotherm 的混合物通常具有比其他混合料低

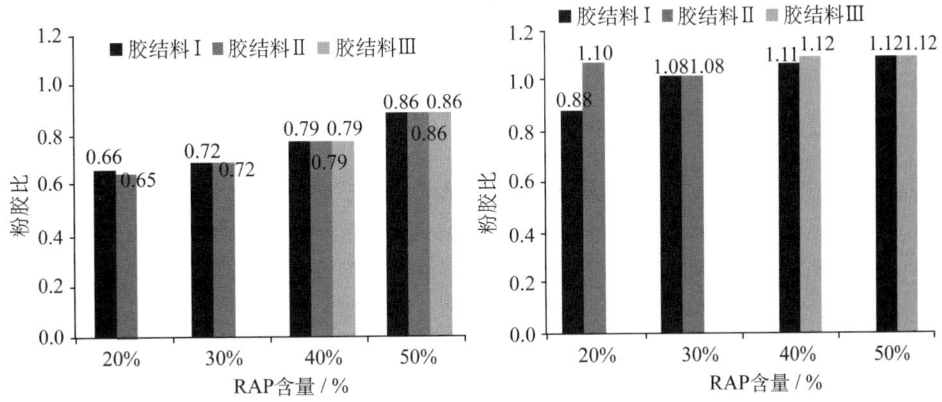

(a) 骨料 A (b) 骨料 B

图 7-25 不同 RAP 含量的热拌沥青混合料粉胶比

的粉胶比，而热拌沥青混合料和发泡沥青混合料的 D/A 比值，几乎与本研究中的沥青类型和 RAP 含量无关。类似于热拌沥青混合料，与使用相同百分比的 RAP 相比，使用不同胶结料的温拌沥青混合料通常具有接近的 D/A 比值。此外，图 7-26 显示，无论温拌沥青技术和胶结料来源如何，RAP 掺量的增加都会导致混合料的 D/A 比值增加。因此，温拌沥青技术通常不会影响 D/A 比值，但是 RAP 含量会影响沥青混合料的 D/A 比值。

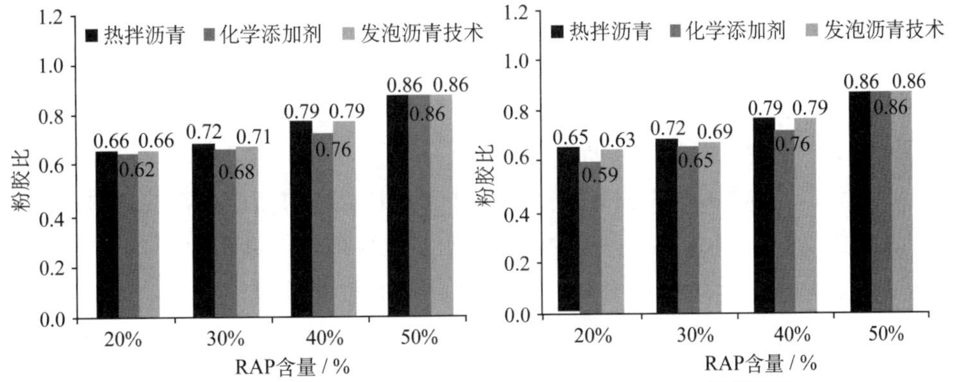

(a) 沥青Ⅰ (b) 沥青Ⅱ

图 7-26 不同 RAP 含量的温拌沥青混合料粉胶比

7.3.2 压实性能

如果成型相同质量的沥青混合料，为了保证 ITS 和弹性模量试件高度为 95 mm，通常对于含有较硬沥青的混合料增加旋转压实次数。在图 7-27 中，实验室成型的旋转压实次数比现场成型的旋转压实次数多，可以得出以下结论：不管现场取料的位置和沥青混合料的类型，二次加热后的实验室成型试件可能会变硬[3]。另外，尽管实验室成型试件的旋转压实次数较高，但统计分析结果表明，在5%的显著性水平下，实验室压实试件和现场压实试件之间的旋转压实次数均无显著差异。

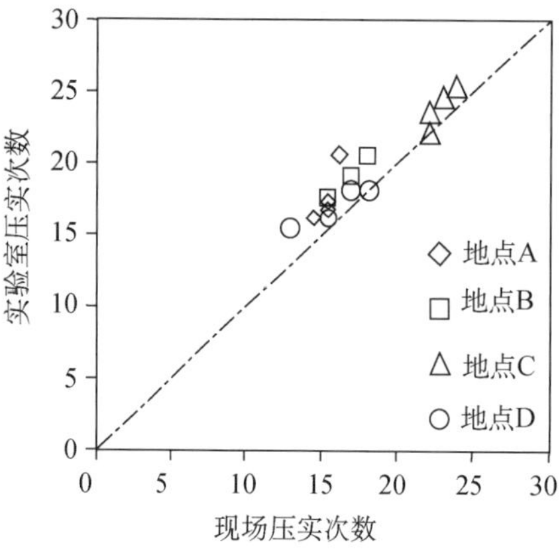

(a) ITS 试件

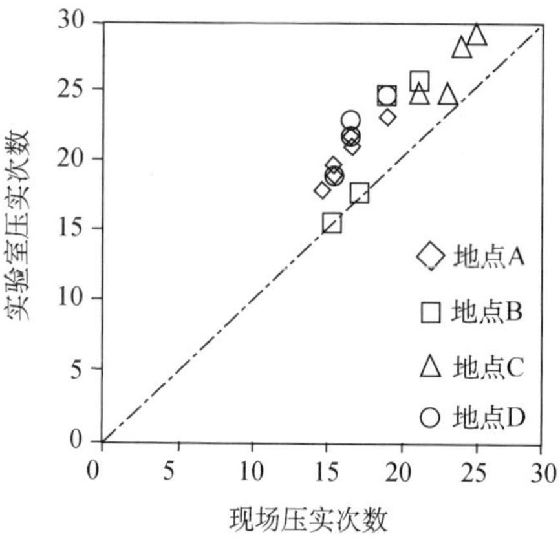

(b) MR 样品

图 7-27 实验室和现场成型试件的旋转压实次数

综上所述，通过开展大量沥青混合料研究，包括两种 PG 64-22 沥青、一种 PG 58-28 沥青剂、两种 RAP 来源、三种拌和技术以及四种不同的 RAP 含量(20%、30%、40%和 50%)，主要结论如下：

(1) 无论胶结料类型、RAP 来源和测试温度如何，RAP 百分比的增加都会导致沥青黏度值增加。在三种胶结料等级和两种来源下，温拌剂 Evotherm 的添加对胶结料黏度均无明显影响。

(2) 使用 Superpave 混合料设计进行最佳沥青含量分析时，Superpave 混合料的空隙率可能取决于沥青来源和温拌沥青技术。

(3) 无论沥青的来源和类型如何，具有不同 RAP 含量的热拌沥青混合料的最佳沥青含量通常为 4.5%。RAP 含量的增加不会明显改变最佳沥青含量。另外，发泡沥青技术通常对使用热拌沥青技术的最佳沥青含量具有相似的影响。

(4) 沥青混合料的 VMA 值随 RAP 百分比的增加而降低，而与胶结料来源无关。此外，在这项研究中，温拌沥青技术和 RAP 含量在确定温拌沥青混合料的 VMA 中起着关键作用。

(5) 所有混合料的 VFA 值在 70%～78%，这是 SCDOT 规定的范围。此外，随着 RAP 百分比的增加，没有发现 VFA 值的明显变化趋势。可以得出以下结论：在此研究中，骨料来源和沥青来源不会影响 VFA 值。

(6) 所有 D/A 比值都在 0.6～1.2，符合 Superpave 混合料设计的标准。RAP 百分比的增加导致 D/A 比值的增加，而与胶结料来源和骨料来源无关。此外，温拌沥青技术通常不会影响 D/A 比值，但 RAP 含量会影响沥青混合料的 D/A 比值。

7.3.3 水稳定性

南卡罗来纳州交通部(SCDOT)建造了多个热拌沥青混合料的路面试验段,以评估使用再生材料[如再生沥青路面(RAP)、屋顶沥青瓦、煤灰]对此类沥青路面的性能影响。同样,对于温拌沥青技术和沥青混合料回收料的结合使用,实验室性能评估也已进行了相应的研究,以评估使用温拌再生材料的低交通量道路的实验室性能,特别是使用潮湿集料后沥青混合料的水敏感性[6,7]。

研究人员认为,较低的拌和温度可能导致无法充分干燥骨料,尤其是在 100 ℃～140 ℃的拌和温度下。如果骨料没有完全干燥,则在拌和过程中,水分的存在会阻止沥青胶结料和骨料充分黏结,这可能会引起混合料失效,从而导致路面的破坏[8,9]。目前许多地区都在沥青混凝土中使用再生材料,DOT 有兴趣在低交通量道路(LVR)中采用温拌沥青技术,因此有必要更好地了解使用温拌沥青技术对此类温拌再生沥青混合料的水敏感性。

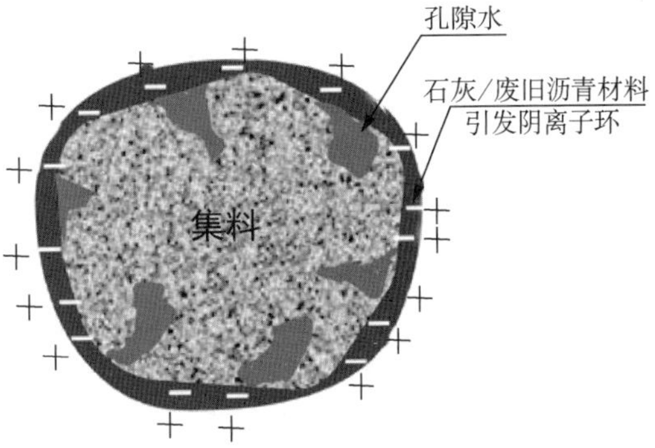

图 7-28 石灰改性集料水稳定性增强机理

在防止沥青路面剥离病害的许多方法中,最常用的是抗剥离剂(ASA)。在美国,最常用的 ASA 之一是熟石灰,其他还包括液体抗剥离剂(如胺、二胺、液态聚合物)、固体抗剥离剂(如波特兰水泥、粉煤灰和烟道粉尘)。一些道路建设承包商通常更喜欢液态 ASAs,因为相对易于使用。但是,不应盲目添加抗剥离剂,并且抗剥离剂是否适用于温拌沥青混合料是未知的。因此,在研究中通过使用不同的抗剥离剂测试了沥青混合料的水敏感性来对温拌再生沥青混合料进行相应的研究[10]。根据离子键同性排斥、异性相吸的原理,基于氢氧离子运动规律,采用石灰改性集料表面处理方式,解决了温拌沥青技术固有的水损害问题。如图 7-28 所示,通过石灰改性,在集料表面形成一层氢氧根离子环,有效保护"集料—沥青"黏附界面不受水分侵害,实现了再生沥青混合料拌和工艺、水稳定性能、沥青混合料回收料掺配率的综合提升。

图 7-29 间接拉伸试验后试件界面破坏情况

在这项研究中,再生材料包括经过短期老化和长期老化的屋顶沥青瓦和煤灰材料。沥青混合料的水敏性测试特性包括 ITS、TSR 和流值。ITS 值通常用于评价沥青混合料的水稳定性。使用沥青拌和现场和实验室成型的试件来测试每种混合料的 ITS 值。干样本 ITS 值的结果显示在图 7-30(a)中，由于 ITS 值较高，来自沥青拌和现场 A、B 和 C 的实验室成型样品具有更好的水稳定性。同样，由于实验室的二次加热过程，图7-30(b)所示的实验室样品的湿润 ITS 值通常较大。此外，所有湿润 ITS 值都大于 448 kPa(65 psi)，这是 SCDOT 规定的最小值。而且，如图 7-30(c)所示，只有一个 TSR 值小于 SCDOT 的最低要求(85%)。因此，在实验室测试期间，使用 RAP 的发泡沥青混合料不会表现出任何水分引起的破坏。

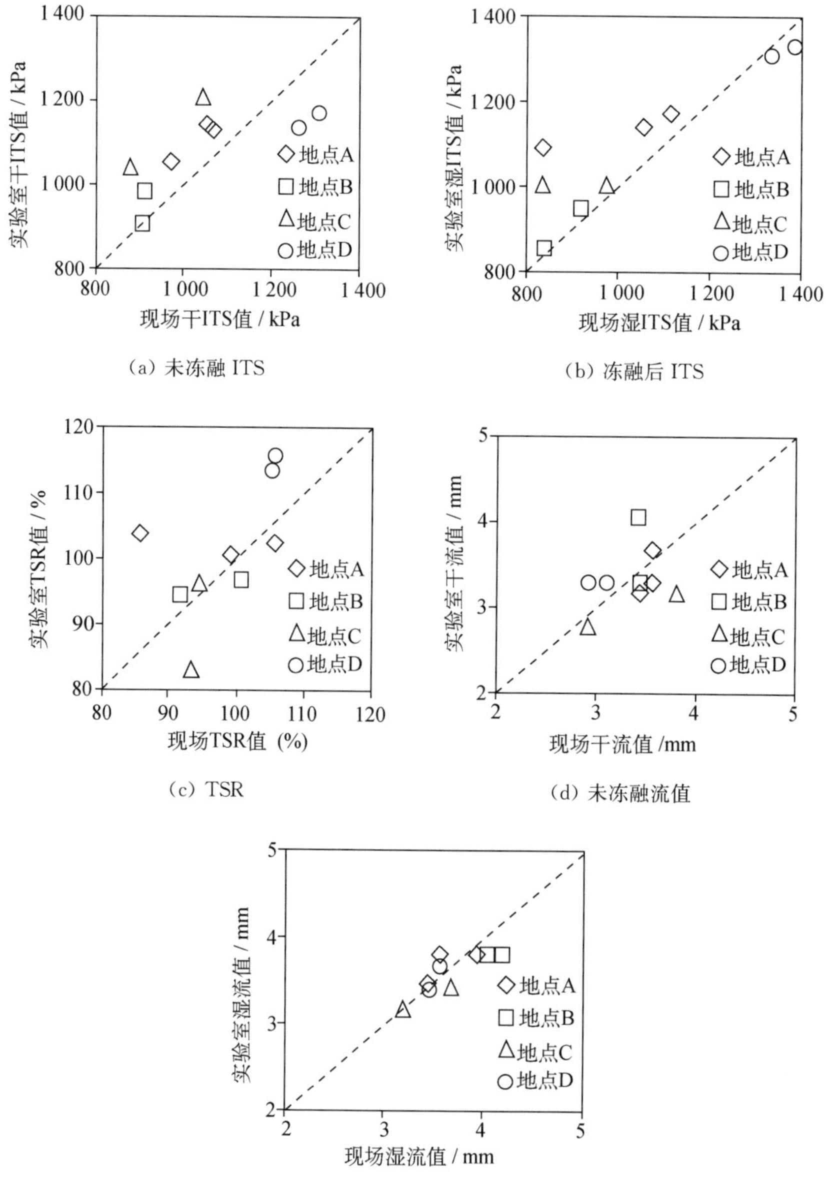

(a) 未冻融 ITS

(b) 冻融后 ITS

(c) TSR

(d) 未冻融流值

(e) 冻融后流值

图 7-30　实验室和沥青拌合站成型试件的 ITS 值和 TSR 值比较

ITS样品的流动(变形)阻力指标也用于沥青混合料的水分敏感性分析。图7-30(d)和图 7-30(e)表明,一般而言,实验室成型试件没有表现出明显更高或更低的流值。可以观察到,实验室和拌和现场压实的样品干样本流值几乎相同,即使它们的大部分干样本流值并不相同。

此外,统计分析结果表明,来自 B 型路面沥青混合料(沥青拌合站 A 和 C)的实验室试件和现场试件的 ITS 值之间存在显著差异,但对于 C 型混合料(沥青拌合站 B)则没有发现 ITS 值的统计差异,从四个沥青拌和现场制备的试件和实验室成型试件之间也没有观察到明显不同的流值。

使用骨料 A 的沥青混合料的 ITS 值如图 7-31(a)(b)所示。可以注意到,与抗剥落剂的类型和再生材料无关,热拌沥青混合料通常比泡沫沥青混合料具有更高的 ITS 值。另外,当使用温拌沥青发泡技术时,含 5%沥青瓦的混合料的全部 ITS 值要比含 3%沥青瓦的沥青混合料高。同样,含 10%煤灰的混合料干湿 ITS 值低于含 5%煤灰的混合料。

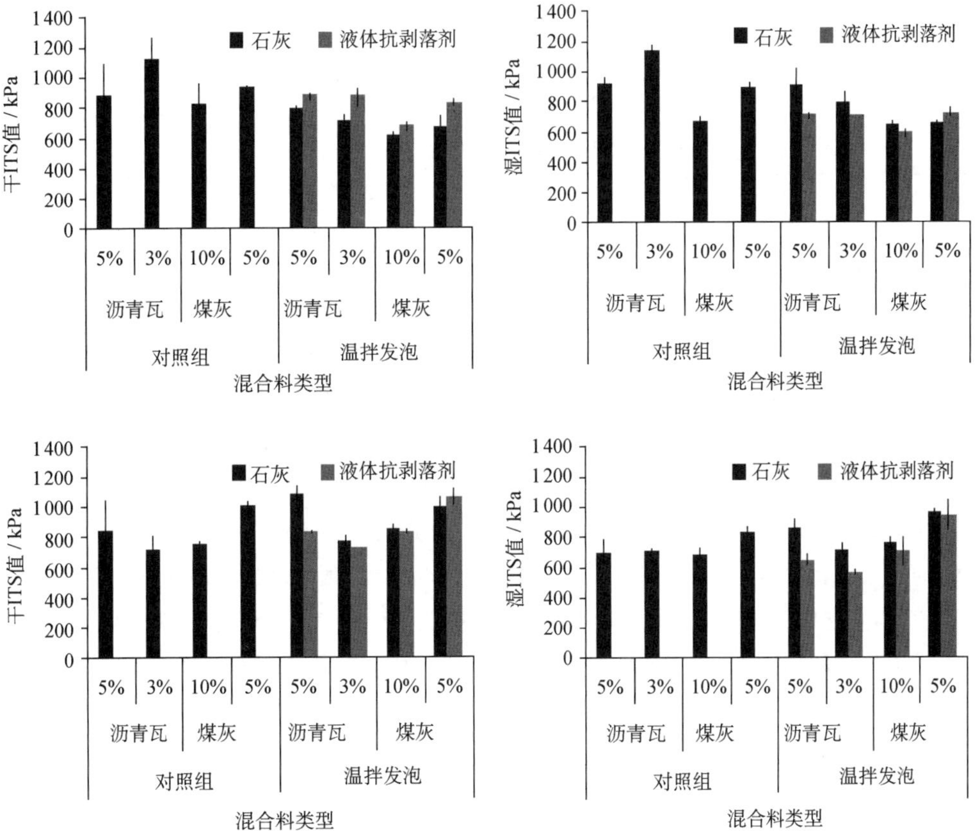

图 7-31　混合料的 ITS 值

图 7-31(c)、(d)表明，对于使用骨料 B 的混合料，对照组混合料的干湿 ITS 值通常更接近使用再生材料的泡沫沥青混合料。与使用骨料 A 的混合料相似，使用骨料 B 与 5%的沥青瓦和 5%煤灰的混合料的冻融前后 ITS 值分别高于掺有 3%的沥青瓦和 10%煤灰的混合料。

图 7-31(b)和图 7-31(d)表明，与使用熟石灰的泡沫沥青混合料相比，使用液体抗剥落剂的泡沫沥青混合料通常具有相对较低的冻融 ITS 值。即使对于低交通量道路，SCDOT 没有制定路面 D 型混合料的冻融 ITS 值的规格要求，但在本研究中，发现所有混合料的 ITS 值都大于 448 kPa(A 型和 B 型面层混合料的最低要求)。

根据统计分析(表 7-4)，可以注意到，使用熟石灰或液体抗剥落剂与骨料 B 的混合料未观察到 ITS 值的显著差异。对于使用 5%煤灰和 3%沥青瓦的骨料 A 的混合料，其 ITS 值存在显著差异，表明使用这些可回收材料时，水分敏感性一般取决于骨料类型。关于发泡沥青技术的影响，在表 7-4 中可以观察到，在大多数情况下，使用骨料 A 的对照和发泡沥青混合料在 ITS 结果中观察到显著差异。但是，通常在使用骨料 B 时的 ITS 值中没有发现显著差异。

表 7-4　　ITS 值的显著性统计分析

α=0.05	石灰—液体抗剥落剂				热拌—温拌发泡			
	5%沥青瓦	3%沥青瓦	10%煤灰	5%煤灰	5%沥青瓦	3%沥青瓦	10%煤灰	5%煤灰
骨料 A	N	Y	N	Y	N	Y	Y	Y
骨料 B	N	N	N	N	N	N	Y	N

注：Y，P 值小于 α，α=0.05(显著差异)；N，P 值大于 α，α=0.05(无显著差异)。

根据 SCDOT 规范，对于低交通量道路表面层(D 型)混合料的 TSR 没有最低要求。在表 7-5 中可以看出，使用再生材料时，大多数具有骨料来源 A 和 B 的混合料显示出改善的 TSR(>80%)。三种掺有沥青瓦的泡沫沥青混合料的 TSR 值小于 80%。在大多数情况下，掺有熟石灰的混合料 TSR 值高于使用潮湿集料的液体抗剥落剂的混合料，这表明使用液体抗剥落剂的泡沫沥青混合料更容易受到水分的损害。此外，与本研究中使用潮湿集料的泡沫沥青混合料相比，使用再生材料的热拌沥青混合料未显示出改善的 TSR 值。

流值定义为 ITS 样品由于初始垂直载荷直至达到最大载荷时的总变形。湿润 ITS 样品的流值(该材料对永久变形抵抗能力的量度)用于混合料的水分敏感性分析。从图 7-32 中可以看出，总的来说，使用有骨料 A(石英)的混合料的流值要高于使用骨料 B(片岩)的混合料的流值。图 7-32(a)、(b)表明，无论是热拌还是温拌混合料，使用沥青瓦的混合料流值低于使用粉煤灰混合料的流值。然而，没有发现使用骨料 B 的发泡沥青混合料的明显趋势[图 7-32(c)、(d)]。此外，使用液体抗剥落剂的混合料流值略大。表 7-5 中的流值指数值表明，只有两种混合料的流值指数小于 100%，这表明由于骨料中水分的综合作用，湿润样品通常具有较高的流值。

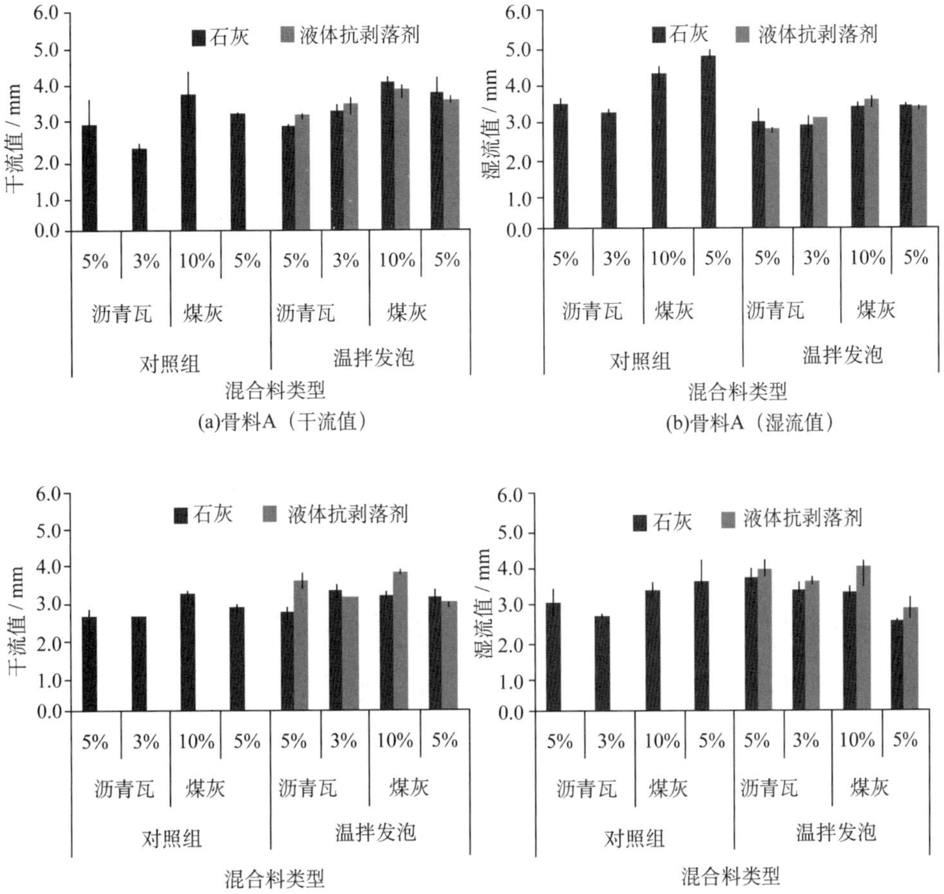

(a)骨料A（干流值）　(b)骨料A（湿流值）

(c)骨料B（干流值）　(d)骨料B（湿流值）

图 7-32　沥青混合料的流值

表 7-5　混合料的 ITS 指数和流值指数

抗剥落剂	混合料种类	再生材料	ITS 指数(TSR)/%		流值指数/%	
			骨料 A	骨料 B	骨料 A	骨料 B
—	热拌	5%沥青瓦	106.3	81.2	114.6	114.6
		3%沥青瓦	101.8	96.9	131.7	100.0
		10%煤灰	82.2	89.0	122.8	112.5
		5%煤灰	95.5	81.3	150.0	133.3
熟石灰	温拌发泡	5%沥青瓦	115.7	78.5	125.6	135.0
		3%沥青瓦	113.9	92.5	110.0	106.5
		10%煤灰	106.9	87.4	95.2	111.1
		5%煤灰	98.5	95.3	105.3	91.1

(续表)

抗剥落剂	混合料种类	再生材料	ITS 指数(TSR)/%		流值指数/%	
			骨料 A	骨料 B	骨料 A	骨料 B
液体抗剥落剂	温拌发泡	5%沥青瓦	82.8	75.7	106.4	109.8
		3%沥青瓦	81.4	76.8	105.7	134.1
		10%煤灰	88.6	84.4	106.9	103.6
		5%煤灰	86.9	87.2	109.1	109.1

注:ITS 指数(TSR)=湿 ITS 值/干 ITS 值×100;流值指数=湿流值/干流值×100。

根据以上试验结果,可对温拌再生沥青混合的水稳定性进行总结并得出以下结论:

(1) 当使用温拌发泡沥青技术时,无论骨料类型如何,含有 5%沥青瓦的混合料 ITS 值比含有 3%沥青瓦的混合料 ITS 值更高。测试结果表明,煤灰含量为 10%的混合料 ITS 值低于煤灰含量为 5%的混合料。此外,对照组热拌沥青混合料的 ITS 值略高。

(2) 使用液态 ASA 的泡沫沥青混合料通常比使用熟石灰的泡沫沥青混合料的湿润 ITS 值低。当使用湿骨料时,使用熟石灰的混合料比使用液体 ASA 的混合料具有更高的 TSR 值,这是由于骨料的高吸水性,使用液体 ASA 的泡沫沥青混合料更容易受到水分的损害。

(3) 骨料 A(石英)的泡沫沥青混合料的流值高于骨料 B(页岩)的泡沫沥青混合料的流值。此外,含有液体 ASA 的泡沫沥青混合料的流值略高。

7.3.4 抗车辙性能

许多研究人员正在研究温拌沥青路面的永久变形,因为温拌沥青混合料是在较低的拌和和压实温度下生产的,从而减少了沥青胶结料的氧化。一些研究人员认为,由于添加了水,发泡沥青技术在沥青混合料中应用可能会使沥青软化[11]。改善温拌沥青混合料的抗车辙性的方法之一是在混合料中添加 RAP 和/或再生沥青瓦(RAS)[12]。

如图 7-33 所示,可以观察到所有试件的车辙深度均小于 6 mm,尤其是来自拌和现场 A 和 C 的沥青混合料的车辙深度均小于 5 mm,满足了 SCDOT 规范的要求。另外,图 7-33 说明了实验室成型试件的车辙深度小于现场成型试件的车辙深度。这可能是因为实验室的再加热过程中沥青胶结料进一步氧化,使得发泡的沥青混合料变得更硬,从而改善了其抗车辙性。

统计分析结果显示,来自现场 B 的实验室试件和现场试件之间的车辙深度值存在显著差异,来自其他三处现场的实验室和现场试件的车辙深度值没有显著差异。

在另一项研究中,车辙深度结果如图 7-33 所示。不管回收材料的类型如何,对

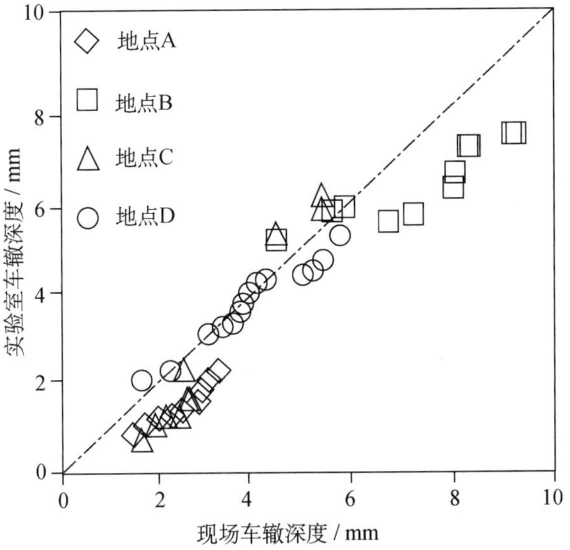

图 7-33 实验室和现场成型试件的车辙深度比较

照组的值通常小于 6 mm，并且小于发泡温拌沥青混合物的车辙深度。温拌沥青混合物在短期老化过程中在较低的温度下老化，因此温拌沥青胶结料的硬度可能不如对照组的沥青胶结料。关于骨料来源的影响，可以注意到，骨料 B 样品的车辙深度通常比骨料 A 样品小。这可能是因为使用骨料 A 混合料的最佳沥青含量较高，导致其车辙深度较大。为了研究再生材料的效果，图 7-34(a)显示，分别含有 10%煤灰和 5%沥青瓦的混合料车辙深度要略小于含有 5%煤灰和 3%沥青瓦的混合料车辙深度。此外，在这项研究中，含有液态抗剥落剂 ASA 的混合料车辙深度值通常比含有熟石灰的混合料车辙深度值略大。因此，熟石灰更适合用于改善含有湿骨料的混合料抗车辙性。关于骨料水分的影响，可以注意到，具有湿骨料的对照混合料车辙深度小于 5 mm。

图 7-34(b)和图 7-34(d)表明，在大多数情况下，湿样品的车辙深度要比干样品的车辙深度小，因此具有更好的抗车辙性。这可能是由于按照规范 AASHTO T 283 采用的高饱和度水平(70%～80%)导致循环加载期间样品中的孔隙水压力增大，可能有助于支撑加载，从而导致车辙深度减小。此外，图 7-34(b)和图 7-34(d)说明，即使将沥青混合料进行 60 ℃水浴 24 小时的处理，温拌沥青发泡技术对湿车辙深度没有显著影响。

表 7-6 列出了在两种条件下(干和湿)的车辙深度的差异(即湿车辙深度/干车辙深度)。表 7-6 中大于 100%的值表明，在水浴处理之后，干的车辙深度小于湿的车辙深度；小于 100%的值相反。

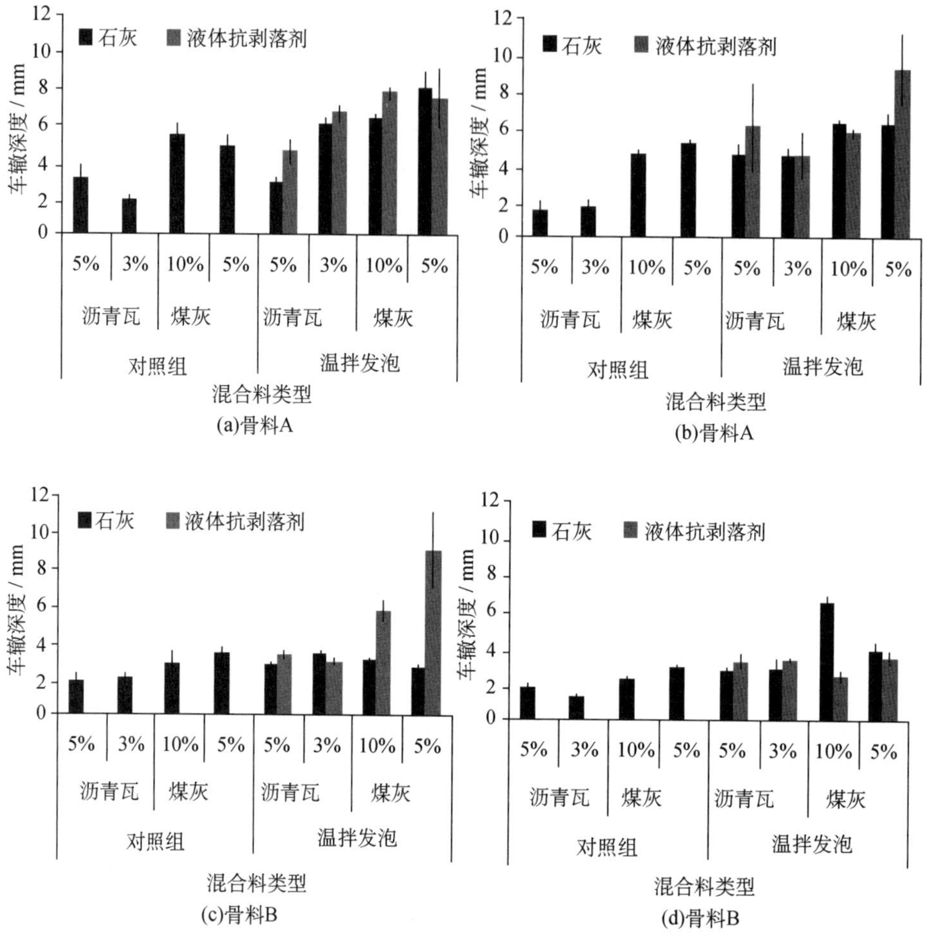

图 7-34　沥青混合料的车辙深度

表 7-6　　沥青混合料的车辙指数

抗剥落剂	混合料类型	再生材料	车辙指数/%	
			骨料 A	骨料 B
	基质沥青	5%沥青瓦	51.9	106.6
		3%沥青瓦	88.5	72.1
		10%煤灰	82.4	97.9
		5%煤灰	115.8	74.8
熟石灰	温拌发泡沥青	5%沥青瓦	120.2	91.1
		3%沥青瓦	70.1	70.9
		10%煤灰	101.4	173.4
		5%煤灰	83.1	120.5

（续表）

抗剥落剂	混合料类型	再生材料	车辙指数/%	
			骨料 A	骨料 B
液体 ASA	温拌发泡沥青	5%沥青瓦	122.8	89.6
		3%沥青瓦	57.8	129.2
		10%煤灰	72.1	39.7
		5%煤灰	120.8	32.5

关于发泡沥青技术的效果，从表 7-6 中可以看出，使用潮湿的骨料时，与泡沫沥青混合料相比，对照组混合料的车辙深度要小得多，而与本研究中的骨料和再生材料类型无关。然而，大多数包含这些再生材料的泡沫沥青混合料的车辙深度值仍小于 8 mm，满足了低交通量路面的抗车辙性能要求。

根据以上试验结果，可对温拌再生沥青混合的抗车辙性能总结并得出以下结论：

(1) 即使将沥青混合料在(7±1)%的空隙率下压实，掺入再生材料的泡沫沥青混合料的车辙深度通常小于 8 mm。此外，测试结果表明，发泡沥青混合料的抗车辙性与骨料来源、温拌沥青技术和再生材料的类型有关。

(2) 可以忽略骨料水分对车辙深度的影响，甚至可以提高混合料的抗车辙性。温水浴处理方法表明，含湿骨料的混合料车辙深度通常较小，可以满足了低交通量沥青路面的抗车辙性能要求。

7.3.5 弹性模量

弹性模量可用于预测材料对反复冲击或运动载荷的响应，例如车辆轮胎在路面上施加的载荷[13]。它是沥青混合料的刚度指标之一，可以使用实验室测试方法或现场无损检测并通过反算来确定。典型的实验室弹性测试试验如图 7-35(a)所示。如图

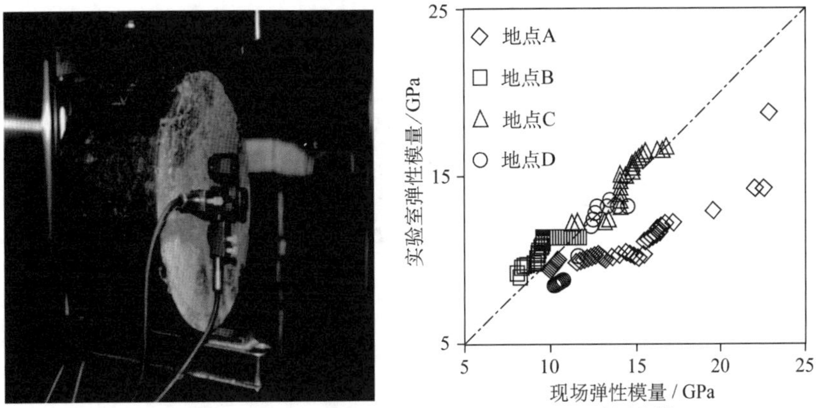

(a) MR 试验过程　　(b) M_R 值

图 7-35　实验室和现场成型试件的弹性模量比较

7-35(b)所示，在大多数情况下，实验室和现场成型样品的 M_R 值非常接近。但是，对于来自现场 A 的试件，实验室试件的 M_R 值相对较低，这可能是因为在混合料中添加了 RAP。统计分析结果表明，来自现场 A 和现场 B 的混合料的实验室和现场 M_R 值有显著差异。但是，来自现场 C 和现场 D 的混合料的 M_R 值没有显著差异。

7.3.6 疲劳性能

沥青路面的疲劳寿命与典型沥青混合料的各种工程特性直接相关。沥青混合料的复杂微观结构与集料的级配、集料—沥青胶结料界面的性质、空隙尺寸分布、空隙的连通以及其他材料的掺入(如 RAP)有关。结果显示，沥青混合料的疲劳特性非常复杂，先前的研究发现，疲劳梁试件的疲劳寿命变化很大[9,14,15]。

疲劳梁的初始刚度值由初始拉伸应力和应变确定，如图 7-36(a)所示，在现场 A 中，区域 2 的样品具有的初始刚度值高于区域 1 和 3；另外，来自现场 D 的混合料具有比其他混合料更高的初始刚度。梁的疲劳寿命值如图 7-36(b)所示，可以看出，现场 C 的

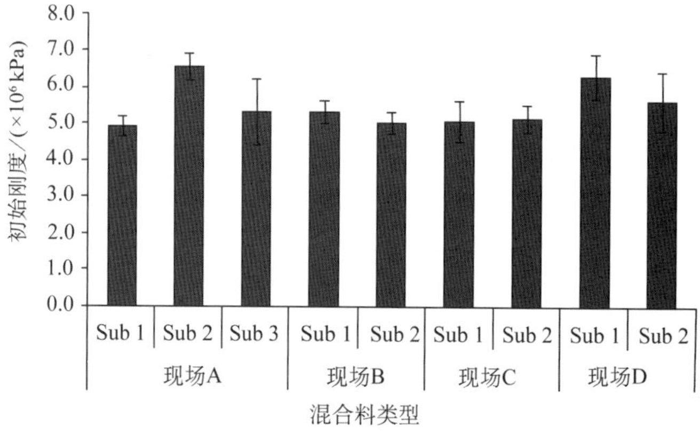

(a) 初始刚度

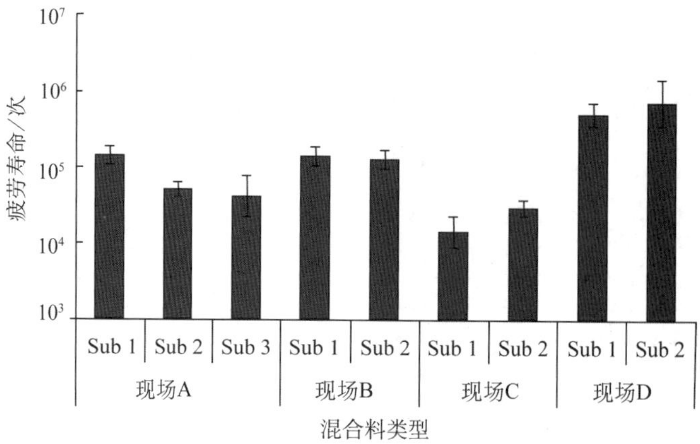

(b) 实验室成型的疲劳梁试件的疲劳寿命

图 7-36 混合料疲劳性能试验结果

疲劳梁试件比其他梁试件具有更短的加载周期，因为这些梁试件的空隙率较高。此外，不同梁试件的疲劳寿命通常互不相同。但是，现场 A 和现场 C 的混合料(B 型)疲劳寿命值通常比现场 B 和现场 D 的混合料(C 型)疲劳寿命低，因为 C 型混合料具有更高的沥青含量和细骨料百分比。

7.3.7 小结

温拌沥青再生技术在路面再生实践中的应用越来越广泛，使用之前有必要全面评价不同温拌技术对沥青混合料性能的影响，包括沥青混合料的体积参数、压实性能、水稳定性、抗车辙性能、弹性模量和疲劳性能。研究发现，温拌沥青技术和再生路面材料的结合(WMA-RAP)可以弥补彼此性能上的不足，并改善沥青路面的性能。因此，温拌沥青技术允许使用较高比例的 RAP。但是，必须仔细选择温拌沥青技术的类型和 RAP 掺入的百分比。

7.4 结语

本章针对温拌再生混合料的性能特征进行了阐述。通过对比温拌再生沥青胶结料、热拌沥青胶结料和温拌沥青胶结料发现，高百分比(最高 50%)的 RAP 沥青胶结料可与基质沥青胶结料(PG 64-22 或 PG 58-28)均匀混融；增加 RAP 的含量可以提高沥青胶结料的抗车辙性，但会降低疲劳强度。但是，温拌添加剂可以抵消再生沥青胶结料的这些性能变化；经过短期老化和长期老化后的沥青胶结料仍然满足 Superpave 规范的要求。因此，出于多种原因(例如节省成本、资源等)，建议使用较高 RAP 百分比的沥青胶结料；将 RAP 用于生产沥青胶结料之前，有必要先研究其基本性质，因为 RAP 来源通常会影响拌和后沥青胶结料和沥青混合料的性能；建议通过一些简单的回归方程来预测沥青胶结料的流变特性。但是，需要更多 RAP 来源的信息来开发准确的模型，从而为现场路面性能提供有效且可操作的预测。

对比不同温拌再生技术发现，不论是哪种温拌沥青技术，沥青混合料的耐湿性、耐车辙性和可加工性均得到改善；使用有机添加剂的温拌沥青混合料的疲劳性能得到改善，而使用发泡沥青技术和化学添加剂的混合料均显示出抗疲劳性降低的现象；温拌再生沥青混合料的耐低温开裂性尚无定论，一些研究表明有所改善，而另一些研究则相反；在使用化学添加剂和发泡沥青技术的混合料中，耐高温性能得到改善；温拌再生沥青混合料的弹性模量等于或优于热拌沥青混合料；由于在温拌沥青技术中添加了 RAP，沥青混合料的刚度增加了；由于结晶过程，添加 Sasobit 的沥青混合料在冷却过程中趋于变硬；增加 RAP 百分比可改善高温性能、耐车辙性、弹性模量、马歇尔稳定度和抗水性能；随着 RAP 含量的增加，沥青混合料的施工和易性降低。

参考文献

[1] Hettiarachchi Chamod, Hou Xiangdao, Wang Jiayu, et al. A comprehensive review on the utilization of reclaimed asphalt material with warm mix asphalt technology[J]. Construction and Building Materials, 2019, 227.

[2] Xiao Feipeng, Putman Bradley, Amirkhanian Serji. Rheological characteristics investigation of high percentage RAP binders with WMA technology at various aging states[J]. Construction & Building Materials, 2015, 98(NOV.15):315-324.

[3] Xiao Feipeng, Putman Bradley, et al. Plant and laboratory compaction effects on performance properties of plant-foamed asphalt mixtures containing RAP[J]. Journal of Materials in Civil Engineering, 2015, 27(9):4014240.

[4] Xiao Feipeng, Hou Xiangdao, Amirkhanian Serji N, et al. Superpave evaluation of higher RAP contents using WMA technologies[J]. Construction & Building Materials, 2016, 112(jun.1): 1080-1087.

[5] Shivaprasad Punith Veeralinga, Xiao Feipeng, Amirkhanian Serji N. Performance of warm-mix asphalt mixtures containing recycled coal ash and roofing shingles with moist aggregates for low-volume roads:[J]. Transportation Research Record, 2018, 2205(1):48-57.

[6] Xiao Feipeng, Shivaprasad Punith Veeralinga, Amirkhanian Serji N. Low-volume road WMA mixtures: moisture susceptibility of mixtures containing coal ash and roofing shingle with moist aggregate[J]. Journal of Materials in Civil Engineering, 2012, 24(1):48-56.

[7] Shivaprasad Punith Veeralinga, Xiao Feipeng, Amirkhanian Serji N. Moisture and rutting resistances of foamed asphalt mixtures containing recycled coal ash or shingles with moist aggregates[C]//Testing and specification of recycled materials for sustainable geotechnical construction.2011.

[8] Xiao Feipeng, Amirkhanian Serji N, Putman Bradley. Evaluation of rutting resistance in warm-mix asphalts containing moist aggregate[J]. Transportation Research Record Journal of the Transportation Research Board, 2010(2):75-84.

[9] Xiao Feipeng, Jordan, Jayson, Amirkhanian, Serji N. Laboratory investigation of moisture damage in warm-mix asphalt containing moist aggregate[J]. Transportation Research Record Journal of the Transportation Research Board, 2009, 2126(2126):115-124.

[10] Xiao Feipeng, Zhao Wenbin, Gandhi Tejash, et al. Influence of Antistripping additives on moisture susceptibility of warm mix asphalt mixtures[J]. Journal of Materials in Civil Engineering, 2010, 22(10):1047-1055.

[11] Xiao Feipeng, Shivaprasad Punith Veeralinga, Putman Bradley, et al. Utilization of foaming technology in warm-mix-asphalt mixtures containing moist aggregates[J]. Journal of Materials in Civil Engineering, 2011, 23(9):1328-1337.

[12] Shivaprasad Punith Veeralinga, Xiao Feipeng, Wingard David. Performance characterization of half warm mix asphalt using foaming technology[J]. Journal of Materials in Civil Engineering, 2013, 25(3):382-392.

[13] Xiao Feipeng, Amirkhanian Serji N. Resilient modulus behavior of rubberized asphalt concrete mixtures containing reclaimed asphalt pavement[J]. Road Materials and Pavement Design, 2008, 9(4):633-649.

[14] Xiao Feipeng, Zhao Wenbin, Amirkhanian Serji N. Laboratory investigation of fatigue characteristics of rubberized asphalt mixtures containing warm asphalt additives at a low temperature[J]. Journal of Testing and Evaluation, 2011, 39(2):102844.

[15] Xiao Feipeng, Amirkhanian Serji N, Juang C. Hsein J. Prediction of fatigue life of rubberized asphalt concrete mixtures containing reclaimed asphalt pavement using artificial neural networks [J]. Journal of Materials in Civil Engineering, 2009, 21(6):253-261.

8 就地再生沥青混合料的性能表征

8.1 就地冷再生
8.2 就地热再生
8.3 结语

沥青路面就地再生作为一种绿色养护技术，在沥青路面养护建设过程中可以有效降低成本、节约资源和保护环境，符合绿色发展理念的要求。就地再生沥青混合料能够接近100%地利用原路面材料，大大减少了天然集料和新沥青的需求，并且施工效率高、交通延误小，逐渐成为高速公路和国省干道的重要选择。因此，积极开展沥青路面就地再生试验研究，优化并推广就地再生技术，实现沥青路面材料高水平循环利用符合时代背景和行业需求。

8.1 就地冷再生

道路就地冷再生是充分利用现有旧铺层材料，加入部分新骨料、水和添加剂，在自然环境温度下连续完成材料的铣刨、破碎、添加、拌和、摊铺及压实成型的作业过程。根据再生深度分为沥青层就地冷再生和基层就地冷再生（全深式就地冷再生）。沥青层就地冷再生仅对原沥青材料层进行就地冷再生，其拌和深度为原沥青材料层厚（8～15 cm）。全深式就地冷再生将原路面面层和路面基层共同就地冷再生，其拌和深度在15 cm以上，一般再生层厚度为20 cm。当原路面面层不满足再生要求时，仅会对原路面基层进行冷再生。其再生厚度与结合料类型相关，当以乳化沥青和泡沫沥青作为再生剂时，冷再生层厚度在10～15 cm之间；以水泥、石灰或粉煤灰为再生剂时，冷再生层厚度为20 cm。

8.1.1 就地冷再生胶结料的分类

就地冷再生的胶结料种类有水泥、石灰、粉煤灰、乳化沥青、泡沫沥青和高炉炉渣等。沥青层就地冷再生一般采用乳化沥青或泡沫沥青作为结合料，某些情况下，需要添加适量水泥（一般不超过2%，建议为1.5%）对再生混合料的技术性能进行提升，使再生结构层满足承载力要求的同时还具有一定的弹性，以防止裂纹产生。基层冷再生可以采用上述所有的结合料，具体取决于设计目的。当再生层为半刚性结构层时，可以采用水泥、石灰或粉煤灰等，而柔性结构层采用乳化沥青或泡沫沥青。

以水泥、乳化沥青、泡沫沥青为添加剂的就地道路冷再生技术在我国大部分省市已经得到认可和大规模的应用。表8-1总结了三种结合料冷再生应用的优点和缺点。水泥再生成本较低，但抗疲劳性一般；泡沫沥青成本较低，施工简单，但是对集料质量要求较高，限制了其大规模的现场使用；乳化沥青材料性能优于水泥，一般应用于高等级公路的再生，但是乳化沥青的性能受改性剂的影响较大，8.1.2节重点阐述了乳化沥青的性能特征。

表 8-1　　三种冷再生结合料的优点和缺点[1,2]

结合料类型	优点	缺点
水泥	(1) 与沥青相比，水泥价格非常便宜、供应方便； (2) 水泥在建设领域使用普遍，有现成的标准实验方法和规范； (3) 能提高大多数材料的抗压强度； (4) 还可提高材料的抗水能力	(1) 收缩裂缝不可避免，但可以减少至最小； (2) 增加了刚度，但降低了疲劳特性； (3) 需要适当养生，不能早期开放交通，否则会损坏路面
乳化沥青	(1) 用乳化沥青冷再生材料具有较好的黏弹性质，抗疲劳性好； (2) 相对而言，乳化沥青应用较多已得到认可，现场常温下应用简单安全，有现成的标准实验方法和规范	(1) 乳化沥青需工厂化专门加工生产，生产过程需要严格的质量控制，乳化剂很贵，不仅要运输沥青，同时要运输水； (2) 含水量太高的路面材料，加入乳化沥青后养生需要较长的时间，形成强度受水分散失速度的影响
泡沫沥青	(1) 施工方便，沥青罐车与再生机相连后喷洒即可； (2) 能将粗糙的颗粒黏结在一起，形成强度高的柔性路面，抗变形和抗疲劳性俱佳； (3) 泡沫沥青使用标准的针入度级沥青，没有制造成本，铺设压实后可立即开放交通； (4) 无须担心材料的破乳时间或成活时间； (5) 需要加入的沥青和水相对较少，从而使运输及材料费用降低	(1) 需要专门的沥青加热装置(160 ℃)和安全保护装置； (2) 对 0.075 mm 以下的粉料数量有最低要求，过多或者缺乏细料的材料都不适合用泡沫沥青处理

8.1.2　改性乳化沥青的性能表征

乳化沥青作为就地冷再生的主要胶结料之一，其性能受改性剂的影响较大。橡胶、树脂、高分子聚合物、胶粉等材料已被成功用于乳化沥青的改性工作中，但纳米材料在乳化沥青中的应用较少。为了进一步提升乳化沥青混合料的路用性能，笔者研发了纳米纤维素改性剂，开发了纳米改性乳化沥青的制备工艺并且评价了纳米纤维素改性乳化沥青的路用性能。

纳米纤维素的比表面积很大、表面能高，处于非热力学稳定态，很容易团聚在一起，形成带有若干弱连接界面的尺寸较大的团聚体，这种团聚的二次粒子难以发挥其纳米效应，使材料达不到理想的性能。因此，如何将纳米纤维素在沥青中进行分散成为获取高性能乳化沥青的关键问题。常用的方法是，将纳米纤维加入到沥青中进行高速物理剪切，该方法需要将纳米纤维—沥青混合体系在150 ℃的高温下保温1～2 h，该过程会消耗大量能量，经济性能不佳。针对该方法的局限性提出了将纳米纤维素（包括木浆纳米纤维素、剑麻纳米纤维素、棉花纳米纤维素和TEMPO氧化木浆纤维素）制备成纳米纤维素溶液（图8-1）的新方法。详细的制备工艺如下：

图8-1　纳米纤维素溶液

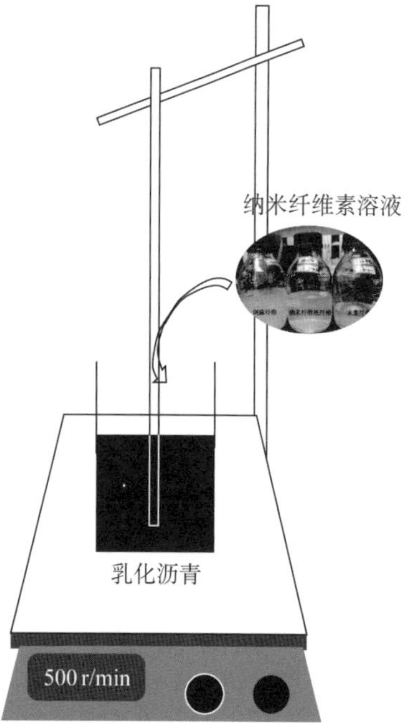

图8-2　纳米纤维素改性乳化沥青制备

（1）用电子分析天平分别称取纳米纤维素各两份：0.750 g和1.500 g（精确到0.001 g）；

（2）用量筒量取150 mL蒸馏水倒入烧杯中；

（3）将两份纳米纤维素缓慢添加到水中，用不锈钢药勺不断搅拌，使得两者充分接触，纳米纤维素无明显的团块现象时停止搅拌；

（4）将第（3）步得到的水溶液放入超声波清洗器中超声处理15 min（功率显示60%，室温），之后手动振荡15 min，该步骤重复2次；

（5）将第（4）步得到的悬浊液放入离心机中，在8 000 r/min下离心处理30 min，并取上层清液最终制成纳米纤维素溶液；

（6）最后，采用低速搅拌（500 r/min）的方式将纳米纤维素溶液与乳化沥青混合，便可制备纳米纤维素改性乳化沥青，如图8-2所示，该制备工艺解决了传统改性剂采用高速剪切或高温熔融方法带来的高能耗问题。

为了评价纳米纤维素对乳化沥青的改性效果，研究 3 种纳米纤维素溶液（木浆纳米纤维、剑麻纳米纤维、TEMPO 氧化木浆纤维）对一种慢裂型乳化沥青（表 8-2）的改性效果，通过沥青针入度、软化点实验和动态剪切实验（DSR）评价了纳米纤维素改性乳化沥青的高温流变性能，利用弯曲梁流变实验（BBR）评估了其低温抗裂性能，同时还对短期老化（RTFO）和长期老化（PAV）后的改性沥青进行了性能测试。

表 8-2　　慢裂型乳化沥青的技术性能

测试项目	实测	技术要求
破乳速度	慢裂	慢裂
筛上剩余量（1.18 mm）	0	≤0.1%
电荷	阳离子正电（+）	阳离子正电（+）
恩格拉黏度 E25	5.4	2～30
5 d 储存稳定性	7.40%	≤5%
蒸发残留物含量	58.5	≥55
针入度（100 g，25 ℃，5 s）	55	45～150
延度（5 ℃）	14.7	≥40

纳米纤维素改性乳化沥青制备完成后，采用针入度、软化点实验和动态剪切实验测试其高温性能，测试结果如表 8-3 所示。

表 8-3　　纳米纤维改性乳化沥青高温性能实验测试结果

纤维类型及掺量		软化点		针入度		蠕变柔量				应变恢复率			
		均值	提高	均值	提高	0.1 kPa		3.2 kPa		0.1 kPa		3.2 kPa	
						均值	提高	均值	提高	均值	提高	均值	提高
对照组	0.0%	56.0	0.0	54	0	0.62	0	0.95	0.0	34.7	0.0	12.9	0.0
木浆纤维	0.5%	55.3	−0.8	53	−1	0.68	0.06	1.11	0.16	31.4	−3.3	14	1.1
	1.0%	55.2	−0.8	53	−1	0.80	0.18	1.18	0.23	35.2	0.5	12	−0.9
剑麻纤维	0.5%	55.5	−0.5	52	−2	0.78	0.16	1.13	0.18	27.6	−7.1	9.2	−3.7
	1.0%	56.7	0.7	53	−1	0.85	0.23	1.26	0.31	43.5	8.8	16.1	3.2
TEMPO 氧化木浆	0.5%	57.4	1.3	52	−2	0.61	−0.01	0.86	−0.09	30.8	−3.9	14.9	2.0
	1.0%	55.4	−0.6	44	−10	0.66	0.04	0.87	−0.08	28.6	−6.1	11.4	−1.5

乳化沥青的软化点并不都是随着纳米纤维素掺量的提高而有规律地变化。对于木浆纳米纤维素来说，随着掺量的提高，改性沥青的软化点不断下降。而对于剑麻纳米纤维素和 TEMPO 氧化木浆纤维素来说，相比于未添加纳米纤维素的对照组，改性沥青的

软化点在不同掺量下既出现了上升也出现了下降。其中,剑麻纳米纤维素改性沥青在1.0%掺量处达到了极大值,而 TEMPO 氧化木浆纤维素改性沥青在 0.5%掺量处达到了极大值。

沥青的针入度随纳米纤维素掺量的提高呈一直减少的趋势,特别是 TEMPO 氧化木浆纤维素,其掺量的变化显著地影响了沥青的针入度指标(掺量为 1%时针入度下降高达 18.5%)。分析认为,纳米纤维素在沥青中起到了微骨料的作用,能与沥青大分子良好结合,故能增加其黏度,降低其针入度。当木浆纳米纤维素经过 TEMPO 氧化处理后,效果更为显著。

木浆纳米纤维素的掺入会导致改性沥青不可恢复蠕变柔量的降低和应变回复率的提高,也就意味着改性沥青抗变形能力的提高。剑麻纳米纤维素只有在以较高掺量掺入到稀浆封层乳化沥青时,才会使得改性沥青不可恢复蠕变柔量降低,应变回复率提高。TEMPO 氧化木浆纤维素在低掺量(0.5%)时,对乳化沥青抗变形能力有利。当它的掺量提高到 1%时,它对沥青抗变形能力的影响无法确定,因为它一方面降低了改性沥青的不可恢复蠕变柔量,另一方面降低了应变回复率。

将纳米纤维素溶液分别加入到 SBS 和 SBR 乳化沥青中,拌和均匀后测试其低温劲度模量和 m 值。测试结果如表 8-4 所示。

表 8-4　纳米纤维素改性后 SBS 和 SBR 乳化沥青的低温劲度模量和 *m* 值

		SBS 乳化沥青						SBR 乳化沥青					
		−6 ℃		−12 ℃		−18 ℃		−6 ℃		−12 ℃		−18 ℃	
		S/MPa	m 值	S/MPa	m 值	S/MPa	m 值	S/MPa	m 值	S/MPa	m 值	S/MPa	m 值
对照组	0.0%	139	0.22	257	0.32	598	0.35	138	0.35	259	0.32	596	0.22
木浆纤维	0.5%	113	0.24	189	0.34	517	0.39	113	0.39	189	0.34	517	0.24
	1.0%	105	0.28	165	0.35	345	0.40	105	0.40	165	0.35	345	0.28

从表 8-4 可知,掺加 0.5%纳米木浆纤维溶液到 SBS 乳化沥青中后,改性乳化沥青在−6 ℃、−12 ℃、−18 ℃时候的劲度模量分别降低了 21%、29%和 16%;当掺量提高到 1%后,SBS 改性乳化沥青在三个温度下的劲度模量分别降低了 24%、36%和42%。m 值随着纳米纤维素掺量的增加保持上升趋势。因此,可以得出结论,掺加纳米木浆纤维素可提高 SBS 乳化沥青低温变形和蠕变能力。

掺加纳米纤维溶液对 SBR 乳化沥青进行改性后,纳米纤维素改性乳化沥青的弯曲蠕变劲度呈减小趋势,蠕变速率 m 呈增大趋势,表明纳米纤维素对 SBR 乳化沥青低温抗裂性能有利。在−12 ℃时,对照组乳化沥青 m 值、劲度模量分别为 0.316 和 205,经过 0.5%木浆改性后,劲度模量降低了 15%,m 值提高了 9%;掺量提高 1%后,劲度模量降低了 41%,m 值提高了 20%。

动态剪切试验可得到乳化沥青的 G^* 和 δ，$G^*\sin\delta$ 为损失剪切模量，$G^*\sin\delta$ 越大则加载过程中试件的能量损失越快，而损失能量与试件的加载过程中的疲劳损伤有直接关系[3]；$G^*\sin\delta$ 越小则疲劳损伤发展越慢，疲劳性能越好，因此 $G^*\sin\delta$ 又被称为沥青胶结料的疲劳因子，本试验测得 25 ℃时纳米纤维素改性 SBR 乳化沥青的疲劳因子，如图 8-3 所示。

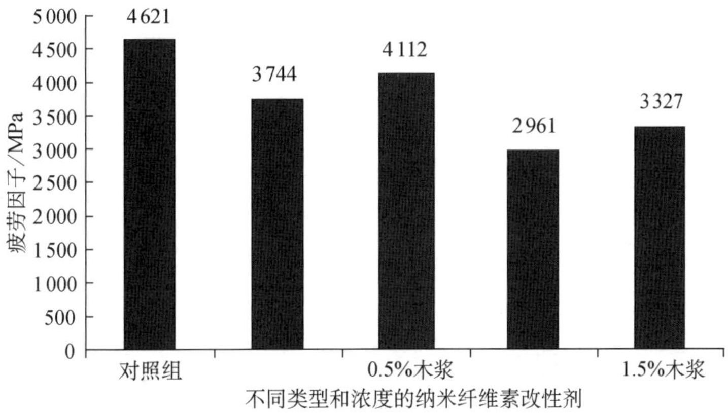

图 8-3　纳米纤维素改性 SBR 乳化沥青的疲劳性能

从图 8-3 可以看出，纳米纤维素降低了乳化沥青的疲劳因子，延缓了乳化沥青的疲劳损伤。其中 0.5%纳米纸纤维使乳化沥青的疲劳因子降低了 19%，0.5%、1.0%和 1.5%纳米木浆纤维素分别降低了 SBR 乳化沥青 15%、40%和 28%的疲劳因子。

纳米纤维素对乳化沥青进行改性可提高短期抗老化性能。其中木浆纤维素对乳化沥青抗疲劳性能的提升最为显著，0.5%和 1.0%掺量的纳米木浆纤维素分别使复数模量老化指数提高了 35%和 40%。但是纳米纸纤维素对乳化沥青的短期抗老化性能的提升有限。相较于短期老化，沥青的复数模量在长期老化后提高幅度进一步增大，表明沥青老化程度进一步加深。对照组沥青复数模量老化指数均大于其他纳米纤维素改性组，说明纳米纤维素可提高乳化沥青长期抗老化性能。另外，1%掺量的纳米纤维素对乳化沥青抗抵长期老化的性能提高均好于同种纤维素 0.5%添加量，由此可认为，在一定范围内，乳化沥青抗老化性能随纳米纤维素掺量的增大而增强。

8.1.3　就地冷再生混合料的性能表征

由于环境和经济原因，就地冷再生技术被认为是一种有效的维护和修复技术。再生结构层的厚度、稳定剂的种类，结合料的含量以及设计方法的选择等都对冷再生铺装的路用性能有显著影响，本节将对就地冷再生混合料的抗车辙性能、黏附性能、抗裂性能和疲劳性能进行综述。

8.1.3.1　抗车辙性能

永久变形（车辙）是影响路面性能的主要因素之一，通常是因为沥青层或基层在车辆荷载作用下发生了塑性变形[4-7]。动态蠕变实验和动稳定度车辙实验是评估沥青路面抗车辙能力的实验方法。在动态蠕变实验中，试件（通常为 100 mm 或 150 mm 的圆柱形试样）会受到非轴向重复加载，其变形数据会被线性变量微分传感器记录下来[8]。车辙实验主要是采用车轮装置对试件进行反复碾压，通过直接观测车辙深度来反映沥青材料的抗车辙性能，测试温度为 45 ℃。也有一些研究者采用 APA 来评估沥青材料的永久变形能力。Cross 等在 1999 年使用 APA 评估了采用石灰浆处治冷再生混合料的抗车辙和抵抗水损的能力[9, 10]。Niazi 和 Jalili 在 2008 年进行了包括永久性变形在内的一系列室内试验，以研究水泥和石灰添加剂的影响[11]。Stimilli 等在 2013 年对含有高再生沥青含量的冷再生混合料进行了抗车辙性能研究，研究结果表明，这种冷再生混合料的高温抗车辙能力要优于传统的热拌沥青混合料[12]。Du 和 Cross 基于灰色建模方法提出了一个适用于冷再生混合料的车辙预测模型，回归分析表明，在已知加载周期的情况下，该模型可以有效地预估车辙深度[13]。

8.1.3.2 黏附性能

在道路开通初期，一般采用松散试验来评价路面的耐久性。相关研究表明，RAP 材料中硬质残余沥青含量越高，沥青和集料的黏附性能就越差，路面耐久性也会随之变差。Hill 和 Braham 使用了 5 种设备来量化全深式冷再生材料在开放交通早期阶段抗剥落的性能，结果表明，乳化沥青再生混合料的抗剥落性能要优于泡沫沥青再生混合料[14]。

8.1.3.3 抗裂性能

冷再生结构层中的水在低温时膨胀，会导致温度应力的产生。当应力超过了极限抗拉强度，开裂便会发生。在年温差变化差异较大的地区，道路内部的水分会发生冻融循环，导致温度裂缝的进一步发展。针对这一情况，间接拉伸试验仪器被用来评估冷再生材料的低温性能，主要是获取其蠕变柔量和强度数据，为 MEPDG 预测裂缝发展提供输入参数[15, 16]。

就地冷再生混合料的抗裂特性一直是研究热点。Gao 等对冷再生混合料的开裂行为进行了研究，发现开裂角度与开裂程度之间存在很强的相关性，为进一步研究冷再生混合料的反射裂缝奠定了基础[17]。Zhao 借助 X 射线衍射等工具研究了冷再生混合料复杂的开裂特性，进而提出了一个三维非均匀开裂模型[18]。Morian 讨论了冷再生材料的抵抗反射裂缝能力，同时利用挠度测量的反算方法估算了冷再生结构层的刚度[19]。Charmot 等在 2010 年研究了冷再生混合料在三种状态下九个剖面的裂缝参数，以预测其现场抗裂性能[20]。

8.1.3.4 疲劳性能

间接拉伸疲劳试验常被用来研究泡沫沥青冷再生混合料的疲劳特性。Papavasiliou 和 Loizos 基于间接拉伸疲劳试验数据提出了位移因子方法来预测现场疲劳寿命。Losa 等探讨了泡沫沥青再生路面的设计方法，针对重交通路面的修复设计提出了疲劳寿命的新概念[21]。

8.1.4 小结

就地冷再生技术是一种绿色养护技术，能够接近100%地利用原路面材料，大大减少了天然集料和新沥青的需求。在现有乳化沥青的基础上，本节提出采用纳米纤维素改性方法，充分利用了纳米材料优异的表面效应、小尺寸效应，大大提升了乳化沥青的高温性能、低温性能、疲劳性能和抗老化性能。当前较高的生产成本限制了其大规模的现场使用，因此建议通过优化生产工艺和改进施工设备来降低纳米纤维改性乳化沥青的生产成本，进一步提高冷再生混合料的全寿命路用表现。

8.2 就地热再生

就地热再生施工工艺包括整形再生、复拌再生和加铺再生。整形再生是将旧沥青路面加热、翻松，就地掺加一定数量的再生剂，经热态拌和、摊铺、压实成型；复拌再生是将旧沥青路面加热、翻松，就地掺加一定数量的再生剂、新沥青、新沥青混合料，经热态拌和、摊铺、压实成型；加铺再生是在整形再生、复拌再生的基础上，再加铺一层新沥青混合料，两层一起压实成型，可以解决由于施工不精细导致铺筑效果差等问题。三种热再生形式的施工方法基本相同，只是在路面结构形式上表现不同。大量的工程实践表明，就地热再生方法可以有效解决轻微的面层车辙、波浪、剥落、泛油、表面摩擦的损失、轻微的温度裂缝以及轻交通荷载引起的开裂等问题，尤其是在处理特定深度(25～50 mm)的面层病害时有着较好的效果[22]。

8.2.1 就地热再生沥青胶结料的性能表征

就地热再生技术使用的原材料包括原路面沥青混合料回收料、天然集料、新沥青、再生剂和添加剂。新沥青的种类和标号宜与原路面采用的沥青一致；也可采用针入度标号大一级的沥青，但对于原路面车辙较明显的路段，不宜采用。就地热再生技术为了考虑新旧集料的均一性，还要求矿料的岩性和基本性能宜与原路面相同。纤维、抗剥落剂、抗车辙剂等外加剂的选择应综合施工可操作性、性能、工程成本以及运输、储存等多方面因素进行技术论证。

研究表明，再生剂的性能是影响路用性能的关键因素。新沥青在再生混合料中占比较低，往往需要采用高性能再生剂对老化沥青进行有效再生，因此再生剂应具有较好的与老化沥青的相容性和一定的抗老化性能，以保证再生沥青与沥青混合料的耐久性。另外，再生剂的闪点应高于220 ℃以保证安全性。在实际工程中选用再生剂时，除对再生剂本身的性能进行必要检验外，应注重对再生沥青胶结料和再生沥青混合料的性能检验，以确定再生剂的种类、掺量和掺入方式。

现阶段再生剂的选择及掺量一般参照对旧沥青三大指标改善程度，但沥青的三大指标本身存在一定局限性，因此以三大指标改善程度为再生效果衡量标准较为片面。

此外，就地热再生由于其现场拌和的特殊性，需要新旧沥青及再生剂充分混溶，这对再生剂在一定拌和时间内、一定温度条件下的扩散速度提出了较高要求。因此需要从再生机理的研究入手，对不同再生剂的再生效果进行性能评价，结合实际工程中温度及拌和时间等因素的影响，形成再生剂的评价体系，最终提出切实可行的方法用以控制再生剂的选择及掺量的确定。一般认为，再生剂需要满足以下要求：容易分散在混合料中；能够分散老化沥青中的沥青质；在热拌过程中不会过度硬化；含有较少的挥发物质以及污染物。

通过对原路面和就地热再生后路面抽提后的沥青进行流变性能分析，汇总于表8-5中。车辙因子和弹性恢复指标表征了沥青胶结料高温黏弹性，老化程度越高的沥青，沥青黏度越大，其高温性能指标相应越高。如表中所示，由于加入了再生剂和新沥青混合料，一定程度上调和了老化沥青，降低了高温黏弹性指标，实现了再生的效果，沥青胶结料性能基本满足预期。

表 8-5　　就地热再生前后沥青胶结料性能指标

测试项目	测试样品	测试结果	变化率
64 ℃车辙因子 $G^*/\sin\delta$	原路面	7.61 kPa	降低 63%
	再生路面	2.81 kPa	
64 ℃弹性回复 R%(@3.2kPa)	原路面	17.4%	降低 27.6%
	再生路面	12.6%	
70 ℃车辙因子 $G^*/\sin\delta$	原路面	3.74 kPa	降低 60%
	再生路面	1.50 kPa	
70 ℃弹性回复 R%(@3.2kPa)	原路面	8.4%	降低 47.6%
	再生路面	4.4%	

通过对原路面和再生路面沥青胶结料的红外光谱进行分析发现，如图 8-4 所示，红外光谱主要峰位为 1 700 cm^{-1} 为 C═O 和 1 030 cm^{-1} 为亚砜基，表征老化行为；1 375 cm^{-1}为 CH_3 为碳氢键弯曲振动；966 cm^{-1}为 C═C 碳氢键弯曲振动，表征 SBS 特征峰。通过关键峰位与 1 375 cm^{-1} 处峰面积之比，可以得到关键峰位的半定量分析结论：①由红外光谱分析可以得到，对于老路面和再生路面，其老化行为相关峰位(1 700 cm^{-1}和 1 030 cm^{-1})并没有明显差异，说明就地热再生施工过程并没有进一步加剧沥青老化；②由 SBS 特征峰(966 cm^{-1})可以发现，再生路面的 SBS 特征峰比值比老路面提高，说明再生路面掺入的 SBS 改性沥青混合料能够引入 SBS 聚合物，改善再生路面性能；结合再生剂以及再生路面的特征峰范围 600～800 cm^{-1}，可以推测再生剂能够与老化沥青混溶，从而影响再生沥青的流变行为。

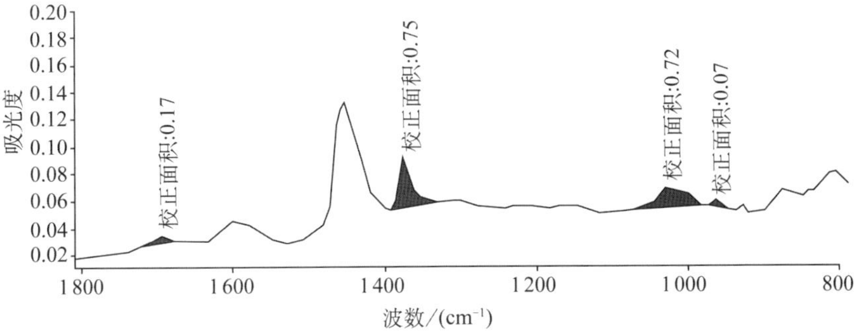

(a) 原沥青路面胶结料

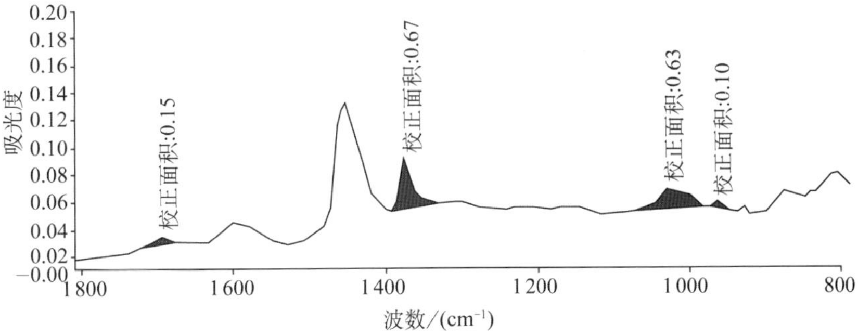

(b) 再生沥青路面胶结料

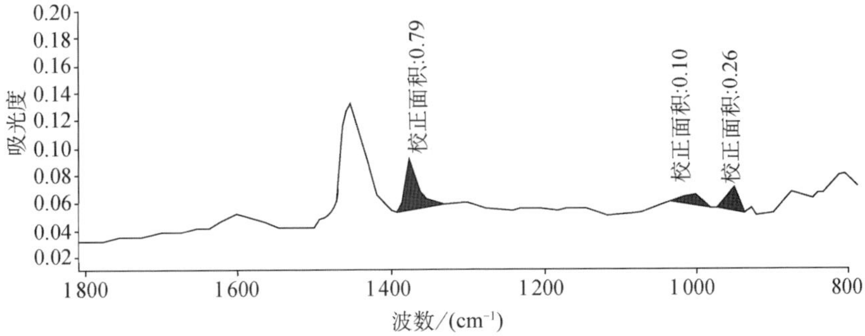

(c) 再生剂

图 8-4 就地热再生胶结料红外光谱图

8.2.2 就地热再生沥青路面的性能表征

就地热再生技术在我国已有相应工程案例,并作为一种成熟的再生工艺纳入养护决策中。本节依托就地热再生试验段案例,重点阐述就地热再生的施工质量控制与工后性能检测。两条试验段分别为 A 和 B,具有相同的施工宽度(4 m)和再生层厚度(4 cm),基于原路面状况调查结果,采用了表 8-6 所示的热再生施工技术参数。

表 8-6　　　　A 和 B 高速公路原路面状况和就地热再生施工技术参数

试验段	原路面状况	材料设计	施工工艺
A	原路面上面层：AC-13 平均油石比：4.98% 沥青针入度：30 15 ℃延度：21 cm 软化点：64 ℃	旧路面油石比：5.0% 再生剂用量：老化沥青 5.0% 旧：新沥青混合料＝80：20 新沥青混合料油石比：4.5% 新集料：碎卵石 新沥青：SBS 改性沥青 再生沥青混合料油石比：5.3%	施工速度：1.5～2.5 m/min 加热机的炉温：520 ℃、510 ℃和 500 ℃ 加热后路表温度：120 ℃～140 ℃，160 ℃～180 ℃和 200 ℃～220 ℃ 摊铺温度：130 ℃～150 ℃ 翻松深度：4～4.5 cm 控制 再生剂喷洒速度：0.7～1 kg/m 再生混合料复拌时间：40～60 s 松铺系数：1.25 碾压组合：双钢轮震动压路机初压前静后振 2 遍（速度 2～3 km/h），复压胶轮压路机静压 6 遍以上（速度 3～5 km/h），终压双钢轮震动压路机静压 2 遍至无轮迹（速度 3～6 km/h）
B	原路面上面层：AC-13 平均油石比：5.20% 原路面集料：玄武岩 矿料级配整体偏粗且粉料（<0.075 mm）多	旧路面油石比：5.2% 再生剂用量：老化沥青 5.0% 旧：新沥青混合料＝88：12 新沥青混合料油石比：5.0% 集料：玄武岩碎石 沥青：SBS 改性沥青 再生沥青混合料油石比：5.1%	

8.2.2.1　施工过程质量监控

就地热再生技术的核心在于对温度的控制，温度直接影响沥青老化程度、骨料翻松效果和路面压实效果等，因此对就地热再生全过程的温度监控就显得尤为关键。采用 FLUKE TiX560 红外热像仪定点架设，对就地热再生试验段施工各个阶段温度进行监控，其中仪器测温的时间间隔为 20 s，分别监控晴天施工、雨后施工以及夜间施工三种不同工况下的温度范围，以中温度变异系数作为温度离析评价指标，具体结果如表 8-7 所示，相关红外温度图片如表 8-8 所示。

表 8-7　　　　不同工况下各监测位置的温度

序号	工况	雨后施工				晴天施工				夜间施工			
	施工范围	K1859+500—K1858+350				K1857+100—K1856+960				K1856+500—K1856+380			
	摊铺速度	1.60 m/s				2.20 m/s				1.90 m/s			
	监测位置	最大值	最小值	均值	离析指标	最大值	最小值	均值	离析指标	最大值	最小值	均值	离析指标
1	旧路面	23.3	20.5	22.1	0.13	41.2	39.8	40.5	0.03	22.1	21	21.5	0.05
2	#1 加热机后的旧路面	157.9	135.8	149.7	0.15	159.3	130.8	146.9	0.19	160	109.2	133.7	0.38
3	#2 加热机后的旧路面	214.5	194.3	203.2	0.10	182.4	149.5	167.3	0.20	219.1	143.1	204.7	0.37
4	#3 加热机后的旧路面	248.1	227.2	236.7	0.09	212	182	198.2	0.15	222.9	181.2	205.8	0.20
5	铣刨机左边铣刨旧料	121.9	113.6	120.8	0.07	124.3	114.8	120.8	0.08	141.7	119.6	134.9	0.16
6	铣刨机中间铣刨旧料	178.6	112.8	162.7	0.40	169.5	140.1	159.4	0.18	167.9	108.7	149.4	0.40
7	铣刨机后的料笼	105.1	98.2	101.7	0.07	106.6	102.8	104.8	0.04	99.5	94.6	97.1	0.05
8	复拌机前的料笼	86.2	82.6	84.6	0.04	94.1	90.4	92.4	0.04	80.8	76	78.5	0.06

（续表）

序号	工况	雨后施工				晴天施工				夜间施工			
	施工范围	K1859+500—K1858+350				K1857+100—K1856+960				K1856+500—K1856+380			
	摊铺速度	1.60 m/s				2.20 m/s				1.90 m/s			
	监测位置	最大值	最小值	均值	离析指标	最大值	最小值	均值	离析指标	最大值	最小值	均值	离析指标
9	复拌机的新料	129.2	95.1	114.8	0.30	179.3	145.1	162.1	0.21	154.1	139.9	147.4	0.10
10	复拌机加热提送混合料	253	190.5	230.3	0.27	234.3	176.8	202.8	0.28	241.2	188.2	212.2	0.25
11	复拌机复拌后的混合料	136.6	126.7	132.1	0.07	114.8	111	113.6	0.03	132.3	94	117.6	0.33
12	摊铺前的下承层	130.7	114.2	122.2	0.14	99.7	90.9	94.8	0.09	85.9	78.3	83	0.09
13	摊铺前左接缝	69.8	64.2	66.9	0.08	70.1	67	68.4	0.05	66.3	60.1	63	0.10
14	摊铺混合料	161.8	132.8	152.1	0.19	131.1	127	129.3	0.03	142.2	136.3	140	0.04
15	钢轮压路机初压	155.3	143	149.4	0.08	128.5	125.9	127.2	0.02	132.5	115.7	123.6	0.14
16	胶轮压路机复压	117	113.1	115.3	0.03	90.4	85.7	88.5	0.05	80.9	78.1	79.7	0.04
17	光轮压路机收光	68.4	65.9	67.4	0.04	65	62.8	64.1	0.03	66.3	65	65.6	0.02

表 8-8　　　　高速公路就地热再生全过程温度监控

序号	位置	雨后施工 K1859+500—K1858+350	晴天施工 K1857+100—K1856+960	夜间施工 K1856+500—K1856+380
1	旧路面	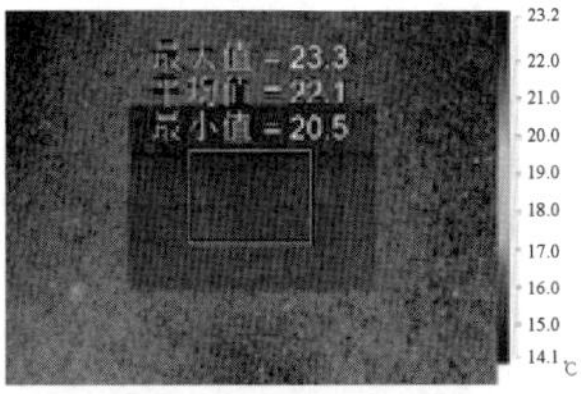	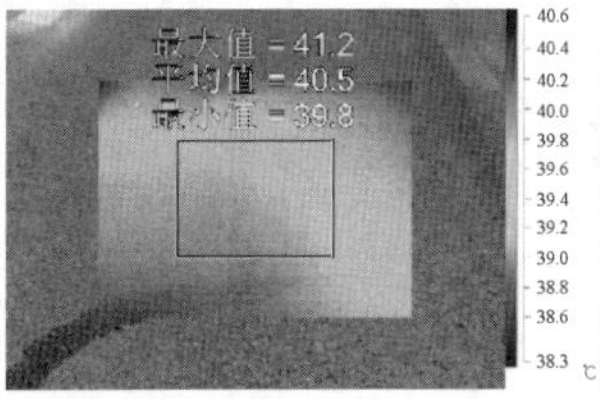	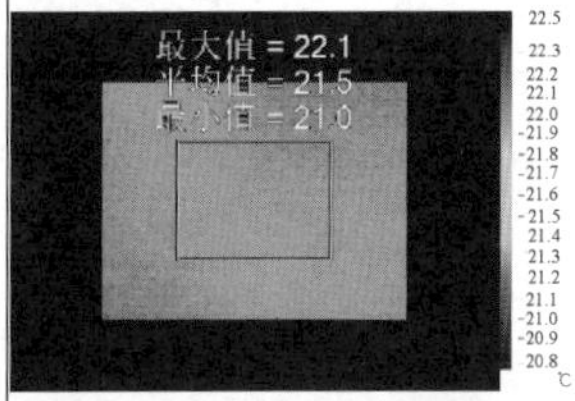
2	#1加热机后的旧路面	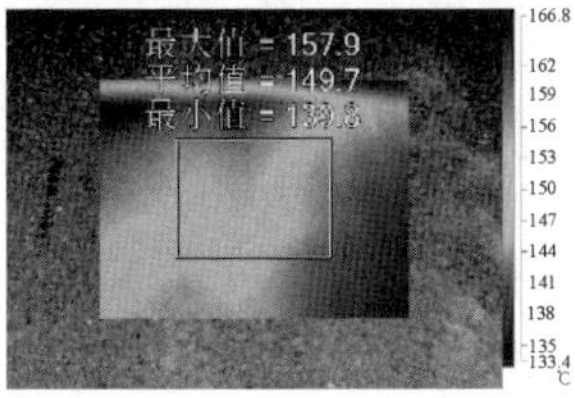		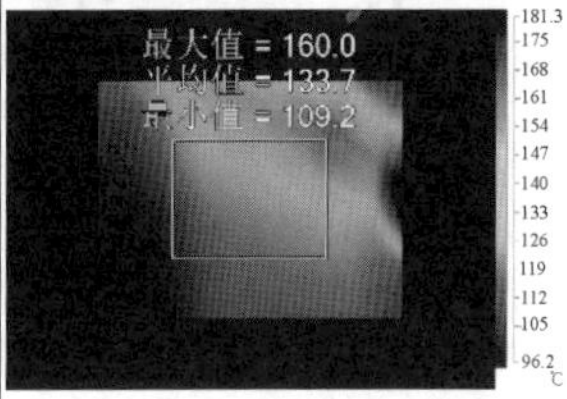
3	#2加热机后的旧路面	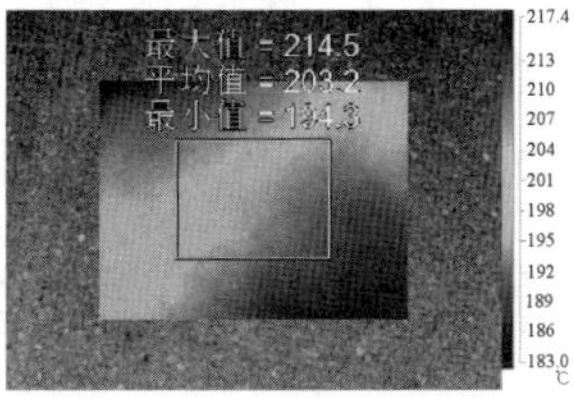	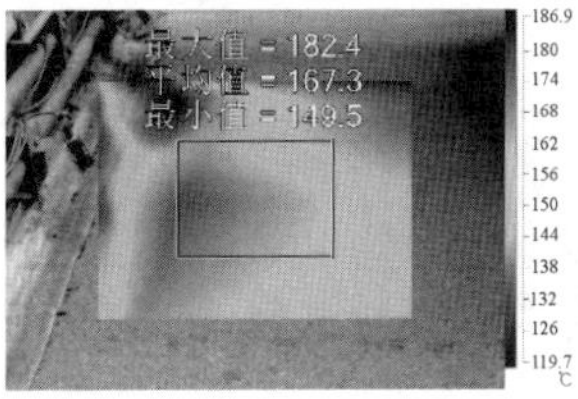	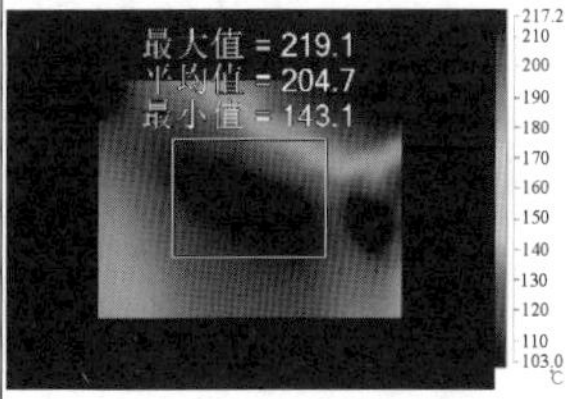

（续表）

序号	位置	雨后施工 K1859+500—K1858+350	晴天施工 K1857+100—K1856+960	夜间施工 K1856+500—K1856+380
4	#3加热机后的旧路面	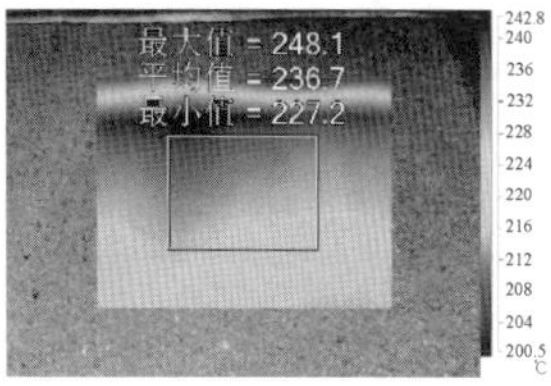	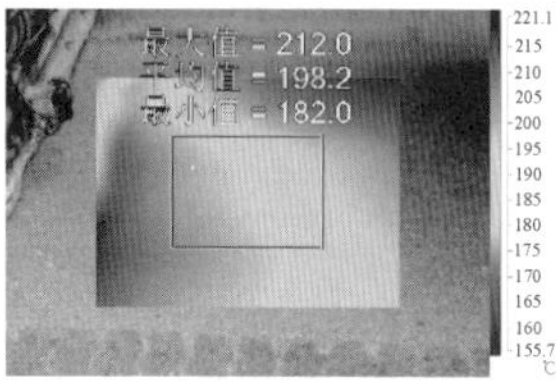	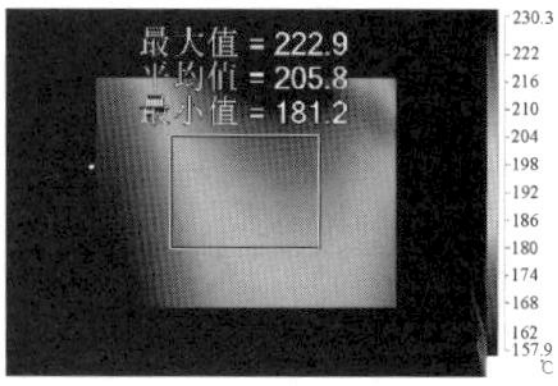
5	铣刨机左边铣刨旧料	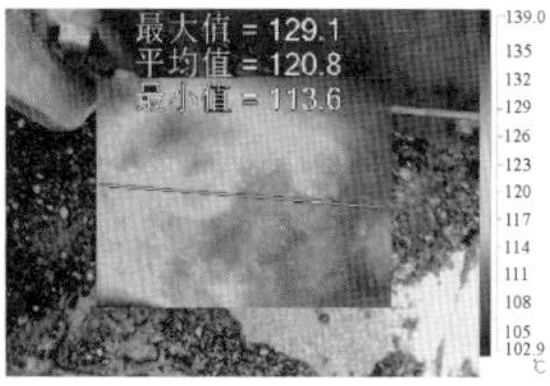	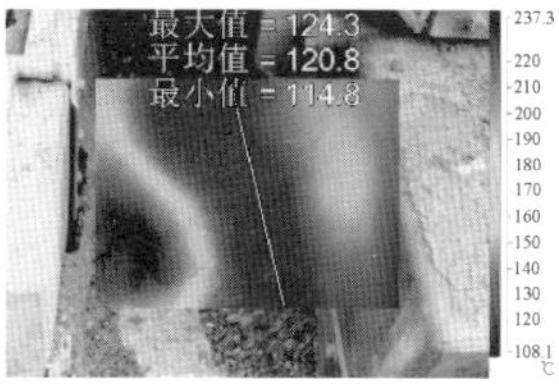	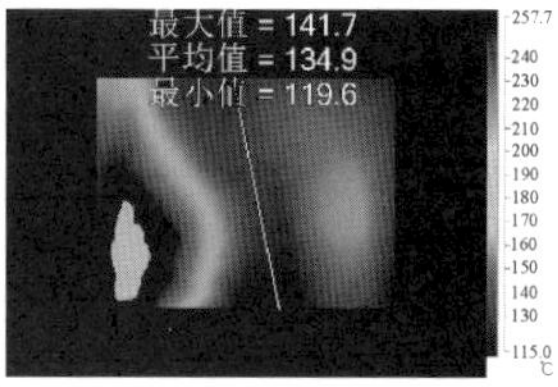
6	铣刨机中间铣刨旧料		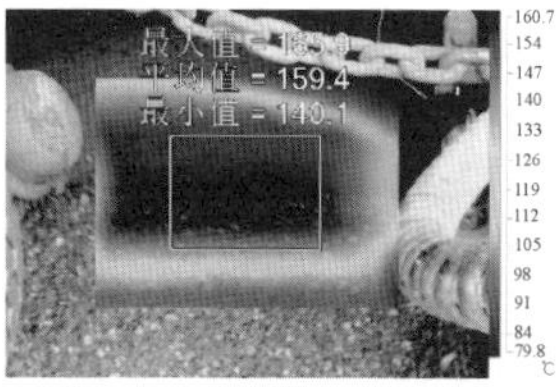	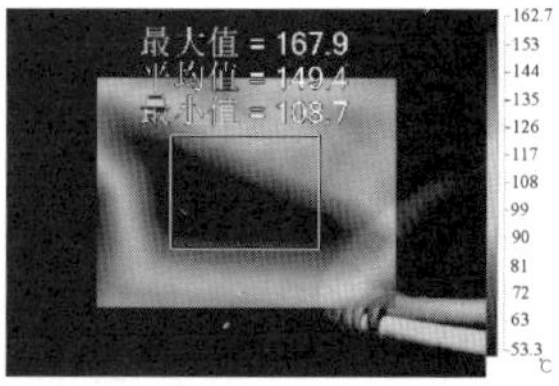
7	铣刨机后的料笼		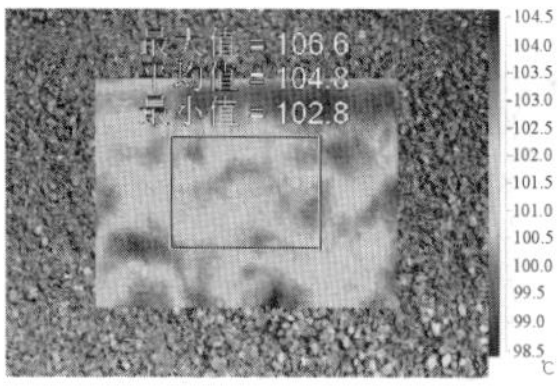	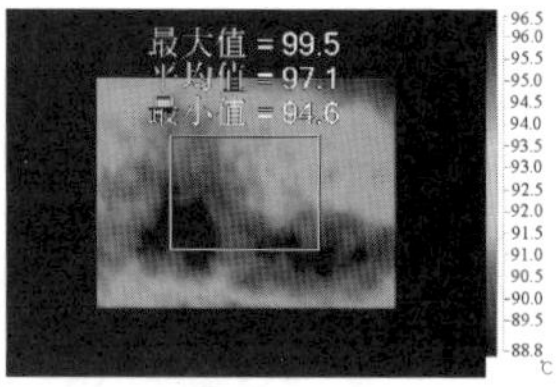
8	复拌机前的料笼			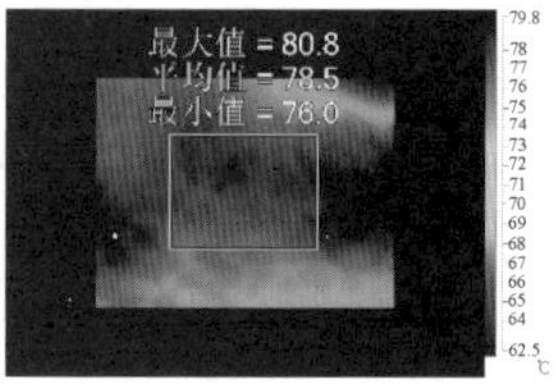

（续表）

序号	位置	雨后施工 K1859＋500—K1858＋350	晴天施工 K1857＋100—K1856＋960	夜间施工 K1856＋500—K1856＋380
9	复拌机的新料		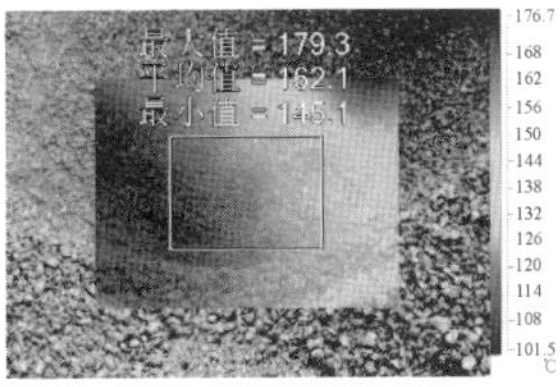	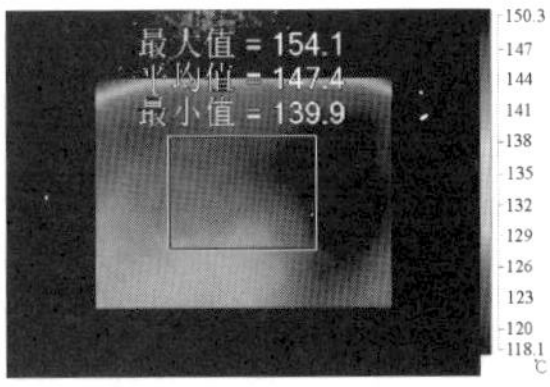
10	复拌机加热与提送混合料	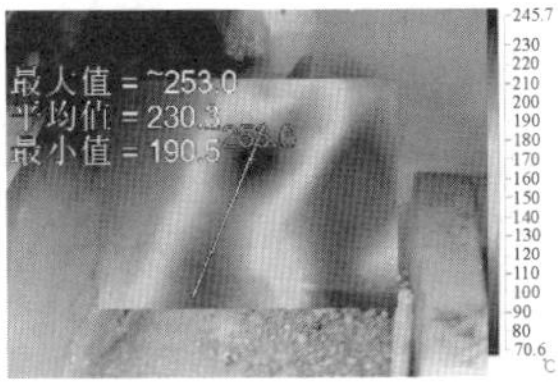		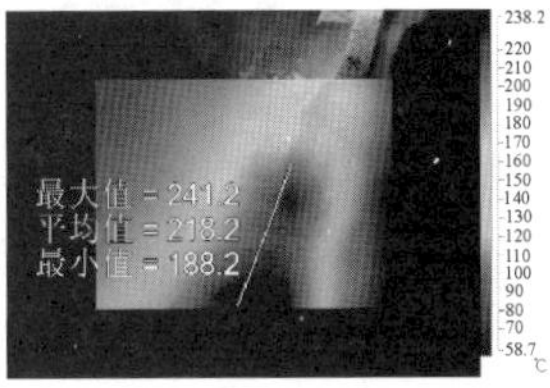
11	复拌机复拌后的混合料		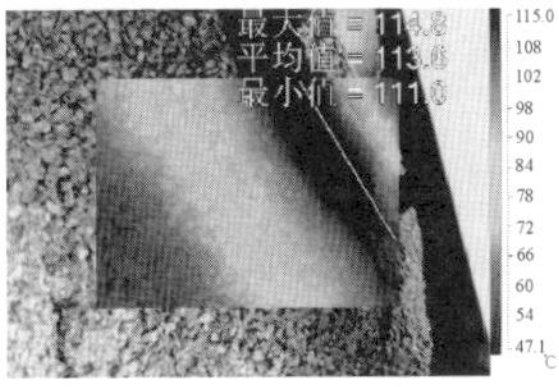	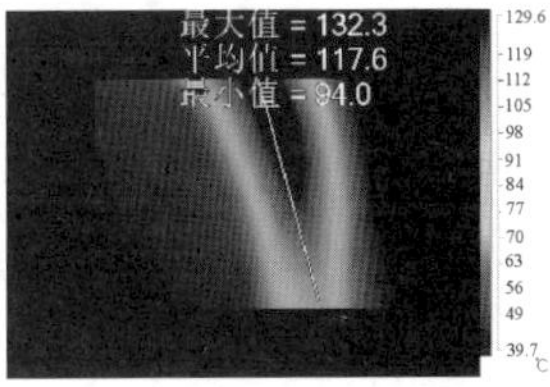
12	摊铺前的下承层	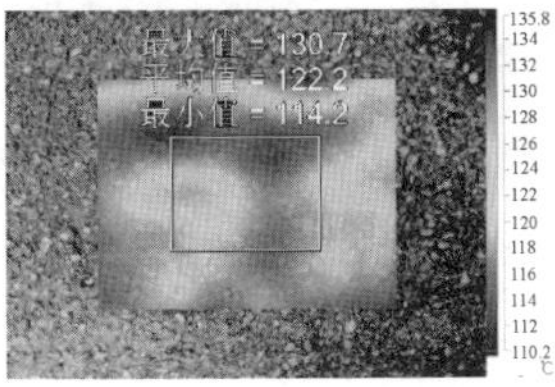		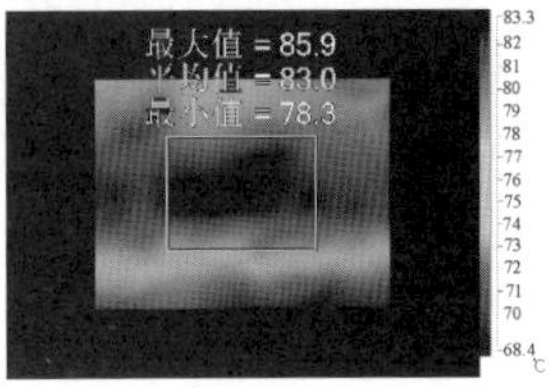
13	摊铺前左接缝	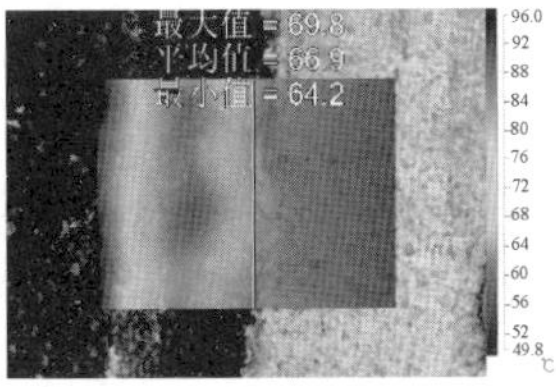	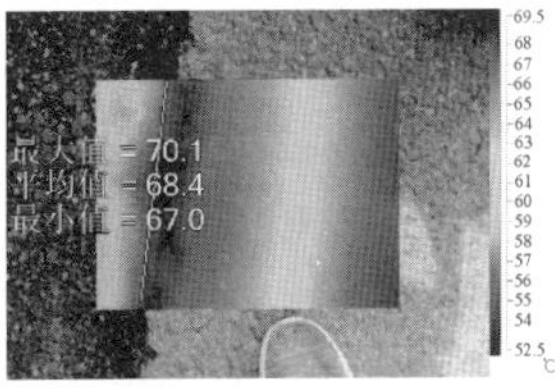	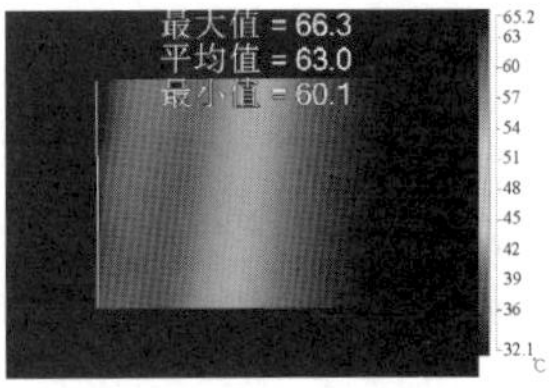

（续表）

序号	位置	雨后施工 K1859＋500—K1858＋350	晴天施工 K1857＋100—K1856＋960	夜间施工 K1856＋500—K1856＋380
14	摊铺混合料			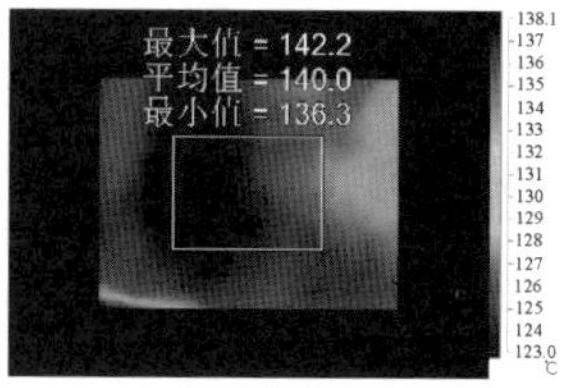
15	钢轮压路机初压	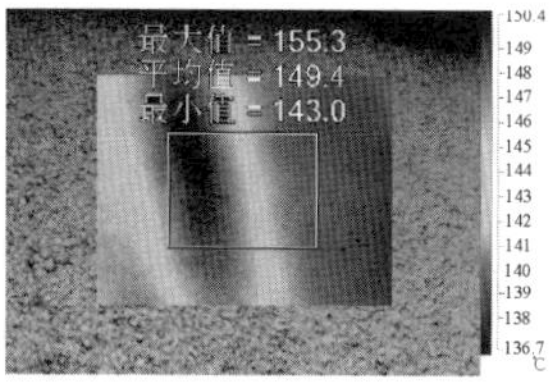		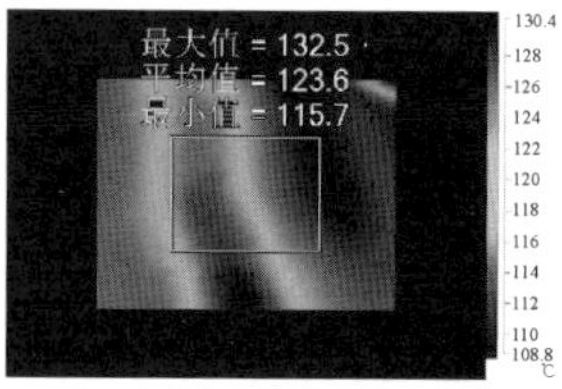
16	胶轮压路机复压	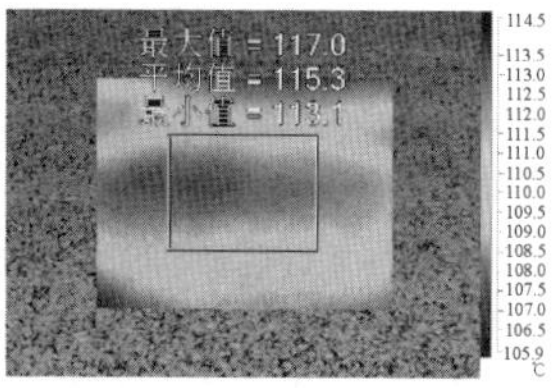	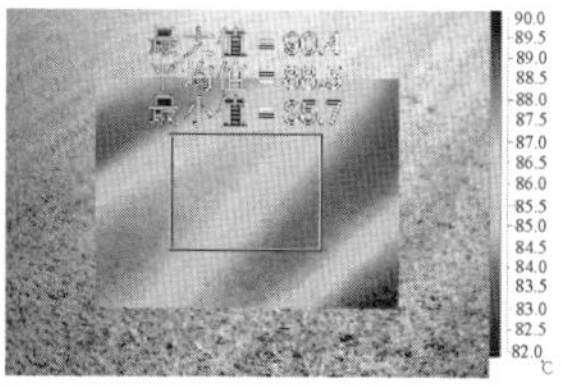	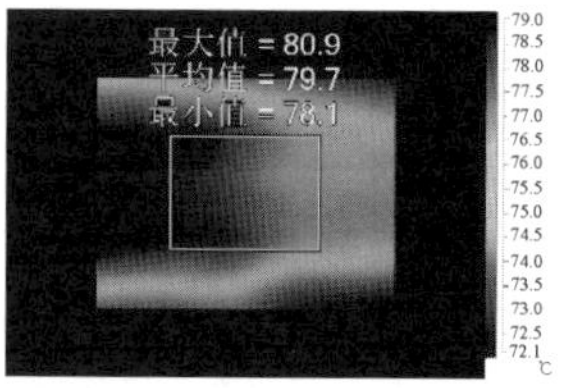
17	光轮压路机收光	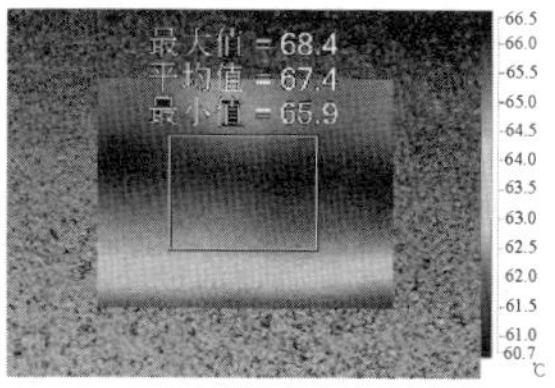	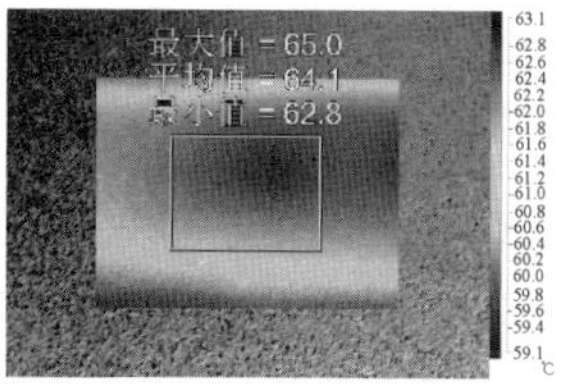	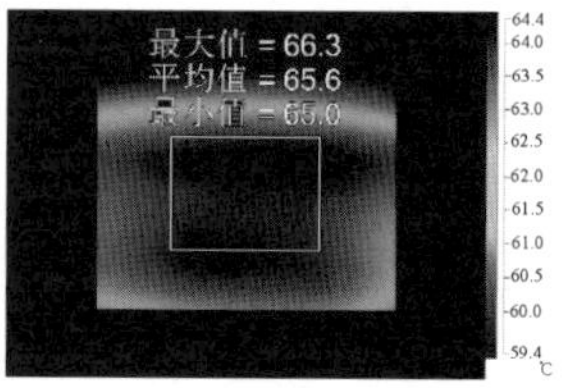

不同工况下的热再生全过程温度监测表明，相比于晴天施工，雨后与夜间施工，原路面路表温度较低，需要适当降低机组车速，尤其是雨后施工，可以通过增加加热时间来消除路表的雨水。不同工况下，摊铺温度均值基本保持在 130 ℃以上，但雨后施工的摊铺温度的离析指标偏大。摊铺前下承层与接缝的温度在夜间施工最低，这主要是由于夜间空气温度较低，但仍可以保持再生路面与旧路面的热连接。

总体而言，热再生全过程温度监测结果表明，随着加热机加热次数的增加，尽管路面加热区域的温度离析程度在不同工况下有所区别，但总体较为均匀。再生各阶段温度控制均在设计范围内，升温过程可控且稳定。因而，在不同工况下，可通过适当降低机组车速来保证再生路面的摊铺质量。

8.2.2.2 工后检测

工后是根据路面施工的实际情况和路面现场检测技术的特点，科学、合理地对路面表观、渗水系数、构造深度、芯样和平整度等进行检测，以实现提高路面工程建设质量、延长路面使用寿命、高效控制成本等目标，是公路建设者关注的焦点。

整体而言，高速公路 A、高速公路 B 就地热再生处置段路面骨料表面沥青油膜均匀、饱满；路面平整、均匀、密实，无花白料（图 8-5）。

(a) 高速公路A　　(b) 高速公路B

图 8-5 就地热再生路面表观状况

渗水系数分布情况如图 8-6 所示，高速公路 A 合格率为 82%，高速公路 B 合格率略低（71.4%）与夜间施工，气温较低，压实效果不好有一定关系。

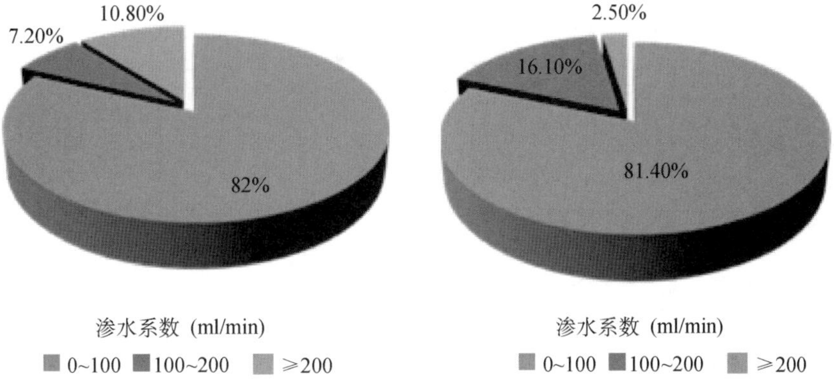

(a) 高速公路A　　(b) 高速公路B

图 8-6 就地热再生路面渗水系数测量结果分布情况

就地热再生施工结束后对再生路面进行了钻芯取样，芯样状态如图 8-7 所示。整体来看，芯样完整、密实，骨料分布均匀，级配合理厚度满足设计要求。中上面层热黏结较好，整体性较好，没有明显孔隙，但粗集料出现破碎情况，容易形成薄弱层影响路用性能。此外，在新老路面结合部取芯结果显示，就地热再生能够很好地与旧路面形成热黏结，避免了冷接缝处出现松散破坏、水损破坏的可能性，也表明热再生路面与原路面具有较高的整体性和连续性。

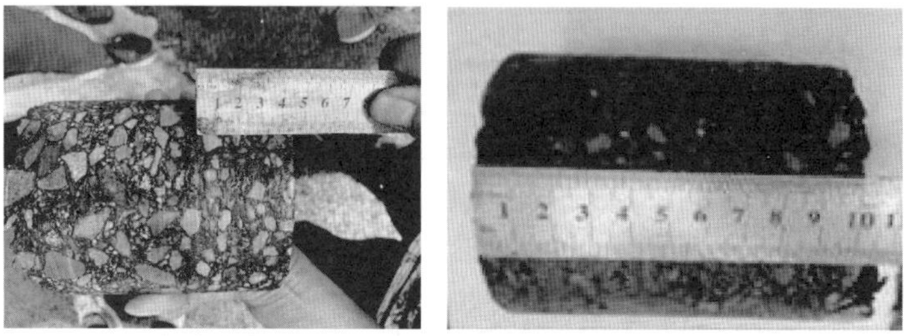

(a) 高速公路A　　(b) 高速公路B

图 8-7　就地热再生路面钻芯取样

平整度指标 σ 的技术要求为小于或等于 1 mm，经过计算，高速公路 A 就地热再生路面合格率超过 90%，高速公路 B 就地热再生路面合格率超过 80%(图 8-8)，部分不满足要求处为测量过程中经过钻芯取样处或绕行车辆导致。

8.2.3　小结

再生剂的性能是影响路用性能的关键因素。新沥青在再生混合料中占比较低，往往需要采用高性能再生剂对老化沥青进行有效再生，因此再生剂应具有与老化沥青较好的相容性和一定的抗老化性能，以保证再生沥青与沥青混合料的耐久性。此外，沥青混合料在就地热再生过程中性能变化规律并不明确，因此需对旧沥青路面材料、加热翻松后的沥青路面材料、加入新料后经过复拌的再生沥青混合料进行混合料性能评价研究，明晰老化机理和再生机理，从宏观角度把握就地热再生过程中混合料性能变化规律，并根据规律对热再生工艺进行改进。

8.3　结语

本章针对就地再生沥青混合料的性能特征进行了阐述。就地冷再生技术能够充分利用原有旧路面材料，通过加入新集料和胶结料在常温下实现路面的再生作业，是一种绿色环保的养护技术。在现有乳化沥青的基础上，提出采用纳米纤维素改性方法，充分利用了纳米材料优异的表面效应、小尺寸效应，大大提升了乳化沥青的高温性能、低温性能、疲劳性能和抗老化性能。以试验段研究的方式对就地热再生技术进行了优化，认为就地热再生与施工工艺的成熟度密切相关，并且目前所采用的再生剂并没有从本质上改变沥青老化(化学组成)，仅对老沥青进行了调和，恢复了其流变性能，基本能够满足工程需求。但是从就地热再生施工质量控制效果的提升以及综合效益考虑，需要新

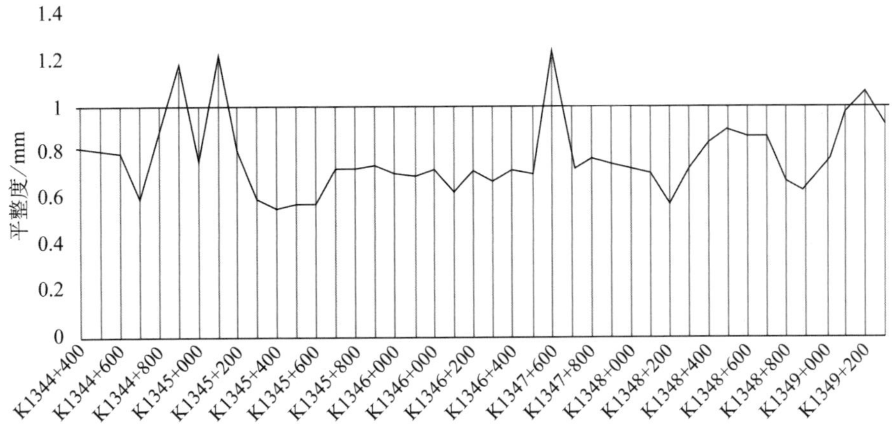

(a) 高速公路A

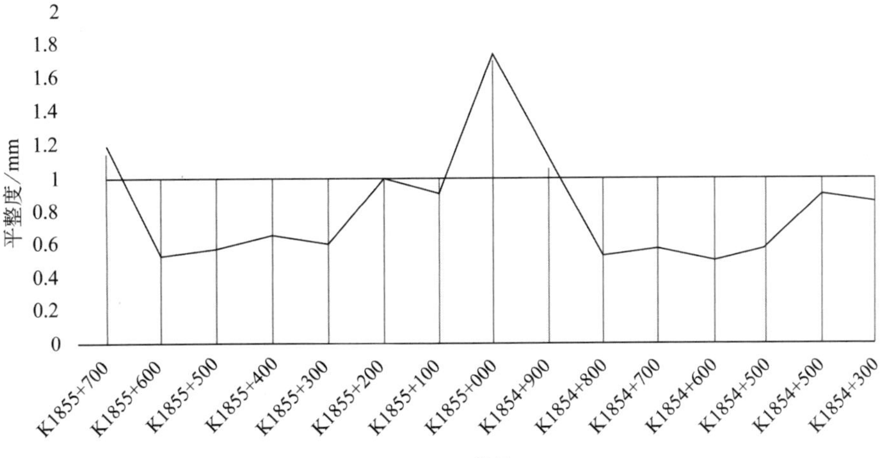

(b) 高速公路B

图 8-8　就地热再生路面平整度状况

旧沥青及再生剂在较短时间内充分混溶，并且降低沥青黏度，使材料可以在较低温度下压实成型。此外，建议利用全生命周期成本评价方法，采集原始数据，充分考虑就地热再生技术的综合效益，对施工路段进行周期性取样开展就地热再生路面的耐久性研究。

参考文献

[1] 范春娇.沥青路面就地冷再生技术研究[D].西安：长安大学，2008.

[2] Xiao Feipeng, Yao Shenglei, Wang Jingang et al. A literature review on cold recycling technology

of asphalt pavement[J]. Construction Building Materials, 2018, 180(20): 579-604.

[3] 王长安,吴育良,许凯,等.影响乳化沥青稳定性的主要因素[J].新型建筑材料,2005(1):52-54.

[4] Kim Y, Lee H D, Heitzman M. Dynamic modulus and repeated load tests of cold in-place recycling mixtures using foamed asphalt[J]. Journal of Materials in Civil Engineering, 2009, 21(6): 279-285.

[5] Xiao Feipeng, Amirkhanian Serji, Juang C H. Rutting resistance of rubberized asphalt concrete pavements containing reclaimed asphalt pavement mixtures[J]. Journal of Materials in Civil Engineering, 2007, 19(6): 475-483.

[6] Gao Lei, Ni Fujian, Charmot Stephone, et al. High-temperature performance of multilayer pavement with cold in-place recycling mixtures[J]. Road Materials Pavement Design, 2014, 15(4): 804-19.

[7] Qiang Li, Shuai Zhang, Zhao Jun. Characterization of permanent deformation of different asphalt pavements using the advanced repeated load permanent deformation test[C]//Proceedings of the Cota International Conference of Transportation Professionals, F, 2016.

[8] Ameli, Alireza, Babagoli, et al. Laboratory evaluation of rutting performance of cold recycling asphalt mixtures containing SBS modified asphalt emulsion[J]. Petroleum Science Technology Innovation and Application, 2016, 34(1/4): 309-313.

[9] Cross S A, Stephen. Experimental cold in-place recycling with hydrated lime[J]. Transportation Research Record, 1999, 1684:186-93.

[10] Cross S A, Du J-C. Evaluation of hot lime slurry in cold in-place recycling[M]. Flexible Pavement Rehabilitation and Maintenance, ASTM International, 1998.

[11] Niazi Y, Jalili M. Effect of Portland cement and lime additives on properties of cold in-place recycled mixtures with asphalt emulsion[J]. Construction Building Materials, 2009, 23(3): 1338-1343.

[12] Stimilli A, Ferrotti G, Graziani A, et al. Performance evaluation of a cold-recycled mixture containing high percentage of reclaimed asphalt[J]. Road Materials Pavement Design, 2013, 14(1): 149-161.

[13] Du J-C, Cross S A. Cold in-place recycling pavement rutting prediction model using grey modeling method[J]. Construction Building Materials, 2007, 21(5): 921-927.

[14] Hill R, Braham A. Quantifying timing of return to traffic for asphalt cement based full depth reclamation mixtures in the laboratory[J]. Journal of Testing Evaluation, 2016, 44(1): 555-564.

[15] Tarefder R A, Zaman M, Sisson R, et al. Field and laboratory properties of lime-treated cold in-place recycled asphalt pavements[J]. Journal of Testing Evaluation, 2006, 34(1): 31-41.

[16] Brayton T E, Lee K W, Harington J, et al. Characterization of cold in-place recycling asphalt mixtures[M]. Construction and Materials Issues 2001, 2001: 193-205.

[17] Gao Li, Ni Fujian, Braham A, et al. Mixed-Mode cracking behavior of cold recycled mixes with emulsion using Arcan configuration[J]. Construction Building Materials, 2014, 55(4)15-22.

[18] Zhao Yanjing, Ni Fujian, Zhou Lan, et al. Three-dimensional fracture simulation of cold in-place

recycling mixture using cohesive zone model[J]. Construction Building Materials, 2016, 120(19-28.

[19] Morian D A, Oswalt J, Deodhar A J T R R. Experience with cold in-place recycling as a reflective crack control technique: twenty years later[J]. Transportation Research Record, 2004, 1869(1): 47-55.

[20] CHARMOT S, ROMERO P J T R R. Assessment of fracture parameters to predict field cracking performance of cold in-place recycling mixtures[J]. Transportation Research Record, 2010, 2155(1): 34-42.

[21] LOSA M, BACCI R, AXERIO A T, et al. Design of pavements containing foamed bitumen recycled layers[C]//Proceedings of the Bearing Capacity of Roads, Railways and Airfields 8th International Conference(BCR2A'09) University of Illinois, Urbana-Champaign, F, 2009.

[22] ANDERSON D A, CHRISTENSEN D W, BAHIA H U, et al. Binder characterization and evaluation, volume 3: Physical characterization[J]. Strategic Highway Research Program, National Research Council, Report No SHRP-A-369, 1994.

9 再生沥青材料性能表征新方法

9.1 傅里叶变换红外光谱分析技术
9.2 凝胶渗透色谱分析
9.3 紫外—可见分光光度法
9.4 原子力显微镜
9.5 结语

近年来，红外光谱分析、凝胶渗透色谱分析和荧光显微镜等物理化学分析手段的广泛应用为再生沥青材料的深入理解提供了有益帮助。本章总结了目前广泛应用的几种表征新方法，并结合相关研究进行阐述。

9.1 傅里叶变换红外光谱分析技术

傅里叶变换红外光谱分析技术（FTIR）是基于对干涉后的红外光谱进行傅里叶积分变换而形成的光谱分析技术。不同于传统的色散型光谱仪，傅里叶变换红外光谱分析技术能够同时测量光源的全部频率和能量信息，具有更高的信噪比和分辨率，已成为沥青材料研究的重要工具之一。

9.1.1 基本原理

红外光谱分析可用于物质分子的分析和鉴定，其原理为：将一束连续波长的红外射线照射到物质分子上，某些特定波长的红外射线被吸收，形成这一分子的红外吸收光谱。每种分子都有由其组成和结构决定的独有的红外吸收光谱，据此可以对分子进行结构分析和鉴定。红外吸收光谱是由分子不停地作振动和转动运动而产生的，分子振动是指分子中各原子在平衡位置附近作相对运动，多原子分子可组成多种振动图形。当分子中各原子以同一频率、同一相位在平衡位置附近作简谐振动时，这种振动方式称为简正振动（例如伸缩振动和变角振动）。分子振动的能量与红外射线的光量子能量正好对应，因此当分子的振动状态改变时，就可以发射红外光谱，可以因红外辐射激发分子振动产生红外吸收光谱。分子的振动和转动的能量不是连续而是量子化，但由于在分子的振动跃迁过程中也常常伴随转动跃迁，使振动光谱呈带状，所以分子的红外光谱属于带状光谱，分子越大，红外谱带也越多。

傅里叶变换红外光谱分析具有两个显著的优点：首先是多通道优点，即探测器在同一时间能够接受所有谱元信息，每个谱元的测量时间即为整个测量时间；其次是高通量优点，即探测器所接收到的光通量是来自于圆形光源，相比光栅光谱仪高出 200 倍。

傅里叶变换红外光谱仪的光路如图 9-1 所示，光源发出的光经过干涉仪在分束片上分成两束相干光，分别被动镜和定镜反射回来，形成相干光束打在沥青样品上被检测器接受，再经过傅里叶变换还原出光谱图。根据这一原理，傅里叶变换红外光谱仪主要包括了光源、干涉仪、分束片、检测器和计算机数据处理系统，图 9-2 所示为 BRUKER 公司生产的型号为 TENSOR27 的傅里叶变换红外光谱仪。

傅里叶变换红外光谱仪主要有四种采样技术，分别是透射法、衰减全反射（ATR）、镜面反射和漫反射法。针对沥青材料的研究主要采用透射法和衰减全反射法（ATR-FTIR）。透射法是用光透过样品来采集数据，因此需要将沥青样品制成非常薄的膜。主要采用两种方法来制备沥青薄膜：其一是用热刮刀将热沥青涂抹在 KBr（红外高透明性)制成的样品池窗片上,此方法会由于 KBr 材料的吸湿性产生误差并且操作非常费时;其二是将沥青用挥发性溶剂溶解后,涂抹在窗片上进行测试,此方法存在溶剂吸收峰的问题以及极性溶剂会对沥青的性能产生影响,进而影响测试结果。相比之下,ATR-FTIR 方法使用红外光束的全反射现象,当晶体的内表面上连续发生全发射时,会在外表面产生驻波,从而引起红外光束与沥青样品中特定官能团的共振,然后根据反射的红外光束能量损失测量样品的吸收光谱。该方法的制备是将沥青样品涂抹在金刚石表面并压成薄膜,红外光束穿过金刚石并且在金刚石和沥青膜之间发生全反射,由于具有制备样品简单、红外光束吸收率高的优势,在沥青材料研究中得到了广泛的应用。但需要注意,此方法只能用于检测样品的表面,对一些不均匀的样品一般不适用。

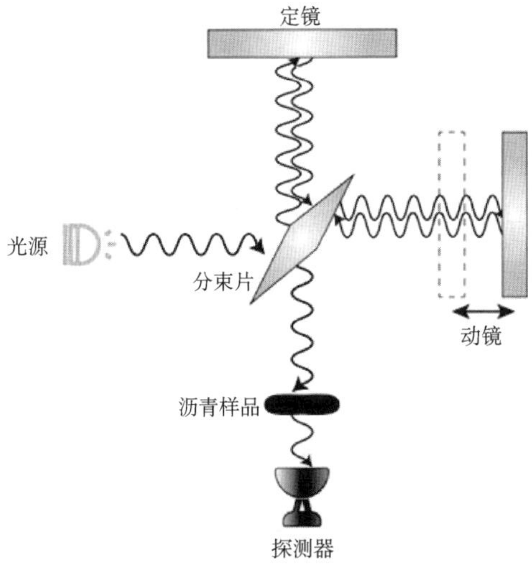

图 9-1　傅里叶变换红外光谱仪的光路图

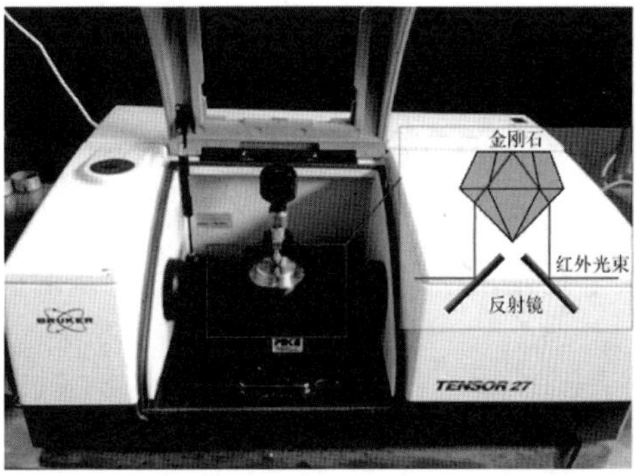

图 9-2　傅里叶变换红外光谱仪

9.1.2　表征分析

对于采集的红外光谱数据可以通过峰高法和峰面积法进行分析。峰高法是指选取特定波数下的频谱振幅进行比值计算,但由于不同实验室测试结果之间由于样品制备的不同存在较大数据差异,因此在实际中较少用到。峰面积法是指计算特定波数范围内的频段区域,由于受到频段范围和所选基线不同的影响,无法得到某个官能团的含量绝对值,因此需要用“参考面积”来计算特定官能团相对含量,例如取 1 375～1 460 cm^{-1}范围的面积作为“参考面积”。

对于峰面积的计算一般有四种方法,分别为两点法、无基点法、归一化法和反卷积法。

在实际研究过程中,可以选择两点法进行基线的划定,是将特定波数周围吸收度变化率转折点的连线作为新基线,基线以上的面积为峰面积。如图 9-3 所示,固定的羰基面积在 1 660～1 753 cm^{-1}，在老化过程或聚合物改性过程中发生了较大的变化，固定的参考面积为 1 350～1 525 cm^{-1}，在老化过程中保持稳定。因此这两个区域的比值可以作为量化官能团含量变化的指标，从而表征材料的变化程度。

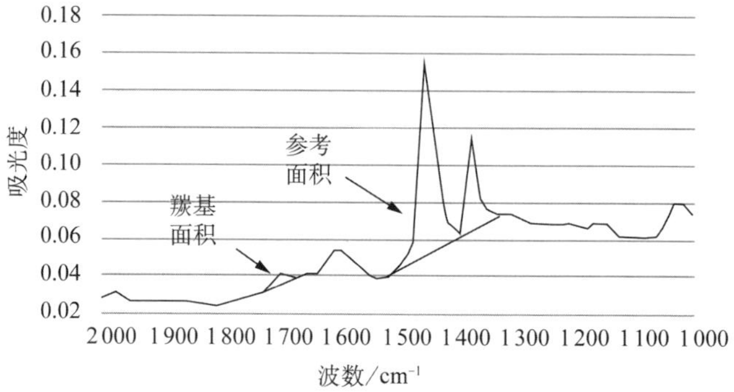

图 9-3 "两点法"计算羰基指数

沥青组分的复杂性导致其在光谱中存在峰与峰之间的重叠和移位现象，采用两点法会导致基线越过峰面积，造成不准确的计算结果。而无基点法可以避免峰之间的重叠和交错现象，如图 9-4 所示，基线从吸收峰较低一侧划一条水平线，从较高一侧划一条垂直线相连。引入由这两条线围绕的面积以表征样品官能团的吸收强度。

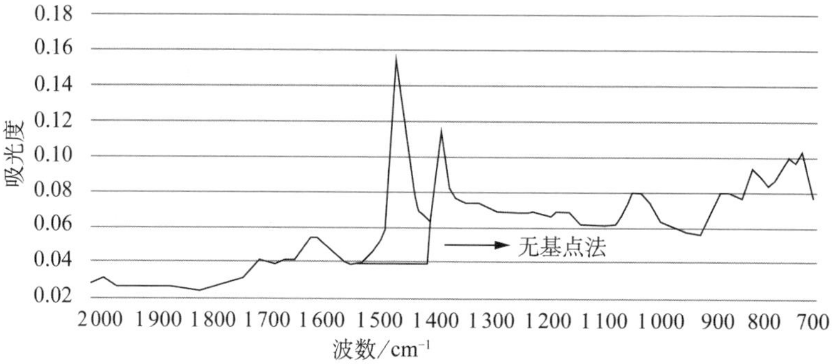

图 9-4 无基点法计算峰面积

吸收光谱的归一化方法是用于去除由红外光束的散射而产生的斜率，使得频谱中重要的波数范围(400～2 000 cm^{-1})变得平滑而易于分析。归一化的处理中，首先需要通过重复试验找到两个光谱中最低最稳定的吸收峰，且这两个点在不同光谱中没有变化；其次是确定这两个点的线性方程并以此来校正光谱。校正过程的第一步是通过线性方程用频率的吸收峰减去对应波数的校正值，从而使重要波数范围的吸收峰降到零，然后通过在归一化区域中获取最大吸收强度来标准化光谱，并获得校正因子，最后将每个波数对应的吸收强度乘上校正因子得到最终的光谱。

反卷积法可以分离窄谱带和重叠谱带，因此在描述所选波数的特征峰时具有较高的准确性。反卷积方法由几个洛伦兹函数和一个抛物线函数组成，如式(9-1)所示。洛伦兹函数的数量取决于峰的数量及其对应的洛伦兹函数。抛物线是频谱的基本曲线。如图 9-5 所示，洛伦兹函数的参数 A_i，w_i 和抛物线的参数通过最小二乘法确定，拟合结果与实测光谱基本吻合。计算指标比率时的参考面积与其他方法相同，吸收面积可以通过洛伦兹函数计算。

$$y=\frac{2A}{\pi}\left[\frac{w}{4(v-v_c)^2+w^2}\right] \tag{9-1}$$

式中，A 表示官能团面积；w 表示最大高度一半的宽度；v_c 表示峰位置。

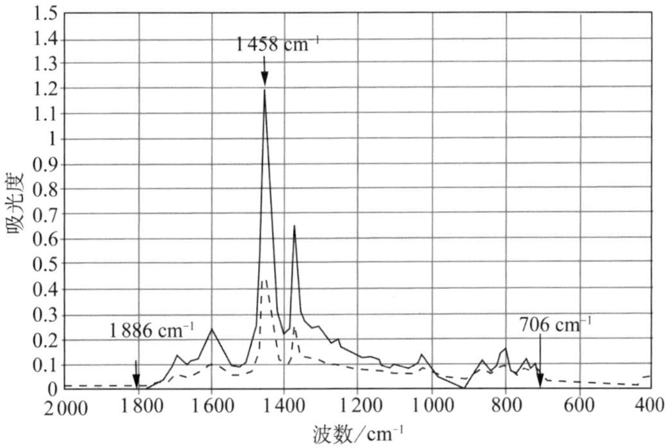

图 9-5　归一化方法校正峰面积

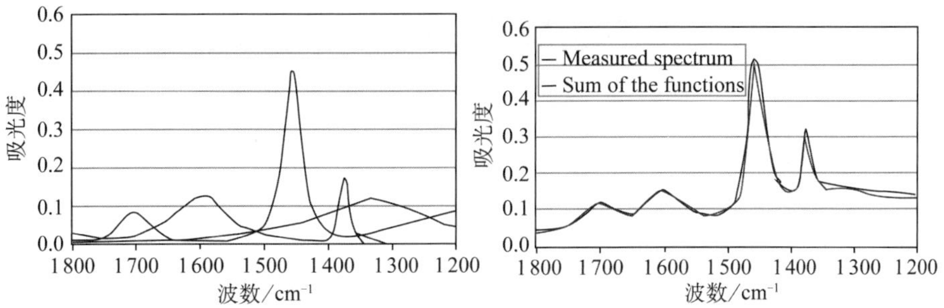

(a) 拟合后的官能团　　(b) 实测光谱各函数的总和

图 9-6　具有 5 个洛伦兹函数和抛物线函数的频率反卷积结果

傅里叶红外光谱分析技术作为研究老化沥青的主要方法，可以用来分析沥青官能团在老化前后组成发生的变化。沥青在老化的过程中，其化学键和分子结构发生了变化，形成了含有红外活性的极性含氧官能团羰基，其官能团如表 9-1 所示。因此，沥青老化程度可以由羰基含量变化来量化。采用傅里叶红外光谱仪对多种沥青的原样、短期老化(RTFO)和长期老化(PAV)进行了红外光谱分析,结果如图 9-7 所示。

表 9-1　　沥青中羰基官能团对应的波数

波数/(cm^{-1})	主要化学键
1 675	C=O 酮羰基
1 640～1 690	C=O 酰胺
1 700～1 725	C=O 酸羰基
1 720～1 740	C=O 醛羰基
1 735～1 750	C=O 酯羰基
1 740～1 775 和 1 800～1 830	C=O 酸酐羰基

从图 9-7 可知,对于不同改性剂掺量的改性沥青,在三种不同的老化状态下前后图形的基本走势是一致的,但各个化学键的吸收峰呈现相应的改变。主要考虑了的化学键包括酸羰基 C=O(1 700 cm^{-1})、芳香族的 C=C(1 600 cm^{-1})、S=O (1 030 cm^{-1})和 SBS 丁二烯的 C—H(966 cm^{-1})三种老化情况下的变化趋势。

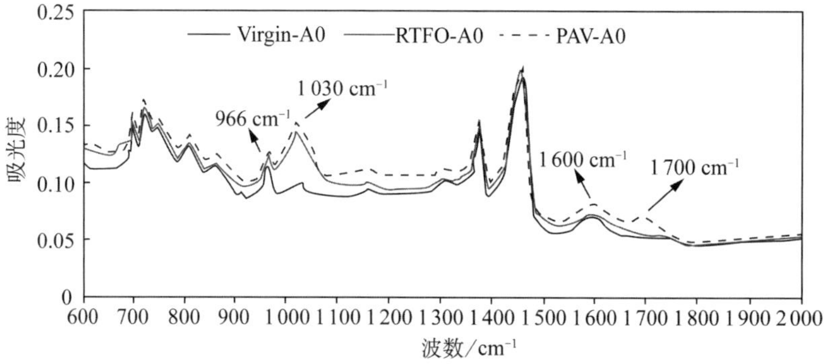

(a) A0

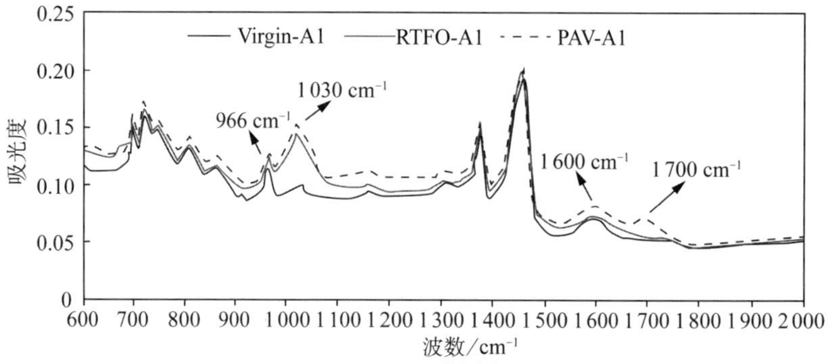

(b) A1

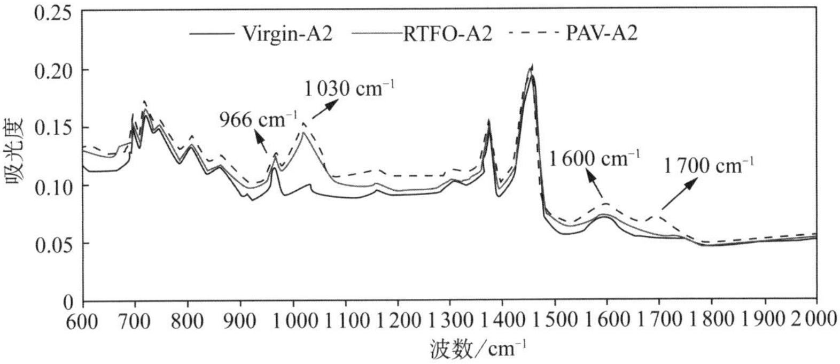

(c) A2

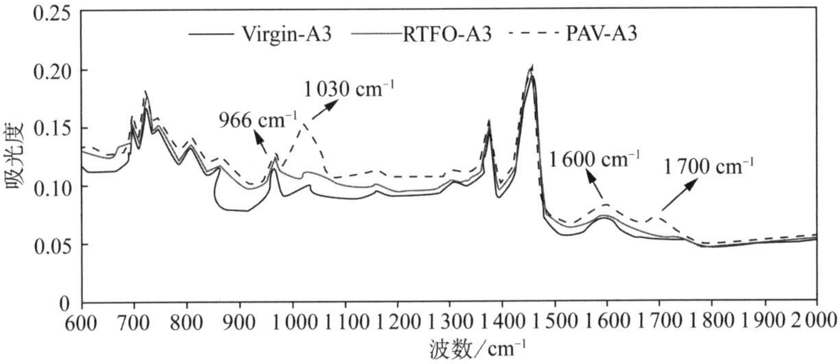

(d) A3

图 9-7 改性沥青三种老化状态下的红外光谱图

沥青中羰基 C═O 的吸收峰面积表示了沥青的氧化程度。对于 1 700 cm^{-1}处的 C═O而言，RTFO 老化后和原样沥青没有明显区别，这可能是由于 RTFO 老化时间太短，但 PAV 老化后吸收峰面积显著增加。对比不同改性剂掺量下沥青的 C═O 吸收峰面积发现，改性剂掺量对氧化程度的影响并没有显著的规律。

沥青的老化过程实际上是氧元素与沥青之间一个氧化过程。沥青由碳氢化合物和多种金属元素组成。当沥青暴露在空气中时，氧气会与沥青分子中比较弱的键力处发生结合与替换，完成氧化反应并转换成二氧化碳与水。同样地，氮和硫元素也可能在沥青中转化为氮氧化合物和硫化物而挥发出来。在沥青整个老化过程中，天然树脂和沥青质(沥青质能溶于芳香族化合物)都能与氧气发生反应，并产生芳香族化合物及芳香烃。在老化反应后，沥青中芳香族指数比率明显上升，即 C═C 上升。对于1 600 cm^{-1}处的 C═C 而言，RTFO 老化后和原样沥青没有明显区别，但 PAV 后吸收峰面积显著增加。分析改性剂掺量的影响可知，A2 和 B2 下的原样沥青和 PAV 老化后沥青的峰面积差异最小，说明掺入 7.1%高模量剂后沥青抗氧化反应的能力增强。

对于 1 030 cm^{-1}处的 S═O 而言，未掺高模量剂和抗车辙剂的 A0，短期和长期老化后相比原样沥青有显著增加，而掺入改性剂后的沥青 RTFO 老化后和原样没有明显区别。但对于沥青 B 而言，没有出现相同的规律，证明了硫元素在很大程度上影响着沥青老化过程。沥青老化过程中，官能团与氧结合形成的羧基、亚砜等极性或两性基团使沥青分子间的相互作用增强，导致沥青变硬，劲度模量增大，这也验证了前面性能分析的结论。

对于 966 cm^{-1}处的丁二烯 C—H 而言，老化前后吸收光谱略微提高。从以往研究中表明，在沥青老化过程中，终端乙烯基(波数为 966 cm^{-1})优先发生反应成为交叉双键联接(交叉双取代基—CH ═CH—中变形振动模式 C—H，波数为 966 cm^{-1})，同时由于高模量剂掺量的增加与反应导致沥青中交叉双取代基—CH ═CH—中变形振动模式 C—H 的含量提高。

9.1.3 小结

本节阐述了傅里叶红外光谱分析技术的基本原理、设备构成、测试步骤和分析方法，并采用该测试方法对改性沥青老化行为进行了研究，发现老化前后羰基和亚砜基变化显著，且改性沥青中的高分子链段存在断链成为小分子的变化。

9.2 凝胶渗透色谱分析

9.2.1 基本原理

凝胶渗透色谱分析(GPC)是测定分子量分布的技术，是利用聚合物溶液通过特种多孔性填料组成的柱子，在柱子上按照分子大小进行分离的方法。GPC 是液体色谱的一种，可以用来测物质的分子量和分子量分布。

GPC 是一种用溶剂作流动相，多孔性填料或凝胶作为分离介质的柱色谱(图 9-8)。GPC 的分离作用首先是大小不同的分子在多孔性填料中所占据的空间体积不同造成的。色谱柱中所填装的多孔性填料的表面和内部有大小不同的孔洞及通道，填料的孔径在制备时已经加以控制。当聚合物溶液进入柱子后，由于浓度差别，溶质分子都力图向填料内部孔洞渗透。试样中体积较小的分子可以进入所有的孔；试样中体积较大的分子能扩散进入填料中那些较大的孔；分子体积比填料中所有的孔还要大的分子不能进入孔内，只能在填料颗粒间隙中流动。随着溶剂淋洗过程的进行，经过多次渗透—扩散平衡，试样中最大的分子最先流出柱外，其次是体积较小的分子，体积最小的分子依次被推迟至最后流出，这样就达到了按分子体积大小分离试样的目的。试样溶液流经多孔填料时，其中各组分的淋出体积决定于组分的分子体积大小和填料孔径分布。试样在色谱柱中被按分子大小分离后，只要在色谱柱的出口处安置一个检测器和自动记录系统，检测经分离后各组分的浓度，就可以得到试样的色谱图。根据分子量—淋出体积校正曲线，可以得到样品分子量分布的色谱图。

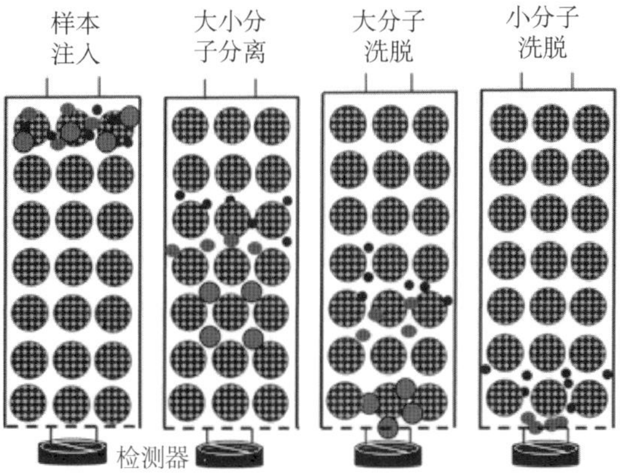

图 9-8　GPC 测试原理

沥青的分子量、分子量分布状态是沥青性能表现的内在原因，除聚集状态的差异外，沥青的分子量也对沥青性能有较大影响。分子量大，分子间作用力就强，分子链段产生相对位移或整个分子的运动较难，黏度大，温度敏感性就小；分子量小时，分子链段较多，链的排列疏松，温度变化有利于链的运动，黏度较小，温度敏感性也大。

9.2.2　表征分析

研究采用的仪器为 PL-GPC50 型凝胶渗透色谱仪。GPC 测试系统是一个由计算机控制的液体循环仪器，如图 9-9 所示，包括了进水器、双头水泵、RI 检测器和两根凝胶柱。四氢呋喃被用来溶解样品和作为流动相，流速为 1.0 mL/min，保持恒温 35 ℃。样本的浓度为 0.25%（相对质量）。50 uL 溶解后的沥青被装入注射器中，此时沥青被分散为分子尺度通过一系列的过滤器。本研究共测试了 12 个样品，每种沥青测试三次 GPC，汇总得到每种沥青大分子分子量。典型的分层色谱如图 9-10 所示，由于改性剂

图 9-9　凝胶渗透色谱仪测试

的分子量较大，从图中可以看出在沥青分层色谱图的前方出现了一个小峰值。从图中也可以看出，模量更大的沥青有相对更大的 LMS(大分子含量)。

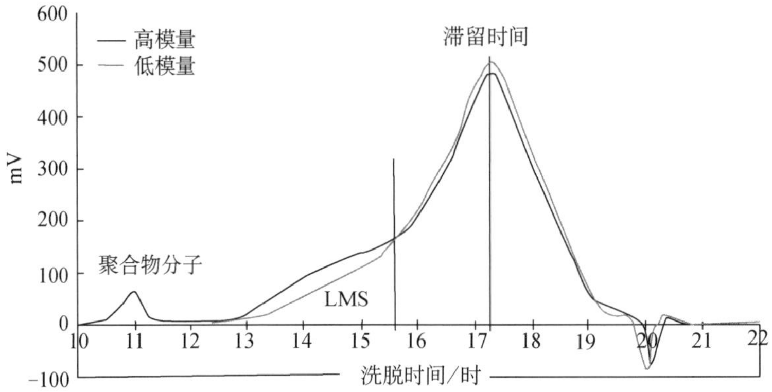

图 9-10 典型色谱图

如图 9-11 所示，对比老化前后 LMS 值的变化规律可以发现，A0、A1 和 A2 随着短期和长期老化的进行，LMS 值增大，说明沥青中大分子的组分增大。而 A3 则出现了相反的情况，随着老化程度的加深，LMS 值逐渐减小，这可能是由于高模量剂在老化后逐渐降解成为小分子导致的。根据文献，LMS 值对沥青的性能有影响，因此，对原样沥青的 LMS 与其旋转黏度、64 ℃车辙因子和失败温度进行拟合，如图 9-12 所示。LMS 与沥青旋转黏度、车辙因子和失败温度指数相关，并有很好的拟合程度。随着 LMS 的增大，分子间作用力就强，分子链段产生相对位移或整个分子的运动较难，使得沥青的旋转黏度大，车辙因子增大，失败温度增大。由此说明，可以通过微观分子组成的变化来预测宏观性能的变化。

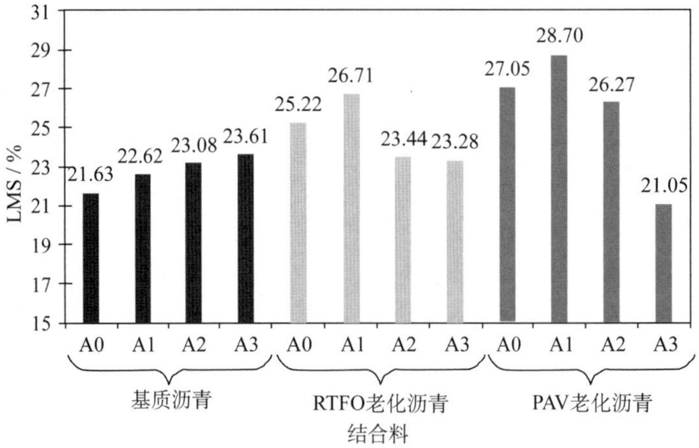

图 9-11 不同老化状态的 LMS 值

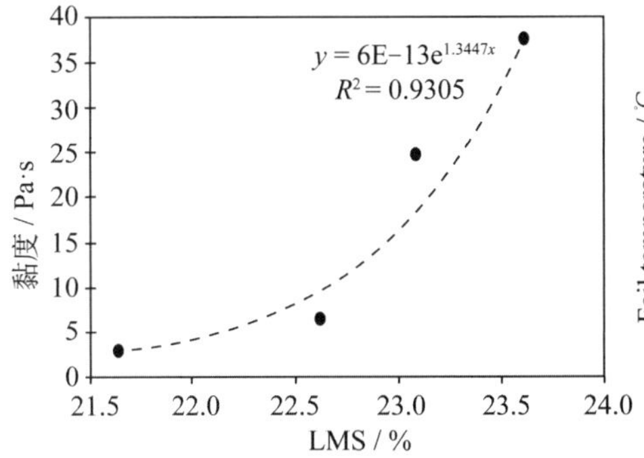

(a) 黏度

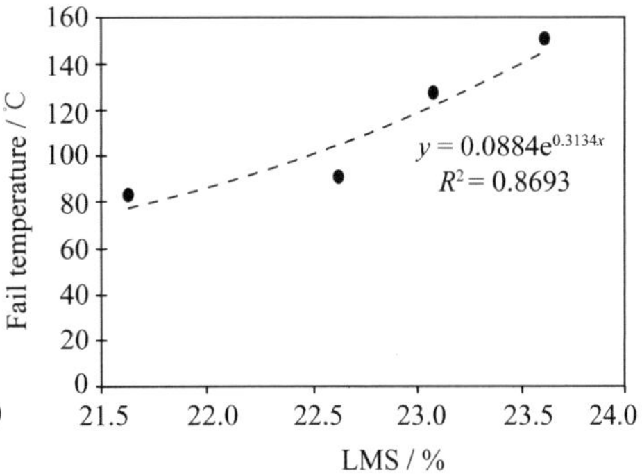

(b) 失败温度

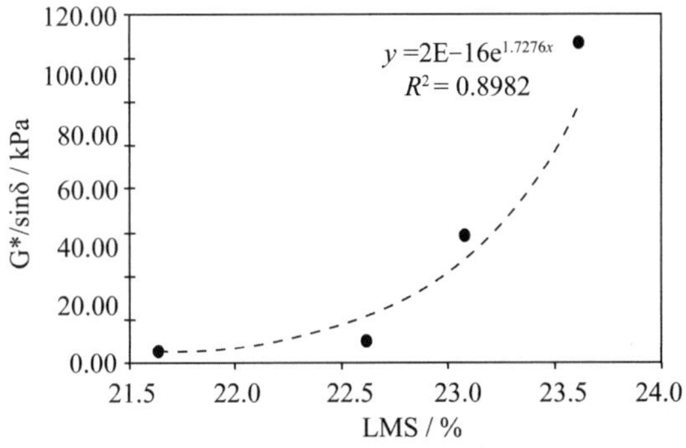

(a) 车辙因子

图 9-12　沥青性能参数与 LMS 值的关系

9.2.2　小结

本节对凝胶渗透色谱分析技术进行了阐述，介绍了 GPC 的基本原理、设备构成、测试步骤和分析手段。研究发现，GPC 的大分子含量能够与沥青的黏度、失败温度和车辙因子建立联系。

9.3　紫外—可见分光光度法

物质对光具有选择吸收的特性，有色物质的颜色是该物质与光作用产生的，即有色溶液所呈现的颜色是由于溶液中的物质对光的选择性吸收所致。不同的物质其分子结构不同，对不同波长光的吸收能力也不同，因此具有特征结构的结构集团，存在选择吸收特性的最大实收波长，形成最大吸收峰，而产生特有的吸收光谱。即使是相同的物质，由于其含量不同，对光的吸收程度也不同。利用物质所特有的吸收光谱来鉴别物质的存在（定性分析），或利用物质对一定波长光的吸收程度来测定物质含量（定量分析）的方法，称为分光光度法。紫外—可见分光光度法与红外光谱的主要区别在于，紫外—可见分光光度法的光波长范围一般在 200～400 nm（紫外光区）和 400～760 nm（可见光区）。

分光光度法起源于“目视比色法”，最初是通过人眼对比有色物质溶液的颜色深度，来判断溶液中待测组分含量的办法；随着光电技术的发展，采用光学仪器替代人眼有效提高了比色精度，发展出了“光电比色法”；光栅、棱镜等色散技术的进一步发展极大提高了光学仪器的分辨率，使“单一”波长逐渐成为可能，最终发展成为“分光光度法”。分光光度法以“朗伯—比尔”定律($A=kbc$)为基础，如式(9-1)所示，即当一束波长恒定的单色光垂直通过某一均匀非散射吸光物质时，其吸光度 A 与吸光物质的浓度 c 以及吸收层厚度 b 成正比。

$$A=\lg(1/T)=kbc \tag{9-2}$$

式中，A 为吸光度；T 为透射比(即出射光强比入射光强)；k 为摩尔吸收系数(与吸收物质的性质及入射光的波长 λ 有关)；b 为吸收层厚度；c 为吸光物质的浓度。

本书试验过程中采用的紫外—可见分光光度计为 Agilent Cary 60 型紫外—可见分光光度计，如图 9-13 所示。

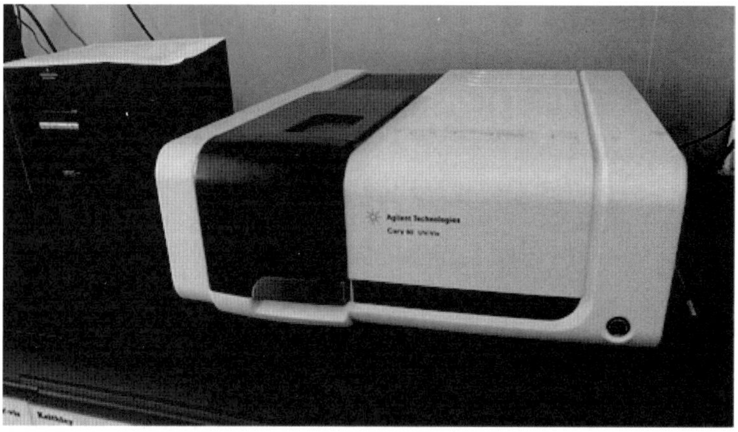

图 9-13　Agilent Cary 60 型紫外—可见分光光度计

9.3.1　基本原理

沥青作为一种复杂的有机胶凝材料，其胶体结构可以简化为以沥青质为胶核，胶核表面吸附有胶质，并逐渐向外扩散成胶团再分散于芳香分和饱和分中。沥青的流变性能与胶体结构，特别是各组分之间的相对含量有密切联系，因此可以通过表征沥青各组分含量变化，实现对沥青流变性能的预测，从而实现对沥青针入度等级或老化行为的表征。因此，根据沥青各组分在不同溶剂中的溶解性质，构建合适的沥青样本分散系，使其满足紫外—可见分光光度计的测试要求，是实现分光光度法表征沥青材料老化特征的一种可行途径。

如图 9-14 所示，通过采用甲苯与正庚烷两种溶剂(取 0.05 g 沥青，先加入 0.25 ml 甲苯完全溶解沥青，再加入 25 ml 正庚烷，剧烈震荡)，配置了沥青的“甲苯—正庚烷”悬浮液分散系。由于沥青质溶于甲苯但是不溶于正庚烷，而软沥青质(胶质、芳香分、饱和分)能溶于甲苯和正庚烷，因此在该分散系中，沥青质以固体颗粒形式存在(1～5 μm)，而软沥青质以“溶液”形式存在，根据吸光度加和原理，沥青悬浮液分散系的吸光作用为沥青质颗粒吸光与软沥青质溶液吸光作用之和。

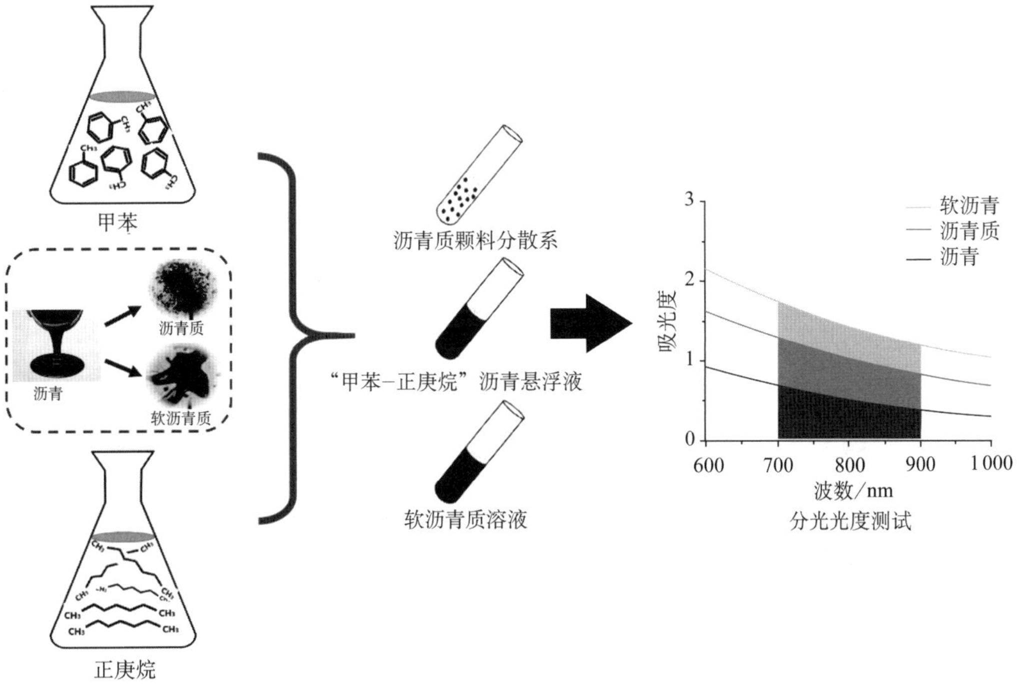

图 9-14　沥青“甲苯—正庚烷”悬浮液分散系

在分光光度测试时，采用 700～900 nm 波长进行测试，沥青质颗粒与软沥青质溶液各自吸光原理如图 9-15 所示，其中软沥青质溶液对光的吸收以瑞利散射作用为主，而沥青质颗粒对光的吸收以几何吸光作用(反射、折射)为主。

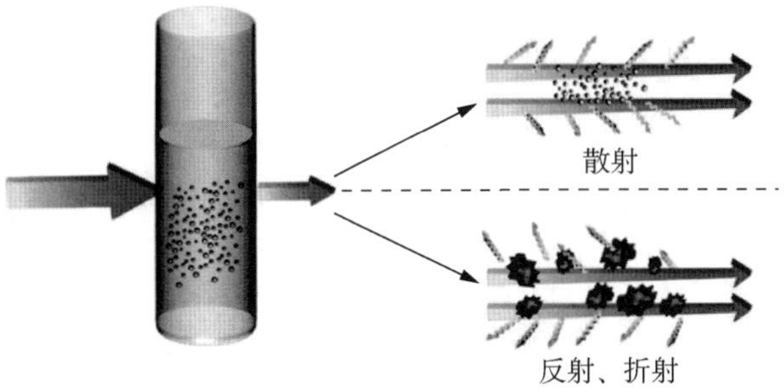

图 9-15　沥青“甲苯—正庚烷”悬浮液分散系各组分吸光原理

9.3.2 表征分析

结合沥青老化过程中软沥青质向沥青质的转化规律，选取了多种来源与针入度等级的基质沥青，对不同老化状态下沥青悬浮液、软沥青质溶液、沥青质颗粒分散系分别进行吸光度测定发现：如图 9-16 所示，随着老化作用的进行，沥青悬浮液和沥青质颗粒分散系的吸光度都表现出显著上升，而软沥青质溶液吸光度表现出轻微下降。可以认为沥青老化过程中吸光度增加的主要原因是沥青质含量上升(即单位质量沥青质颗粒比单位质量软沥青溶液吸光能力强，因此老化过程中同等质量的软沥青质转化为沥青质后，沥青整体吸光度增加)。结合沥青材料老化机理的理论，可以证明在这种“甲苯—正庚烷”分散系中，沥青吸光度这一新指标在一定程度上能够反映沥青组分变化规律。

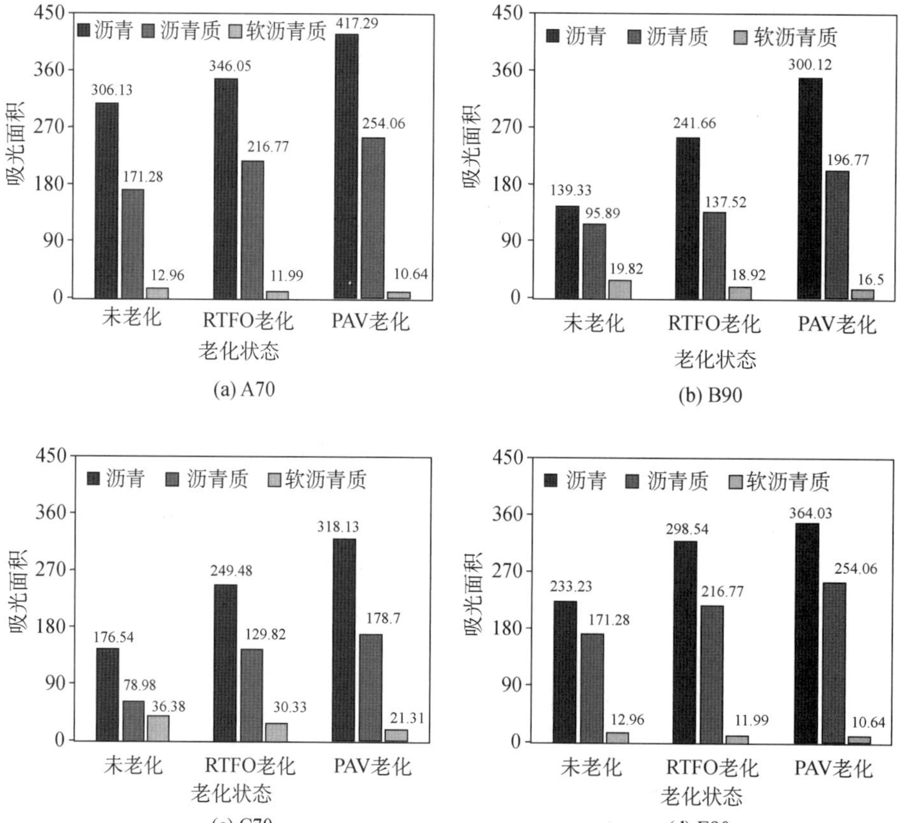

(a) A70　(b) B90　(c) C70　(d) E90

图 9-16　沥青及其组分在不同老化状态下的吸光度

结合沥青胶体结构理论，可以借助沥青组分含量这一“桥梁”的过渡作用，进一步建立吸光度指标与流变学指标的相关关系。如图 9-17 所示，通过聚类分析等方法，可以发现沥青吸光度指标与不同流变指标具有更为相似的统计学聚类关系，证明了沥青吸光度这一新指标在现有流变学指标体系中具有较好的融入程度,能够用来表征沥青的老化行为。

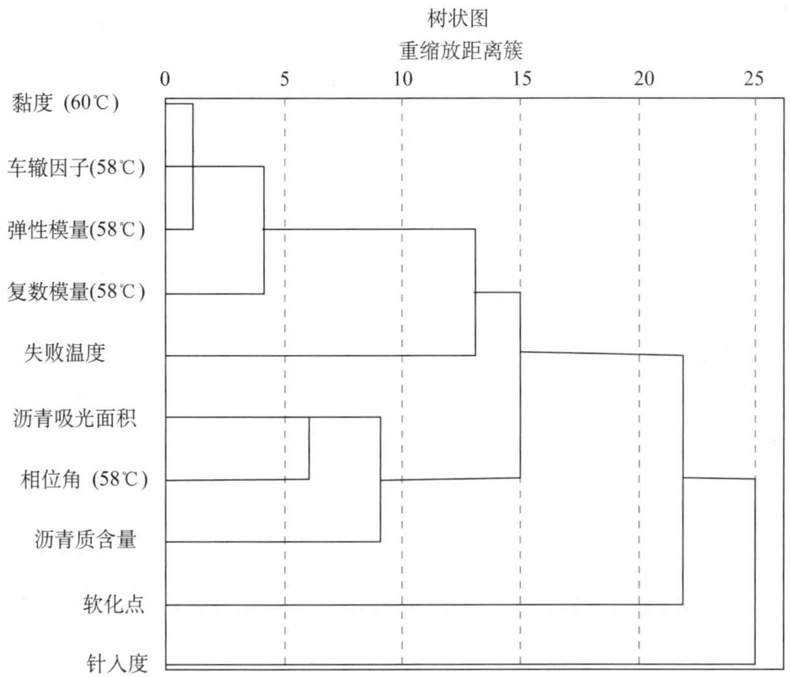

图 9-17 性能参数聚类分析关系

9.3.3 小结

分光光度法不仅作为复杂体系中特定组分定性表征和定量测定的有效方法,在沥青材料表征中具有一定的适应性。结合沥青材料组分不同划分层次,其具体适用方法也存在一定差异。以沥青二组分划分为基础,以沥青质含量为组分变化中的主要桥接指标,不仅从理论层面证明了光谱数据与流变特征的相关性,还通过实验数据对沥青流变特征进行了一定程度的预测。但是从现有的研究可以发现,以沥青两组分为基础的预测精度仍然有待提高,以沥青四组分乃至超临界萃取多组分为基础,优化"光谱数据—组分结构"和"组分结构—流变性能"两个关联步骤的密切程度,从而进一步提高光谱数据对沥青流变性能的预测精度,是下一阶段的研究方向。

9.4 原子力显微镜

原子力显微镜(Atomic Force Microscope, AFM)是一种基于扫描隧道显微镜(Scanning Tunneling Microscopy, STM)的表面扫描探测技术,具有制样简单、成像清晰和分辨率高的优点,在材料、化工和生物等领域得到了广泛应用。近年来,随着对沥青材料研究的深入,AFM 被用于分析沥青微观形貌与微观力学性能及其分布。

9.4.1 基本原理

AFM 的核心组件为二极管激光器、二极管信号检测器和微悬臂探针,如图 9-18 所示。在测试过程中激光器发出光束,经过光学系统在微悬臂背面聚焦,再经过微悬臂背面的反射,被二极管信号检测器所接收,从而获得被测试样表面的形貌信息。根据原子间相互作用原理,当 AFM 探针的针尖与样品原子接近时,表现为排斥力,而当其与样品原子远离时,表现为吸引力。正是这种微弱的相互作用力导致微悬臂随着样品表面起伏而发生弯曲,反射光线也随之发生偏移,从而能够获取样品表面的形貌。

根据 AFM 探针是否与样品接触可以将 AFM 的成像模式分为接触模式(contact mode)、非接触模式(non-contact mode)和轻敲模式(tapping mode)。图 9-19 为 AFM 不同接触模式下距离与相互作用力的关系。从图中可以看出,接触模式属于引力区域,而非接触模式属于排斥力区域,而轻敲模式介于两者之间。

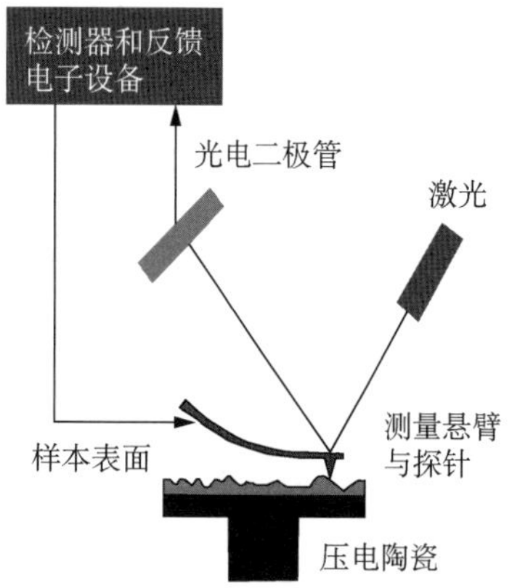

图 9-18 原子力显微镜的基本原理

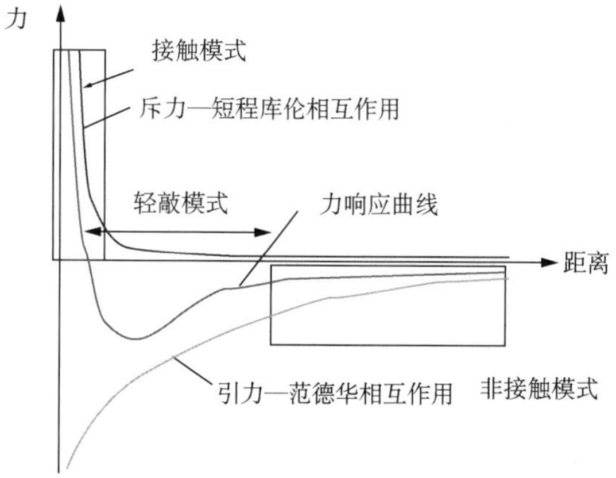

图 9-19 针尖-样品距离与相互作用力的关系

9.4.2 表征分析

沥青作为一种复杂的有机材料,其内部结构和表面形貌一直以来都是研究的热点。AFM 技术的发展使得研究者发现在微观尺度下沥青分子存在典型蜂状结构。如图 9-20所示,在 2D 图像中呈现出黑白相间的条纹,在 3D 图像中呈现出波峰和波谷。有学者认为,蜂状结构是由于强极性的沥青质和高分子蜡结晶缔合部分胶质分散质软沥青质中形成的,也有研究认为蜂状结构就是沥青质本身。

图 9-20 显示了不同老化状态下沥青 AFM 的形貌差异,随着老化程度的加深,可以发现沥青的蜂状结构数量明显减少,但面积逐渐增大。从 3D 图像中白色区域的面积变化也可以发现,随着老化程度的加深,白色区域的面积减少,但波峰区域的最大高度增加。由此说明,老化过程会使沥青的蜂状结构集聚和生长。研究者用核—生长相变理

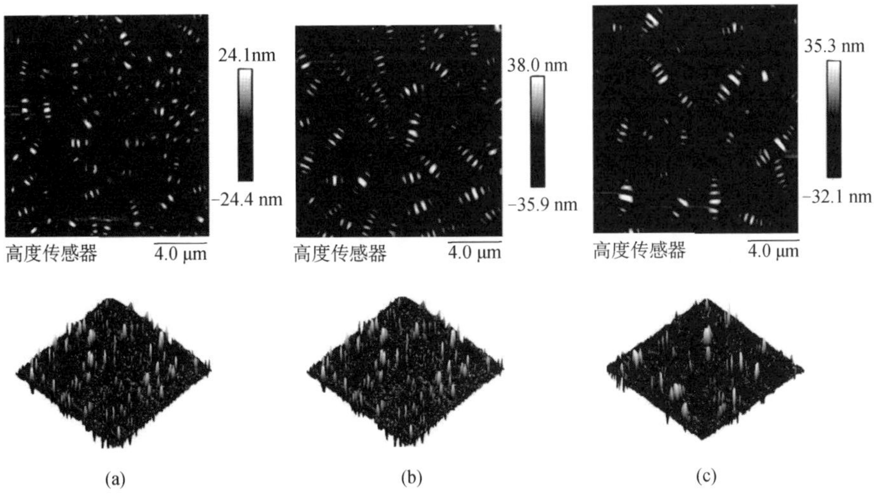

图 9-20 不同老化状态下沥青 AFM 形貌图(a)原样、(b)短期老化、(c)长期老化

论对此进行解释,认为老化使得沥青中沥青质含量增多,沥青质充当晶核的数量增多,也增加了晶核之间相互集聚的概率。

9.4.3 小结

本节对原子力显微镜表征方法进行了阐述。介绍了原子力显微镜的基本原理、仪器构成和测试步骤,并通过不同老化状态下沥青 AFM 形貌图显示了 AFM 测试技术的优势。

9.5 结语

本章介绍了傅里叶变换红外光谱、凝胶渗透色谱、紫外可见分光光度法和原子力显微镜法的基本原理以及表征分析结果。这四种方法是目前从微观和纳观角度表征沥青材料老化与再生的有效手段。通过这些方法可以发现沥青胶结料在老化过程中羰基和亚砜基含量增加、大分子含量增加、沥青质的吸光度增加、沥青质的蜂状结构集聚和增长。

参考文献

[1] Jemison H B, Burr B L, Davison R R, et al. Application and use of the atr, ft-ir method to asphalt aging studies[J]. Fuel Science & Technology International 1992,10(4):795-808.

[2] Xing Chengwei, Liu Liping, Wang Ming. A new preparation method and imaging parameters of asphalt binder samples for atomic force microscopy[J]. Construction and Building Materials, 2019, 205(APR. 30):622-632.

[3] Xing Chongwei, Liu Liping, Cui Yi, et al. Analysis of base bitumen chemical composition and aging behaviors via atomic force microscopy-based infrared spectroscopy[J]. Fuel, 2020, 264: 116845.

[4] Hou Xiangdao, Liang Bo, Xiao Feipong, et al. Characterizing asphalt aging behaviors and rheological properties based on spectrophotometry[J]. Construction and Building Materials, 2020, 256:119401.

10 结论与展望

随着资源循环利用观念逐渐深入人心，沥青再生技术已经成为各国道路工程可持续发展的重要课题，新时代背景下发展低碳环保可持续的道路也是我国道路工作者的任务之一。目前，沥青路面材料的再生利用作为道路工程领域的热点问题，吸引了国内外大量研究者，并在老化再生机理、再生工艺和再生设备方面取得了丰硕的成果。本书从道路工程可持续发展和沥青路面材料循环利用的主题出发，具体介绍了沥青老化机理、轻质组分修复再生理论、低掺量再生方法、低碳调配再生方法、橡胶沥青再生机理、就地再生方法和再生沥青材料表征新方法等方面的研究，初步形成了一整套沥青路面材料再生利用的设计方法，为解决沥青混合料回收料的“精准”分析和“精准”再生提供了基础理论。

然而，目前主要研究热点集中在新旧沥青融合程度、再生剂扩散机理、沥青混合料回收料的高掺量利用以及再生沥青混合料性能预测上，从沥青组分变化的角度对沥青老化机理和再生机理进行剖析的研究较少。其次，在沥青再生剂开发方面，主要以轻质油为主。这类再生剂不仅对老化沥青性能恢复效果差，还存在稳定性及抗老化性能不足等缺点，新型再生剂亟待开发。此外，目前对于再生集料的研究较为缺乏，现有研究中对再生集料驱动的沥青混合料再生料的设计方法及性能研究较为缺失，尤其是对再生集料几何特性、形貌特征、级配参数以及老化沥青分布等特征的研究较少；特别的，针对再生集料在铣刨、拌和、摊铺、碾压以及服役过程中进行数字化表征的研究较少。采用神经网络对不同形状沥青进行判定属于定性分析的方法，利用红外光谱技术结合现代化计量学的方法定量判定沥青的不同性状是今后研究的一个方向。最后，从全生命周期的角度，目前的研究只对沥青混合料回收料在施工阶段的经济效益进行了量化表征，以案例分析为主而缺少普遍性与代表性，而对沥青混合料回收料在生产—施工—运营的经济环境效益模型的研究较少。

沥青材料的再生利用技术是一项综合性技术。再生技术的推广需要成体系、有组织地进行。对国内而言，对回收沥青材料来源及分布的调查对推广再生技术尤为重要。由于我国南北跨度较大、各地区气候环境有较大差异，不同地理位置沥青混凝土道面的老化条件有所不同，各分布地区回收材料的性状分析及再生适应性需进一步研究，以合理进行室内研究并形成系统的成果。也可以此为基础，通过分析老化沥青微观结构组成，开发满足要求的再生剂，选择适宜的再生技术，有序地开展沥青材料的再生利用研究工作。

附录　专业术语解释

（按英文首字母为序）

1. 集料（骨料）　Aggregate

在混合料中起骨架和填充作用的粒料，包括碎石、砾石、石屑、砂等。

2. 表观密度（视密度）　Apparent density

单位体积（含材料的实体矿物成分及闭口孔隙体积）物质颗粒的干质量。

3. 表观相对密度（视比重）　Apparent specific gravity

表观密度与同温度水的密度之比值。

4. 人工神经网络　Artificial Neural Network（ANN）

人工神经网络模型的结构一般可分为输入层、隐藏层和输出层三部分，每一层均由一个或多个神经元节点组成。输入层中的神经元用来输入已知的自变量参数，输出层中的神经元用来输出模型预测的因变量结果，而二者之间的隐藏层中的神经元则主要用来进行循环计算。

5. 油石比　Asphalt aggregate ratio

沥青混合料中沥青结合料质量与矿料总质量的比值，以百分率表示。

6. 沥青含量　Asphalt content

沥青混合料中沥青结合料质量与矿料总质量的比值，以百分率表示。

7. 逆向传播算法　Back-Propagation（BP）

一种利用梯度搜索技术，使神经网络模型的实际输出值与期望输出值的误差最小的学习算法。

8. 再生结合料　Binder for RMAP

新添加到再生混合料中起到主要胶结作用的材料。热再生的再生结合料主要包括沥青和改性沥青，冷再生的再生结合料主要包括乳化沥青、泡沫沥青、水泥等。

9. 厂拌热再生　Central plant hot recycling

将沥青混合料回收料（RAP）运至沥青拌合站（场、站），经必要的破碎、筛分，以一定的比例与新矿料、新沥青、再生剂等拌和成热拌混合料铺筑路面的技术。

10. 循环经济　Circular economy

以资源节约和循环利用为特征、与环境和谐的经济发展模式。

11. 粗集料 Coarse aggregate

在沥青混合料中，粗集料是指粒径大于 2.36 mm 的碎石、破碎砾石、筛选砾石和矿渣等；在水泥混凝土中，粗集料是指粒径大于 5 mm 的碎石、砾石和破碎砾石。

12. 就地冷再生 Cold in-place recycling

采用专用设备对沥青层进行就地铣刨，掺入一定数量的新矿料、再生结合料、水，经过常温拌和、摊铺、压实等工序，实现旧沥青路面再生的技术。

13. 复合材料 Composite material

由两种或两种以上化学、物理性质不同的材料组分以不同形式、比例、分布组合而成，且各组分之间具有明显界面存在的材料。

14. 胶粉 Crumb rubber(CR)

旧轮胎去除轮胎中的织物和钢后，使用机械设备将剩下的轮胎橡胶研磨粉碎而成的颗粒。

15. 石料压碎值 Crushed stone value

按规定方法测得的石料抵抗压碎的能力，以压碎试验后小于规定粒径的石料质量百分率表示。

16. 脱硫 Devulcanization

通过物理、化学和微生物手段，在不影响胶粉聚合物主链的情况下，选择性地断开硫化胶粉的交联键(主要是 C—S 键和 S—S 键)。

17. 溶解反应 Dissolution

主要包括脱硫和降解，为化学反应。其中脱硫是指胶粉内部交联网络的断裂，而降解是指橡胶聚合物主链的分解。

18. 动稳定度 Dynamic stability

按规定条件进行沥青混合料车辙试验时，混合料试件变形进入稳定期后，每产生 1 mm 轮辙变形试验轮所行走的次数，以次/mm 计。

19. 细集料 Fine aggregate

在沥青混合料中，细集料是指粒径小于 2.36 mm 的天然砂、人工砂及石屑。

20. 针片状颗粒 Flat and elongated particles in coarse aggregate

指粗集料中细长的针片颗粒与扁平的片状颗粒。当颗粒形状的诸方向中的最小厚度(或直径)与最大长度(或宽度)的尺寸之比小于规定比例时，属于针片状颗粒。

21. 流值 Flow value

沥青混合料在马歇尔试验时相应最大荷载时试件的竖向变形。

22. 泡沫沥青 Foamed asphalt

将热沥青和水在专用的发泡装置内混合、膨胀，形成的含有大量均匀分散气泡的沥青材料。

23. 全深式冷再生 Full depth reclamation

采用专用设备对沥青层及部分下承层进行就地翻松，或是将沥青层部分或全部铣刨移除后对部分下承层进行就地翻松，同时掺入一定数量的新矿料、再生结合料、水等，经过常温拌和、摊铺、压实等工序，实现旧沥青路面再生的技术。

24. 就地热再生 Hot in-place recycling

采用就地热再生设备对沥青路面进行加热、翻松、就地渗入一定数量的新沥青、新沥青混合料、再生剂等，经热拌、摊铺、碾压等工序，一次性实现对路表一定深度范围内的旧沥青路面再生的技术。

25. 劈裂破坏强度 Indirect tensile strength

用于评价沥青混合料的抗拉性能。

26. 全生命周期评价 Life cycle assessment(LCA)

对一个产品系统的生命周期中输入、输出及其潜在环境影响的汇编和评价，具体包括互相联系、不断重复进行的四个步骤：目的与范围的确定、清单分析、影响评价和结果解释。

27. 生命周期影响评估 Life cycle impact assessment(LCIA)

将生命周期清单中的数据转化为各种影响类别（例如全球环境变暖、酸雨、富营养化、光化学臭氧、人类中毒等特定环境影响潜力）来深入了解产品全生命周期对环境的影响。

28. 生命周期清单分析 Life cycle inventory(LCI)

清单分析是对所研究系统中输入和输出数据建立清单的过程。

29. 马歇尔稳定度 Marshall stability

按规定条件采用马歇尔试验仪测定的沥青混合料所能承受的最大荷载，以 kN 计。

30. 空隙率 Percent of air voids(VV)

压实沥青混合料内矿料及沥青以外的空隙（不包括矿料自身内部已被沥青封闭的孔隙）的体积占混合料总体积的百分率，简称 VV，以百分率表示。

31. 沥青体积百分率 Percent of bitumen volume(VA)

压实沥青混合料试件内沥青部分的体积占混合料总体积的百分率，简称 VA，以百分率表示。

32. 矿料间隙率 Percent voids in mineral aggregate(VMA)

压实沥青混合料试件中矿料部分以外的体积占混合料总体积的百分率，简称 VMA，以百分率表示。

33. 沥青饱和度 Percent voids in mineral aggregate that are filled with asphalt (VFA)

沥青混合料试件内沥青部分的体积占矿料部分以外的体积（VMA）百分率，简称 VFA，以百分率表示。沥青混合料内有效沥青部分（即扣除被集料吸收的沥青以外的沥青)的体积占矿料部分以外的体积(VMA)的百分率,称为有效沥青饱和度。

34. 压力老化容器　Pressurized Aging Vessel

SHRP 计划提出的使用压力老化容器(Pressurized Aging Vessel,简称 PAV)试验来模拟路面使用过程中经历的长期老化。

35. 粒料及无机结合料稳定粒料回收料　Reclaimed aggregate or inorganic binder stabilized aggregate(RAI)

采用铣刨、开挖等方式从沥青路面上获得的无机结合料稳定粒料或无结合粒料旧料,简称无机回收料。

36. 沥青混合料回收料　Reclaimed asphalt pavement(RAP)

采用铣刨、开挖等方式从旧沥青路面上获得的回收沥青混合料。

37. 沥青路面回收料　Reclaimed materials from asphalt pavement(RMAP)

采用铣刨、开挖等方式从沥青路面上获得的旧料,包括沥青混合料回收料(RAP)、粒料及无机结合料稳定粒料回收料(RAI)。

38. 再生沥青　Rejuvenated binder

RAP 中的回收沥青与新添加的沥青、沥青再生剂组成的混合物。

39. 沥青再生剂　Rejuvenating agent

掺加到热再生沥青混合料中,用于恢复老化沥青性能的化学添加剂。

40. 弹性模量　Resilient modulus(Mr)

应力除以快速施加荷载产生的应变,用于表征路面材料的基本力学特性。

41. 旋转薄膜烘箱　Rolling Thin Film Oven

SHRP 计划提出的使用旋转薄膜烘箱(Rolling Thin Film Oven,简称 RTFO)试验来模拟沥青在路面施工过程中经历的短期老化。

42. 标准筛　Standard test sieves

对颗粒性材料进行筛分试验用的符合标准形状和尺寸规格要求的系列样品筛。

43. 劲度模量　Stiffness

沥青或沥青混合料在温度和加载时间一定的条件下,应力与应变的比值,是温度和荷载作用时间的函数,以 MPa 计。

44. SBS 改性沥青　Styrene-Butadiene-Styrene modified asphalt binder

苯乙烯—丁二烯—嵌段共聚物改性沥青。

45. Superpave 沥青混合料设计　Superior Performing Asphalt Pavements Design Method

美国战略公路研究计划沥青混合料部分研究成果,建立在路用性能基础上的设计方法。

46. 溶胀反应　Swelling

由于极性相似,沥青中的轻质油组分会被吸收和渗透到胶粉中并使其发生溶胀,主要为物理反应，会导致胶粉的体积膨胀至最初体积的几倍。

47. 终端拌和工艺　Terminal Blend(TB)

一种特殊湿法工艺，又称湿法无搅拌工艺。即在炼油厂或沥青终端将胶粉与热基质沥青混合，输送到沥青拌合站或施工现场使用。由终端拌和工艺制备的产品一般被称为溶解性胶粉改性沥青或者TB胶粉改性沥青。

48. 黏度　Viscosity

沥青试样在规定条件下流动时形成的抵抗力或内部阻力的度量，也称黏滞度。

49. 硫化反应　Vulcanization

天然橡胶中的线性聚合物长链在硫化剂的作用下通过化学交联形成三维网状结构，生成的硫交联键可主要分为单硫键、双硫键和多硫键。

50. 温拌沥青及沥青混合料　Warm Mix Asphalt(WMA)

通过一定的技术措施，使沥青能在相对较低的温度下进行拌和及施工，同时使其保持不低于HMA的使用性能的沥青混合料技术，也称为温拌沥青技术。

51. 湿法工艺　Wet process

20世纪60年代由Charles McDonald提出和发展起来的McDonald工艺(McDonald process)，具体流程主要为将基质沥青和胶粉在大约170 ℃的温度下用机械搅拌机混合搅拌45～60 min。